Sustainable Crafts

Value Your Knitting Time

뜨개머리앤 since2010

web

@ann.knitting

D·M·C
ECO VITA

RECYCLED COTTON
KNITTING & CROCHET YARN

#코튼은 DMC

뜨개머리앤

2024 / SS

Korea 한국
한국의 요즘 뜨개

멋지게 내건 현수막을 보니 긴장되었습니다.

제가 경영하는 수입 실 가게 아무히비(amuhibi)는 코로나 관련 규제가 완화되면서 큰 변화를 맞이했습니다. 해외, 특히 한국에서 오는 손님이 늘었습니다. 한국 젊은이들 사이에서 뜨개가 인기 있다는 뉴스는 들었는데요. 요즘 저와 저희 스태프는 매장에서 그 열기를 실감하고 있습니다.

지금 뜨개가 인기몰이 중인 한국. 그 광경을 실제로 보고 싶던 차에 기회가 찾아왔습니다. 서울의 인기 털실 가게 '코와코(COWACO)'의 대표가 가족 여행을 겸해 아무히비를 방문한 것입니다. 대표 미성 씨는 온화한 분위기에 웃는 얼굴이 멋진 여성으로 제 책을 굉장히 칭찬해줬습니다. 즐겁게 이야기를 나누다가 "미성 씨의 가게에서 워크숍을 하고 싶네요!"라고 부담스러운 부탁을 했습니다. 그렇게 밀어붙인 워크숍을 너무나 흔쾌히 허락해줬답니다.

눈 깜짝할 사이에 일정을 정하고 한국으로 날아갔습니다.

해외 첫 아무히비 페어에서는 제 책에 게재된 작품 샘플을 자유롭게 입어보고 뜨개를 배울 수 있는 워크숍을 진행했습니다. 참가자 모두 진지한 태도로 뜨개를 즐기는 모습이 정말 인상 깊었습니다. 20~30대가 많았는데 대부분 직접 뜬 니트를 입고 온 것을 보고 한국의 '뜨개 열기'가 얼마나 뜨거운지 바로 느꼈습니다. 평소 수업에서 하듯이 대바늘뜨기할 때 고민되는 부분 해결법을 소개하자 참가자들은 열심히 메모를 하거나 질문을 하며 경청했습니다. 그 모습에 저도 흥분하여 결국 예정된 시간을 넘길 정도로 만족스러운 시간을 보냈습니다. 이틀 동안 통역과 강의 등, 저를 서포트하느라 한국 스태프도 정말 고생이 많았습니다. 가게 안에는 다루마(DARUMA)와 클로버, 긴키 뜨개 바늘(近畿編針) 같은 일본 제품이 진열되어 있었습니다. 저는 책에 사인을 하거나 함께 사진을 찍고, 참가자가 색 고르는 것을 도우면서 2일 일정을 만족스럽게 마쳤습니다. 틈틈이 커피를 마시면서 코와코 안을 둘러보니 샘플을 입고 사진을 찍는다든지 친구와 어떤 실이 좋을지 이것저것 고민하는 모습이 아무히비에서 늘 보던 풍경과 다르지 않아서 절로 웃음이 나왔습니다. 언어는 달라도 뜨개를 사랑하는 마음은 같다는 사실을 실감한 시간이었습니다.

다음날 통역을 담당한 스태프가 한국을 안내하겠다며 깜짝 제안을 해 정말 기뻤습니다. 먼저 장안의 화제인 '바늘 이야기'

바늘 이야기 매장에는 남성 고객도 드문드문. 모두 진지하게 실을 골랐습니다.

로. 바늘 이야기는 이름 그대로 실과 바늘이 엮어내는 이야기를 다양한 각도에서 연출하는 공간이었습니다. 4층 건물이었는데 1층 얀 숍과 2층 니트 카페는 예약하지 않아도 들어갈 수 있습니다. 얀 숍에는 울 실이 거의 없고 컬러풀한 화학 섬유를 진열해놓은 점과 남성 고객이 드문드문 눈에 띄는 점이 정말 신기했습니다. 다음으로 이태원에 있는 '르 몽블랑'으로 향했습니다. 털실 케이크가 유명한 카페인데 폭신폭신한 식감이 정말 포근한 털실 같았어요. 귀

여운 데다가 맛있기까지 한 케이크를 만끽했습니다.

통역 스태프와 한국 스태프가 여름에 아무히비에 놀러 오겠다고 해서 두 분이 일본에 오면 어디에 모시고 갈지 계획하며 설레는 나날을 보내고 있습니다. 털실이 이어준 한국과의 귀한 인연을 소중히 여기고 앞으로도 뜨개의 즐거움을 널리 알리고 싶습니다.

취재/아무히비(우메모토 미키코)

뒤풀이는 숯불구이로. 일을 하면서 뜨개 강사로 일하는 한 사장님(제일 앞에서 오른쪽)이 저에게 코와코를 가르쳐 줬습니다.

오른쪽 위/바늘 이야기 카페. 귀여운 뜨개 인형이 뜨개질하고 싶은 마음을 더욱 자극합니다. 오른쪽 아래/워크숍 후에 다 함께 함박웃음을 지으며 기념사진 촬영. 왼쪽 아래/이벤트 기간 중 한 사장님이 경영하는 에브리 코너 바이트(EVERY CORNER BITE)가 페어의 분위기를 한껏 더 끌어올렸습니다.

The United Kingdom 영국
손뜨개 담요를 보호소 유기묘들에게 보내기

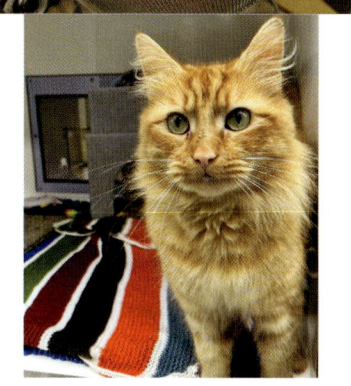

위／귀여운 손뜨개 쥐 인형이 이렇게 많이 왔습니다. 아래／하얀색 테두리를 둘러 더욱 세련된 줄무늬 담요. 컬러풀해서 놓기만 했는데도 방 안이 환해지네요.

동물 보호에 관심이 높은 영국. 그중에서도 캣 프로텍션(Cat Protection)은 100년에 가까운 역사를 자랑하는 영국 최대 규모의 고양이 전문 자선단체입니다. 모든 고양이가 태어나서 죽을 때까지 행복하게 생활하도록 지원하는 것이 목표입니다. 길고양이나 파양된 고양이를 보호해서 새로운 보금자리를 마련해주는 활동으로도 유명합니다. 런던 근교의 서식스 주에는 대규모 분양 시설 '캣츠 어댑션 센터(Cats adoption centre)'가 있는데 이곳에서는 현재 새끼 고양이부터 나이 든 고양이까지 새로운 주인을 기다리는 80마리가량의 고양이를 돌보고 있습니다.

고양이는 각자 2개 구역으로 나뉜 널찍한 개인실에서 생활합니다. 안을 들여다보니 침대와 바닥에 담요가 여러 장 깔려 있네요. 고양이들이 쾌적하게 생활하기 위해서 폭신하고 부드러운 담요는 빼놓을 수 없는 필수품입니다. 많이 준비한다고는 해도 늘 부족하다고 하네요. 영국에는 작은 선행을 베푸는 날이라고 해서 2월 17일 작은 친절의 날(Random acts of Kindness day)이

캣츠 어댑션 센터. 큼지막한 창으로 햇볕이 들어서 고양이와 사람 모두에게 쾌적한 공간입니다.

있는데, 그날 인스타그램 계정에 고양이용 담요를 기부해달라고 올렸더니 불과 몇 주 만에 무려 100장이 넘는 손뜨개 담요가 도착했다고 합니다.

자투리 실을 사용한 멀티컬러 가터뜨기나 그래니스퀘어처럼 뜨는 법은 심플하지만 귀여운 작품들이었습니다. 많은 사람이 직접 센터에 찾아와 전달했다고 하네요. 센터 출신의 고양이와 함께 생활하는 사람도

기부에 많이 동참했다고 합니다.

기부된 물건 가운데는 손뜨개 쥐 인형도 많았습니다. 고양이가 주로 생활하는 공간은 무엇보다 청결이 중요해서 담요와 장난감을 수시로 빠는데 세탁기에 빨아도 되는 울과 아크릴 제품이 정말 도움이 된다고 합니다.

취재／사카모토 미유키

Japan 일본
이와테현에서 홈스펀을 체험하다

위／이와테현 모리오카시 다이지지초에 있는 아카네카이의 상점에서는 다양한 작품을 만날 수 있습니다. 아래／목도리 짜기 체험을 하는 모습. 작품에 사용하는 실과 같은 실로 목도리를 짤 수 있습니다.

소설 《구름을 잣다》(이부키 유키)를 아시나요? 베틀로 직접 짜는 천 '홈스펀'에 이끌려 주인공이 자기의 길을 발견하면서 성장하는 이야기입니다. 이야기의 무대가 된 모리오카시 모리오카 수예마을에서는 본격적인 베틀인 다타바타로 손쉽게 홈스펀을 체험할 수 있습니다. 겨울에는 예약하면 목도리를 짜볼 수 있다고 해서 모리오카로 향했습니다. 강사는 주식회사 미치노쿠 아카네카이의 스태프. 미치노쿠 아카네카이는 일본이 패망한 후 여성의 자립을 지원할 목적으로 1958년에 발족한 회사입니다. 지금도 운영에서 생산까지 모든 과정을 여성이 담당하고 있으며 홈스펀 기술을 소중히 여기며 이어가고 있습니다. 체험할 때는 어머니가 발 조작을 하고 아이가 북을 통과하며 서로 협력해서 미니 목도리 만들기를 즐기는 모습도 보였습니다. 100년 역사를 느끼면서 홈스펀 체험을 끝내고 나니 저에게도 특별한 목도리가 생겼습니다.

취재／이시이 아키코(poyo)
미치노쿠 아카네카이
https://www.michinoku-akanekai.com

The United Kingdom 영국
영국에서 떴던 세 켤레의 장갑

왼쪽부터／생커 장갑, 데일스 장갑, 셰틀랜드 드라이빙 장갑.

1800년대에 영국의 3개 지역에서 쌍둥이처럼 닮은 장갑을 짰습니다. 요크셔의 데일스 장갑, 스코틀랜드의 생커 장갑과 셰틀랜드의 드라이빙 장갑. 어디가 발상지일지 궁금해졌습니다.

2023년에 데일스컨트리사이드 박물관에 데일스 장갑을 보러 갔습니다. 생커 장갑의 섬세한 무늬와 상당히 비슷한 무늬의 장갑이었습니다. 장갑을 보던 중에 갑자기 생각났습니다. 데일스 지역과 생커는 190㎞나 떨어져 있습니다. 데일스 지방으로 가는 노선은 리즈와 칼라일을 잇는데 칼라일에서 글래스고로 가는 도중에 생커가 있습니다. 두 곳 다 1850~1870년 사이에 역이 생

기고 철도가 개통됐습니다. '쌍둥이 같은 무늬는 기차로 이동하는 사람이 상대의 무늬를 알게 되면서 만들어진 게 아닐까?' 마음속으로 생커와 데일스 장갑을 연결시켰습니다. 그리고 아주 오래 전에는 생커 장갑과 셰틀랜드의 드라이빙 장갑의 손목 무늬가 같았습니다. 발상지는 모르지만 셰틀랜드, 생커, 요크셔 데일스, 각각의 지역에서 전통 뜨개 법이 이어져 내려오고 있습니다.

9월에 이 3곳을 둘러보는 여행을 다녀오려고 계획 중입니다.

Email wool@eurojapantrading.com
취재／요코야마 마사미(Euro Japan Trading Co.)

솜솜뜨개

SUMMER
KNITTING DAY ♥

파도 풀오버 패키지 오픈!

네이버에 　솜솜뜨개　 를 검색해주세요 !

오프라인 쇼룸 : 서울시 마포구 서교동 496-6 (망원역 도보 7분)

털실타래
keitodama 2024 vol.8 [여름호]

Contents

시원한 투명감으로 즐기는
시어 니트 & 크로셰

… 8

knit design KAZEKOBO
photograph Shigeki Nakashima
styling Kuniko Okabe,Yuumi Sano
hair&make-up Chie Ishikawa
model Roos
book design Fumie Terayama

시원한 투명감으로 즐기는
시어 니트&
크로셰

photograph Shigeki Nakashima   styling Kuniko Okabe, Yuumi Sano   hair&make-up Chie Ishikawa   model Roos(174cm)

더운 여름에도 산뜻하게 지낼 수 있는 특별한 옷을 떠보세요. 메시 무늬와 비침무늬,
레이스 모티브 등 바람이 잘 통하는 니트&크로셰로 한여름을 기분 좋게 맞이해보아요!

술술 떠서 재미있게 입을 수 있는 어깨
리본 장식 베스트는 나풀거리는 실이 무
척 귀여워요. 코를 빼먹지 않도록 주의만
하면 나머지는 간단히 뜰 수 있습니다.
어깨의 리본은 묶는 위치에 따라 인상이
바뀌니까 원하는 대로 묶어보세요!

Design／오쿠즈미 레이코
How to make／P.100
Yarn／퍼피 프로탕

10

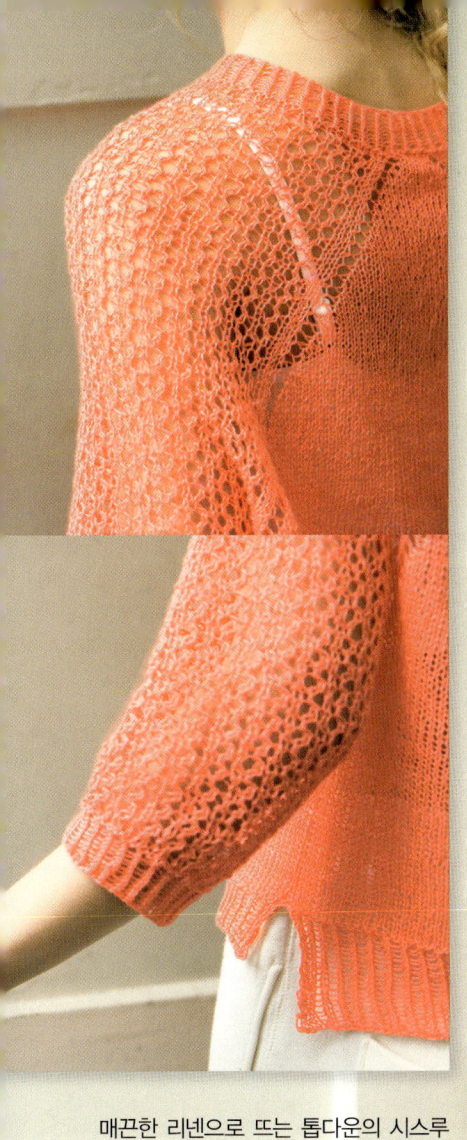

매끈한 리넨으로 뜨는 톱다운의 시스루 니트. 여름에 어울리는 키치한 비타민 컬러로 활기찬 느낌을 냈어요. 래글런선 시작 위치가 중앙에 가깝다는 것이 디자인의 포인트! 비침무늬는 2코 모아뜨기와 걸기코를 교대로 배치해 세로선을 만듭니다.

Design／바람공방
How to make／P.104
Yarn／퍼피 퍼피 리넨 100

늘림코와 3코 모아뜨기를 반복하는 비침
무늬. 어깨 경사 라인은 되돌아뜨기가 아
니라 줄임코로 떠서 소매가 자연스레 내
려오는 프렌치슬리브를 만들었어요. 밑단
과 목둘레를 두 겹으로 하고 끈을 끼워
디자인에 움직임을 더했습니다. 텍스처
가 있는 코튼 리넨은 네프도 깜찍해요.

Design／시바타 준
How to make／P.102
Yarn／데오리야 코튼 리넨 KS

목둘레부터 톱다운으로 뜨는데, 중간까
지는 원통으로 뜨지 않고 평면으로 떠서
앞 목파임을 만듭니다. 멍석뜨기 안에 걸
기코와 3코 모아뜨기를 넣은 비침무늬는
산뜻한 그물 무늬가 됩니다. 메리야스뜨
기의 래글런선이 단정한 느낌을 줍니다.

Design／YOSHIKO HYODO
Knitter／유키에
How to make／P.111
Yarn／데오리야 오리지널 코튼

큼직한 육각 모티브가 눈길을 끄는 카디
건은 바탕무늬를 굵은 패널 형태로 조합
해 세련되게 마무리했습니다. 부드러운
색감과 라메가 자연스럽게 섞인 실로 떴
기 때문에 우아한 스타일링에도 잘 어울
립니다.
Design／기시 무쓰코
How to make／P.106
Yarn／스키 얀 스키 미나모

구멍이 뚫린 도트 무늬가 유니크해 인상적이에요. 떠나가면서 하나 둘 원형무늬가 생겨서 즐겁게 뜰 수 있습니다. 뜨는 법이 어렵지는 않지만 무늬에 익숙해질 때까지는 기호도를 잘 보며 떠주세요. 슬리브리스 서머 드레스 등에 매치해도 좋습니다.

Design／가와이 마유미
Knitter／마쓰모토 요시코
How to make／P.114
Yarn／스키 얀 스키 미나모

살짝 색이 바랜 듯한 빨간색은 피부색이
예뻐 보이고 대단히 멋스러워요. 앞뒤 몸
판과 소매를 일직선으로 뜨고 나서 요크
에서 전부 이어 원형으로 뜹니다. 심플하
면서도 자잘한 기법을 효과적으로 사용
해서 빨리 뜨고 싶게 만든답니다.

Design／우노 지히로
How to make／P.116
Yarn／고쇼산업 게이토피에로 카로(Caro)

체형을 커버해주는 낙낙한 오버사이즈
의 베스트 니트는 부드러운 리넨 실 2가
닥으로 떴습니다. 아래에서부터 원통으
로 뜨다가 트임 끝부터는 실 1가닥의 색
깔을 바꿔 앞뒤로 나눠 뜹니다. 옆쪽에
끼운 끈으로 실루엣에 포인트를 줍니다.

Design／yohnKa
How to make／P.118
Yarn／고쇼산업 게이토피에로 그레이스풀
리넨(graceful linen)

17

수국

별사탕(콘페이토), 솜사탕, 팝콘, 만화경, 별 모으기(호시아츠메), 공놀이 노래(테마리우타), 꽃 싸라기(하나아라레).

사랑스러우면서도 향수를 불러 일으키는 그리운 단어들입니다. 사실 이 단어는 모두 수국 품종 이름이랍니다. 이번에는 그 중에서도 별사탕이란 이름의 꽃을 작품으로 만들어봤습니다. 꽃잎 여덟 장과 가운데에 동글동글 옹기종기 모여 있는 꽃망울이 마치 어릴 적 먹었던 별사탕처럼 보이네요. 정말 귀엽습니다.

수국은 영어로 'hydrangea'라고 하는데 그리스어가 어원으로 '물그릇'이라는 뜻입니다. 빗방울에 물든 모습이 너무나 아름다워서 말로 이루 다 표현할 수 없기 때문이지요. 수국 종류는 헤아릴 수 없을 만큼 다양합니다. 정신 없이 찾다 보니 '사랑은 비를 타고'라는 품종도 있더군요. 제가 굉장히 좋아하는 영화의 제목과 같아요. 경쾌한 영화 음악에 맞춰 오늘도 레이스 바늘을 움직이며 꽃을 떠볼까요?

photograph Toshikatsu Watanabe styling Terumi Inoue

How to make／P.64
Yarn／DMC 콜도넷 스페셜 no. 80

Lunarheavenly
나가자토 가나

레이스 뜨개 작가. 2009년 Lunarheavenly를 설립, 극세 레이스실로 만든 꽃으로 정교한 액세서리를 만들어 개인전을 열거나 이벤트에 출품해 전시하고 있다. 꽃을 완성한 후에 염색하는 방식으로 섬세한 그러데이션 색 연출과 귀여운 작품으로 정평이 나 있다. 보그학원 강사로 활동 중이다. 저서로 《루나 헤븐리의 코바늘로 뜬 꽃 장식》 외 다수가 있다.

Instagram: lunarheavenly

노구치 히카루의 다닝을 이용한 리페어 메이크

'리페어 메이크'라는 말에는 수선하면서 그 작업을 통해 그 물건이 발전하고 진보한다는 생각을 담았습니다.

노구치 히카루(野口光)
'hikaru noguchi'라는 브랜드를 운영하는 니트 디자이너. 유럽의 전통적인 의류 수선법 '다닝(Darning)'에 푹 빠져 다닝을 지도하고 오리지널 다닝 기법을 연구하는 등 다양하게 활동하고 있다. 심혈을 기울여 오리지널 다닝 머시룸(다닝용 도구)까지 만들었다. 저서로는 《노구치 히카루의 다닝으로 리페어 메이크》, 제2탄 《수선하는 책》 등이 있다.
http://darning.net

【이번 타이틀】
수건에서 반짝이는 프리즘 삼각형 잇기

before

세탁을 반복해
후줄근해졌어요…

photograph Toshikatsu Watanabe   styling Terumi Inoue

이번에는 '다닝 구라게'를 사용했습니다.

저는 '세탁물이 마르지 않는 것'에 대한 공포를 갖고 있어요. 런던에 있을 때는 살고 있던 공동주택에서 바깥에 빨래 너는 것을 금지해 욕실에 말려야 하긴 했지만 금방 말랐고, 남아프리카에 있을 때는 마당의 빨래 건조대에서 햇볕에 말렸습니다. 현재 살고 있는 일본 집은 1층이라서 햇볕이 들지 않으므로 수건이 마르지 않아 냄새가 날까 걱정돼 목욕 수건은 모두 거즈 소재로 맞췄습니다.
이 거즈 목욕 수건은 6년 전에 무인양품에서 구입했습니다. 시간이 지나면서 후크에 거는 부분부터 닳았습니다. 거즈 목욕 수건 중에 마음에 드는 게 좀처럼 없는 데다 수년간 사용하면서 겨우 제가 원하는 거슬거슬한 감촉이 되었기 때문에 손상된 곳이 있다고 해서 처분하지는 못하겠더라고요. 다닝으로 당분간은 다시 쓸 수 있게 수선했습니다. 기법은 잉글리시 바스켓 다닝. 실은 리넨 혼방의 코튼 털실을 갈라 가늘게 만든 것을 사용했습니다. 삼각형을 이으며 꿰맸더니 크레이지 패치워크 같은 리드미컬한 작품이 되었습니다. 또 해지면 같은 기법으로 조금씩 삼각형을 늘려가야겠습니다.

michiyo의 4 사이즈 니팅

여름이라도 니트를 즐기고 싶잖아요.
넉넉한 실루엣에 바람이 잘 통하는 무늬의 풀오버를 제안합니다.

photograph Shigeki Nakashima   styling Kuniko Okabe, Yuumi Sano   hair&make-up Hitoshi Sakaguchi   model Julianne(160cm)

백 레이스
풀오버

여름옷은 몸에 붙지 않고 바람이 잘 통해야 시원하고 이상적이라는 발상에서, 앞판은 심플하고 뒤판은 레이스 플레어가 되는 디자인을 고안했습니다.

소매를 따로 뜨지 않고 몸판과 하나가 되도록 어깨너비를 크게 잡되, 앞판은 깔끔해 보이게끔 사다리꼴로 만들었습니다. 앞뒤 몸판은 단수가 같지만 레이스무늬 코의 크기는 다소 크므로 앞뒤로 길이와 폭의 차이가 예쁘게 납니다.

뒤판 무늬뜨기에서 메리야스뜨기로 바뀌기 바로 전에 바짝 코를 줄이는데, 주름이 많이 잡히기보다도 무늬 덕분에 산뜻한 플레어 모양이 됩니다.

앞판 사다리꼴과의 조합으로 앞에서 보면 약간 누에고치 모양으로도 보입니다. 앞뒤 차이를 만끽하면서 착용해줬으면 좋겠습니다.

촉감이 매끄러운 코튼 트위드는 심플한 편물에도 표정을 만들어줍니다. 디자인의 포인트는 무엇보다 뒤판의 레이스무늬입니다. 넓게 펼쳐지는 실루엣이 아름다운 풀오버를 맵시 있게 입어보아요.

How to make／P.122
Yarn／하마나카 코토네 트위드

소맷부리

소맷부리 고무뜨기의 단수는 4사이즈 모두 같습니다. 소매 기장을 길게 하려면 고무뜨기 부분을 길게 뜨기를 추천합니다.

목둘레

목둘레 깊이는 S&M, L&XL 2가지이지만 너비를 조금씩 바꿨으므로 4사이즈의 트임 크기가 제각기 다릅니다.

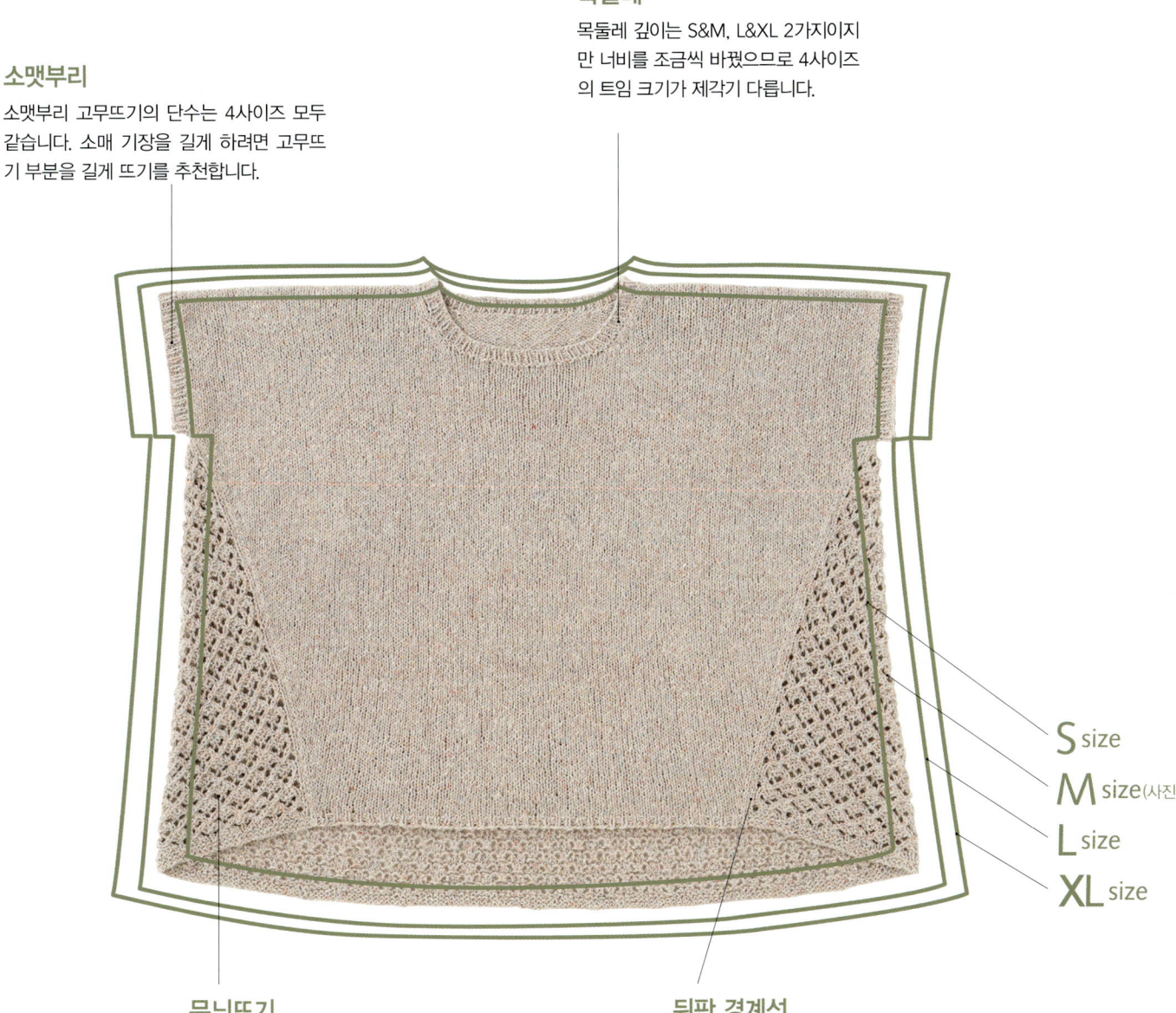

S size
M size(사진)
L size
XL size

무늬뜨기

마지막 줄임코 무늬를 4사이즈 모두 같아지게끔 맞췄기 때문에 뜨개 시작 위치는 사이즈에 따라 다릅니다.

뒤판 경계선

소맷부리 너비에 따라 바꿨으므로 치수의 차이가 기장에 그대로 반영됩니다.

michiyo

어패럴 메이커에서 니트 기획 업무를 하다가 현재는 니트 작가로 활동하고 있다. 아기 옷부터 성인 옷까지, 여러 권의 저서가 있다. 현재는 온라인 숍(Andemee)을 중심으로 디자인을 발표하고 있다. 〈털실타래〉에 실린 작품을 모아서 엮은 책 《michiyo의 4사이즈 니팅》이 출간됐다.
Instagram: michiyo_amimono

※무늬를 기준으로 한 사이즈이므로 치수 차이는 균등하지 않습니다.

여행하는 뜨개인
반

photograph Bunsaku Nakagawa text Hiroko Tagaya Special thanks BONUS TRACK

폐기되는 편물을 활용한 작품. 독창성이 넘친다.

반이 뜬 풀오버.

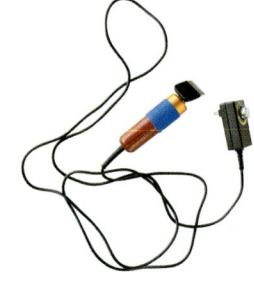

터프팅 작품을 다듬을 때 바리캉을 사용한다. 이 작업도 즐겁다.

메이커가 폐기하는 편물. 이걸 풀어서 활용한다.

반(BAN, 伴真太郎)
도쿄도 거주. 문화복장학원 니트디자인과 졸업. 폐기되는 니트를 활용해 오리지널 작품을 제작하는 활동을 하는 (주)모두의 니트 공화국 대표 겸 디자이너. 어패럴 기업과 복지 시설을 연결해 폐기물을 재이용하는 상품 제조와 판매를 하고 있다. 문화복장학원 강사. 보너스 트랙(BONUS TRACK) 터프팅부 부장.
X: @babababababanban
Instagram: ukniti

이번 게스트는 주식회사 모두의 니트 공화국 대표 반(본명 반 신타로)입니다. 그가 제작·판매하고 있는 러그는 가지각색의 실로 이루어져 있어 독특한 느낌을 자아냅니다. 사실 이 러그는 실 제작사에서 어패럴 기업에 배포하는 샘플 편물을 재이용한 것입니다.

"전에 이탈리아 실 수입 대리점에서 일했는데 고급 브랜드가 채용할 법한 질 좋은 실로 된 샘플이 폐기되는 게 아깝더라고요."

그래서 사업을 시작했습니다. 특이한 점은 샘플의 편물을 수작업으로 푼다는 것.

"고급 울은 섬유가 길어서 기계로 재단하면 섬유째 잘려서 따끔따끔해요. 하지만 이 작업은 혼자서 하기에는 한계가 있어요. 그럼 누구에게 의뢰할까 고민하던 참에 장애인 시설에서 일하는 친구에게 우연히 연락이 와서 보러 갔더니, 상상 이상으로 많은 일을 하고 있더라고요. 실 푸는 작업을 이 시설에서 해주면 좋을 것 같았어요."

그때부터 2년간 시설 직원으로 일하면서 전국 각지의 장애인 시설을 돌아다니며 견학했습니다.

"장애가 있는 사람과 일한다는 건 어떤 느낌일까, 장애라 해도 상황이 다양하니까 정신 장애인에게는 와인더로 실을 감는 작업을 부탁해야겠다, 요양 보호가 필요한 사람에게는 짧은 실을 묶어서 한 가닥으로 만드는 작업을 부탁해야지 같은 생각을 했어요."

그 결과 '모두의 니트 공화국'이라는 기업이 탄생했습니다.

"실을 풀어줄 사람을 찾는 것이 결과적으로 장애가 있는 사람을 지원하는 일로 이어졌지만, 폐재를 제공해서 기업의 CSR(사회적 책임)을 실천할 수도 있으니까 제 사업이 모두에게 좋은 일이 됐으면 했어요. 그래서 순환경제를 실현하려는 마음을 담아 이런 기업명으로 지었습니다. 지금 환경 문제의 요인으로 어패럴이 비판받고 있는데 저도 어패럴 쪽에서 일했던 경험이 있으니 무작정 비판하기보다 공화국을 만들고 싶었어요."

주식회사인 점도 중요합니다.

"NPO는 수익성보다 공익성을 우선시해서 세상에 퍼지기 어려워요. 예를 들어 독일 장애인 시설은 기업이라서 상품을 파는 사람도 사는 사람도 세제 혜택이 있어요. 세상에 널리 퍼지는 구조로 되어 있는 거죠."

애초에 그는 문화복장학원의 니트디자인과 출신입니다.

"텍스타일디자인과 선배의 전시가 멋있었고, 원단 제작부터 전부 할 수 있는 의류 제작에 끌려 텍스타일과에 진학하려 했더니, 그 선배가 친절하게도 내년부터 커리큘럼이 바뀐다고 알려줬어요. 어떻게 할까 고민하고 있는데 이번에는 니트과의 재미있는 선생님과 만나서 니트는 염색도 뜨개도 전부 할 수 있다는 얘기를 들었어요."

니트과를 졸업한 뒤에는 2년 동안 배낭여행을 했습니다. 그리고 앞으로도 해외에 접할 수 있는 일을 하고 싶어 어패럴 쪽으로 취직했습니다. 거기서 거래처인 이탈리아 실 수입 대리점에서 스카우트되어 현재에 이릅니다. 이렇게 그는 지금까지 꾸준히 발전해왔습니다. 앞으로의 여행도 어떻게 발전할지 기대됩니다.

1／취재할 때 반의 활동을 무척 알기 쉽게 설명해줬다. 2／'뜨개는 애당초 지속 가능한 행위'라고 한다. 터프팅 활동의 거점이기도 한 시모키타자와의 보너스 트랙에서. 3／뜨개는 문턱이 높다는 사람에게도 재미를 느낄 수 있도록 터프팅 강좌도 개최(자세한 내용은 Instagram). 4／폐기되는 편물을 활용해 재탄생한 유일무이한 실타래. 5／블랭킷도 제작, 판매하고 있다. 6／편물을 풀 때 사용하는 실 와인더. 이 작업도 아무것도 모르는 사람에게는 흥미의 대상이다. 7／편물을 풀어 다시 감는다. 소량이라도 고급 실임에는 변함없다. 8／수 시간에 걸친 워크숍에서 만들어지는 매트, 젊은 연령층에게도 인기다. 9／자유분방하고 여행과 유대를 소중히 하는 반은 사람을 끌어당긴다.

2	1
5	4	3
9		6
	8	7

23

클래식한 레이스뜨기에 모던함을 더해요.
상쾌한 레이스 소품과 새로운 여름 스타일을 즐겨보세요.

photograph Shigeki Nakashima   styling Kuniko Okabe, Yuumi Sano

레이스뜨기 도일리라고 하면 얇고 섬세한 것을 상
상하기 쉽지만 이렇게 탄탄한 도일리도 매력적이
에요. 임팩트가 있는 겉모양과 부담 없이 쓸 수 있
다는 점도 좋아요. 걸어뜨기가 두툼하게 만드는
열쇠가 됩니다.

Design／가사이시 아키
How to make／P.124
Yarn／올림포스 에미 그란데

무채색 레이스 아이템에 색을 가미해 장식하면 레이스 소품의 이미지가 싹 바뀝니다. 모티브 수를 늘리거나 줄이는 것만으로 애착 테이블에 맞춰 길이나 너비를 바꿀 수 있는 자유로운 아이템입니다.

Design／가와이 마유미
Knitter／오키타 기미코
How to make／P.120
Yarn／올림포스 금표 40수 레이스 실

인테리어 패브릭을 계절에 맞춰 달리하는 것은 인
테리어 바꾸기의 묘미입니다. 추운 계절에 활약한
그래니 모티브 블랭킷을 청량감 있는 레이스 모티
브로 체인지! 흰 레이스는 방에 빛을 모아줍니다.

Design／호비라 호비레
How to make／P.129
Yarn／호비라 호비레 프라임 레이스 20

뜨개머리앤의 독일 퀼른 H+H 박람회 리포트

글·사진 최수영(뜨개머리앤)

업체 부스의 전경. 영국 전통의 헤리티지를 보여주는 로완(ROWAN).

1/라마나(LAMANA)에서 비지니스 미팅 중인 사람들. 2/2024년 쇼에 전시된 뜨개실과 편물을 진지하게 보고 있는 참관객. 3/올해 론칭 예정인 실 전시. 준비한 이들의 열정과 정성이 고스란히 느껴진다. 4/눈을 맞추며 비지니스 미팅 중인 뜨개머리앤의 앤(최수영).

H+H 퀼른 박람회(H+H cologne)는 수공예 분야 행사 중 독일 퀼른에서 열리는 세계적으로 가장 위상 있는 비지니스 트레이드 쇼입니다. 올해는 40개국에서 300여 개의 전시 업체가 참가하고, 67개국에서 1만 4,700명이 방문했다고 하니 전시회의 규모와 흥행은 더 말할 것도 없이 대단합니다. 벌써 11번째 방문이라 어떤 이야기를 할까, 생각하다 털실타래 독자 여러분께는 매년 이곳에 모이는 '사람들'에 대해 들려드리고자 합니다.

매년 다양한 국가, 인종, 종교, 그리고 배경을 가진 이들이 이곳 퀼른으로 모입니다. 그리고 그 다른 배경만큼이나, 성향도 다르고, 주력으로 취급하고 있는 상품군들도 나라마다 다르답니다. 이탈리아 제조사들은 최상의 퀄리티의 뜨개실을, 튀르키예는 상당한 자본력과 규모를 바탕으로 아크릴 혼용의 화려한 중저가 뜨개실을, 영국은 특유의 전통적이며 클래식한 제품과 디자인을 소개하는 경우가 많습니다. 역사적으로 다양성을 받아들여 번영한 네덜란드는 그에 맞게 혁신적인 콘셉트의 브랜드를 선보여 깜짝 놀라게 하기도 합니다.

H+H 퀼른 박람회의 가장 명확한 특징은 바로 B2B(Business to business) 성격의 쇼라는 점입니다. 순수 취미로만 관심을 가지고 방문한 관람객들도 간혹 보이지만, 전시에 참여한 부스의 업체들은 수공예 관련 업체 오너들을 주 고객으로 여깁니다. 우리나라와는 달리 유럽이나 미국의 공방 오너들은 이 쇼에서 론칭 예정인 뜨개실을 보고, 그 해에 판매할 뜨개실을 프리오더하는 것이 일반적입니다. 이렇게 수공예 관련 메가 브랜드부터 신규 론칭 브랜드까지 그 해에 출시 예정인 상품들을 야심 차게 선보이는 쇼인 동시에 오더 및 계약이 실시간으로 이루어지는 쇼이다 보니 뜨개실을 보여주고 살펴보는 이들의 진지한 열정과 에너지가 넓디넓은 전시장 안을 가득 채웁니다.

비지니스 만남이라 하면 분위기가 사뭇 사무적이고 딱딱할 것 같지만 사실 그렇지만은 않습니다. 가만히 이들의 모습을 지켜보면 오랜 친구를 향하는 따스한 환대의 포옹과 입맞춤, 우정 어린 표정으로 대화를 나누는 모습의 순간들을 어렵지 않게 포착할 수 있습니다. 수공예라는 공통 분모를 가지고 수년을 이 쇼에서 만나다 보면 애정과 우정이 생기기 때문입니다. 저희 내외도 담당자의 집으로 디너 초대를 받기도 하고, 클라이언트 부부와 출장길의 프랑스에서 만나 담소를 나누거나, 그들의 가족을 방문하기도 했습니다. 공방을 운영하고 있거나, 오래 참여하는 클래스가 있는 분이라면 무슨 말인지 알 거라고 생각합니다. 일차적으로는 사장과 고객의 관계로 시작되지만, 시간이 흐를수록 따스한 우정이 깃든다는 것을요.

수공예품에는 만든 이의 마음과 정신이 담기기 마련입니다. 만든 이가 따스하면, 제품에도 따스함이 담겨 있죠. 브랜드도 같아요. 브랜드가 나타내는 가치를 통해 그것을 만들고, 열정을 쏟는 이들을 알 수 있습니다. H+H 퀼른 박람회에서는 매년 아름답고 다양한 뜨개실과 디자인뿐만 아니라 그것을 만들고 사는 이들의 관계도 피어나고 있습니다.

Enjoy Keito

매끄러운 촉감을 지닌 리사이클 코튼 브랜드 '사레도(saredo)'의 실을 사용한 작품을 소개합니다.

photograph Hironori Handa styling Masayo Akutsu hair&make-up Yuri Arai model Ana(174cm)

saredo
RECYCLED COTTON 100
사레도 리사이클드 코튼 100

리사이클 코튼 100%, 색상 수／13(Keito 취급), 1콘／약 200g,
실 길이／약 780m, 실 종류／중세, 권장 바늘／대바늘 3~6호
일본의 방적 공장에서 생긴 솜 부스러기(미사용 섬유) 100%를
재생한 리사이클 코튼. 독자적인 방적 방법을 활용하여 비교적
털이 긴 솜 부스러기만으로 방적한 실을 일본의 염색공장에서
염색하여 만든 'MADE IN JAPAN'의 친환경 리사이클 소재입
니다.

젤리피시 숄

사슬뜨기, 짧은뜨기, 한길긴뜨기 등 기본 뜨개
테크닉만으로 뜰 수 있는 크로셰 숄. 군데군데
쭉 뻗어 있는 무늬뜨기가 해파리를 닮아 귀여운
디자인입니다. 선명하고 산뜻한 색감이라 심플
한 여름 패션에 포인트를 줄 수 있답니다.

Design／이시즈카 마리
Knitter／스토 데루요
How to make／P.127
Yarn／사레도 리사이클드 코튼 100

Denim Salopette／하라주쿠 시카고 하라주쿠점
Glasses／SLOW 오모테산도점

saredo
RE re Ly
사레도 리리리

리사이클 코튼 100%, 색상 수／12(Keito 취급), 1콘／약 100g, 실 길이／약 280m, 실 종류／합태, 권장 바늘／대바늘 3~6호
리사이클드 코튼 100과 마찬가지로 미사용 솜 부스러기로 만든 릴리 얀. 리사이클드 코튼보다 굵은 편이라 의류처럼 큰 작품에도 도전하기 쉬운 'MADE IN JAPAN'의 실입니다.

지그재그 프렌치 풀오버

가슴과 밑단 부분에 비침무늬를 넣은 대바늘뜨기로 뜬 풀오버. 비침무늬 덕분에 시원해 보이고 심플한 디자인이라 티셔츠처럼 가볍게 착용할 수 있어요.

Design／miu_seyarn
Knitter／스토 데루요
How to make／P.121
Yarn／사레도 리리리

Pants · Bangle／하라주쿠 시카고(하라주쿠/진구마에점)

팔레스타인 자수란 팔레스타인 여성의 민족의상과 인테리어에 장식된 자수로, 농민과 유목민 여성들을 중심으로 계승됐습니다. 저는 이 팔레스타인 자수에 매료되어 2014년부터 팔레스타인 여성들과 오비(일본 전통 허리띠)를 만들고 있습니다. 현재는 농업 대학원에서 박사 후기 과정을 밟으며 팔레스타인 자수와 여성들의 경제적 자립에 주목한 연구도 하고 있습니다.

2023년 10월 7일에 발발한 이스라엘-하마스 전쟁이 이어지고 있는 가운데 이스라엘의 가자(Gaza)지구를 향한 공격은 더욱 거세지고 있습니다. 4월 초 기준으로 가자지구에서만 최소 3만 3,000명이 희생되었으며, 그중 상당수가 잔해 속에 깔려 있어 정확한 희생자 수는 파악되지 않고 있습니다. 희생자의 대다수는 어린이와 여성으로, 자수 작업을 도와주고 있는 가자지구 여성들의 안전은 확인되지 않았습니다. 그뿐만 아니라 요르단강 서안지구의 폭력 사태도 더욱 격화되어 460명이 넘는 사람들이 숨졌습니다. 현재 팔레스타인 사람들은 매우 가혹한 상황에 부닥쳐 있습니다. 가자지구에

예루살렘 구시가지에 있는 '바위의 돔'과 전통의상을 입은 여성.

는 더 이상 안전한 장소도 먹을 것도 없고 탈출구도 없습니다. 즉각적인 인도주의적 휴전이 필요한 이유입니다.

팔레스타인 자수를 통해 팔레스타인에 대해 알아가는 계기가 되셨으면 합니다. 이렇게도 아름답고 섬세한 자수를 만들어 내는 사람들을 위해 마음을 써주셨으면 좋겠습니다.

세계 수예 기행 「팔레스타인」
전쟁을 극복해 온
팔레스타인 자수

취재·글·사진/야마모토 마키 편집 협력/가스가 가즈에

팔레스타인 자수의 역사

현재의 팔레스타인 자치구는 지중해 동부에 있는데, 요르단강 서안지구와 가자지구를 합친 면적은 이바라키현의 면적과 비슷합니다. 유구한 역사를 지닌 팔레스타인에서는 자수를 포함한 염색 및 직조 산업이 오래전부터 행해져 왔으며, 자수로 장식한 의상을 이집트 파라오에게 헌상했다는 기록도 남아 있습니다. 다양한 자수 기법 중 크로스스티치와 카우칭스티치를 주로 사용하는데, 팔레스타인 자수만의 특징은 이 스티치들을 통해 탄생한 독특한 문양에서 찾아볼 수 있습니다.

팔레스타인 자수는 농민과 유목민의 작업복을 보강하기 위해 사용한 자수에서 유래했습니다. 옷감을 내구성 있게 만들면서 주변의 풍경이나 일상, 신화를 자수로 표현하기 시작했는데, 사이프러스, 꽃, 새, 코홀 홀더(아이라이너 용기), 파샤의 천막과 같은 문양이 바로 그 예입니다. 이후 자수는 도시 지역 여성들에게도 전파되어 예루살렘과 베들레헴, 자파(Jaffa) 등의 지역에 사는 부유한 여성들은 시간과 노력을 들여 금실과 은실로 화려한 자수 드레스를 만들었습니다. 이들은 어릴 때부터 어머니와 할머니에게 자수를 배워온 덕에 신부 의상을 직접 만들어 입을 정도로 자수 솜씨가 좋았습니다. 드레스뿐만 아니라 쿠션 커버와 태피스트리, 손수건 등 다양한 생활용품에도 자수를 넣었습니다. 이렇듯 자수는 팔레스타인 여성의 일상생활과 밀접하게 맞닿아 있는 전통공예이자 예술이며, 출신 지역과 마을, 그리고 가족 등 그들의 사회적 지위를 나타내는 것이기도 했습니다.

전쟁이 자수에 미친 영향

1948년 제1차 중동전쟁과 이스라엘 건국으로 인해 수많은 팔레스타인 사람이 난민이 된 후에는 상황이 급변하여 여성들은 더 이상 자수를 할 여유가 없어졌습니다. 피난할 때 가지고 나온 재산이기도 한 자수 드레스를 작은 조각들로 잘라 음식과 돈으로 교환하며 삶을 이어 나갔습니다. 드레스 조각들은 패치워크 되어 쿠션 커버 등으로 재탄생하여 상점에서 판매되었습니다.

하지만 자수는 팔레스타인 사람들의 문화적 정체성의 상징이자 경제적 자립의 수단으로 부흥하기 시작했습니다. 1950년경부터 NGO와 국제기구들이 설립되면서 난민캠프와 농촌 마을에 사는 여성들의 자수 제작 및 판매를 지원해주었습니다. 1980년대 후반에 발발한 제1차 인티파다(이스라엘 점령에 반대하는 팔레스타인의 민중 봉기) 때, 팔레스타인 사람들은 국기 게양을 금지당했습니다. 그러자 여성들은 자신이 입는 전통의상에 국기와 지

20세기 초중반에 만들어진 팔레스타인 각지의 민족의상을 입은 여성들.

©Palestinian Heritage Center

A／20세기 중반에 만들어진 베두인(아랍계 유목민) 드레스. 가슴·어깨·스커트에 카네이션, 루피너스, 아몬드 등의 문양이 가득 수놓아져 있다. 20세기 중반까지 노란색 자수는 베두인 여성들이 사용했기에 도시 지역 여성들은 노란색 자수를 좋아하지 않았다. 소매에는 패치워크가 되어 있다. B／20세기 중반에 만들어진 베개 커버. 등대, 별, 맷돌 등의 자수가 놓여 있고 시리아와 유럽산 원단으로 패치워크가 되어 있다. C／20세기 중반에 만들어진 가자의 드레스. 가슴 부분에는 사이프러스 무늬를 활용해 목걸이처럼 디자인한 문양이 수놓아져 있다. 진한 남색에 분홍색 줄무늬가 들어간 '마즈달(Majdal)' 직물은 가자지구의 특산품으로, 지금도 손으로 직접 실을 엮어 만든다. D／20세기 중반에 만들어진 민족의상. 맨 앞은 베들레헴의 드레스와 기혼 여성용 모자. 가운데는 예루살렘 및 인근 지역의 드레스. 맨 뒤는 자파 지역의 드레스로, 스커트 앞부분에 트임이 있어 바지와 함께 착용한다. E／인티파다 드레스(Intifada Dress). 팔레스타인 국기와 지도, 예루살렘의 '바위의 돔'이 수놓아져 있다. F／20세기 중반에 만들어진 남성용 담배 케이스. 신부가 직접 수놓는 혼수품 중 하나였다.

©Tanya Traboulsi for the Palestinian Museum

31

도를 수놓기 시작했습니다. 이것은 훗날 인티파다 드레스라고 불리게 되었고, 자수는 팔레스타인 여성들의 이스라엘에 대한 저항의 상징이 되기도 했습니다. 그리고 2021년에는 유네스코 세계 무형문화 유산으로 등재되었습니다.

현재 팔레스타인에서는 자수 의상을 결혼식이나 축제, 행사 등에서 주로 착용하며 일상복으로 입는 경우는 줄어들고 있습니다. 손으로 수놓은 드레스는 굉장히 고가이다 보니 대부분의 팔레스타인 사람은 쉽게 접근하기 어려운 상황입니다. 수제 자수 드레스를 구매하거나 직접 만들 수 있는 이들은 팔레스타인 자치구 내에 살고 있는 부유한 팔레스타인 사람이거나, 디아스포라(Diaspora, 고향을 떠나 피난한 사람들)가 된 팔레스타인 사람입니다. 팔레스타인의 전통문화를 계승하려는 의지가 있으면서 경제적으로도 여유가 있는 사람들에게만 국한되어 있는 것이지요.

팔레스타인 자수 오비의 제작

코로나 팬데믹으로 인해 현지 방문이 어려워지면서 어떻게 제작해야 할지 고심한 끝에 지금은 현지를 방문하지 않고도 오비를 만들 수 있게 되었습니다. 현재 오비 제작을 돕고 있는 단체는 서안지구와 가자지구에 있는 4개 단체로, 난민과 농촌 지역 여성들이 자수 작업을 하고 있습니다. 그녀들이 수를 다 놓으면 일본으로 보내주는데 이것을 오비 제작 전문 장인이 넘겨받아 완성합니다.

과거에는 팔레스타인 여성이라면 누구나 자수를 할 수 있었습니다. 그러나 지금은 분쟁의 영향과 더불어 현대화로 인해 값싼 기계 자수가 대중화되면서 젊은 층들이 자수와 멀어진 데다가 판매할 수 있는 수준의 자수를 할 수 있는 여성 또한 한정되어 있습니다.

요르단강 서안지구 라말라의 아인 키니야(Ein Qiniya) 마을에 살고 있는 하디자 씨. 며느리가 수놓은 사이프러스 문양의 숄을 두르고 있다.

요르단강 서안지구 라말라(Ramallah)의 아마리(Amari) 난민캠프에서 살고 있는 50대 중반의 다우랏 씨는 캠프 내 자수 생산 조합에서 매니저로 일하고 있습니다. 그녀는 7~8살 무렵부터 자수를 시작해 기념일 드레스도 직접 만들었고 자수를 직업으로 삼아 돈을 벌어왔다고 합니다. 어렸을 때 만들었던 자수 드레스를 몇 벌 보여주기도 했습니다. 수를 놓아 번 돈으로 학비도 마련한 덕에 아들은 팔레스타인의 최고 대학을 졸업할 수 있었다고 합니다.

요르단강 서안지구 라말라의 농촌 지역에 살고 있는 사미아 씨는 뛰어난 자수 실력의 소유자입니다. 집안에 분명 멋진 자수가 많이 있을 것 같아 방문했는데 생각보다 자수 작품이 없었습니다. 자신을 위해 수를 놓을 만큼의 경제적인 여유가 없는 터라 작품을 만드는 족족 팔아 현금화했기 때문이었죠. 그렇게 해서 심장병을 앓고 있는 남편을 대신해 생계를 짊어지고 있었습니다.

오비에 수를 놓는 여성들은 입을 모아 "팔레스타인의 전통 자수가 일본 민족의상의 일부가 된다는 것이 매우 기쁘고 자랑스러워요."라고 말했습니다. 팔레스타인 자수로 오비를 만드는 것은 꽤 까다롭고 어려운 일입니다. 하지만 장애물이 아무리 높더라도 그 일을 넘어섰을 때 오는 성취감은 이루 말할 수 없습니다. 그저 가만히 앉아 지원받기만을 기다리는 것이 아니라, 스스로 노력을 통해 기술을 닦고 일의 즐거움과 어려움을 느껴가며 작품을 하나씩 만들다 보면 미래가 열릴 것이라 믿습니다.

훈련도 중요합니다. 오비를 수놓을 수 있을 만큼 솜씨가 뛰어난 여성은 극소수

여서 자수 실력을 키워주기 위해 한에리(半襟, 기모노용 속옷 위에 덧대는 장식용 깃) 제작도 맡기고 있습니다. 한에리는 오비보다 면적이 작아서 수놓을 때 실패할 일이 적어 자수 경험이 부족한 여성도 돈을 벌 수 있습니다.

팔레스타인 실크 자수의 부활

팔레스타인 자수는 20세기 중반까지는 시리아와 레바논에서 생산된 실크를 사용했습니다. 그러다가 영국의 위임 통치 시대였던 1920년대 무렵부터 프랑스의 주요 제조사들이 만든 면사를 사용하기 시작했습니다. 실크를 다루는 일은 굉장히 어렵기 때문에 서서히 다루기 쉬운 면사로 대체하게 된 것입니다. 현재 팔레스타인 자치구에서 유통되고 있는 자수 실의 대부분은 프랑스산 면사로, 실크는 전혀 유통되고 있지 않습니다. 과거에 만들어졌던 실크 자수가 들어간 팔레스타인 드레스는 광택이 매우 뛰어나서 면사 자수에서 느껴지는 투박한 질감과는 다른 느낌이 듭니다.

팔레스타인 자수 오비 역시 면사로 만들고 있습니다. 그러나 일본에서는 기모노를 입을 때 TPO를 중요시하는데, 면으로 된 오비는 일본의 공식 행사에서 착용할 수 없

**세계 수예 기행
「팔레스타인」
팔레스타인 자수**

습니다. 그래서 목표로 정한 것이 '실크로 된 팔레스타인 자수 오비'를 제작하는 것입니다. 현재로서는 우즈베키스탄의 자수용 실크로 제작할 수 있는지를 검토 중입니다. 나아가 그 이후에는 팔레스타인 실크 자수 오비와 팔레스타인 여성들의 전통의상을 재현하고자 합니다.

현대화로 인해 전 세계의 수공예가 사라지고 있지만 전쟁으로 인한 문화 파괴는 결코 용납되어서는 안 됩니다. 팔레스타인 자수는 거듭되는 전쟁을 극복하며 이어져 내려왔습니다. 분쟁이라는 측면에서뿐만 아니라, 세계의 수공예품과 마찬가지로 팔레스타인 자수를 문화와 예술로써 보아주셨으면 합니다. 팔레스타인 자수가 후세에도 계승될 수 있도록 앞으로도 현지 여성들과 팔레스타인 자수 오비를 만들며 일본 사람들에게 팔레스타인 자수와 팔레스타인의 현 상황을 알리는 데 힘쓰겠습니다.

요르단강 서안지구 나블루스(Nablus)의 발라타(Balata) 난민캠프에 있는 자수 생산 조합에서, 매니저 자키야 씨와 함께. 부적·아몬드 꽃봉오리를 수놓은 반폭(半幅) 오비를 들고.

G／요르단강 서안지구 라말라에 있는 아마리 난민 캠프의 자수 생산 조합에서. 매니저 다울랏 씨가 오비 자수에 대해 지시하고 있는 모습. UNRWA(유엔 팔레스타인 난민 구호기구)의 여성 센터에 입주해 있다. 수놓고 있는 문양은 '파샤의 천막'으로, 파샤란 오스만 제국의 고위 관리를 말한다. H／요르단강 서안지구에 있는 데이르 알−수단(Deir Al−Sudan) 마을의 한 여성이 식탁보를 수놓고 있다. I／요르단강 라말라의 아인 키니야(Ein Qiniya) 마을에 사는 하디자 씨의 자택에 있는 자수 쿠션 커버. 오른쪽에 있는 분홍색 색감의 자수는 현대적인 문양으로, 작은 비즈들도 달려 있다. J／코홀 홀더(아랍과 이슬람 지역 여성들의 아이라이너 용기)와 꽃문양이 수놓아져 있는 인티파다 오비. 가자지구의 난민 여성 여섯 명이 함께 수놓았으나 그녀들의 안전은 확인되지 않았다. K／'전통공예가 맺어준 실크로드의 아름다움, kudan house'에서. 팔레스타인·우즈베키스탄·파키스탄·이란·시리아·튀르키예 등의 민족의상과 오비를 착용한 여성들.

야마모토 마키(山本真希)

일본 도쿄 출생. 팔레스타인 자수 오비 프로젝트 창립자. 화장품 제조업체에서 약사로 일한 후 독립했다. 2006년경 팔레스타인 자수를 알게 되었다. 일본 무용 계파인 와카야기류(若柳流)의 무용가이기도 하여 기모노를 접할 기회가 많았는데, 이에 2014년에 팔레스타인 자수로 오비를 만드는 '팔레스타인 자수 오비 프로젝트'를 기획해 일본 각지를 돌며 전시회를 열었다. 또한 세계 식문화 행사 등의 코디네이터로도 활약하고 있다. 현재는 농업 대학원에서 박사 후기 과정을 밟으며 팔레스타인 자수와 여성들의 경제적 자립에 주목한 연구도 하고 있다.

Instagram: palestinain_embroidery_obi

모티브 잇기와 대바늘뜨기를 조합한 깔끔한 마무리가 매력인 캐미솔. 귀여운 꽃다발을 연상케 하는 모티브 꽃은 그러데이션 실만의 특별한 색감을 느끼게 해줍니다. 테두리뜨기 없이 앞뒤 몸판을 이어서 원형으로 뜨면 완성되니 마무리도 간편하지요.

Design／YOSHIKO HYODO
Knitter／구라타 시즈카
How to make／P.126
Yarn／퍼피 코트로 디그레이드, 피마 베이식

One-piece／하라주쿠 시카고 하라주쿠점
Bangle／산타모니카 하라주쿠점
Necklace／하라주쿠 시카고(하라주쿠/진구마에점)

photograph Hironori Handa　styling Masayo Akutsu　hair&make-up Yuri Arai　model Anaï(174cm)

여름에도 시원한 방에 들어앉아 뜨개바늘을 움직이며 행복한 뜨개 시간을 보내보세요.

액세서리처럼 멋스럽게 입을 수 있는 캐미솔과 원피스를 소개합니다.

여름을 한껏 느낄 수 있는

캐미솔 & 원피스

바이컬러 디자인이 인상적인 니트 원피스
는 어른에게도 인기 만점이지요. 블랙 라인
에 떠 넣은 피코 장식과 코바늘로 뜬 레이
스 리본 어깨끈 등 니터의 마음을 사로잡는
포인트가 가득하답니다. 마음에 드는 배색
으로 뜨는 것도 재미있을 거예요.

Design／오타 신코
Knitter／스토 데루요
How to make／P.131
Yarn／퍼피 퍼피 리넨 100

무늬를 이용하여 프릴을 풍성하게 넣은 귀
여운 캐미솔. 깜찍한 디자인이지만 차분한
색상으로 뜨면 성인 여성의 코디에 포인트
를 줄 수 있답니다. 베스티에 스타일에도 잘
어울리는 캐미솔이지요.

Design／오카모토 마키코
How to make／P.133
Yarn／올림포스 에미 그란데
Pants／SLOW 오모테산도점

여름 축제나 휴양지에서 입기 좋은 다채
롭고 행복한 히피 스타일의 원피스. V자
로 겹치는 보더 무늬는 지그재그로 이어
지며 퍼져 나갑니다. 코의 증감이 쉬운
코바늘뜨기 특유의 무늬뜨기에 매력을
느낄 거예요.

Design／오카모토 게이코
Knitter／미야자키 미쓰코
How to make／P.140
Yarn／올림포스 에미 그란데

Pants／하라주쿠 시카고(하라주쿠/진구마에점)
Sunglasses／SLOW 오모테산도점

물결 사이에 흔들거리는 듯한 조개 무늬의 삼각 숄은 세 부분으로 구성되어 있습니다. 3코의 기초코에서 시작해 중앙의 무늬를 뜬 다음, 코를 주우면서 조개 무늬를 만들어 갑니다. 마지막으로 코를 주우면서 숄 테두리를 한 바퀴 빙 둘러 뜨는 것이 이 크로셰의 묘미라고 할 수 있지요.

Design／바람공방
How to make／P.149
Yarn／제이미슨&스미스 1ply 카브웹

애정을 담아 뜨는 셰틀랜드 숄

섬세한 실로 정성스레 뜨면 시간을 거듭하며 엮어낸 듯한 멋을 느낄 수 있는 특별한 숄.
높은 완성도에 따른 남다른 성취감과 함께 깃털처럼 가벼운 천상의 편안함을 느껴보세요.

photograph Shigeki Nakashima styling Kuniko Okabe,Yuumi Sano hair&make-up Chie Ishikawa model Roos(174cm)

같은 삼각 숄이라도 뜨개법이 무궁무진
하다는 것이 셰틀랜드 레이스가 지닌
매력 포인트. 먼저 가장 바깥쪽에 있는
기다란 테두리를 뜨고, 코를 주우며 삼
각형으로 떠갑니다. 꽃이 만발한 들판
위로 산들바람이 불어오듯 청량한 느낌
을 주는 디자인이랍니다.

Design／이토 나오타카
How to make／P.152
Yarn／제미슨스 셰틀랜드·울트라 레이
스

흥미로운 뜨개 도구

뜨개와 관련된 도구는 아무리 많이 갖추어도 부족하게 느껴지기 마련이지요. 조금 더 편리하고 재미있게 사용할 수 있는 다양한 도구들을 모아보았습니다.

뜨개바늘 및 바늘 관련 도구들

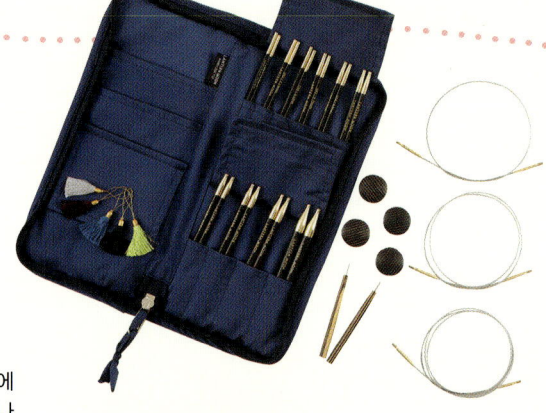

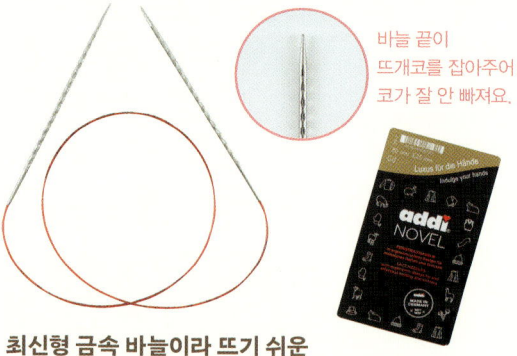

바늘 끝이 뜨개코를 잡아주어 코가 잘 안 빠져요.

놀랄 만큼 뜨개가 쉬워지는
좌우 비대칭 줄바늘(1호) 23cm

양말이나 옷의 소맷부리 등 가느다란 원통형 부분을 뜨기에 적합한 1호 줄바늘. 좌우 바늘 길이가 1cm밖에 차이가 나지 않는데도 놀랄 만큼 뜨개질이 쉬워진다. 매직루프뜨기가 어렵게만 느껴진다면 이 상품을 추천한다. (Kinki Amibari)

지름 2.4mm(1호), 전체 길이 23cm, 소재·재질=대나무, 나일론, 황동

최신형 금속 바늘이라 뜨기 쉬운
아디 노블(addi NOVEL)
줄바늘 1호·3호 80cm

인체공학적으로 디자인된 사각 바늘의 끝부분이 뜨개코를 단단하게 잡아주어 코가 잘 빠지지 않아 편안하게 뜨개를 할 수 있다. 코드가 부드러워 매직루프뜨기에도 제격이다. (addi／TERAI)

지름 2.50mm(1호 정도)／지름 3.00mm(3호 정도), 샤프트 길이 13cm, 코드 길이 80cm, 소재／재질=바늘:황동+도금, 코드: 나일론(니켈 프리)

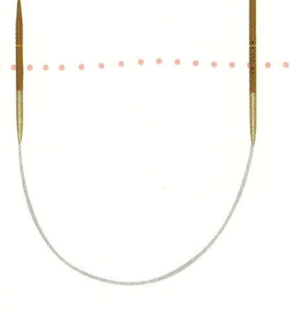

고급스러운
랜턴문(LANTERN MOON) 줄바늘
10쌍 세트 에어룸(Heirloom)

최고급 에보니 우드를 사용한 교체식 수제 줄바늘 세트. 24K 도금된 황동 커넥터가 코드와 바늘 끝을 매끄럽게 연결해 준다. 이런 바늘로 뜨개를 하면 사치스러운 기분이 들지도? 귀여운 태슬이 달린 마커 포함. (LANTERN MOON／TERAI)

줄바늘 10쌍(3.0·3.25·3.5·3.75·4.0·4.5·5.0·5.5·6.0·8.0mm), 코드 3줄(60·80·100cm 각 1줄), 스티치 마커 5개, 나무 마개 4개, 조임 도구 2개, 케이스

자석으로 고정할 수 있는
꽃 자석 니들마인더+바늘 연마기

자석이 내장되어 있어 금속 바늘이 착 달라붙는다. 원래는 바느질 도구지만 작업 중에 잃어버리기 쉬운 돗바늘을 올려두기에 좋다. 손바느질용 바늘을 연마할 때도 쓰인다. (KAWAGUCHI)

사이즈=지름 4×높이 1.7cm, 소재=도기, 연마용 나일론 부직포, 자석, 폴리에틸렌, 아크릴, 스웨이드, 나무, 인조가죽

막대 바늘을 보관할 수 있는
막대 바늘 세트 보호캡

자석이 내장되어 있어 금속 바늘이 착 달라붙는다. 원래막대 바늘 세트를 한꺼번에 보관할 수 있는 보호캡. 귀여운 니트 모자와 장갑 디자인으로 소장 욕구를 자극한다. (Prym／misasa)

재질=합성고무, 모자=세로 3.3×가로 2.2×두께 0.5cm, 구성=남색(2.00~2.50mm용), 회색(3.00~3.50mm용)

실 끝을 꿰기 편리한
털실용 돗바늘 세트

바늘귀가 고리 모양의 코드로 되어 있어 실 끝을 꿰기가 굉장히 쉽다! 굵은 실도 문제없이 꿸 수 있다. 바늘 부분은 최고급 에보니 우드를 사용하여 더욱 고급스럽다. 화려하고 아름다워서 컬렉션 아이템으로도 그만이다. (LANTERN MOON／TERAI)

굵기 2.25·2.75·3.25mm 각 1개, 소재=바늘:에보니 우드, 고리: 아크릴

스프링이 달려 있어서 작아도 사용하기 편해요.

귀엽고 편리한
스티치 마커

원형뜨기 단의 경계나 무늬의 구분, 콧수를 셀 때 매우 편리한 콧수링. 이 상품은 주얼리 디자이너인 엠마의 오리지널 스티치 마커로, 남웨일스의 공방에서 제작되었다. 컬러풀한 색상과 비즈가 눈을 즐겁게 한다. (ATOMIC KNITTING)

(오른쪽) 고무, 4mm · 6mm 각 10개
(왼쪽) 강철, 유리, 지름 4mm, 분홍색·초록색 각 10개

직선 형태여도 제 몫을 톡톡히 해내요.

'모바일뜨기'에도 추천!
세키(関) 초미니 쪽가위

작고 날이 잘 드는 초미니 가위로, 어디든 휴대할 수 있어서 이동 중에 언제 어디서나 뜨는 '모바일뜨기'를 할 때 제격이다. 초미니 사이즈지만 가죽 케이스까지 갖추고 있어 소장 욕구를 자극하는 아이템이다. (KAWAGUCHI)

사이즈=폭 2.2×길이 3.5×두께 1.2cm, 소재·재질=본체:스테인리스강 칼날, ABS수지, 태슬:실크, 케이스:소가죽

새로운 발상으로 사용하기 쉬운
컬러풀 꽈배기바늘 세트

교차무늬를 뜰 때 뜨개코를 걸어두는 꽈배기바늘은 일반적으로 뜨개코가 빠지지 않도록 활형이나 U자형으로 되어 있다. 그러나 이 상품은 직선인데도 뜨개코가 빠지지 않는 획기적인 꽈배기바늘. 색상으로 구분할 수 있으므로 뜨개코가 비틀렸는지 확인하기가 쉬워 스트레스 없이 뜨개를 할 수 있다. (Tulip)

바늘 전체 길이 9.4cm, S/M/L 각 1개

뜨개코가 잘 보이지 않는다면…

섬세한 작업도 수월하게 할 수 있어요.

밝게 확대할 수 있는
LED 스탠드형 돋보기

핸즈프리 스탠드형 돋보기에 LED 조명이 달려 있어 뜨개코도 선명하게 보인다! (TSK)

사이즈=렌즈:지름 13cm, 스탠드 지지대:폭 16.5×깊이 18cm, 조명:전체 길이 38cm, 중량=560g, 2배율 렌즈, 테스트용 건전지 포함

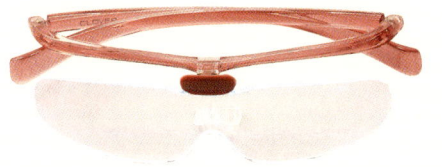

가볍고 편리한
크래프트 확대경

안경 타입으로 된 시니어 확대경. 렌즈 부분을 위로 들어 올릴 수 있어 편리하다. (Clover)

사이즈=프레임:폭 16×템플 길이 14.5cm, 렌즈:세로 3.8×가로 13.5cm, 렌즈(1.6배·2.0배 각 1매), 안경닦이, 케이스 포함, 소재=렌즈:아크릴, 프레임:폴리아미드(TR-90), 폴리아세탈

실이 자꾸 굴러간다면…

콘사에도 추천!
얀 홀더

부드럽게 회전하는 나무 홀더를 사용하여 스트레스 제로에 도전하자! (Euro Japan Trading)

사이즈=지름 9×높이 16cm, 소재=너도밤나무

장식용으로도 멋스러운
Keito 유리병

얀 홀더 겸 보관함 역할을 하는 유리병. 뚜껑은 교체 가능하다. (keito)

사이즈=지름 9×높이 18cm, 소재=본체:유리, 뚜껑:플라스틱, 스테인리스

작은 물건도 보관할 수 있어 편리해요.

얀 볼의 미래형?
에르고노믹스 울 홀더

실타래 놀이를 좋아하는 고양이를 키우는 집사들에게 추천하고 싶은 돔 모양의 얀 홀더. 분리할 수 있는 실리콘 받침대는 마커 등의 도구들을 보관할 수도 있다. 스트랩을 달면 어깨에 멜수도 있어서 걸으면서도 뜨개를 할 수 있다고. (Prym／misasa)

사이즈=지름 14.5×높이 15cm, 소재=PC, TPE, 폴리에스테르, 강철(니켈도금)

마무리를 도와주는 든든한 아군

대형 작품의 마무리를 돕는
블로킹 와이어

숄이나 기타 의류의 가장자리 코에 끼워 고정하면 마무리 작업이 더욱 쉬워지는 편리한 와이어. 많은 핀으로 고정하지 않아도 되니 스트레스도 줄어든다. (Tulip)

블로킹 와이어=와이어(굵기 1.3mm×길이 100cm) 8개, T핀 25개 블로킹 와이어 쇼트=와이어(굵기 0.8mm×길이 50cm) 8개 소재=와이어:스테인리스강, T핀:경강선

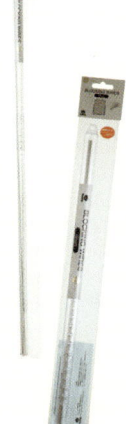

니트 관리를 위한
보풀 제거용 양모 빗

니트에 적당히 보풀이 생겨도 괜찮긴 하지만 살짝 후줄근해 보일 수 있다. 그럴 때 이 빗으로 살살 쓰다듬으면 보풀이 말끔히 제거된다. (Prym／misasa)

세로 4.5×가로 7.6×두께 0.6cm, 소재=폴리스타이렌, 알루미늄

옷을 펼쳐 놓을 수 있는
대형 평면 다리미판

시중에서 구하기 힘든 MADE IN JAPAN의 대형 다리미판. 옷을 펼쳐 놓을 수 있어서 마무리로 다림질할 때 훨씬 수월하게 작업할 수 있다. 앞·뒷면 사이에 충전제를 넣어 가볍고 튼튼한 것이 장점.

세로 60×가로 90×두께 3cm, 중량=약 3kg, 소재=앞면 원단:면 100%, 충전제:펠트 5mm, 뒷면=베니어합판

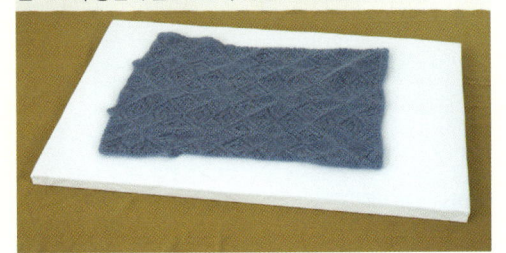

스팀 팍팍!
아리에테(Ariete) 파워 스팀다리미

보일러 방식을 도입한 초강력 스팀으로 뜨개코를 가지런히 정리할 수 있는 믿음직한 드라이 겸용 스팀다리미. 작품의 완성도가 크게 달라진다.

사이즈=본체:폭 12×길이 26×높이 14cm, 코드 길이 210cm, 중량=1.7kg／물탱크 용량 210㎖／자동 온도 조절 기능 탑재

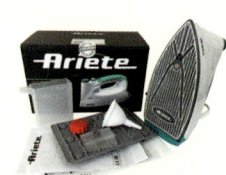

손끝을 보호해 주는
내열 실리콘 골무

다림질하다 보면 나도 모르게 손가락을 데는 경우가 있다. 그럴 때 손가락을 보호할 수 있는 내열 골무를 사용하면 좋다. 스팀을 주면서 다림질하는 동안 편물을 살짝 잡아당겨야 할 때도 사용해 보자. (Prym／misasa)

16·19·22mm 각 1개, 소재=실리콘수지

공방에 놓여 있는 중국 민예품은 수공예를 사랑하는 에이프릴 씨가 좋아하는 소품 중 하나.

티베트의 바람을 물들이는
SHANGDROK 北方牧人(타이완)

약 십수 년 전부터 유럽과 미국에서 유행하기 시작한 손염색실은 세계적인 확산을 보이며
최근에는 일본에서도 취급점과 다이어(손염색 작가)가 늘고 있습니다.
다이어인 Chappy(채피) 씨가 각국의 다이어를 소개하면서 손염색실의 세계를 탐방합니다.

SHANGDROK 매장이 있는 시내의 오래된 사원. 평일에도 선남선녀의 발길이 끊이지 않는다.

매장 근처에는 전통 음식을 만드는 작은 공장과 노점도 있다. 방적기를 닮은 제면기와 찜기를 보고 있으면 언젠가 자신들도 방적기를 들여 커다란 찜기로 실을 염색하는 날이 오지 않을까 하는 상상을 하게 된다고.

세계의 손염색을 찾아 떠나는 여행, 그 두 번째는 이웃 나라 대만입니다. 타이베이 시내에 있는 '샹드록 북방목인(SHANGDROK 北方牧人)'의 오너이자 다이어이기도 한 에이프릴 씨를 찾아갔습니다.

에이프릴 씨는 어렸을 때 중국의 티베트족을 위한 영어 캠프 투어를 주최하는 NGO에 참가했습니다. 점점 사라져 가는 티베트의 전통 수공예를 보존하고 싶은 마음에 2016년, 남편 쇼시 씨와 티베트족 파트너와 함께 '샹드록 북방목인'을 차렸습니다.

전통적으로 유목 생활을 하는 티베트족은 생필품을 야크와 양에게서 손수 얻습니다. 특히 야크의 경우, 털은 천막의 원단으로 우유는 식량으로 배설물은 연료로 쓸 수 있어 유목 생활에 빼놓을 수 없는 존재입니다. 그러나 최근에는 값싼 비닐이 야크 천막을 대신하고 전통적인 펠트와 수직 기술이 사라지고 있습니다. 그런 가운데 샹드록은 타이완에서는 디자인과 판매를 담당하고 쓰촨성 티베트고원에 있는 공방에서는 티베트족 파트너들이 상품을 직접 제작하는 형태를 취하면서 티베트의 수공예를 세계에 널리 알리고 있습니다. 펠트 제품은 쇼시 씨가, 손염색 털실과 손으로 짜는 실의 디자인은 에이프릴 씨가 담당하고

있습니다. 처음에 손염색 털실은 펠트 제품과 손으로 짠 실, 손뜨개 모자와 같은 제품 라인업에 색을 더하는 정도의 존재였지만, 최근에는 손염색 털실이 더욱 인기 있다고 합니다.

"2022년 도쿄 스피닝 파티(Tokyo Spinning Party)에 참석하면서 전시용으로 펠트 제품도 가지고 갔는데 손염색 털실에 관심들이 더 많더라고요. 비행기까지 타고 와주신 털실 가게 오너분들도 계셔서 감동했었죠"라고 말하는 에이프릴 씨. 털실을 직접 염색하기 시작한 계기를 물으니,

"티베트 파트너들이 손으로 짠 실은 굉장히 훌륭하긴 하지만 생산하는 데 시간도 제법 걸리고 양도 적거든요. 그런 점에서 비교했을 때 티베트에서 영감을 얻은 손염색 야크 털실은 동일한 작업으로 더 많은 양을 만들 수 있어요. 사실 털실을 손으로 염색한다는 것 자체가 미지의 영역이었는데 이런 세계가 있다는 걸 처음 알았을 땐 정말 놀랐답니다." 워크숍, 온라인 강좌, 유튜브 등을 통해 손염색을 배우면서 티베트에서 영감을 얻었던 자신만의 색상을 연구하는 즐거움에 눈을 떴다고 합니다.

대만은 면적이 좁고 더운 편이라 야크 상품을 파는 데 한계가 있다고 판단한 샹

자연과의 공생을 탐구하는 티베트의 삶과 타이완의 일상에서 영감을 받은 색상들.

채피(Chappy)

손염색 아티스트. 손염색실 브랜드 Chappy Yarn 다이어 겸 CEO. 도쿄에서 태어나 홍콩에 살고 있다. 2015년부터 보고 뜨고 입어서 즐거운 촉감을 중시한 손염색실을 선보이고 있다. 이벤트와 인터넷을 중심으로 뜨는 사람이 행복해지는 손뜨개실을 목표로 활동하고 있다.
Instagram : Chappy Yarn

1／이인삼각으로 샹드록을 운영 중인 에이프릴 씨와 쇼시 씨.
2·3／티베트족 파트너들이 직접 만든 실과 그 실로 뜬 모자들.

천장 가까이에 있는 다락방 창고는
쇼시 씨가 직접 만들었다.

드록은 설립 초기부터 자사 상품을 해외에 홍보해왔습니다. 그러나 사업이 궤도에 올랐을 때 코로나 팬데믹이 그들을 덮쳤습니다. 바이러스를 막기 위한 타이완 자체의 조치는 효과적이었지만 쓰촨성에 있는 파트너와의 업무 협력에 지장이 생긴 것이 문제였습니다. 다행히도 제품을 조달하느라 애쓰는 동안 재택 수요가 생겨난 덕에 손염색 털실은 새로운 팬들을 확보하게 되었습니다.

"코로나 팬데믹 속에서 처음 열린 '타이완 얀 페스타(糸糸市集)'에 참가했을 때였어요. 방문객분들이 저희의 손염색 실로 뜬 작품을 보여주셔서 굉장히 기뻤죠. 그런 피드백은 다른 상품에서는 받아본 적이 없었거든요. 그게 바로 손염색실의 매력 같아요."

코로나 팬데믹이 끝난 뒤에도 적극적으로 해외 홍보를 펼치고 있는 그들. 최근에는 사람들과 직접 만나서 이야기를 나누며 인연을 맺는 것을 소중하게 여긴다고 합니다.

"이메일을 100통 보내도 답장이 전혀 안 오기도 해요. 그래도 직접 실을 들고 털실 가게를 찾아가면 바로 공감해주시는 분들도 계신답니다." 그녀가 눈빛을 반짝이며 말했을 때 그 실이 지닌 깊은 매력을 만난 기분이 들었습니다. 그렇게 해서 거래를 하게 된 스웨덴의 털실 가게를 시작으로, 지금은 전 세계에서 손염색 털실 주문이 들어오고 있습니다. 이제 그녀는 워라밸(일과 삶의 균형)에 대해 고민 중이라고 합니다. 다이어를 한 명 더 늘려 일반 직원을 포함한 4인 체제로 매장을 운영하고 있다는 에이프릴 씨의 손염색실은 티베트와 타이완, 그리고 세계의 니터들 사이에 따뜻한 유대감을 만들어내고 있습니다.

SHANGDROK 北方牧人

타이완의 전통 장식 격자가 인상적인 스튜디오.
스튜디오 방문은 예약제입니다.
(E-mail : Shangdrok@gmail.com)
일본 내 취급점
Walnuts Kyoto, Walnuts Tokyo : shop.amirisu.com
PRESSE : momentsdepresse.com
수예 아틀리에 fil : atelierfil.com

4·5／펠트 모자와 조끼도 야크 털로 만들고 있다. 6／다양한 염료가 진열된 염색 공방.

담력 테스트

푹푹 찌는 여름밤, 조금이라도 시원하게 보내려 선인들이 생각해낸 담력 테스트의 무서운 요괴들.
원래 캐릭터 설정과 달리 묘하게 유머러스해서 미워할 수 없는 폭신폭신 귀여운 모습에 심쿵해요♡

photograph Toshikatsu Watanabe styling Terumi Inoue

등롱 요괴

커다란 외눈박이가 매력 포인트인 요괴들. 등롱
은 쩍 벌어져 혀를 쭉. 우산은 외발로 뛰면서 쫓
아옵니다.

Design／마쓰모토 가오루
How to make／P.156
Yarn／올림포스 에미 그란데〈컬러즈〉

고양이 요괴

검은 고양이? 안 무서운데? 아니에요! 이쪽은 우
는 아이도 뚝 그치게 하는 고양이 요괴랍니다. 꼬
리 끝이 2개로 갈라진 사람을 홀리는 둔갑 고양
이예요.

Design／마쓰모토 가오루
How to make／P.156
Yarn／올림포스 에미 그란데 〈컬러즈〉

쩍 갈라져 혀를 내민 외눈박이 등롱이 위협하고, 나막신 소리를 내며
펄쩍펄쩍 뛰는 우산 요괴가 쫓아온다. 지나가던 미인에게 도움을 청
했더니 둔갑 고양이였고 어느새 주위에는 도깨비불이 흔들리고 있었
다… 여름이면 떠오르는 괴담의 풍경이지요. 완성품은 10cm 전후
(도깨비불은 제외)라서 여름만의 별난 마스코트로 추천합니다.
담력 테스트에 관한 오래된 기록은 헤이안 시대의 '오카가미'까지 거
슬러 올라갑니다. 가잔 덴노가 후지와라노 가네이에의 세 아들을 캄
캄한 한밤중 인가에서 떨어진 으슥한 곳에 갈 수 있는지 틈만 나면
부추겼다고 합니다. 성공한 것은 미치나가뿐으로 증거로 기둥 아래를
깎아서 가져왔다고 하지요. 사실 여부를 알 수 없는 옛 장수의 무용
담이라고는 해도 달도 보이지 않는 비 오는 밤길을 불면 꺼지는 등롱
에 의지해서 걷는다니 오싹합니다.

Yarn Catalogue

봄·여름 실 연구

올여름은 신선한 표정을 가진 실들이 매력을 뽐내고 있는 듯합니다.

photograph Toshikatsu Watanabe styling Terumi Inoue

콰트로 디그레이드
퍼피

4색이 아름답게 그러데이션된 것에서 '4단계'를 의미하는 이름을 붙였습니다. 부드럽고 편안한 색의 그러데이션은 옷이나 소품 어디에나 쓰기 좋으며 코튼 100%의 쾌적한 소재감을 즐길 수 있습니다.

Data
코튼 100%, 색상 수/6, 1볼/100g·약 240m, 실 종류/병태, 권장 바늘/4~6호(대바늘)·5/0~6/0호(코바늘)

Designer's Voice
뜨다 보면 즐거워지는 4단계의 고운 그러데이션 코튼 100% 봄여름 실입니다. 뜨는 느낌도 부드러워요.(YOSHIKO HYODO)

플로탕
퍼피

'둥실둥실'을 의미하는 그 이름은 나비가 나풀거리는 듯한 사랑스러운 이 실의 모양에서 붙여졌습니다. 심플한 편물을 뜨거나 포인트로 일부에 사용에도 아름다움 가득한 작품을 즐길 수 있습니다.

Data
코튼 72%, 나일론 28%, 색상 수/5, 1볼/50g·약 100m, 실 종류/병태, 권장 바늘/7~9호(대바늘)·8/0~9/0호(코바늘)

Designer's Voice
재미있는 모양이지만 청량감이 있고 무엇보다 가볍게 완성됩니다. 심플한 편물 외에 포인트로 사용해도 재미있는 표정이 만들어질 것 같아요.(오쿠즈미 레이코)

Caro(카로)
고쇼산업 게이토피에로

향료로도 사용되는 '계피산 유도체'를 함유시켜 모기를 접근하지 못하게 하는 방충 기능을 겸비한 코튼 레이온 실입니다. 레이온의 매끈함과 가벼운 무게가 만족스러우며, 은은한 광택감은 고급스러워 웨어에 알맞습니다. 무늬뜨기도 깔끔하게 나옵니다.

Data
면 50%, 레이온 50%, 색상 수／10, 1볼／40g · 약 166m, 실 종류／중세, 권장 바늘／2～4호(대바늘)·2/0～3/0호(코바늘)

Designer's Voice
레이온 혼방으로 촉감이 매끄럽고 차분한 느낌이 있어 분위기 있는 옷이 완성됐습니다. 실 길이도 길어서 의류를 뜨기에 딱 좋았어요.(우노 지히로)

graceful line
(그레이스풀 리넨)
고쇼산업 게이토피에로

마 중에서도 촉감이 뛰어난 '리넨'을 꼬임을 살짝 적게 줘서 더욱 부드럽게 만들었습니다. 마찰감이 없는 보드라운 질감은 극세이지만 술술 뜰 수 있어 2겹으로 뜨거나 다른 실과 합쳐서 뜨면 또 다른 느낌을 즐길 수 있습니다. 부드러운 실이라 스톨이나 카디건 등의 의류에 특히 추천합니다.

Data
마 100%, 색상 수／15, 1볼／100g · 약 698m, 실 종류／극세, 권장 바늘／0～2호(대바늘)·2호(레이스바늘)～2/0호(코바늘)

Designer's Voice
여름에 어울리는 청량감 있는 리넨 100%. 리넨실이지만 극세라서 딱딱함은 느껴지지 않고 부드러워서 잘 떠지는 실이었습니다.(yohnKa)

다이아 로빈
다이아몬드 모사

스펀지 같은 독특한 질감으로 굵고 탄력이 있는 폴리에스테르실은 빨리 뜰 수 있어 인기인 핸드 메이드 백이나 모자를 쉽게 완성할 수 있는 크래프트 얀입니다. 매트한 질감에 색 매치가 즐거우며, 계절과 상관 없이 다양한 아이템을 만들 수 있습니다.

Data
폴리에스테르 100%, 색상 수／10, 1볼／50g·약 65m, 실 종류／초극태, 권장 바늘／15호～7mm(대바늘)·8/0～10/0호(코바늘)

Designer's Voice
폭신폭신한 촉감으로 신축성도 강하지만 뜨면 알맞게 단단해집니다. 무척 가볍고, 기본적인 컬러 외에 화사한 브라이트 컬러도 있어 여름 레저용 큼직한 백 등에 어울리는 실이에요.(오카 마리코)

트위스트 리스
호비라 호비레

티셔츠를 생산할 때 나오는 사용되지 않고 폐기되는 코튼을 모아서 잘게 쪼갠 다음 다시 섬유로 만든 리사이클 코튼으로 만들었어요. 초극태 릴리 얀으로 10색의 줄무늬를 즐길 수 있지요. 코바늘로 단단하게 뜨는 백이나 인테리어 소품으로 추천합니다. 색깔별로 타래로 되어 있어요.

Data
면 75%, 폴리에스테르 22%, 레이온 3%, 색상 수／6, 1볼／250g·약 225m, 실 종류／초극태, 권장 바늘／8～10호(대바늘)·7/0～9/0호(코바늘)

Designer's Voice
부드러운 촉감으로 뜨기 쉬운 실입니다. 색깔별로 타래로 되어 있어, 원하는 순서에 바꿔서 자신만의 어레인지를 즐길 수 있어요.(기노시타 가오루)

EVENT

자료 제공 : 리네아, 낙양모사

2024 리네아 전시회

지난 4월 19일과 20일 양일간 강남에 있는 모나코 스페이스에서 리네아 전시회가 열렸습니다. 이번 행사에는 유명 손뜨개 작가, 공방 등 26곳이 참여했으며 니팅테이블, 크림버튼, 니팅스완, 디어코바늘 등 각 부스에서 아름다운 대바늘, 코바늘 작품들과 야미모노, 션니작업실 등 톡톡 튀는 창의적인 작품들도 만날 수 있었습니다. 더불어 아뗄 코바늘, 리틀 라이온(Little Lion) 등 국내 및 해외 작가의 워크숍, 2023년도 보그 사범과 한국손뜨개강사자격증 졸업작품 전시도 함께 진행해 뜨개인이 보고 즐길 거리가 가득했습니다. 예년에 비해 더 많은, 1,600여 명의 관람객이 참여해 현장은 뜨개에 대한 열정과 관심으로 뜨거웠습니다. 관람객들은 뜨개 포토존에서 사진을 찍기도 하고 리네아의 제품과 샘플 작품을 구경하는 등 즐거운 시간을 보냈습니다.

1/뜨개 꽃으로 장식한 입구의 포토존. 2/리틀 라이온 작가의 말을 경청하는 워크숍 참가자들. 3/뜨개인의 열정으로 뜨거운 리네아 전시회 현장.

정우진 작가의 '사유(思惟)의 흔적'

1/갤러리 실에 전시된 '사유의 흔적'. 2/5mm를 올리는데 약 60겹의 층이 들어가는 인내의 작업물. 3/바닥에 놓인 입체적인 작품은 감정의 분출을 표현한 작품이다.

2024년 4월 27일부터 5월 24일까지 낙양모사가 운영하는 갤러리 실(室)에서 정우진 작가의 작품이 전시되었습니다. 성격, 습관, 말투, 사고방식 등 여러 가지 요소가 쌓여서 한 사람이 된다고 생각하는 정우진 작가는 사람의 내면을 주제로 여러 작업을 하고 있습니다. 이번 작품전 또한 한 사람을 구성하는 것이 무엇인가를 사유하며 준비했습니다. 캔버스 작품은 개인의 내면에 쌓여온 요소를, 작은 캔버스 가운데 놓인 도자기는 흙물을 한 겹씩 쌓아서 인간의 성장 과정을 표현하고자 했습니다. 바닥에 놓인 작품은 개인의 내면에 쌓이고 쌓이다 터져 나오는 감정의 분출을 형상화한 것입니다. 윈도우 갤러리인 갤러리 실에서는 앞으로도 실과 편물을 이용한 전시를 이어갈 예정입니다.

뽐내지 않고 퀄리티로 보여주는 핸드니팅의 멋

15주년을 맞이하는 프리미엄 뜨개숍 뜨개머리앤 인터뷰

인터뷰 : 정인경 / 사진 : 김태훈

초록이 피어 오르는 봄날, 양평에 위치한 뜨개머리앤의 오프라인 공간 뜨가에 다녀왔다. 내년 오픈 15주년을 맞이하여 새로운 도약을 준비하고 있는 뜨개머리앤이 실에 품고 있는 진심은 어떤 것일까? 파트너사와 고객 사이에서 책임감을 갖고 신뢰를 지키는 뜨개머리앤이 생각하는 브랜드와 뜨개에 대해 들어본다.

Q. 뜨개머리앤은 어떤 브랜드인가요?

뜨개머리앤은 2010년에 문을 연 전 세계의 프리미엄 뜨개실을 소개하는 편집숍이자 해당 브랜드들의 한국 공식 총판이기도 해요. **좋은 실과 디자인으로 한 코 한 코 뜨는 이들의 정성과 시간의 가치가 제대로 빛나게 할 수 있길 바라며 '뜨개하는 이의 시간이 소중해지는 공간'이라는 슬로건을 지었어요.** 이를 위해 매년 해외 뜨개 행사나, 실 회사, 로컬 숍들을 방문하며 좋은 실을 발굴해 한국에 소개하고 있답니다. 한국 니터들에게도 익숙한 브랜드 라마나(LAMANA), 로완(ROWAN), 디엠씨(DMC), 노로(NORO) 등 10여 개의 브랜드를 한국 공식 배분하며 소개하고 있어요.

Q. 뜨개머리앤이라는 브랜드를 시작하게 된 계기가 있으신가요?

처음부터 대단한 계획을 세우고 시작한 건 아니었어요. 대자연 속에서 살고 싶어 호주로의 이민을 계획하면서 회사를 퇴사하게 되었어요. 그러면서 시간의 여유가 생겨 내가 좋아하는 뜨개로 무언가 소소하게 해볼 수 있지 않을까 하는 생각으로 작은 쇼핑몰을 시작하게 되었죠. 시작부터 반응이 좋아서 놀랐던 기억이 나요. 그런데 계획했던 이민은 사정상 계속해서 미뤄지고, 반면 사업은 점점 번창하면서 지금까지 뜨개머리앤을 운영하게 되었어요. 저희 가치관에 맞는 실들을 찾고 소개하다 보니 시간이 15년이나 훌쩍 흘렀네요.

생각해보면 지금까지 뜨개머리앤이 걸어온 길은 좋아하는 것을 좇다 보니 저절로 이루어진 것들이 많아요. 다소 정형화된 일본의 디자인보다 유럽의 핸드 니팅 디자인들을 대학 시절부터 선호해서 늘 관심 있게 보고 있었어요. 그러다 2008년 해외 매거진에서 루이자 하딩(Louisa Harding)의 작품을 처음 보고 뛰어난 디자인에 큰 충격을 받아 팬이 되었어요. 그래서 초창기에 무작정 루이자 하딩 측에 연락을 했어요. 루이자 하딩 브랜드 측에서 제안을 긍정적으로 받아들여 실과 도안의 판권 계약을 맺고, 한국에 소개하게 되었고 이를 시작으로 일본 브랜드의 실과 디자인이 주류이던 2010년부터 유러피언 브랜드의 실과 뜨개실을 한국에 선도적으로 소개하게 되었어요.

Q. 뜨개머리앤에서 취급하는 브랜드를 소개해주세요. 소개할 브랜드들을 선정하는 중요한 기준은 무엇인가요?

뜨개머리앤에서 매출 1위의 라마나(LAMANA)는 하이엔드를 추구하는 브랜드로 하이퀄리티를 뛰어넘는 차별화되는 퀄리티로 니터들에게 놀라움을 안겨주어요. 그리고 세계적으로 헤리티지와 전통이 대명사인 핸드 니팅 브랜드로 로완을 꼽지 않을 니터나 업계 관련자는 없을 듯 해요. 또 독자적인 공법으로 따라할 수 없는 퀄리티와 브랜드 정체성을 지니는 노로(NORO)도 있지요. 그 외에도 1746년에 설립되어 전 세계에서 가장 오래된 실 회사인 DMC, 프리미엄 캐시미어를 뛰어넘는 퀄리티와 아름다운 디자인을 선보이는 얀뜰리에(YARNTELIER) 등 총 12개의 세계적인 톱 브랜드들의 실과 도서, PDF 패턴, 도구들을 한국에 소개하고 있어요. 이를 위해 매년 쾰른 h+h 박람회 등의 해외 페어를 참여하고, 해외 뜨개숍을 탐방해요. 소개할 제품을 선정 시 중요한 기준은 단순히 하이퀄리티인가가 아니라 한국 시장에 소개했을 때 차별화되는 퀄리티를 지녔는지입니다. 또한 브랜드 가치 역시 중요한 선정 기준이 되어요. 한 번의 거래가 아닌 장기적으로 시너지를 내며 관계를 유지하기 위해서는 브랜드 가치가 중요하기 때문이죠. 그래서 실뿐만 아니라 디자인과 포토그라피 콘셉트 등이 하나의 무드로 브랜드 가치를 서포트하고 있는지가 중요한 기준이 됩니다. 사실 저희는 사람을 중요하게 봅니다. 꼭 담당자와 대면 미팅을 가지고, 실과 뜨개 업계에 진심인지, 담당하고 있는 브랜드에 열정이 있는지를 살펴요. 그래서 뜨개 외에도 **깊은 대화를 나누면서 이들이 우리의 파트너로 적합한지, 그들이 만든 실을 믿을 수 있을지 판단하려고 해요. 결국 모든 일은 사람이 하는 일이니까요.**

Q. 뜨개머리앤의 공간인 뜨가는 어떤 공간인가요?

뜨가는 '뜨개 가든'의 줄임말로, 뜨개머리앤의 오프라인 쇼룸이기 전에 제가 좋아하는 것들로 이루어진 공간이에요. 정원과 자연을 가까이 할 수 있고, 아름다운 뜨개실이 가득하죠. 저는 비즈니스가 개인의 행복보다 우선일 수는 없다고 늘 생각해요. '여가는 적극적으로, 일은 자율적으로'가 제 인생 캐치프레이즈예요. 그래서 바쁜 업무를 하면서도 틈틈이 자연을 가까이서 느낄 수 있고, 마음이 편안한 공간을 마련하고자 했어요. 뜨가를 건축할 당시 건축가와 콘셉트로 잡은 것은 규모나 가진 것을 애써 자랑하는 것이 아닌 건축 공간과 전시된 물건 전체의 물성에서 격이 드러나고, 반짝임보다는 시간의 흔적이 느껴지는 공간이었어요. 이를 위해 건축 소재부터 테이블, 실을 전시하는 선반까지 모두 나무, 돌, 흙같은 자연 소재로만 만들어졌고, 직접 만든 것들도 많아요. 많은 이들보다는 이러한 공간에 공감해주시는 분들이 발걸음 해주시길 바랐어요. 그리고 그 분들이 마당의 꽃도 보고, 자연도 가까이하며 편하길 머물길 바랐고요. 뜨가에서는 매주 목요일마다 워크숍이 열려요. 창업 이듬해 시작된 뜨개 취미반으로 참석자 분들 중 오랜 인연을 이어오고 있는 분들이 많아요. 문호리 시골

1／뜨가의 문을 열면 시야 가득 실이 펼쳐진다.

까지 먼 발걸음해주시는 그 분들이 행복해할 공간을 만들고 싶다는 생각도 컸죠. 기회가 닿는다면 함께 작품을 선보이는 전시를 진행할 계획도 갖고 있어요.

Q. 그렇다면 뜨개머리앤의 클래스는 뜨가에서만 진행되는 것인가요?

매주 목요일 열리는 니팅 워크샵 외에는 별도로 클래스를 진행하고 있지는 않아요. 2010년 창업 당시만 하더라도 일본 도안과 실이 주류였는데, 아무래도 저는 유럽의 실과 디자인이 좀 더 '니트'다운 느낌이 들었어요. 유럽의 자유로운 분위기가 제가 느끼는 니트의 매력과 부합한다고 느꼈죠. 실과 뜨는 이의 손땀에 따라 결과물이 달라지고, 뜨는 도중 디자인도 변경하기도 하고, 입으며 늘어지기도 하면서 자기만의 느낌을 간직한 니트를 만들어가는 거죠. 그래서 뜨개머리앤 시작 때부터 유럽의 실과 디자인을 주로 소개해왔어요. 일본 차트식 도안이 익숙하고, 영문 서술형 도안이 생소하던 때부터 번역 작업을 꾸준히 해왔는데, 번역 도안을 정리해둔 PC 폴더를 찾아보니 2018년까지 번역한 도안만 무려 900개가 넘더라고요. 뜨개머리앤 공홈의 PDF 플랫폼에는 로완을 포함한 협업 파트너사와 마리 왈린 같은 니트 디자이너들의 최근 도안들만 800여 개가 업로드되어 있어 구매 후 다운로드가 가능한데요. 과거에 번역했던 도안들도 꾸준히 업로드를 계속할 계획이예요. 이러한 과정을 통해 쌓인 데이터베이스가 아마 뜨개머리앤의 클래스가 아닐까 해요.

Q. 뜨개머리앤에서는 작가 지원을 위해 'K니트디자이너'와 '앤스멋니터' 프로그램을 운영하고 계신데, 어떤 활동인가요?

요즘은 SNS를 통해 모든 것이 연결된 시대죠. 이러한 시대에 맞는 협업을 위한 프로그램이에요. 'K니트디자이너'에 선정된 니트디자이너들에게는 다양한 뜨개실과 함께 디자인을 판매할 수 있고, 투명하게 정산 가능한 PDF플랫폼을 지원하고 있어요. 뜨

개머리앤이 오랜 기간 동안 쌓아온 해외 파트너사들과의 연결고리를 통하여 한국에서도 세계적인 디자이너로 데뷔할 수 있길 희망하며 'K니트디자이너'로 이름을 정했어요. 그리고 또 뜨개머리앤이 소개하고 있는 하이퀄리티의 실들의 매력이 니터들의 손끝에서 펼쳐지는 과정을 많은 분들과 공유하고 싶어 시작한 것이 '앤스멋니터' 활동이에요. 현재 3기가 활동하고 있는데, 3기의 경우 1,2기 때와는 달리 지원 후 선정하는 것이 아니라 제가 오래 지켜보고 있던 분들을 직접 컨택해서 선정했어요. 뜨개를 진지하게 대하고, 하이퀄리티 실에 대한 이해도가 있으며, 저희 브랜드 감성이 맞는 분들을 선정했지요. 이번 3기의 활동을 바탕으로 4기는 다시 공개적으로 모집을 할 예정이에요.

Q. 지금까지의 여러 활동을 통해서 뜨개머리앤이 보여주고자 하는 브랜드 가치는 무엇인가요?

저희에게 가장 중요한 키워드는 '신뢰'입니다. 저희를 믿고 한국에 브랜드를 소개할 수 있도록 믿고 맡겨준 해외 파트너사들에게 신뢰를 보여주는 것, 저희 실을 믿고 구매하는 니터들에게 지속적으로 좋은 실을 소개하며 신뢰를 쌓는 것. 그리고 이러한 신뢰는 바로 책임감에서 온다고 생각해요. 단순히 실을 판매하는 것이 아닌 브랜드 가치에 대한 인지도를 높이기 위해 최선을 다해요. 그러한 브랜드 가치에 공감하는 니터들과의 신뢰 역시 쌓아가죠. 돌아보면 15년 가까이 이렇게 책임을 다하는 과정에서 저 개인적으로 뜨개머리앤도 성장해왔다고 생각해요. 그리고 저희가 정한 앞으로의 키워드는 '서스테이너블&럭셔리(Sustainable&Luxury)'예요. 자연과 함께 공생하면서 동시에 고급스러운 것. 둘 다 포기할 수 없는 중요한 조건입니다. 자연과 가까이 지내다 보니 더욱 그 소중함을 체감하게 되는 듯 해요. 한국에 업사이클링 얀을 처음으로 소개하기도 했고, 그 이후로도 꾸준히 업사이클링 제품을 소개하고 있답니다.

Q. 앞으로 어떤 활동을 계획 중이신가요?

뜨개머리앤은 그동안 차별화되는 하이퀄리티의 실들을 꾸준히 소개하고, 이를 통한 팬덤으로 운영되어 외부 협업에는 적극적이지 않았어요. 코로나19를 겪는 동안 뜨개 시장이 크게 변화했죠. 새로운 세대들이 뜨개에 입문을 했고, 이에 따라 홍보에 있어서도 인스타나, 유튜브 인플루언서와의 협업은 필수가 되었죠. 앞으로는 그런 변화를 자연스럽게 따라가면서도 영향력이나 트렌드몰이에 휩쓸리지 않고 뜨개머리앤만의 브랜드 가치를 지키는 접점을 찾기 위해 노력을 기울일 예정이에요. 2년 전 도쿄의 뜨개 편집샵 월넛(Walnut)에서 아미리수(amirisu) 매거진을 보고, 콘텐츠가 가진 파급력도 실감하게 되었어요. 아미리수 매거진 표지의 협업 일본 니트 디자이너 리스트는 'K니트디자이너' 모집을 바로 실행에 옮기는 계기가 되기도 했죠. 앞으로도 뜨개머리앤은 지금까지 그래왔듯 하이퀄리티의 실을 소개하는 동시에 니터들이 흥분할 만한 다양한 문화적인 측면의 활동, 이벤트, 전시를 기획하고 진행할 예정입니다.

2／뜨개머리앤의 작가 지원 프로그램인 K니트 디자이너의 작품. 3／노로 실로 앤스멋니터 양지현 님이 뜬 작품. 조각을 연결한 부분의 스티치가 컬러가 인상적. 4／최고의 결과물을 만들 수 있는 라마나와 노로. 5／따뜻한 무드로 가득 채워진 뜨가의 2층 공간. 6／브랜드의 시작이 되어준 루이자 하딩의 작품이 너무 좋아 그림으로 그리기도 했었다. 7／로완의 실들을 전시한 안 홀더는 직접 만든 것. 8／서스테이너블 럭셔리를 보여주는 르완다의 핸드스펀 실. 9／앤스멋니터 '유월의 솔' 작가가 써데의 실로 뜬 고양이 니트.

뜨개머리앤이 추천하는 프리미엄 실

01. 얀뜨리에 캐시미어 레이스
캐시미어 100%의 섬세한 레이스 사. 핸드니팅 디자이너 루이자 하딩이 영국 요크셔 지방에서 영감을 받아 출시한 브랜드 얀뜨리에 실. 시중 프리미엄 캐시미어 너머의 퀄리티(beyond premium cashmere)를 선보인다.

02. 로완 소프트야크 DK
코튼 76%, 야크 15%, 나일론 9%의 간절기 소재의 뜨개실. 보통 울과 코튼 혼용의 시중 간절기 소재와는 차별화된다. 야크 혼용으로 친화적인 동시에 자연스러운 멜란지 색상이 매력을 더한다.

03. 핸드스펀 호프(handspun hope) 메리노 앙고라
지속가능성을 지향하는 르완다의 핸드스펀 실. 오가닉 소재의 원사를 핸드 스펀 후 자연에서 채취한 천연 염료를 재료로 손염색한 실. 지속가능한 동시에 럭셔리하다. 르완다의 취약 계층의 여성에게 일자리를 제공한다.

04. DMC 세빌리아
세계적인 명가 DMC의 정수가 담긴 헤리티지 레이스 코튼실. 고급 레이스 실 한 볼이 시간과 공간을 얼마나 은은한 럭셔리함으로 채워줄 수 있는지 경험할 수 있는 명품 실이다.

05. 라마나 코모
수퍼파인 메리노 100%의 실. 하이엔드를 추구하는 브랜드 라마나만의 독특한 수퍼 라이트 공법으로 다른 실의 1/2에 해당하는 중량의 니트를 완성할 수 있다. 입은 것 같지 않은 무게감이 놀라움을 선사한다.

06. 탐스코(TAMSCO)
메디컬 스틸의 세계적 강국인 파키스탄에서 제조하는 브랜드 탐스코. 퀄리티와 완성도로 사용감이 남다른 가위. 페어아이일 프로젝트의 스틱(steeck)작업 시 소울 메이트가 되어줄 아이템.

amuhibi의 가장 좋아하는 니트

우에모토 마키코 지음 | 강수현 옮김 | 16,800원 | 112쪽

amuhibi의
감각적인 뜨개 작품집

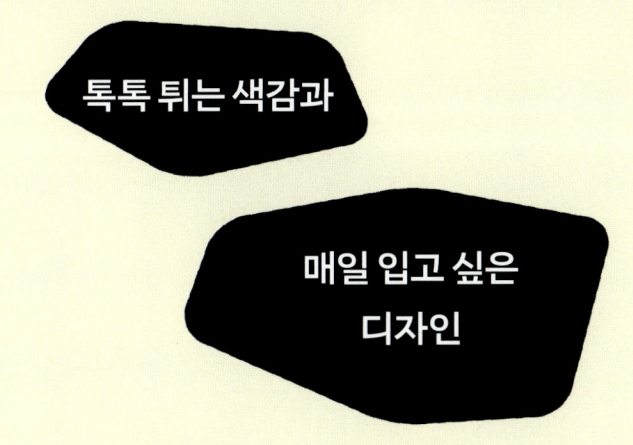

톡톡 튀는 색감과

매일 입고 싶은
디자인

데일리하면서도 개성 넘치는 풀오버, 카디건, 베스트, 장갑, 양말 등
니터를 위한 뜨개 팁과 친절한 기법 설명까지 알차게 만날 수 있어요!
오늘 뜨고 싶은 니트를 골라보세요.

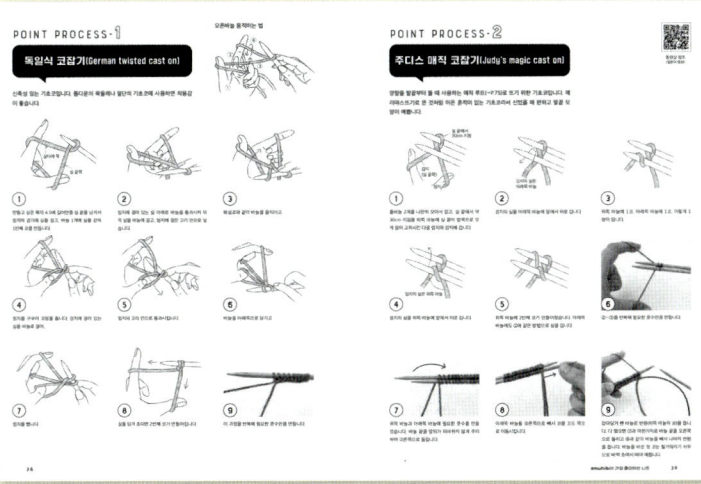

오수

취재 : 정인경 / 사진 : 김태훈

오수(오수현)
섬유공예와 회화를 기반으로 작품 세계를 펼치는 공예 작
가. 자연의 패턴과 색을 섬유로 시각화하면서 작업을 이어
가고 있다. 뜨개와 뜨개가 아닌 것들을 조합하면서 성질이
다른 것들의 믹스 매치를 통해 작품을 만드는 것이 특징
이다. 특히 도예가 오선주 작가와 함께 작업하는 시리즈를
전시를 통해 선보이고 있다.
인스타그램 @o.x.u

실용적인 제품을 제작하는 도구인 뜨개가 최근에는 예술적인 작품의 영역까
지 확대되고 있습니다. 오수는 뜨개라는 기법을 도구로 다양한 분야의 창작자
들과 협업하며 작품 선보이고 있는 젊은 작가입니다. 이사와 이동이 잦은 상황
에서 쉽게 들고 다닐 수 있는 재료를 찾다가 뜨개를 선택했다고 합니다. 오수
의 작업은 뜨개를 만나면서 어디에도 없는 정체성을 형성했습니다. 끊임없이
확장하는 뜨개의 편물은, 마찬가지로 끊임없이 증식하는 자연과 무척 닮았습니
다. 오수는 이런 뜨개와 자연의 유사성에 집중하면서 자연의 면면을 뜨개로
구현해냅니다.

"자연에서 영감을 받아 뜨개로 시각화하면서 둘 사이의 유사성에 집중하기 시
작했어요. 가령 저의 작품 중 마스크의 경우 뜨개 편물은 '옷'으로써 피부를 덮
으며 보호하고, 피부는 뼈를 덮는다는 점에서 커버링한다는 유사성을 드러내
기도 했죠. 잎맥이나 피부를 크게 확대했을 때 같은 패턴이 끊임없이 반복되는
모양이, 같은 기호가 면을 이루며 확장되는 뜨개의 편물과 닮아 있다고 생각했
어요. 저의 작품은 그런 자연과 뜨개의 유사성에 주목한 것이 많아요."

자연에서 많은 영감을 받는 오수의 작품 중 빼놓을 수 없는 것이 이끼입니다.
높게 자라지 않고 바닥을 덮으며 자라는 이끼의 특성이 면으로 확장되는 뜨개
의 특성과 유사하게 보이지요. 오수의 이끼는 때로는 돌 위에, 때로는 매일 앉
는 나무 스툴 위에 피어납니다. 이끼를 표현하는 초록은 오수가 자연을 시각화
하는 데 가장 중점적으로 사용하는 소재입니다.

"저의 작품을 본 분들은 초록색 위주의 작업이 대부분이라고 생각하시는데,
초록이 중심이 될 뿐 초록만 사용하지는 않는답니다. 아무래도 제가 영감을
받고 제작하는 것이 자연물 기반이다 보니 초록색이 자주 등장해요. 하지만

자연속에서 만날 수 있는 것들 중에 인공적으로 느껴질 정도로 강렬한 원색의
색감, 가령 독버섯의 빨간색 같은 것들을 함께 엮어서 색을 만들고 있어요."

오수의 작품을 가만히 들여다 보면 채도가 높은 원색이 들어 있는 것을 발견
할 수 있습니다. 제각기 존재감이 강한 색이지만 자연 속에서 조화를 이루는
색들이라서인지 위화감 없이 한데 어우러지며, 각자 있을 자리에 있다는 느낌
이 들 정도로 편안하고 안정적입니다.

"저는 주로 여러가지 실을 합사해서 사용하곤 해요. 여러 색을 섞거나 다양한
질감을 조합하죠. 여러 가닥을 조합해보고 엮으면서 머릿속에 구상한 느낌을
만들어요. 그래서 초록색이면서 살아 있는 것처럼 풀풀거리는 실이나 특수한
질감의 실은 언제 다시 만날 수 있을지 모르니까 구매해두고, 작업을 하면서
필요한 것들을 골라서 사용하는 식이지요."

오수의 작품은 뜨개와 무언가가 연결된다는 것이 특징입니다. 연결되는 대상
은 드로잉, 사진, 도자기, 나무 등 다양합니다. 서로 다른 실을 연결하거나 펠팅
으로 만든 편물을 연결하기도 합니다.

"작품을 만들다 보면 다양한 질감과 느낌을 내기 위해 다른 재료들을 사용하
기도 해요. 니트의 특성이 형태변형이 쉽고 어떤 소재에도 다 엮이면서 자라날
수 있다는 것이거든요. 종이나 사진, 말린 연근이나 나무껍질 등 어떤 대상과
도 함께 엮일 수 있어요. 다양한 매체에 니트를 섞는 것이 제가 좋아하는 작업
이기도 하답니다."

오수의 작품은 이외에도 드로잉, 도예 등 다양하게 전개되고 있습니다. 자기만
의 감성으로 무한 증식하는 오수의 편물이 어디까지 증식할 수 있을지 기대가
됩니다.

1／자유로운 형태로 자라나는 편물. 2／돌 위에 자라난 이끼는 오선주 작가와 협업한 '영원한 초록'. 3／코오롱스포츠와 협업으로 작업한 러그. 바람막이 소재와 버려지는 자투리 천들을 사용해 엮어 확장했다. 4／펠트 작업으로 만든 가면 시리즈. 5／뜨개는 어디든 이어 붙일 수 있다. 흔하게 소비되는 1회용 후추에 연결한 뜨개. 6／우표에 테두리를 떠 넣고 액자에 넣은 작품. 7／섬의 풍경. 다양한 색의 실과 펠트 조각을 이어 붙였다. 8／자라날 것처럼 생동감이 느껴지는 화분. 9／다양한 질 감의 실과 여러 패턴을 반복해 만든 마스크 작업. 10／작업실 곳곳을 잠식한 초록의 실들. 11／평소 작업할 때 쓰는 도구와 실들. 12／초록으로 가득한 작업실 한쪽. 13／엮이면서 확장되는 오수의 편물.

원하는 건 다 떠버리는
유쾌한 뜨개 작업자들

나만의 개성이 듬뿍 담긴 인형, 키링, 오브제 등의 소품을 직접 만들어 공유하는 뜨개인이 늘고 있다.
특히 코바늘 소품은 코를 늘리고 줄여가며 딱 원하는 모양을 만들 수 있는 매력이 있어 인기!
머릿속에 떠오르는 것을 실과 바늘로 구현해내는 유쾌한 뜨개 작업자들의 이야기와 작품을 소개한다.

취재 : 정인경 / 사진 : 김태훈

마르또
@marteau_art

마르또는 기본적으로 금속 작업을 하는 공간입니다. 그러나 소재에 제약을 두지 않고 자유롭게 여러 가지 재료로 제 생각을 만들어내고 있답니다. 뜨개는 고등학교 가정 시간에 배운 기초 뜨개 정도 밖에 알지 못합니다. 표현하고 싶은 것이 있는데 잘 모를 때는 유튜브를 이용하고 있습니다. 서울 문래동 작업실에서 주로 작업하고 전시를 하고 있습니다만 뜨개가 주된 작업이 아니라 작품이 있다가도 없기도 하고 그렇습니다(웃음). 작업은 다른 작업을 하다가 또는 그림을 그리다가 문뜩 떠오른 생각을 만듭니다. 세상에 하나 뿐인 물건! 원앤온리를 좋아합니다. 뭐든 똑같은 작품보다는 조금씩 다른 작품을 제작하고 있습니다.

1. 띵호와 도사님
띵호와 도사님은 다양한 색상으로 기분과 스타일을 표현합니다. 띵호와 도사님의 매력 포인트는 색상과 수염이라고 생각합니다. 머리 부분과 모자 부분을 원하는 방식으로 제작하여 파우치 또는 모티브로 만들 수 있습니다.

2. 와인 뽀인트
와인 뽀인트는 와인 선물할 때 포장 겸 장식으로 쓸 수 있으며 마시고 남은 와인병 또는 요즘 유행하는 위스키병 위에 장식할 수 있습니다. 저의 작업의 모티브로 자주 등장하는 '얼굴'로 제작하고 있습니다. 대머리 아저씨가 대부분입니다.

3. 청룡
2024년을 기념하여 청룡을 떠보았습니다. 일반적인 청룡과 다른 점은 하트를 안고 있다는 점입니다. 사랑을 전달하는 청룡의 귀여운 표정이 포인트입니다.

4. 띵호와 도사 라이터 커버
띵호와 도사 라이터 커버는 필요할 때 찾으면 안 보이는 라이터를 위해 눈이 확 띄게 화려한 색상으로 만듭니다. 꼭 흡연자만을 위한 작품이 아닙니다. 공예 작업, 인센스 스틱 등 필요한 순간, '띵호와 도사'를 찾아주세요!

5. 얼굴 시리즈
제 작품에는 얼굴이 모티브로 자주 등장해요. 얼굴을 동그랗게 떠서 고리를 달아주면 개성 있고 귀여운 키링이 완성되고요. 조금 큼지막하면서 납작하게 떠서 파우치도 만들었어요.

임금손
@imhandzoo

좋아하는 것을 만드는 뜨개 작가 임금손입니다. 내 마음에 드는 도안을 찾을 수 없어 하나 둘 만들었던 작품들을 SNS에 업로드하며 코바늘 작가로 활동하게 되었습니다. 영감을 받은 주제가 있으면 하나의 시리즈로 만들어 '월간 임금손 도안'들을 내고 있어요. 모티브가 되는 주제들은 저의 추억에서 찾기도, 다양한 경험을 하며 찾기도 합니다. 가장 듣기 좋아하는 말은 '만들면서 너무 재미있었어요!'일 만큼, 즐거움을 가득 담은 작품과 도안을 만들고 있어요. 유튜브에는 초보자도 따라 하기 쉬운 영상, 혹은 너무 어려워 부가적인 설명이 필요한 작품의 영상들을 주로 만들어 업로드해요.

1. 회전목마 소품함
낭만적인 크리스마스를 코바늘로 표현해보고 싶어 만들게 된 회전목마 소품함이에요. 다양한 색으로 만드는 말 모티브도 이 작품의 포인트랍니다.

2. 당구공 모음
무겁고 단단한 당구공을 코바늘로 푹신하게 만들면 어떨까?라는 생각에서 시작한 작품입니다. 배색을 이용해서 띠 공까지 표현했어요.

3. 캔디머신
캔디마저 코바늘로 만들어진 캔디머신입니다. 실과는 다른 소재인 아크릴 구를 더해서 더욱 독특한 작품이 되었어요.

4. 시네마 시리즈
영화관을 갔다가 우연히 떠올리게 된 시리즈입니다. 진짜 '팝콘 뜨기'로 만들 수 있는 팝콘 에어팟 파우치가 이 시리즈의 감초예요.

5. 소화기
소방관들의 처우에 관심을 갖게 되면서 기부를 위해 만든 도안이에요. 디테일이 귀여운 오브제랍니다. 수익은 모두 대한소방공제회에 기부되었어요.

민

@mminitting

작고 귀여운 것들을 사랑하는 프로 사부작러 민입니다. 주로 만드는 것은 코바늘 키링, 수세미, 배색 작품이에요. 저 자체가 굉장히 귀찮음에 취약한 사람이라, 제가 제작하는 도안은 누구나 어렵지 않게 뜰 수 있도록 간단하고 쉽다는 게 특징이에요. 아직은 인스타그램만 운영 중이지만, 곧 유튜브를 열 예정이니 기대해주세요! 친구를 통해 코바늘을 처음 접했는데요, 손으로 무언가 만드는 것을 좋아하고 잘했던 터라 금방 빠져들었어요. 친구 덕분에 인생 취미를 만나 즐겁게 뜨고 있답니다. 앞으로도 작고 귀여운, 만들기 쉬운 코바늘 작품들을 많이 만들려고 해요

1. 요리사 햄찍이(뜨따뚜이)
분홍색의 커다란 귀와 매우 작은 손, 발이 요리사 햄찍이의 작품 감상포인트입니다. 같은 도안으로 가방을 맨 노랑 햄찍이도 만들어보았어요. 작고 귀여워서 금방 만들 수 있답니다.

2. 응꼬스터
저는 골댕이를 키우는 멍집사예요. 집에서 엉덩이 털 미용을 한 저희 집 막내를 보고 있다가 문득 응꼬무늬 티코스터, 일명 응꼬스터를 만들고 싶다는 생각이 들었어요(웃음). 매력포인트는 역시 분홍색 응꼬와 오동통한 뒷다리 입니다(웃음).

3. 다람쥐 뜨개 인형
이 친구는 통통한 볼과 꼬리가 아주 포인트랍니다! 제가 그린 그림으로 만든 작품이기도 하고, 제가 만든 첫 도안이었기 때문에 개인적으로 애착이 가장 많이 담긴 작품이에요. 볼 빵빵 큰 꼬리 람쥐로 뜨태기를 물리치셨으면 좋겠어요!

4. 다람쥐 & 돼지 수세미
선물하기 좋은 수세미 시리즈예요. 두 가지 색을 쓰기도 하고 얼굴이 있다 보니 복잡해보이지만 막상 떠보면 손쉽게 뜰 수 있는 쉬운 도안이랍니다.

5. 눈사람 뜨개 인형
짧은뜨기만을 이용해 처음부터 끝까지 쭉 이어서 뜰 수 있는 작품이에요. 정말 쉽고 빠르게 완성할 수 있어요. 짤뚱하고 동글동글한 몸매가 매력 포인트예요.

뽀이

@bboi_da

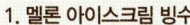

'뜨개 마법사'라는 별명답게 실생활에서 볼 수 있는 인테리어 소품이나 음식, 귀여운 인형을 뜨개로 만들어요. 처음 독학으로 코바늘을 배웠을 때는 제가 이렇게까지 도안을 만들고 공유하게 될지 몰랐는데 꾸준히 도안을 만들다 보니 정말 많이 성장한 것 같아요. 저는 작품의 비율을 가장 중요하게 생각하는 편이라 도안을 만들기 전에 꼭 그림을 그려서 구상을 하고 만들면서 최상의 비율을 찾기 위해 푸르시오를 반복해요(웃음). 일상생활을 하다가 번뜩 떠오르는 작품을 만드는 경우가 많아요. 인스타그램에서 무료 도안을 올리다가, 이번엔 공식 사이트를 만들어서 유료도안과 DIY키트를 판매하고 있어요. 영상이 필요하신 분들을 위해 유튜브도 시작했답니다.

1. 멜론 아이스크림 빙수
너무 더운 여름, 뜨개를 하면 손이 더우니 시각적으로라도 시원해지겠다는 생각에 멜론과 아이스크림을 얹은 빙수를 생각하게 됐어요. 멜론 조각과 아이스크림을 따로 만들어서 자유롭게 배치하는 것이 포인트예요.

2. 벽난로
따뜻함에 가장 어울리는 뜨개가 뭐가 있을까 고민하던 찰나 벽난로가 생각났어요. 불빛은 LED 촛불로 대체했고요. 은은하게 불빛이 새어나와 마음이 따뜻해져요.

3. 행운 화분
행운을 가득 품은 작품을 만들고 싶었어요. 그냥 네잎클로버는 심심하니까 작은 화분을 떠서 올려줬어요. 마음을 전하는 선물로 딱이에요.

4. 용 인형
용은 디테일이 많아서 그림을 여러 장 그리고 그중 가장 마음에 드는 것을 선택해 만들었어요. 용의 작고 하얀 눈썹이 정말 귀여워요. 머리부터 꼬리까지 이어진 털이 용의 느낌을 한껏 살려준답니다.

5. 빵과 빵 봉투
빵 봉투를 만들고 빵을 만들어서 원하는 위치에 넣어줘요. 다 만들고 빵을 넣을 때 정말 기분이 좋습니다! 진짜 빵 봉투처럼 어딘가 구겨진듯한 느낌이 살 게 손으로 만져주면 더 리얼해져요. 저는 그 부분이 가장 좋았어요.

신여성의 수예 세계로 타임슬립!
애정 가득한 '마모리킨차쿠'

1887년 《도입모사편물법(図入毛糸編物法)》의 마모리부쿠로를 재현.

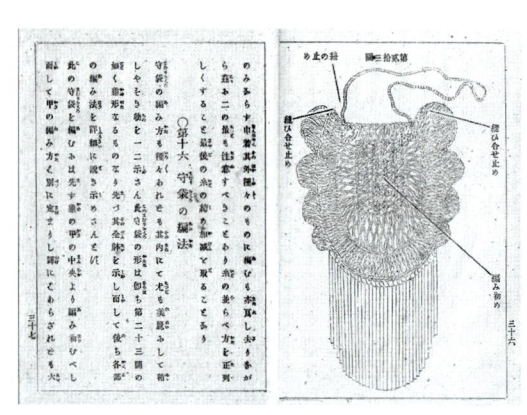

1887년 《도입모사편물법(図入毛糸編物法)》의 마모리부쿠로 뜨는 법.

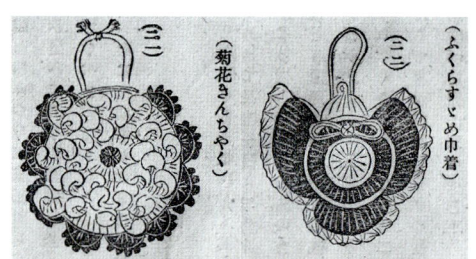

1907년 《편물지남(編物指南)》 코바늘뜨기의 마모리킨차쿠 뜨는 법.

〈20세기 초의 세공물 마모리부쿠로〉

도미 디자인의 츠마미자이쿠(つまみ細工)의 마모리부쿠로.

마모리부쿠로의 안면. 축의금이나 부적을 넣는다.

오시에(押絵)로 제작한 고양이 마모리부쿠로.

아기와 토끼가 디자인된 오시에(押絵)의 마모리부쿠로.

기타가와 게이(北川ケイ)
일본 근대 서양 기예사 연구가. 일본 근대 수예가의 기술력과 열정에 매진하고 있다. 공익재단법인 일본수예보급협회 레이스 사범. 일반사단법인 이로도리 레이스 자료실 대표. 유자와야 예술학원 가마타교·우라와교 레이스뜨기 강사. 이로도리 레이스 자료실을 가나가와현 유가와라에서 운영하고 있다.
http://blog.livedoor.jp/keikeidaredemow

여행지에서 절이나 신사를 돌다 보면 반드시 부적이 눈에 띕니다. 직업상 자신을 위해 치매막이, 눈, 귀, 허리 부적을 갖추고 있습니다. 옛날에는 아이를 위해서 자주 샀다고 합니다.

부모가 아이를 생각하는 부적을 넣는 마모리부쿠로(守袋)에는 2종류가 있습니다. 마모리부쿠로는 마모리킨차쿠(守巾着)라고 불리며 평소 자녀들의 허리께에 다는 것과 신사 참배를 할 때 축하의 의미로 다는 것이 있었습니다.

신사 참배에 관해서는 지역 차가 있지만, 일반적이 된 것은 14~16세기부터로 알려져 있습니다. 원래는 산토신(産土神)에게 출산 후 기도를 올리는 행사였다고 합니다. 17~19세기에는 막부의 최고직인 다이로(大老)의 거처에 들러 무사히 기도가 끝났음을 알리는 게 풍습이 되었습니다. 19세기 후반에 접어들자 정부의 신불 분리령에 의해 씨족 신의 신사 참배를 하게 되었습니다. 부계 쪽의 가족 행사로 하는 지역이 많고, 어머니는 산후의 부정이 아직 가시지 않은 시기라고 여겨져 참가하지 않는 지역도 드물지 않았습니다. 신사 참배 후에는 '어엿한 한 사람'으로서 이웃이나 친척들에게 인사를 돌았고, 이때 길하다고 여겨지는 소품이나 마모리킨차쿠를 의례복(배내옷)에 다는 것이 관례가 되었습니다. 마모리킨차쿠에는 축의금이나 부적을 넣지만 지역에 따라 다릅니다. 신사 참배에 참가할 수 없는 신여성들은 하나하나의 마모리부쿠로에 갓난아기의 건강한 성장과 행복을 기원하는 마음을 담아, 그 시기 최고의 기술과 재료를 도입했습니다. 실력 발휘의 장이 되어 의욕을 불태우는 신여성들의 모습이 눈에 떠오릅니다.

이 시기까지는 고급 수입품인 털실과 이제 막 보급되기 시작한 기술로 마모리킨차쿠를 떴습니다. 이랑뜨기 등의 기법을 가미한 단순한 조리개 주머니에 프린지 등을 달아 서양의 디자인을 구사한 것입니다. 20세기에 접어들며 기예의 종류가 늘고, 세공물이 일반에 보급되며 츠마미자이쿠(つまみ細工), 오시에(押絵) 등으로 만든 마모리킨차쿠로 정착되었습니다. 츠마미자이쿠는 도미, 국화 등이 길하며, 오시에는 토끼, 박, 추녀탈 등의 마모리킨차쿠입니다. 뜨개도 기술이 발전하기 시작해 국화, 모란, 매화와 일본의 독자적인 디자인이 되어갔습니다.

이 시기부터 츠마미자이쿠, 세공물, 주머니 등의 교본이 늘어나고, 편물사나 재봉사 같은 장인이 만든 물건도 보급되어갔습니다. 육아를 첫 번째로 여기는 여성들의 부업의 길도 열리기 시작했습니다.

Yarn World

이거 진짜 대단해요! 뜨개 기호
늘어나라 코늘림 【대바늘뜨기】

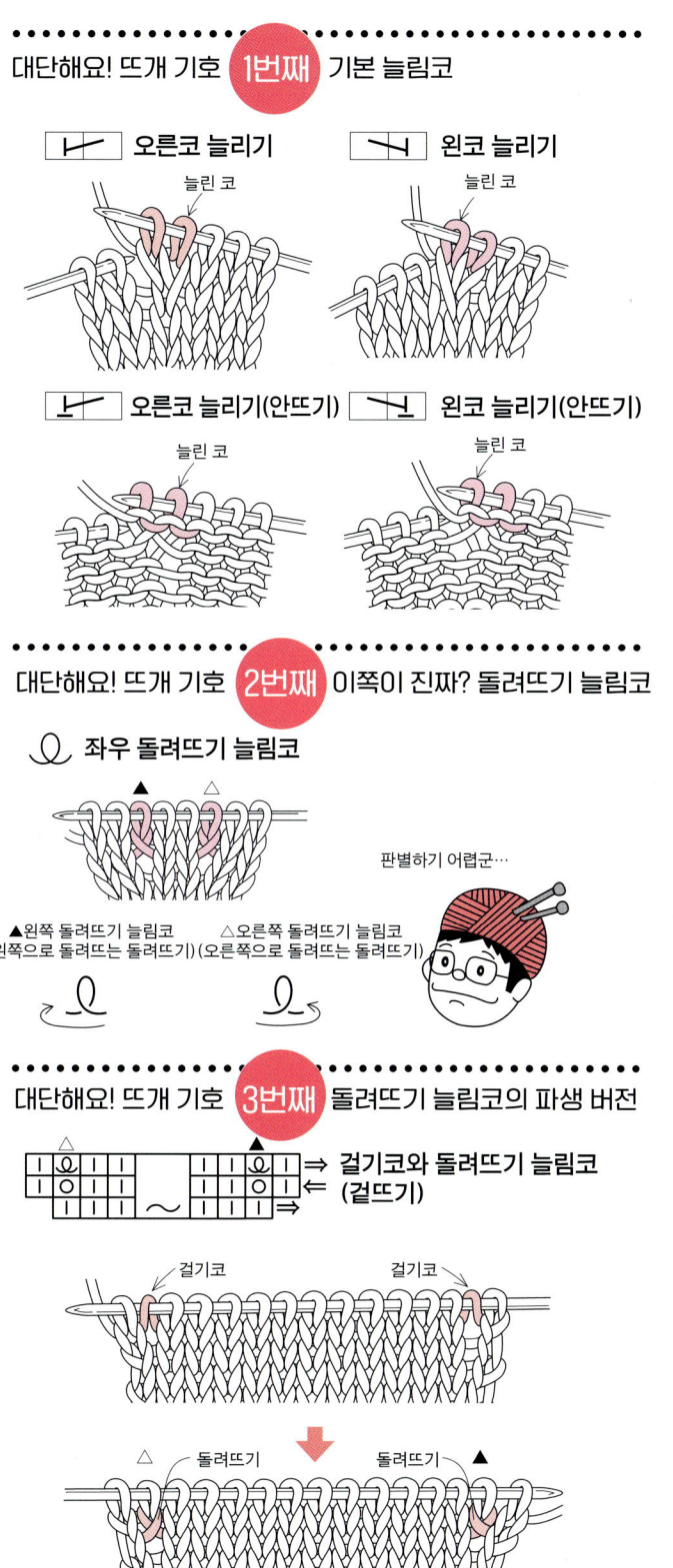

대단해요! 뜨개 기호 1번째 기본 늘림코

┗┙ 오른코 늘리기
늘린 코

┗┙ 왼코 늘리기
늘린 코

┗┙ 오른코 늘리기(안뜨기)
늘린 코

┗┙ 왼코 늘리기(안뜨기)
늘린 코

대단해요! 뜨개 기호 2번째 이쪽이 진짜? 돌려뜨기 늘림코

Ω 좌우 돌려뜨기 늘림코

▲ △

판별하기 어렵군…

▲왼쪽 돌려뜨기 늘림코   △오른쪽 돌려뜨기 늘림코
(왼쪽으로 돌려뜨는 돌려뜨기) (오른쪽으로 돌려뜨는 돌려뜨기)

대단해요! 뜨개 기호 3번째 돌려뜨기 늘림코의 파생 버전

△   ▲
⇒ 걸기코와 돌려뜨기 늘림코
⇐   (겉뜨기)

걸기코   걸기코

△ 돌려뜨기   돌려뜨기 ▲

여러분, 뜨개하고 있나요? 뜨개 기호를 아주 좋아하는 뜨개남(아미모노)입니다. 여름호가 돌아왔습니다. 여름은 코바늘뜨기에 주목하기 쉽지만 이번 호에는 대바늘뜨기 이야기를 해보겠습니다.

이번에 준비한 이야기는 늘림코에 대한 것. 경험상 줄임코를 더 많이 사용하는 기분이 들긴 하지만요. 늘림코와 줄임코를 모두 사용할 수 있으면 뜰 수 있는 아이템과 가능성이 훨씬 확장됩니다. 뜨개 기호 책을 확인하면 도로 교통 표지판에 있을 법한 모양의 기호를 볼 수 있는데(왼쪽 도안) 이것이 늘림코입니다. 1코에서 2코를 만든다는 개념입니다.

기본은 '전전단의 코에 바늘을 넣어서 실을 빼낸다'는 것이지요. 겉뜨기냐 안뜨기냐에 따라서 빼내는 법은 다르지만, 원리는 같습니다. 빼내는 위치를 틀려도 코는 늘어납니다. 여러분도 어느새 코가 늘어났던 경험이 있지 않나요?

또 하나 대표적인 기호가 '돌려뜨기 늘림코'. 가로로 걸친 실(싱커 루프)을 돌려서 떠서 코를 늘리는 방법입니다. 사람에 따라서는 이 방법이 더 쉬울지도 모릅니다. 다만 두 가지 문제가 있습니다. 하나는 좌우 돌려뜨기 늘림코의 존재입니다. 돌리는 방향이 좌우로 다른 것이지요. 〈털실타래〉에도 돌리는 방향을 기재하고 있지만, 기호가 작아서 육안으로는 판독하기 어려워 ▲·△ 등의 기호로 치환하고 있습니다. 하지만 좌우를 틀리게 늘리더라도 거의 신경 쓰이지 않을 수준입니다(개인 의견입니다).

또 하나의 문제는 '꼬아뜨기'와 기호가 같다는 것. 〈털실타래〉에서는 돌려뜨기 늘림코를 사용한 무늬일 때는 굵은 글씨로 표시하는 등으로 대처하고 있지만, 갑자기 꼬아뜨기 기호가 나왔을 때는 '돌려뜨기 늘림코'일 가능성이 큽니다. 이 두 점이 조금 혼란스러울 수 있으니 머리 한구석에 넣어두었으면 합니다.

돌려뜨기 늘림코의 파생 버전이 '걸기코와 돌려뜨기 늘림코'. 돌려뜨기 늘림코는 늘리는 단의 싱커 루프를 비틀기 때문에 그 영향으로 끝이 당겨져 올라가는 경우가 있습니다(특히 굵은 실을 사용할 경우). 그걸 막기 위해 앞단에서 걸기코로 코를 늘려두는 겁니다. 이 방법은 더욱 예쁘게 뜨고 싶은 분에게 추천합니다. 뜨개의 매력 중 하나로 '뜨면서 모양으로 만드는' 것이 있습니다(성형뜨기). 그 근간이 되는 기법인 늘림코는 꼭 익혀두었으면 합니다. 뜨개코, 마구마구 늘려주세요!

뜨개남의 한마디
1코를 늘릴 때는 '돌려뜨기'가 주로 사용되는 느낌입니다.

(뜨개남의 SNS도 매일 업로드 중!)
X:nv_amimono
Instagram:amimonojapan

이제 와 물어보기 애매한!?
뜨개 고민 상담실

뜨개를 처음 시작한 분부터 베테랑까지 〈털실타래〉 애독자 카드로 보내주신 다양한
고민거리를 이제 와 새삼 고민 해결사가 느슨~하게 답변해드리는 새로운 코너입니다.

촬영/모리야 노리아키

여러분의 고민거리
들어드립니다~

이제 와 새삼 고민 해결사

고민 상담

□ 작품에서 사용한 실과는 다른 실로 뜨고 싶을 때

어떻게 골라야 할지 모르겠어요.

좋은 방법이 있다면 알려주세요.

어드바이스 1　먼저 실 라벨을 체크!

작품과 같은 느낌, 크기로 뜨고 싶은 당신. 솔직히 말하면 같은
실로 뜨는 것을 추천합니다. 하지만 예쁜 실을 찾았다거나 가지
고 있는 다른 실로 뜨고 싶은 경우에는 먼저 실 라벨을 꼼꼼히
읽고 소재나 굵기를 확인하세요. 라벨에는 실의 권장 바늘 호
수와 표준 게이지(메리야스뜨기로 떴을 경우)가 적혀 있습니다. 1볼
의 g 수와 실 길이로 1g당의 길이를 산출해서 거의 같은 길이의
실을 찾읍시다.

POINT

실 길이(m)÷1볼의 무게(g)=1g당의 길이
※이제 와 얀의 경우…96m÷35g≒2.74m
1g당의 길이가 같다면 실의 굵기는 거의 같다고 볼
수 있습니다. 같은 무게에 실 길이가 길다면 가는 실
이고, 짧다면 굵은 실인 것입니다.

실의 굵기(스트레이트 얀/실물 크기)

권장 호수의 기준

극세	대바늘 0~1호 레이스바늘 4~0호·코바늘 2겹 2/0~3/0호
합세	대바늘 1~3호 레이스바늘 0~코바늘 3/0호·2겹 3/0~5/0호
중세	대바늘 3~5호 코바늘 2/0~4/0호
합태	대바늘 4~5호 코바늘 3/0~5/0호
병태	대바늘 6~8호 코바늘 5/0~6/0호
극태	대바늘 9~15호 코바늘 6/0~8/0호
초극태	대바늘 점보 바늘 코바늘 8/0~10/0호

실 종류의 예

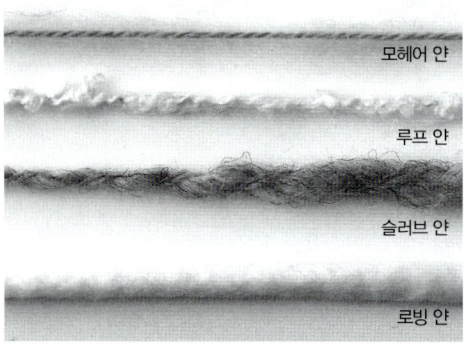

모헤어 얀
루프 얀
슬러브 얀
로빙 얀

실의 형태는 스트레이트 타입 외에 모헤어, 루프, 슬러브,
로빙(꼬임이 없는 실) 등 다양한 종류가 있습니다.

실의 형태나 소재에 따라서도 무게는 달라지므로 비슷한
실에서 찾읍시다!

라벨 보는 법

① 품명	이제 와 얀		③ 대바늘 5~7호 코바늘 5/0~6/0호
② 품질	모 100%	참고 사용 바늘	
④ 표준상태중량 (실 길이)	35g/1볼(약 96m)		
⑤ 색번호 (COL)	16	표준 게이지 (메리야스뜨기)	22~24코
로트 번호	(LOT)A		30~32단
제조·발매	털실타래 주식회사		

⑥　　　⑦

실 라벨은 반드시 1장은 남겨둡시다. 추가로 구매할 때나 다림질,
세탁할 때 참고할 수 있어 안심입니다.

① 실의 명칭
② 실의 소재나 품질
③ 권장 바늘…이 실을 뜨기에 알맞은 바늘 호수의 기준.
④ 1볼의 무게와 실의 길이
⑤ 색번호
⑥ 로트 번호…로트란 실을 염색했을 때의 가마 번호. 색번호가 같아
　도 로트가 다르면 색감이 약간 다를 때가 있습니다. 실을 구매할
　때나 추가로 구매할 때는 체크합시다.
⑦ 표준 게이지(메리야스뜨기)…참고 사용 바늘 호수로 메리야스뜨기
　를 떴을 때 가로세로 10cm 안에 들어가는 표준적인 콧수와 단수
　가 표기되어 있습니다. 코바늘용 실은 한길 긴뜨기의 게이지가 표
　기되어 있는 경우도 있습니다.

일단은 게이지를 냅시다

뜰 작품을 정하고 실도 골라서 "좋았어, 뜨자!" 하고 바로 뜨고 싶은 마음도 이해합니다.
하지만 일단 냉정해집시다. 마음을 가다듬고 먼저 반드시 게이지를 냅시다.
비슷한 굵기의 실로 뜨더라도 뜨는 사람마다 코의 크기가 다르므로(흔히 말하는 "손땀이 느슨하다",
"손땀이 빡빡하다"라는 것이 여기에 해당합니다), 반드시 자신의 게이지를 떠서 확인하는 게 중요합니다.

게이지란

작품의 만드는 법에 반드시 표기되어 있는 '게이지'.
가로세로 10cm 안에 메리야스뜨기 또는 무늬뜨기의 코가 몇 코·몇 단이 있는지를 표기한 것입니다.
대체실을 사용해서 같은 게이지가 나오면 뜨려는 작품과 같은 크기의 작품을 뜰 수 있습니다.
다시 말해 그 고른 실로 떠도 문제없는 것입니다.

모든 길은 여기서부터 시작된다.
일단은 게이지를 낼 것!

게이지 내는 법

만드는 법에 표기되어 있는 게이지의 콧수를 1.5~2배한 수의 기초코로,
대략 가로세로 15~20cm의 견본을 뜹니다. 여기서는 메리야스뜨기로 설명합니다.

대바늘뜨기의 게이지

쉼코에 실을 통과시킨다·안뜨기

손가락으로 만드는 기초코

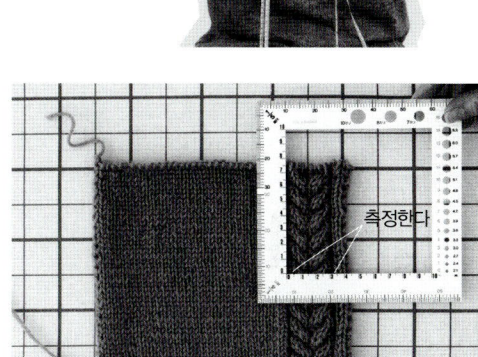

겉뜨기
단수를 센다
콧수를 센다

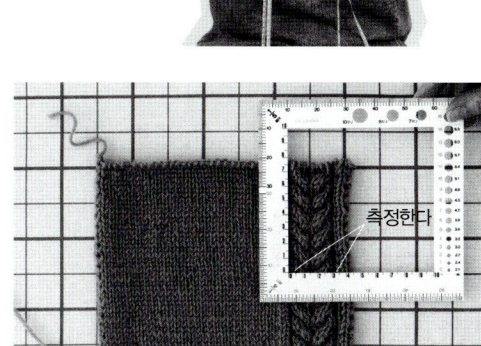

측정한다

다 떴으면 안면에서 살짝 스팀 다림질해 증기를 머금게 합니다. 다리미를 견본에 누르지 않고 살짝 띄워서 증기를 맞힙시다. 핀은 꽂지 않습니다.

증기가 빠지면 겉면으로 뒤집고, 코를 가지런하게 정리합니다. 니트 게이지나 자를 코가 안정되어 있는 중앙 부분에 대고 10cm에 몇 코, 몇 단이 있는지를 0.5 단위로 셉니다.

무늬가 2종류 이상일 때는 같이 게이지를 떠서 편물의 높이가 같아지게 정리합니다. 무늬 부분의 1무늬가 몇 cm인지를 측정합니다.

코바늘뜨기의 경우는…

단수를 센다
콧수(무늬 수)를 센다

딱 맞추는 건 상당히 어렵군~

대바늘뜨기와 마찬가지로 가로세로 약 15cm가 되도록 뜬 다음, 가로세로 10cm의 콧수와 단수를 셉니다. 표기되어 있는 것이 무늬 수일 경우에는 몇 무늬인가 뭉쳐서 치수를 재고, 1무늬의 크기를 계산합니다.

모티브 연결하기의 경우에는 모티브 1개의 크기를 측정합니다. 주위를 사슬뜨기로 연결한 모티브는 단일로 측정하기 어려우므로 4개 정도 연결하는 게 좋습니다.

게이지가 맞지 않았을 때의 대처법

게이지 숫자보다 수가 조금 적었을 때

작품보다 코가 큰 것입니다. 사용 바늘 호수를 1호씩 가늘게 해서 다시 뜨세요.

게이지 숫자보다 수가 조금 많았을 때

작품보다 코가 작은 것입니다. 사용 바늘 호수를 1호씩 굵게 해서 다시 뜨세요.

게이지가 대폭적으로 맞지 않았을 때

고른 실이 적합하지 않은 것입니다. 실을 다시 고릅시다.

콧수와 단수가 딱 맞지 않았을 때

콧수와 단수가 정확히 일치하지 않는 경우에는 콧수 게이지를 우선합시다. 작품을 뜰 때에 길이는 단수를 조정할 수도 있습니다.

재료
[실] DMC 콜도넷 스페셜 no.80 흰색(BLANC)
[부자재] 꽃철사(지철사) #35, 꽃술(진주씨) 중 사이즈 하얀색, 경화액 스프레이(Neo Rcir), 접착제, 액체 염료(Roapas Rosti), 마커(COPIC), 사용하는 색은 도안 표를 참고하세요.

도구
레이스 바늘 14호

완성 크기
도안 참고

POINT
●도안을 참고해 각 부분을 뜹니다. 지정된 색으로 물들이고 마르면 모양을 잡아서 경화 스프레이를 뿌립니다. 꽃봉오리는 꽃술(진주씨)을 지정된 색으로 물들여서 다발로 묶습니다. 마무리하는 법을 참고해서 꽃봉오리와 꽃, 이파리를 조합해서 철사로 묶은 후 접착제를 바르면서 철사에 실을 감아 줄기를 만듭니다. 줄기는 지정된 색으로 물들이고, 마르면 모양을 잡고 경화 스프레이를 뿌려서 마무리합니다.

염료 사용색

	염료	A	B
꽃		보라색, 레드 바이올렛	파란색, 보라색, 다크 그린
이파리	Roapas Rosti	초록색, 검은색	초록색, 노란색
줄기		초록색, 올리브 그린	
꽃봉오리	COPIC	BV00, G21	B45, B32, BV04, G21

※ 모두 레이스 바늘 14호로 뜬다.

이파리(소) A: 2장

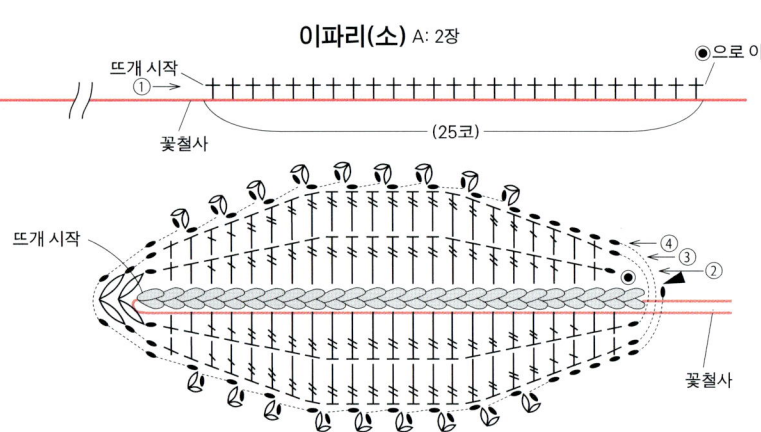

뜨개 시작 ①→
●으로 이어진다
꽃철사
(25코)
뜨개 시작
④ ③ ②
꽃철사

이파리 뜨는 법(공통)

① 꽃철사 1가닥을 짧은뜨기로 감아 뜨기를 한다.
　※사슬 기초코의 매듭에 철사를 통과시켜 뜨개를 시작한다.

② 2단은 첫단의 짧은뜨기 뒤 반 코를 주워서 뜨고, 첫단의 뜨개 시작에서 철사를 구부려 1단의 남은 반 코와 함께 감아 뜨기를 한다.

= 짧은뜨기 코머리

▶ = 실 자르기

이파리(중) A:2장, B:2장

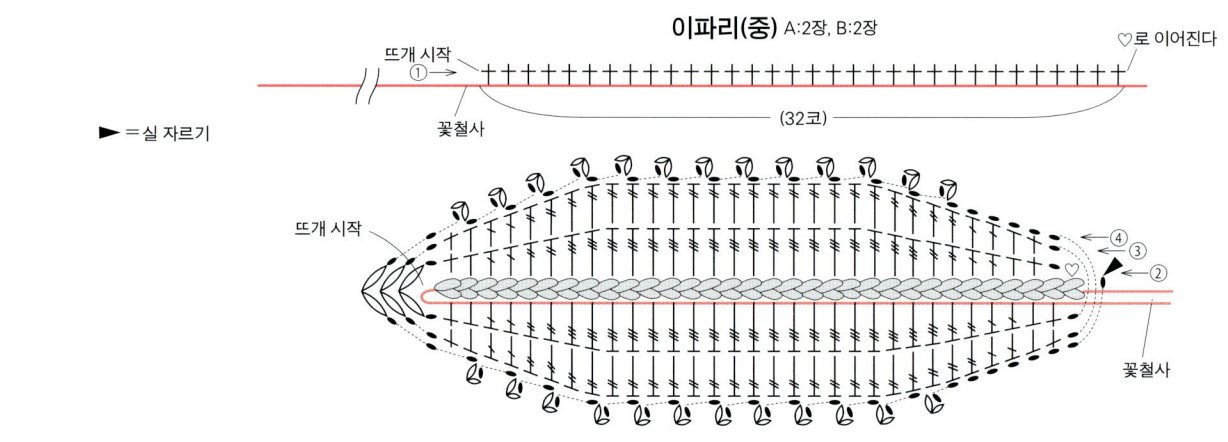

뜨개 시작 ①→
♡로 이어진다
꽃철사
(32코)
뜨개 시작
④ ③ ②
꽃철사

이파리(대) A:2장, B:2장

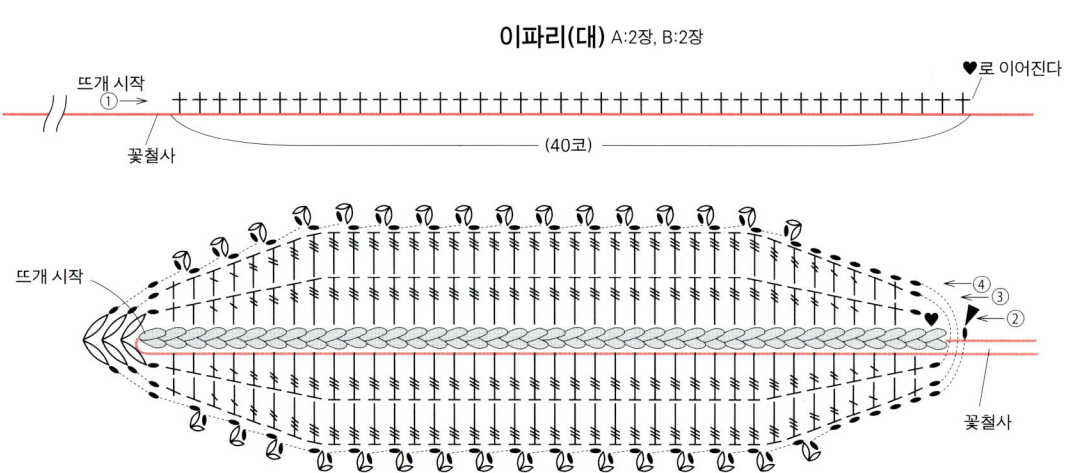

뜨개 시작 ①→
♥로 이어진다
꽃철사
(40코)
뜨개 시작
④ ③ ②
꽃철사

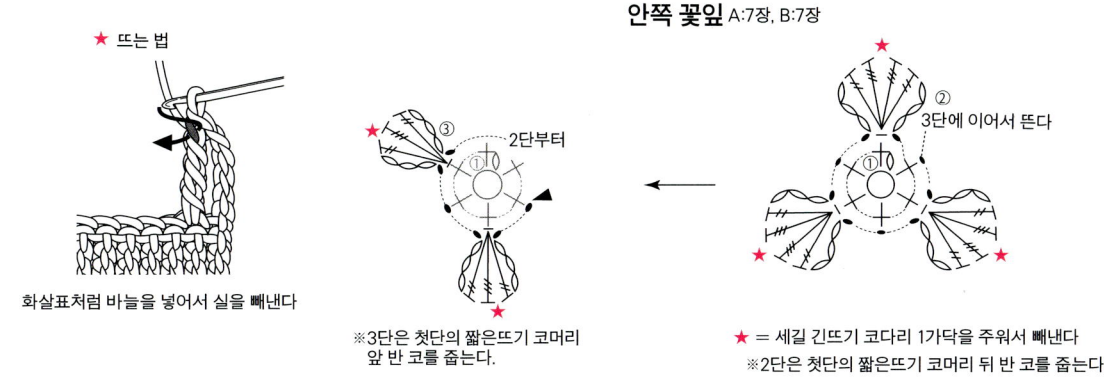

안쪽 꽃잎 A:7장, B:7장

★ 뜨는 법

화살표처럼 바늘을 넣어서 실을 빼낸다

③ 2단부터

※3단은 첫단의 짧은뜨기 코머리 앞 반 코를 줍는다.

3단에 이어서 뜬다

★ = 세길 긴뜨기 코다리 1가닥을 주워서 빼낸다
※2단은 첫단의 짧은뜨기 코머리 뒤 반 코를 줍는다.

꽃잎 마무리하는 법

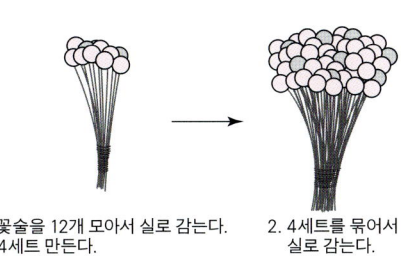

안쪽 꽃잎

바깥쪽 꽃잎

바깥쪽 꽃잎

철사

②바깥쪽 꽃잎에 안쪽 꽃잎을 겹쳐서 본드로 붙인다

►=실 자르기

바깥쪽 꽃잎 A:7장, B:7장

3단에 이어서

④

②
①

4단으로 이어진다

③

※4단은 2단 코머리의 앞 반 코를 줍는다

★ = 네길 긴뜨기 코다리 1가닥을 주워서 빼낸다
※3단은 2단의 짧은뜨기 코머리의 뒤 반 코를 줍는다.

꽃봉오리 마무리하는 법

1. 꽃술을 12개 모아서 실로 감는다.
   4세트 만든다.

2. 4세트를 묶어서 실로 감는다.

마무리하는 법

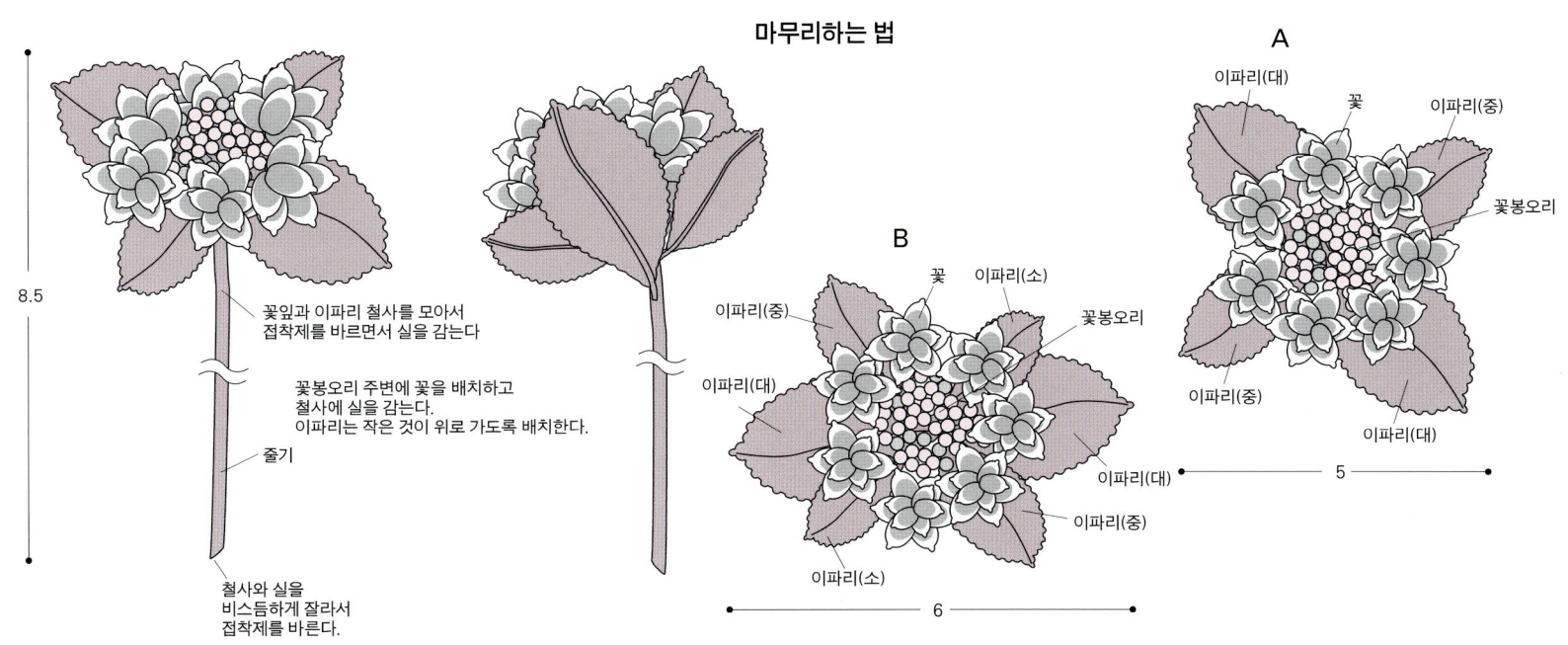

8.5

꽃잎과 이파리 철사를 모아서 접착제를 바르면서 실을 감는다

꽃봉오리 주변에 꽃을 배치하고 철사에 실을 감는다. 이파리는 작은 것이 위로 가도록 배치한다.

줄기

철사와 실을 비스듬하게 잘라서 접착제를 바른다.

A

이파리(대)
꽃
이파리(중)
꽃봉오리
이파리(중)
이파리(대)

5

B

꽃
이파리(소)
이파리(중)
꽃봉오리
이파리(대)
이파리(대)
이파리(중)
이파리(소)

6

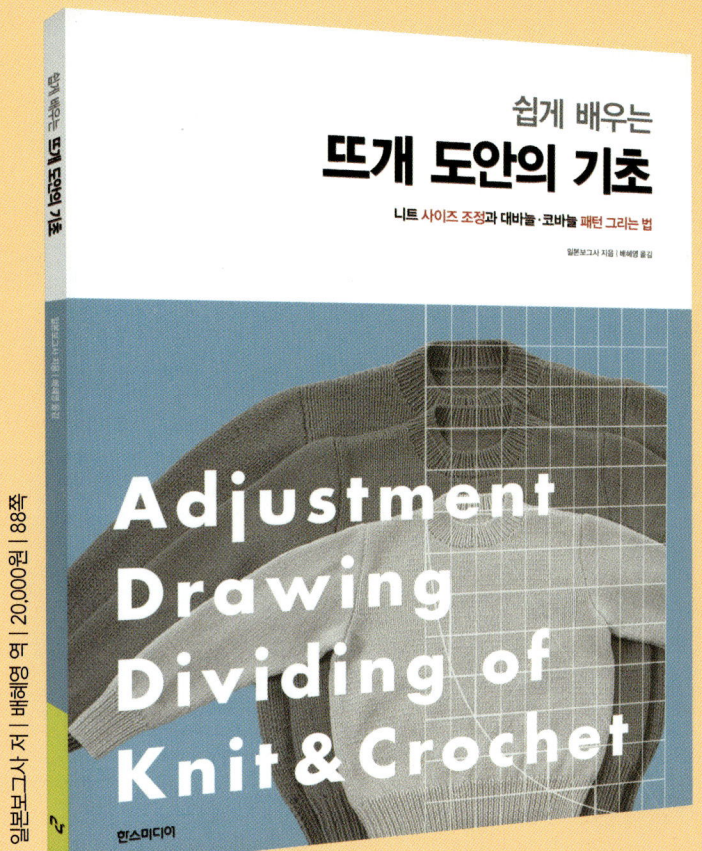

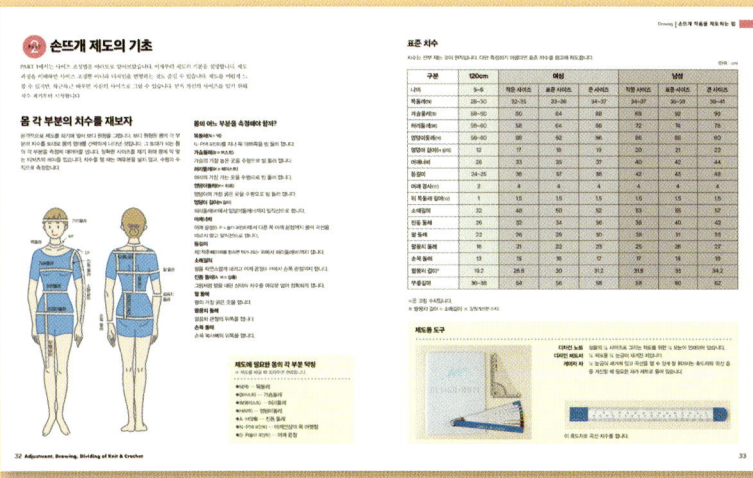
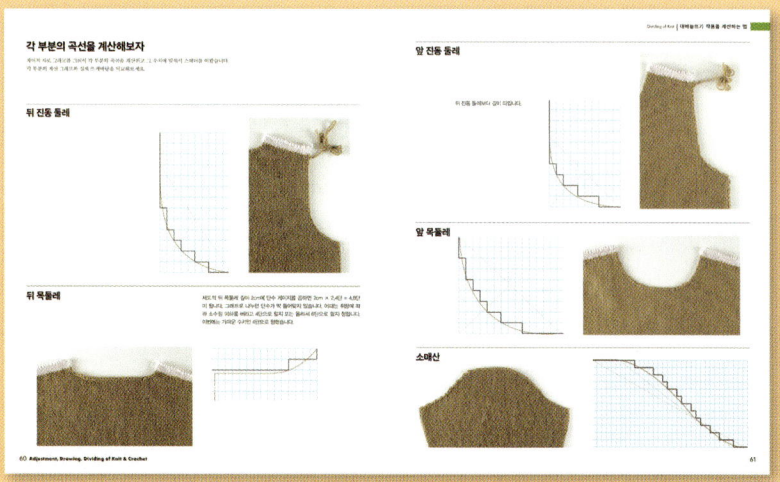

얀 카탈로그

뜨태기 타파! 가방, 모자, 인형 등 소품을 뜨기 좋은 여름 소품실 추천.

취재 : 정인경 / 사진 : 김태훈

앵콜스 추천

통통이코튼
앵콜스

부드럽고 내구성이 강한 코마면 소재의 실. 코마면은 실 크처럼 부드러워 특히 연약한 아기들의 피부에 닿아도 불편함이 없습니다. 다른 소품실에 비해 통통하고 한 볼의 중량이 많아 가격 대비 가성비가 좋은 실이랍니다. 소품실이지만 성인과 베이비 의류, 블랭킷, 가방, 이불, 방석 등 어떤 작품이라도 뜰 수 있어요!

코마 코튼 100%, 색상 수 / 43, 실 중량 / 70g, 실 길이/ 80m, 권장 바늘 / 4~6mm(대바늘), 6/0~8/0호 (코바늘)

이렇게 써봐요!
내구성이 좋은 통통한 면사라 인형을 만들기 제격! 표현하고 싶은 모든 것을 구현할 수 있는 다양한 색상도 장점이에요.

랄라
앵콜스

최고의 기술자와 만들어 가벼운 무게, 내구성, 탄탄함, 뜨는 부드러움까지 갖춘 실. 가방과 모자를 뜨기 최적화된 실로 코가 예쁘게 나오면서 뜰 때 손이 아프지 않습니다. MVS는 소용돌이 방적 기법으로 실의 무게를 20% 낮춰주기 때문에 완성품이 가볍습니다. 더블 연사 기법으로 내구성과 탄탄함까지 더했습니다.

MVS A/A 100%, 색상 수/ 33, 실 중량/ 70g, 실 길이/ 145m, 권장 바늘/ 3.5~4.5mm(대바늘), 5/0~7/0호(코바늘)

이렇게 써봐요!
모양이 탄탄하게 잡혀야 하면서도 부드러움을 잃지 않아야 하는 모자나 가방을 만들기에 좋아요. 손의 피로도를 최소화했기 때문에 코바늘 소품 뜨기에 좋답니다.

해피코튼
야나

유아용 섬유 테스트를 합격한 보들보들 부드러운 실. 94가지의 다양한 컬러가 장점이고 초보자가 뜨기에 편안하다는 특징이 있습니다. 소품 뜨기에 최적화된 실 굵기로 가볍고 차분한 느낌의 작품을 완성할 수 있습니다. 실의 결이 통통하고 복원력이 좋아 풀었다가 다시 떠도 편물이 잘 나오기 때문에 초보자에게 추천합니다.

코튼 60%, 아크릴 28%, 레이온 12%, 색상 수/ 94, 실 중량/ 45g, 실 길이/ 115m, 권장 바늘/ 4mm(대바늘), 4/0~5/0호(코바늘)

이렇게 써봐요!
아가를 위한 블랭킷과 인형을 떠보는 것은 어떨까요? 색상이 다양해 같은 색상군에서도 명도와 채도별로 원하는 색을 고를 수 있다는 것이 장점이에요!

야나 추천

라탄
야나

봄여름 대표 실로 소재가 되는 라피아는 야자나무를 가공한 것입니다. 여름이면 가방과 모자를 뜨기 좋은 라피아 실을 찾기 마련인데, 라탄은 무광, 반유광, 유광, 무광 나염 등 광택을 고를 수 있다는 장점이 있습니다. 기존의 종이나 라피아 실보다 다양한 색상으로 나만의 아이템을 뜰 수 있는 실입니다.

라피아 100%, 색상 수/ 49, 실 중량/ 40g, 실 길이/ 80m, 권장 바늘/ 5/0~7/0호(코바늘)

이렇게 써봐요!
모자와 가방을 떴을 때 가장 아름답게 표현되는 라피아 실. 형태가 잘 유지되는 실로 올 여름 가볍게 들고 다닐 가방과 가벼운 모자를 떠보세요.

요즘 뜨는 데코얀
브랜드얀

다양한 실과 합사하여 색다른 느낌을 낼 수 있는 팬시 얀. 원사의 소재를 가리지 않고 다양한 실과 조화를 잘 이룹니다. 핸드메이드 작품의 완성도를 업그레이드해주는 팬시얀이랍니다. 다양한 색상으로 여러 곳에 활용할 수 있다는 것이 장점입니다. 사용하는 실에 한 겹을 더하면 은은한 색상과 나풀거리는 질감으로 포인트를 줄 수 있어요.

Rayon 100%, 색상 수/ 16, 실 중량/ 25g, 권장 바늘/ 1겹 4/0호, 2겹 6/0호(코바늘)

이렇게 써봐요!
합사하면 독특한 느낌으로 마무리할 수 있으니 포인트를 줄 수 있는 곳에 가방이나 모자 등 소품에 사용해보세요!

브랜드얀 추천

아미얀
피에로 얀(Pierrot Yarn)

일본 뜨개실 회사 고쇼 산업의 피에로 얀에서 생산하는 아미얀은 100% 천연 소재의 화지로 만든 종이실입니다. 천연 펄프 원료로 만들어져 자연 친화적입니다. 가늘고 길게 자른 종이를 부드럽게 꼬아 가볍고 내구성이 좋으며 선명한 발색의 세련된 컬러부터 차분하고 베이직한 컬러, 매트한 촉감, 자연스럽고 은은한 광택 등 다양한 느낌을 선택할 수 있습니다.

일본 화지 100%, 색상 수/ 19, 실 중량/ 40g, 실 길이/ 86m, 권장 바늘/ 5/0~7/0호(코바늘)

이렇게 써봐요!
통기성이 좋고 천연 향균과 자외선 차단 기능이 있어서 여름철 모자나 가방 등을 만들면 좋아요. 튼튼한 일본 종이의 내구성도 큰 장점!

Let's Knit in English!
니시무라 도모코의 영어로 뜨자

끌어낸 코로 표정을 만들어내는 Dip stitch

photograph Toshikatsu Watanabe   styling Terumi Inouenoue

Dip stitch(딥 스티치)는 끌어낸 코를 가리킵니다. Dip이라는 단어 자체는 '담 그다'나 '적시다'라는 의미지만, '(액체 따위에) 어떤 것을 넣었다 빼내는' 동작 을 가리킬 때도 있습니다. 여기서는 그런 의미로 사용되었네요.

몇 단 아래에서 뜨개코를 끌어내기 때문에 드라이브뜨기와 같이 elongated stitch(길게 늘인 코)라고 부를 때도 있습니다.

Dip stitch는 무늬에 따라서 실을 끌어내는 위치가 다르기 때문에 몇 단 아래 의 어디에서 실을 끌어내는지에 대한 설명이 필요합니다. 그런 점에서 차트 도 안이라면 그 위치를 정확히 특정할 수 있어 알기 쉬운 점은 있지만, 끌어낸 다 음에는 어떻게 해야 하는지는 차트만으로는 알기 힘들다고 느낄 수도 있습니 다. 영문 서술 도안에서는 그 부분도 뜨는 순서 안에서 자세히 설명하고 있습 니다.

이런 점을 바탕으로 이번에는 dip stitch 무늬를 몇 가지 소개합니다. 저마다 다른 표현을 사용하고 있으니 그 부분도 함께 확인할 수 있습니다. Fish tail(물 고기 꼬리)로 불리거나 하트 모양처럼 보이는 것 등 모두 작품 안에 재미있고 쉽게 도입할 수 있는 것들이니 꼭 시도해보세요.

<Pattern A>using two colors

Multiple of 6 sts + 2sts, including 1 st for each end

DIP L (dip to left):
1) Insert RH needle into space between next 2 sts 3 rows below and knit, pulling up a long loop.
2) Slip first two sts on RH needle to LH needle.
3) Pass 2nd st (long loop) on LH needle over 1st st and slip remaining st back to RH needle.

DIP R (dip to right):
1) Insert RH needle into the space between last 2 sts 4 rows below and knit, pulling up a long loop.
2) Slip the long loop on RH needle to LH needle and ssk.

Set-up row 1 : K1, purl to last st, k1.
Set-up row 2: K to end.
Set-up row 3: Work as Set-up row 1.
Row 1 (RS): Switch to color B, k2, *k1, DIP L, k2, DIP R, k2; rep from * to end.
Rows 2 and 4 (WS): K1, purl to last st, k1.
Row 3: K to end.
Row 5: Switch to color A, k2, *DIP R, k3, DIP L, k2; rep from * to end.
Rows 6 and 8 (WS): K1, purl to last st, k1.
Row 7: K to end.
Rep rows 1 to 8 for pattern. End after Row 2 or 6.

〈무늬 A〉 2색 사용의 경우

6코의 배수+2코(양 끝의 가장자리 코를 1코씩 포함한다)

DIP L(dip to left):
1)오른바늘 끝을 다음 2코 사이의 3단 아래에 넣고 겉뜨기해 코를 길게 끌어낸다.
2)오른바늘의 첫 2코를 왼바늘에 옮긴다.
3)왼바늘의 2코째(늘인 코)를 1코째에 덮어씌우고, 남은 코를 오른바늘에 되돌린 다.

DIP R(dip to right):
1)오른바늘 끝을 앞의 2코 사이의 4단 아래에 넣고 겉뜨기해 코를 길게 끌어낸다.
2)오른바늘의 늘인 코를 왼바늘에 옮기고, 오른코 겹쳐 2코 모아뜨기를 한다.

준비단1 : 겉뜨기, 마지막 1코 전까지 안뜨기, 겉뜨기 1.
준비단2 : 마지막까지 겉뜨기.
준비단3 : 준비단 1과 동일하게 뜬다.
1단째(겉면) : B색으로 바꾸고, 겉뜨기 2, 【겉뜨기1, DIP L, 겉뜨기 2, DIP R, 겉뜨 기 2】, 【~】을 마지막까지 반복한다.
2·4단째(안면) : 겉뜨기 1, 마지막 코 직전까지 안뜨기, 겉뜨기 1.
3단째 : 마지막까지 겉뜨기.
5단째 : A색으로 바꾸고, 겉뜨기 2, 【DIP R, 겉뜨기 3, DIP L, 겉뜨기 2】, 마지막 까지 【~】을 반복한다.
6·8단째 : 겉뜨기 1, 마지막 코 직전까지 안뜨기, 겉뜨기 1.
7단째 : 마지막까지 겉뜨기.
1~8단째를 반복하고, 마지막은 2단째 또는 6단째에서 마무리한다.

<Pattern B>

Multiple of 8 sts + 5 sts, including 1 st for each end

MLL (make long loop):
Knit into the st 2 rows below the 2nd st of the three k sts

Set-up row: K1, (p3, k1) to end.
Row 1 (RS): K1, (k3, p1) until 4 sts remain, k4.
Row 2 (WS): K1, (p3, k1) to end.
Row 3: K1, *MLL, k3, MLL, p1, k3, p1; repeat from * until 4 sts remain, MLL, k3, MLL, k1.
Row 4: K1, *p2tog, p1, ssp, k1, p3, k1; repeat from *until 6 sts remain, p2tog, p1, ssp, k1.
Rows 5 to 8: Rep Rows 1 and 2 twice.
Row 9: K4, p1, *MLL, k3, MLL, p1, k3, p1; repeat from * and end with k4 (instead of k3, p1).
Row 10: K1, p3, *k1, p2tog, p1, ssp, k1, p3; repeat from *until last st, k1.
Rows 11 to 14: Rep Rows 1 and 2 twice.
Rep from Row 1 for pattern.

※무늬 C의 뜨는 법은 P.139를 참고하세요.

뜨개 약어

약어	영어 원어	우리말 풀이
CO	cast on	기초코
k	knit	겉코, 겉뜨기
p	purl	안코, 안뜨기
RH	right hand	오른쪽
LH	left hand	왼쪽
k2tog	knit 2 stitches together	왼코 겹쳐 2코 모아뜨기
st(s)	stitch(es)	뜨개코
RS	right side	(뜨개바탕의)겉쪽, 겉면
WS	wrong side	(뜨개바탕의)안쪽, 안면
ssk	slip,slip,knit	오른코 겹쳐 2코 모아뜨기
wyif	with yarn in front	실을 앞쪽에 두고

니시무라 도모코(西村知子)

니트 디자이너. 공익재단법인 일본수예보급협회 손뜨개 사범. 보그학원 강좌 '영어로 뜨자'의 강사. 어린 시절 손뜨개와 영어를 만나서 학창 시절에는 손뜨개에 몰두했고, 사회인이 되어서는 영어와 관련된 일을 했다. 현재는 양쪽을 살려서 영문 패턴을 사용한 워크숍·통번역·집필 등 폭넓게 활동하고 있다. 저서로는 국내에 출간된 《손뜨개 영문패턴 핸드북》 등이 있다.

Instagram : tette.knits

〈무늬 B〉

8코의 배수+5코(양 끝의 가장자리 코를 1코씩 포함한다)

MLL(make long loop):
겉뜨기 3코의 2코째의 2단 아래의 코에 겉뜨기한다.

준비단 : 겉뜨기 1, 마지막까지【안뜨기 3, 겉뜨기 1】을 반복한다.
1단째(겉면) : 겉뜨기 1,【겉뜨기 3, 안뜨기 1】을 마지막에 4코 남을 때까지 반복하고, 겉뜨기 4.
2단째(안면) : 겉뜨기 1,【안뜨기 3, 겉뜨기 1】을 마지막까지 반복한다.
3단째 : 겉뜨기 1,【MLL, 겉뜨기 3, MLL, 안뜨기 1, 겉뜨기 3, 안뜨기 1】, 마지막에 4코 남을 때까지【~】을 반복하고, MLL, 겉뜨기 3, MLL, 겉뜨기 1.
4단째 : 겉뜨기 1,【안뜨기 왼코 겹쳐 2코 모아뜨기, 안뜨기 1, 안뜨기 오른코 겹쳐 2코 모아뜨기, 겉뜨기 1, 안뜨기 3, 겉뜨기 1】, 마지막에 6코 남을 때까지【~】을 반복하고, 안뜨기 왼코 겹쳐 2코 모아뜨기, 안뜨기 1, 안뜨기 오른코 겹쳐 2코 모아뜨기, 겉뜨기 1.
5~8단째 : 1·2단째를 2회 뜬다.
9단째 : 겉뜨기 4, 안뜨기 1,【MLL, 겉뜨기 3, MLL, 안뜨기 1, 겉뜨기 3, 안뜨기 1】,【~】을 반복하고 마지막은(겉뜨기 3, 안뜨기 1 대신에) 겉뜨기 4코로 마무리한다.
10단째 : 겉뜨기 1, 안뜨기 3,【겉뜨기 1, 안뜨기 왼코 겹쳐 2코 모아뜨기, 안뜨기 1, 안뜨기 오른코 겹쳐 2코 모아뜨기, 겉뜨기 1, 안뜨기 3】,【~】을 마지막 1코 직전까지 반복하고, 겉뜨기 1.
11~14단째 : 1·2단째를 2회 뜬다.
1단째부터 반복한다.

하야시 고토미의 Happy Knitting

photograph Toshikatsu Watanabe, Noriaki Moriya(process) styling Terumi Inoue

누구나 즐길 수 있는 작은 직기 정띠의 놀라운 역사

펠팅 책이지만 정띠직의 작품이 몇 점 소개되어 있다.

2010년에 출판된 미국 잡지 표지. 고안자가 본 것으로 생각되는 도구와 그것을 사용한 작품의 사진이 사용되었다.

목틀로 만들어졌던 오래된 정띠직기와 설명서. 설명서는 지금은 본사에도 남아 있지 않은 귀중한 것.

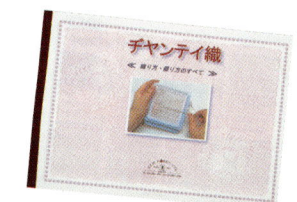

다양한 틀 모양을 생각하며 개발했던 과정이 엿보인다. 못은 하나하나 손으로 박아서 힘든 작업이었다고 한다.

직기에는 사각형의 크고 작은 것과 레이시한 모티브를 만들 수 있는 도구가 갖춰져 있다. 실 거는 법을 달리하거나 색을 바꾸는 것도 즐겁다. 바탕에 자수를 넣는 등 아이디어는 다양하다. 짜는 법은 〈정띠직〉 안에 설명되어 있다.

제가 어렸을 적, 어머니께서는 남은 털실로 사각 모티브를 뜬 것을 꿰매 붙여서 숄이나 하오리를 만드셨습니다. 당시에는 아직 평상복으로 기모노를 입는 여성이 많았고 어머니도 겨울에는 기모노를 입고 생활하셨습니다. 수편기로 스웨터를 떠주셨는데 그것들을 뜨고 남은 실로 만드셨던 것 같습니다. 간단해 보여서 저도 배워서 만들었습니다. 네모난 목틀에 못이 박혀 있어 거기에 실을 걸고, 긴 바늘로 실을 짜듯이 통과시키면 완성입니다. 간단한 평직을 짤 수 있는 도구로, 뜨개질은 못 해도 털실로 간단한 모티브를 만들 수 있었습니다. 하지만 어느새 이 도구들도 우리 집에서 자취를 감춰버렸습니다. 그런데 약 20년 전일까요, 아는 젊은 자수가분이 "본가를 정리하다가 나온 건데 어떻게 쓰는 건지 모르겠어요. 하야시 씨라면 아실지도 몰라요"라며 제가 어렸을 적에 사용했던 목틀 도구를 선물해주었습니다. 정띠직이라는 이름은 기억하고 있었는데 상자에는 이 이름이 있고, 바로 '그것'이었습니다. 이때 이미 현재의 '정띠직기'를 사용해서 작품을 소개하고 있었는데, 플라스틱 제품으로 바뀌어서 어쩐지 멋이 없다고 생각하고 있던 터라 옛 도구를 만나게 된 것은 정말로 반가운 일이었습니다. 그 후로 또 몇 년 후, 2010년의 〈PIECE WORK〉라는 미국 잡지 표지에 정띠직기와 그것으로 만든 걸로 보이는 작품이 실려 있어서 서둘러 읽어보았습니다.

도구의 이름은 'Weave-It'으로 사용법은 거의 비슷했습니다. 소개되어 있던 작품은 무릎 담요로 저자에 따르면 할머니가 가족을 위해 몇 장이나 뜬 것을 재현한 것입니다. 사각 모티브를 이은 것이어서 패치워크의 나인 패치 같은 인상입니다. 남은 실로 짜서 모아두었다가 시간이 되면 잇는 느낌일까요. 선물 받은 정띠직기의 설명서에 따르면 고안자는 양재와 수예 연구를 위해 1929년 미국으로 건너갔는데, 학교 교재로 사용하고 있는 수직기를 접하고 더욱 간단하고 우아하게 개량하는 연구를 시작했습니다. 10년간의 유학 생활을 마치고 1939년 돌아와 그 후로도 연구를 거듭해 이듬해 프랑스어로 '사랑스러운'이라는 의미의 '정띠(Gentil)' 수직기가 탄생했습니다.

이번에 소개하기에 앞서 제조원인 (주)정띠를 방문해 창업 당시의 이야기를 들어보았습니다. 가장 놀란 점은 '마치코감기'의 스톨은 이 정띠직이었다는 것입니다. 아시는 분도 있겠지만 1953년 개봉한 영화 〈너의 이름은〉의 주인공 마치코를 연기한 기시 게이코 씨의 스톨 감는 법이 '마치코감기'로 대유행했습니다. 사실 이때 기시 게이코 씨가 둘렀던 스톨이 정띠직기로 만든 것이었다고 합니다. 제품이 날개 돋친 듯이 팔려나간 동시에 직기도 인기를 끌었다고 합니다. 어떻게 기시 게이코 씨가 정띠로 만든 숄을 두르고 촬영장에 갔는지에 대해서는 아주 재미있는 일화가 있었습니다. 정띠의 고안자는 이것으로 만든 숄을 제품으로서 여러 곳에 팔고 있었는데, 크리스직이라는 방식으로 짠 조금 레이시한 것이었기 때문에 머리부터 덮어쓰기에는 맞지 않다(스톨은 머리부터 덮어쓰는 것이었습니다)라며 제품으로서는 팔리지 않았습니다. 그래서 고안자가 친구에게 선물했는데 그게 우연히 기시 게이코 씨에게로 가서 그녀가 그것을 머리에 감고 촬영장에 가 '마치코감기'가 되었다는 것은 상상도 못 할 이야기였습니다.

손뜨개와 달리 실이 굵건 가늘건 똑같은 크기의 모티브를 만들 수 있다는 점이 이 도구의 장점입니다. 자투리 실의 활용법 중 하나로 추천하는 도구입니다. 이번에는 태피스트리 울을 사용해서 축융 가공했지만 따로 가공하지 않아도 직물이기에 견고한 모티브를 만들 수 있습니다. 다양한 색을 써서 만들면 트위드풍의 바탕이 되고, 실 거는 법을 달리하면 물떼새 격자무늬나 체크무늬도 짤 수 있습니다. 간단하게 오리지널 모티브를 만들 수 있는 도구로 한번 시도해보세요.

파우치의 모티브는 잇대어 꿰맨 다음 축융시켜서 완성했습니다.
매트는 빼뜨기로 연결해서 깔끔한 인상으로.
실과 모티브 각각의 색 매치가 즐거운 작은 직물.

Design／하야시 고토미
How to make／P.165
Yarn／DMC 태피스트리 울

평직 짜는 법

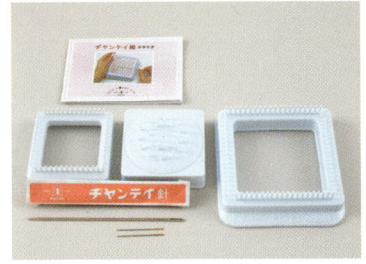
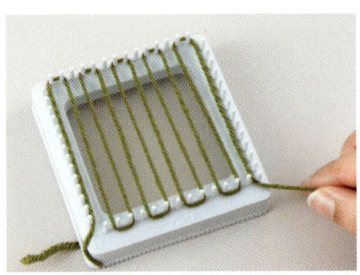
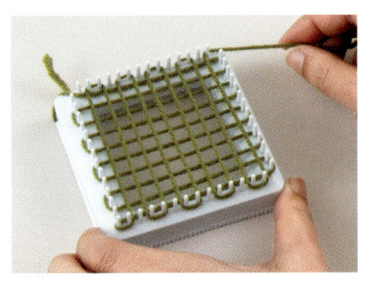

❶ 정띠직기 세트입니다. 3종류의 직기 중 이번에는 가장 작은 직기를 사용합니다.

❷ 모서리의 갈라진 곳에 실을 끼우고, 1회째 실을 겁니다.

❸ 이어서 직기를 돌리고 2의 실과 교차하도록 핀을 2개씩 2회째의 실을 겁니다.

❹ 실을 처음 건 위치까지 돌아왔으면,

❺ 1회째의 실 건 것과 1개 비켜서 3회째의 실을 겁니다.

❻ 다음에 짤 실 길이를 재기 위해, 직기 주변에 실을 3회 반 감고 실을 자릅니다.

❼ 감은 실을 풀고 바늘에 꿰입니다. 실이 풀리지 않게 잡으면서 작업합니다.

❽ 실을 건 마지막 위치부터 짭니다. 바늘을 걸린 실을 1개씩 번갈아 통과시키며 짭니다.(1열째)

❾ 2열째는 1열째와 실의 위아래가 역전되도록 1개씩 번갈아 통과시키며 짭니다. 8, 9를 반복해서 짭니다.

❿ 마지막까지 모두 짰습니다. 이것을 평직이라고 합니다.

⓫ 실 색을 바꾸고 싶을 때도 마찬가지로 실 길이를 재고, 종료한 실과 시작할 실을 테이프로 고정한 다음 짭니다.

⓬ 실 색을 바꿔 마찬가지로 평직을 짜는 모습입니다.

하야시 고토미(林ことみ)
어릴 적부터 손뜨개가 친숙한 환경에서 자랐으며 학생 때 바느질을 독학으로 익혔다. 출산을 계기로 아동복 디자인을 시작해 핸드 크래프트 관련 서적 편집자를 거쳐 현재에 이른다. 다양한 수예 기법을 찾아 국내외를 동분서주하며 작가들과 교류도 활발하다. 저서로《북유럽 스타일 손뜨개》등 다수가 있다.

걸리시한 흰 레이스를 굳이 남성스러운 티셔츠
와 믹스 매치했어요. 하드한 아이템과의 케미
스트리가 자주 손이 갈 것 같은 코디입니다.

Color Palette
포인트가 되는 넥 케이프

포인트 컬러의 넥 케이프로 평상복을 다른 느낌으로 바꿔보아요!
강조색을 더하는 레이시한 여름 액세서리입니다.

photograph Shigeki Nakashima styling Kuniko Okabe, Yuumi Sano
hair&make-up Hitoshi Sakaguchi model Julianne(160cm)

Design／오카 마리코
Knitter／오카 지요코
How to make／P.160
Yarn／올림포스 금표 40번 레이스실

IVORY

내추럴한 아이보리는 WHITE보다 테두리뜨기와 프릴을 줄여서 미니 버전으로 완성했습니다. 단추를 채우는 스타일로 더욱 캐주얼한 느낌을 줍니다.

CORAL

컬러 자체가 갖는 이미지가 강한 핑크는 차분한 톤을 골라 어른용으로. 너무 러블리하지 않고 힘을 뺀 사랑스러움으로 부담 없이 착용해요.

KHAKI

미니 버전의 카키. 모든 넥 케이프는 바탕 무늬를 브레이드처럼 죽 뜬 다음 테두리뜨기의 코를 주워서 커브를 만들고 이어서 프릴을 떴습니다.

GRAY

미니 버전의 베이직한 그레이. 모노톤 아이템과 잘 어울리며, 농담을 준 단아한 코디네이션을 즐길 수 있는 것도 매력입니다.

Summer Bag
Summer Hat

기다리고 기다리던 새로운 여름에는 새로운 핸드 메이드 백을 들고 외출하고 싶어요!
이왕이면 조금 더 분발해 세트 모자도 함께 떠보아요.

photograph Hironori Handa styling Masayo Akutsu hair&make-up Yuri Arai model Ana(174cm)

바이 컬러의 그래피컬 지그재그 스트라이
프 백과 모자는 주목도 만점의 액세서리.
이것만 있으면 심플한 옷차림도 대변신입
니다. 걸어뜨기 라인이 힘을 발휘해요.

Design／하시모토 마유코
How to make／P.168
Yarn／다이아몬드케이토 다이아 로빈

Necklace／SLOW 오모테산도점

굵은 실로 숭덩숭덩 뜰 수 있어 즐거운 가
방과 모자. 단순한 뜨개법으로, 콧수도 단
수도 깜짝 놀랄 만큼 적습니다! 뜨기 시작
하면 질릴 새도 없이 완성됩니다. 단단한
짜임새를 위해 열에 경화하는 실을 겹쳐서
떴습니다.

Design／오카 마리코
Knitter／미즈노 준(백)
How to make／P.162
Yarn／다이아몬드케이토 다이아 로빈, 다이
아 플러스

One-piece／하라주쿠 시카고 하라주쿠점

단단하게 짠 마르쉐 백은 짧은뜨기의 소박
한 아름다움이 빛나는 여름의 정석 가방.
독특한 실 특유의 멀티 보더가 더해져, 뜨
는 이에 따라서도 저마다 미묘하게 변하는
배색의 묘미를 즐길 수 있습니다.

Design／호비라 호비레
How to make／P.170
Yarn／호비라 호비레 트위스트 리스

Pants／하라주쿠 시카고 하라주쿠점

Summer Bag
Summer Hat

집 앞에 잠깐 나갈 때 들기 좋은 원 마일 타입의 미니 마르쉐 백과 상자형 백입니다. 상자형은 보자기를 싸듯이 네모난 바닥을 마름모꼴로 두고 무늬를 떠나갑니다. 다이내믹한 그러데이션 실의 컬러 변화를 즐기세요.

Design／호비라 호비레(위), 기노시타 가오루(아래)
How to make／P.170, 172
Yarn／호비라 호비레 트위스트 리스

Blouse／SLOW 오모테산도점
Pants／하라주쿠 시카고 하라주쿠점
Bangle／하라주쿠 시카고(하라주쿠)/진구마에점
Ring／산타모니카 하라주쿠점

손뜨개 자유 연구
아프간뜨기

대바늘뜨기하고도 코바늘뜨기하고도 다른 뜨개바탕을 만드는 아프간뜨기.
관심은 있지만 떠본 적이 없는 사람이 많을 듯한데요.
이번에는 초보자도 따라 하기 쉽게 더블 훅 바늘을 사용해서 원형뜨기하는 방법을 소개하겠습니다.
'떠나가기' 단과 '따라가기 코' 단, 두 단으로 1단을 구성한다는 사실을 잘 기억해놓은 다음 도전해보세요!

photograph Shigeki Nakashima styling Kuniko Okabe, Yuumi Sano
hair&make-up Hitoshi Sakaguchi model Julianne(160cm)

겉뜨기, 안뜨기의 기본 테크닉만으로 뜨는 스누
드는 부드러운 털실과 레이스 실을 합사해서 재
미있는 텍스처를 연출했습니다. 뜨개바탕이 두
툼해지기 쉬운 아프간뜨기도 부드럽게 완성됩니
다. 안면은 겉면과 다른 분위기니까 그날그날 기
분에 따라서 목에 두르는 방향을 바꿔보는 것도
좋겠지요?

Design／오쿠즈미 레이코
How to make／P.176
Yarn／DARUMA 원모에 가까운 메리노 울, 레이스
실 #20

겉뜨기와 돌려뜨기를 조합해서 브리오시처럼 만
든 뜨개바탕이 매력적입니다. 아프간뜨기를 하면
세로 라인도 배색무늬뜨기를 하지 않고 간단하
게 표현할 수 있습니다. 트위드 얀의 네프가 절묘
한 포인트가 됩니다. 분산 늘림코를 해서 전후좌
우 구분이 없는 깔끔한 플레어 라인을 만듭니다.

Design／오쿠즈미 레이코
How to make／P.174
Yarn／다이아몬드케이토 다이아 아델

Swatch Collection

더블 훅 아프간바늘로 뜨는 뜨개바탕의 극히 일부를 소개합니다.
실 선택의 폭이 굉장히 넓고 어떤 실과 합사하는지에 따라 분위기가 크게 바뀌는 부분도 아프간뜨기의 재미있는 점입니다.
꼭 다양한 실로 도전해보세요!

How to make／P.176, P.177

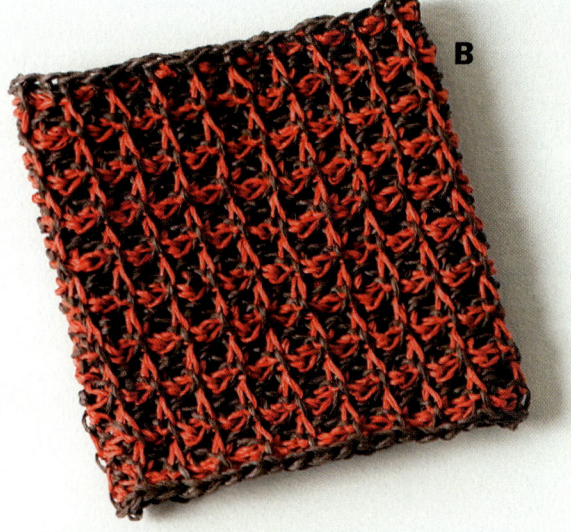

A를 꼬임 있는 종이실로 뜨면 꽤 튼튼한 뜨개바탕이 됩니다.
180도 인상이 바뀌지요. 배색하는 법이 같은데 다른 무늬처럼
보입니다.

겉뜨기, 안뜨기, 2코 모아뜨기를 조합하기만 해도 이렇게 정교한 무
늬가 만들어집니다. 보는 각도에 따라서 표정이 달라지는 신기한 무늬
입니다.

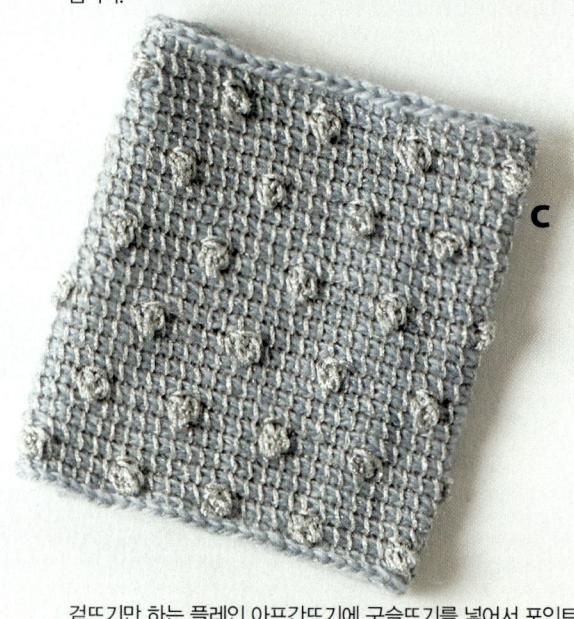

C를 텍스처가 있는 그러데이션 실과 광택이 있는 코튼 레이온
실로 바꿔서 다른 느낌으로 완성했습니다.

겉뜨기만 하는 플레인 아프간뜨기에 구슬뜨기를 넣어서 포인트로.
반짝이가 섞인 털실과 반짝이 실을 합사해서 구슬뜨기에는 반짝
이 실을 사용해 물방울무늬를 강조했습니다.

E를 여름실로 바꾸고 2가지 색으로 깔끔하게. 뜨개바탕이 두
툼한 게 아프간뜨기의 이미지인데 비침무늬도 뜰 수 있답니다.

뜨개코를 크게 늘려서 뜨는 기법으로 아프간뜨기에서만 할 수
있는 '체인 페탈(chain patal) 뜨기'와 3코 모아뜨기, 걸기코를 조
합했습니다. 3가지 색을 배색하면 느낌이 또 달라집니다.

Let's Challenge

이번에는 바늘 양쪽에 훅이 달린 더블 훅 아프간바늘을 사용해서 원형뜨기를 합니다. '떠나가기' 단과 '따라가기 코' 단, 2단을 1단으로 셉니다

넥워머 뜨는 법(P.80)

줄무늬 무늬뜨기

← 더스트 핑크로 빼뜨기코막음

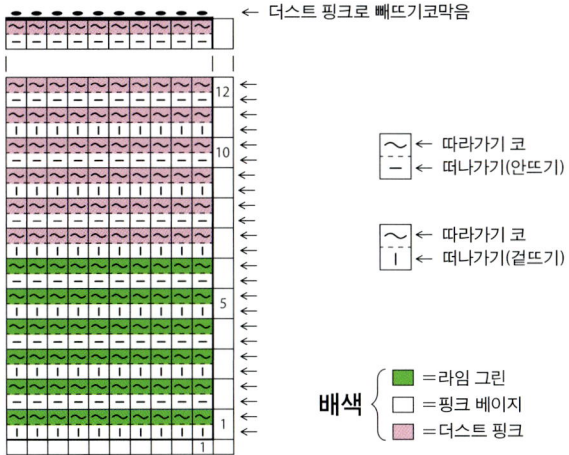

```
~  ← 따라가기 코
-  ← 떠나가기(안뜨기)

~  ← 따라가기 코
|  ← 떠나가기(겉뜨기)
```

```
배색 {  ■ =라임 그린
       □ =핑크 베이지
       ■ =더스트 핑크
```

기초코 ~ 첫단

1
사슬뜨기 기초코를 만듭니다. 떠나가기 코를 뜰 때는 바늘을 위에서 잡습니다. 바늘 앞쪽에서 실을 걸고, 코가 뒤틀리지 않도록 첫코 기초코의 코 산에 바늘을 넣은 다음

2
떠나가기 실로 바꿔서 빼냅니다.

3
겉뜨기를 1코 떴습니다. 2째코부터 사슬 코산에 바늘을 넣어 코를 줍습니다.

4
바늘 길이의 반 정도까지 코를 주우면 떠나가기 코는 쉬고 뜨개바탕을 뒤집습니다.

5
따라가기 코는 코바늘뜨기와 같은 방법으로 바늘을 잡습니다. 따라가기 코 실로 바꿔 잡고, 반대쪽 바늘 훅에서 고리 1개를 빼냅니다.

6
2째코부터는 고리를 2개씩 빼냅니다.

2단

7
떠나가기 코가 3코 정도 남으면 뜨개바탕을 겉면이 보이도록 뒤집고

8
3~7의 과정을 반복합니다.

떠나가기 첫코

9
2단은 안뜨기를 합니다. 안뜨기는 실을 앞쪽에 두고 앞단의 떠나가기 첫코에 바늘을 넣은 다음

10
앞쪽에서 바늘에 실을 걸고 화살표처럼 바깥쪽으로 빼냅니다.

따라가기 코 배색실 바꾸는 법

11
안뜨기 1코가 완성되었습니다. 첫코와 같은 요령으로 뜨개를 진행합니다.

12
2단을 떴습니다. 6단까지 도안대로 뜹니다.

13
6단 마지막 따라가기 코까지 뜨면 라임 그린 실을 바깥쪽에서 바늘에 걸어서 앞쪽에 두고

7단 첫코

14
더스트 핑크 실로 한 번에 빼냅니다.

15
따라가기 코 실이 바뀌었습니다. 라임 그린 실은 잘라서 꼬리실을 정리합니다.

16
도안대로 마지막 단까지 뜹니다.

빼뜨기 코막음

17
마지막 단 따라가기 코는 마지막까지 뜨고, 뜨개 바탕이 겉면이 보이도록 뒤집습니다.

18
따라가기 코의 실로 겉뜨기를 하듯이 첫코에 바늘을 넣어서 한 번에 고리 2개를 빼냅니다.

19
1코 빼뜨기를 했습니다. 남은 코도 빼뜨기 코막음을 합니다.

20
완성.

스커트 뜨는 법(P.81)

줄무늬 무늬뜨기

Ω	~	Ω	~	Ω	~	5
~	Ω	~	Ω	~	Ω	
Ω	~	Ω	~	Ω	~	2 ←
~	Ω	~	Ω	~	Ω	1 ←
ǀ	ǀ	ǀ	ǀ	ǀ	ǀ	←

배색 { □ = 에크뤼
{ ▨ = 차콜 그레이

Ω = 돌려뜨기

첫단

1
에크뤼로 사슬뜨기 기초코를 만듭니다. 떠나가기 코를 뜰 때는 바늘을 위에서 잡습니다. 기초코가 뒤틀리지 않도록 사슬의 코산에 바늘을 넣은 다음

2
실을 빼내서 겉뜨기를 합니다. 첫단의 나머지는 넥워머의 4~8과 같은 방법으로 뜹니다.

2단

3
2단 첫코는 화살표처럼 바늘을 넣은 다음

돌려뜨기

4
실을 걸고 빼내서 겉뜨기를 합니다.

5
2째코는 앞단의 코에 바늘을 넣어서 조금 위로 잡아당긴 다음 바늘을 빼냅니다.

6
바늘에서 뺀 코를 왼쪽 앞에서 오른쪽으로 눕히듯이 누른 다음, 화살표처럼 바늘을 넣어서 실을 빼냅니다.

7
돌려뜨기를 했습니다. 겉뜨기 1코·돌려뜨기 1코를 반복하며 뜨개를 진행합니다.

How to Knitting

늘림코하는 법

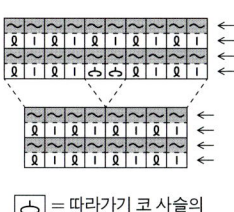

☞ = 따라가기 코 사슬의 코산을 줍는다

8
따라가기 코의 코산에 바늘을 넣습니다.

9
바늘에 실을 걸어서 빼냅니다.

10
다시 옆의 따라가기 코의 코산에도 바늘을 넣고 실을 걸어서 빼냅니다.

빼뜨기 코막음

11
앞단에 바늘을 넣고 계속해서 뜹니다.

늘림코

12
코와 코 사이에서 2코를 늘렸습니다.

13
마지막 단의 따라가기 코를 마지막까지 완성하고 뜨개바탕을 겉면이 보이도록 뒤집습니다.

14
따라가기 코 실로 돌려뜨기를 하듯이 바늘을 넣은 다음

15
실을 걸어서 한 번에 빼냅니다.

16
1코를 빼뜨기했습니다. 다음 코는 겉뜨기를 하듯이 바늘을 넣은 다음

17
실을 걸어서 빼냅니다. 나머지도 무늬뜨기를 하면서 빼뜨기 코막음을 합니다.

18
빼뜨기 코막음이 끝나면 바늘을 코바늘뜨기할 때처럼 바꿔 잡고, 첫코 빼뜨기에서 다시 한번 실을 빼내고 사슬 3코를 세운 다음 한길 긴뜨기를 합니다.

19
완성.

시다 히토미의 쿠튀르 어레인지

프렌치 슬리브 크로셰 풀오버

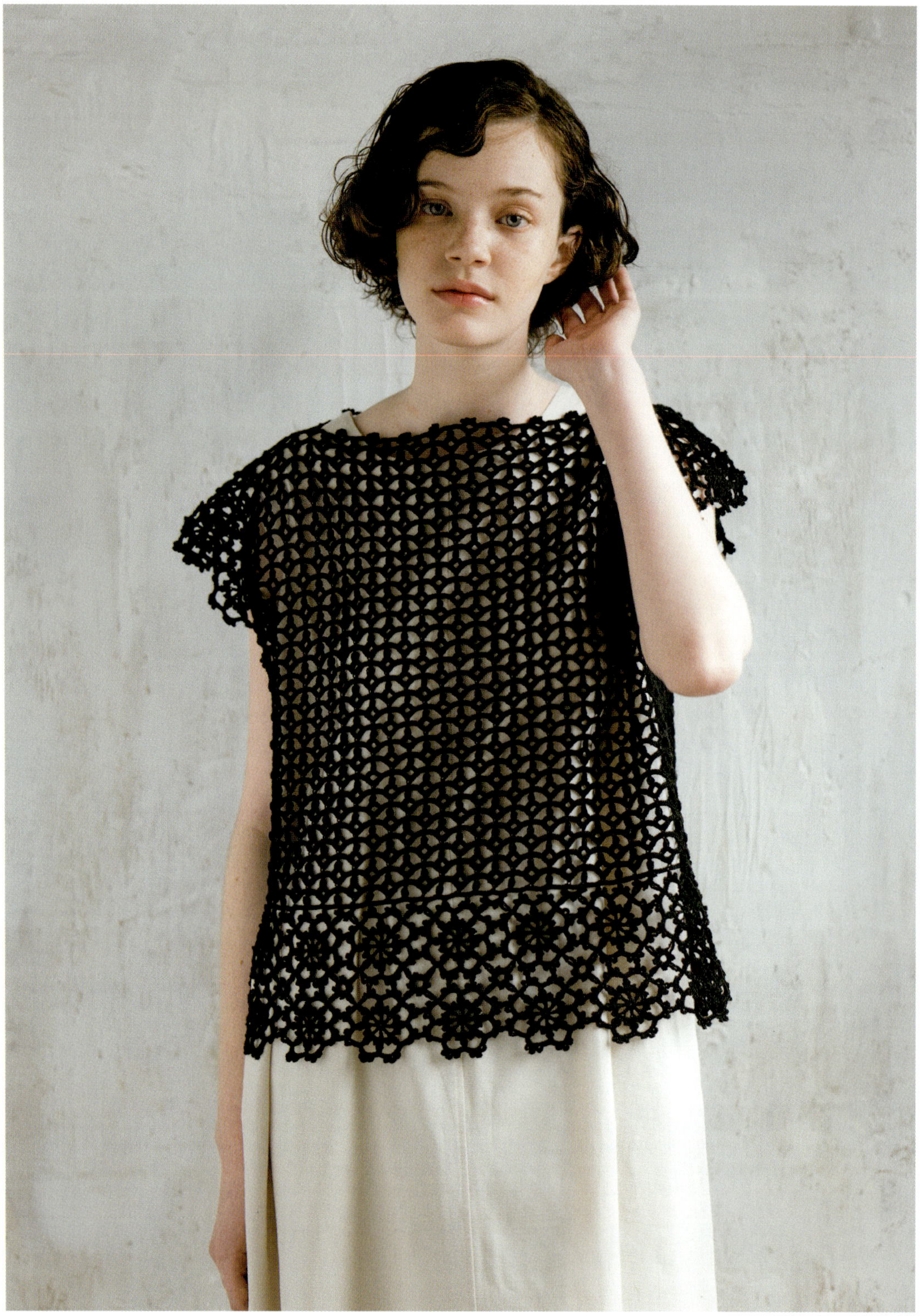

《쿠튀르 니트 봄여름 5》에서
앞 트임 반소매 카디건이었습니다.

검은색 실을 대바늘로 떠서 사진을 찍으면 무늬가 잘 보이지 않아서 검은색을 피하기 마련이었습니다. 그렇지만 코바늘뜨기는 무늬에 따라서 다르기는 하지만 무늬가 선명하게 보입니다.

이번 호에서는 《쿠튀르 니트 봄여름 5》에서 반소매 카디건을 골라서 프렌치 슬리브 풀오버로 어레인지해봤습니다. 쿠튀르 어레인지 연재를 시작한 이래로 작품 전체를 코바늘로만 뜨는 것도 검은색 실을 사용해서 뜨는 것도 처음입니다.

여름에 검은색은 조금 답답하고 무거워 보이기 십상이라서 소재는 흡습성이 좋은 고급 면 100%로 코바늘뜨기용 실을 사용했습니다. 전체 형태는 직선으로 심플하지만 모티브의 잔잔한 곡선이 가장자리에 부드러운 인상을 더해줍니다. 품은 조금 여유를 둬서 넉넉하게, 기장은 무거워서 처지지 않도록 신경 썼습니다. 무늬는 비쳐 보이는 부분이 많은 무늬를 선택했습니다. 몸판 무늬는 사슬을 짧은뜨기로 감아 떠서 편물이 튼튼해 보이는 무늬입니다.

검은색은 안에 받쳐 입는 옷 색이나 함께 연출하는 아이템에 따라서 분위기가 바뀝니다. 여름에 검은색을 멋지게 코디해서 즐겨보면 어떨까요?

detail

몸판 레이스 무늬는 10코 4단을 한 무늬로 구성했습니다. 링 무늬 부분은 1단 중간에 왕복뜨기를 하기 때문에 리듬에 익숙해지기까지 조심하시기 바랍니다.

모티브는 마지막 단에서 옆으로 이어가면서 뜨고, 2열부터는 몸판과 연결합니다. 모티브와 모티브 사이에 작은 모티브를 넣습니다. 소매는 단에서 코를 주워서 짧은뜨기를 1단하고, 도안을 참고해서 모티브와 연결합니다. 이때 소맷부리 모서리에는 밑단에서 사용하지 않은 더 작은 모티브를 뜨면서 잇습니다.

목둘레 테두리는 몸판에서 1단 내려간 부분을 뜨면서 지정된 위치에서 피코뜨기를 합니다.

《쿠튀르 니트 봄여름 5》에서
Knitter／사쿠라이 유카
How to make／P.178
Yarn／다이아몬드케이토 마스터시드 코튼〈크로셰〉

오카모토 게이코의 Knit +1

올여름에 추천하는 실은 일본 전통 종이로 만든 실. 통기성이 뛰어나고 습도 조절도 가능한 실로 대바늘뜨기와 코바늘뜨기에 어울리는 옷을 소개합니다.

photograph Shigeki Nakashima styling Kuniko Okabe, Yuumi Sano
hair&make-up Hitoshi Sakaguchi model Julianne(160cm)

'지정외섬유', 품질 표시 태그나 띠지에서 본 적이 있을 겁니다. 면이나 양털처럼 용어가 정해져 있지 않은 소재는 모두 지정외섬유로 표기됩니다. 지정외섬유라는 표현에서 비합법적이거나 불법적인 이미지를 떠올리는 분도 계실 텐데요. 절대 그렇지 않습니다. 자주 쓰이지 않는 미분류 소재나 희귀 소재, 새로 개발된 소재(텐셀, 종이, 황마) 등이 해당됩니다. 이번 호에서는 지정외섬유 '와시(일본 전통 종이)'가 들어간 '리조니'를 사용했습니다.

이야기는 여기까지인데요. K's K의 실 이름은 기본 음식 이름에서 따옵니다. 왜냐하면 아틀리에는 늘 시끌벅적하게 수다를 떨면서 먹을 밥(만드는 사람은 물론 저 오카모토입니다)이 필요하기 때문입니다. 먹는 걸 좋아하는 사람들이 모이기 때문에 식재료에서 이름을 따오는 것을 고집하고 있지요. 식사 준비하면서는 순서를 계획한다든지 디자인을 구상합니다. 또 여러 지역에 모인 식재료를 사용해서 많은 사람과 밥을 먹는 일이 정말 즐겁습니다.

리조니는 작은 쌀알같이 생긴 파스타입니다. 후추, 토마토를 넣어서 리조토처럼 만들기도 하고 스프에 넣어서 먹음직스러운 색으로 완성합니다.

여러 색이 섞인 종이실 리조니는 매우 가볍고 통기성이 뛰어납니다. 수분을 흡수해 기온과 습도를 조절하므로 여름에 안성맞춤인 실입니다.

이번 작품은 모두 입고 벗기 쉽게 앞트임을 한 대바늘과 코바늘뜨기 카디건입니다. 정말 가볍고 착용감이 좋으니 꼭 떠서 입어보시면 좋겠습니다.

오카모토 게이코(岡本啓子)
아틀리에 케이즈케이(atelier K's K) 운영. 니트 디자이너이자 지도자로 전국적으로 왕성하게 활동 중. 오사카 한큐백화점 우메다 본점 10층에 위치한 케이즈케이의 오너. 공익재단법인 일본수예보급협회 이사. 저서에《오카모토 게이코의 손뜨개 코바늘뜨기》가 있다.
http://atelier-ksk.net/
http://atelier-ksk.shop-pro.jp/

실／리조니. 꼬또네 노빌레

왼쪽／낙낙한 뜨개바탕의 카디건은 뒤로 갈수록 길어지는 실루엣이 귀엽습니다. 네추럴 컬러에 화사한 노란색이 포인트가 되네요.

Design · Knitter／가토 도모코
How to make／P.184
Yarn／리조니. 꼬또네 노빌레

오른쪽／대비가 강한 색을 조합해서 개성 넘치는 모티브가 눈에 띕니다. 짧은 기장의 컴팩트한 사이즈가 더욱 세련돼 보입니다.

Design · Knitter／아틀리에 Amu Hearts 모리 시즈요
How to make／P.181
Yarn／리조니. 꼬또네 노빌레

스윽스윽 뜨다 보니 자꾸 즐거워지는

신·수편기 스이돈 강좌

이번 호는 여름에 잘 어울리는 레이스 무늬뜨기를 '바늘 빼기'로 도전해보겠습니다.
간단하면서도 효과적인 테크닉이니 꼭 한 번 떠보시면 좋을 것 같아요.

photograph Hironori Handa styling Masayo Akutsu hair&make-up Yuri Arai model Ana(174cm)

바늘 빼기와 다이얼을 조절해서 체크 비침무
늬를 만들어서 시원해 보이는 풀오버입니다.
여름옷으로 적합해요. 격자 크기는 자유롭게
바꿀 수 있으니 자기만의 멋스러운 작품을
만들어 보세요.

Design／실버편물연구회 오쿠무라 레이코
How to make／P.190
Yarn／퍼피 심파두스

Skirt／하라주쿠 시카고(하라주쿠점)

바늘 빼기를 조금 손보면 지그재그 무늬가
완성됩니다. 가로뜨기를 해서 신선한 분위기
가 연출됩니다. 목둘레와 밑단 스캘럽은 무늬
를 살려서 그대로 두면 간단히 완성됩니다.

Design／실버편물연구회 오쿠무라 레이코
How to make／P.191
Yarn／다이아몬드케이토 다이아 코스타 우노

Shirt／SLOW 오모테산도점

신·수편기 스이돈 강좌

수편기로만 할 수 있는 '바늘 빼기 무늬'는 바늘을 넣기만 하면 되는 간단한 기법입니다.
이번에는 가장 효과적인 비침무늬 뜨는 법에 도전해보겠습니다.

촬영/모리야 노리아키

무늬 뜨는 법(P.91 작품)

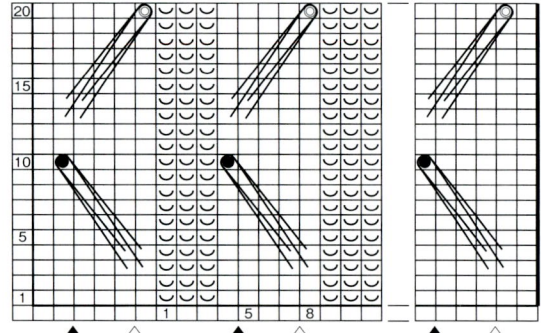

□ = ⊟
☑ = 바늘 빼기
※도안은 수편기에 걸린 상태다.

1 무늬 뜰 바늘을 꺼내서 버림실 뜨기 기초코를 합니다.

2 캐리지에 실을 걸고 오른쪽에서 뜨개를 시작합니다.

3 10단을 뜬 모습입니다.

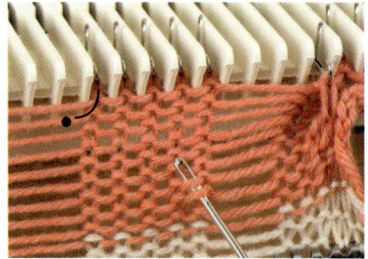

4 3, 4단의 △ 싱커 루프 2가닥을 옮김바늘로 떠서 ● 바늘에 겁니다.

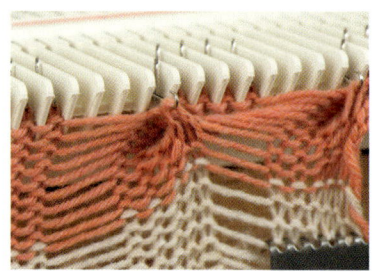

5 ● 바늘에 걸린 모습입니다.

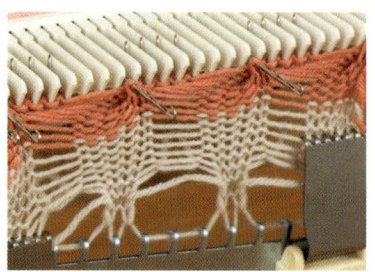

6 걸린 바늘을 D 위치로 꺼낸 다음 10단을 뜹니다.

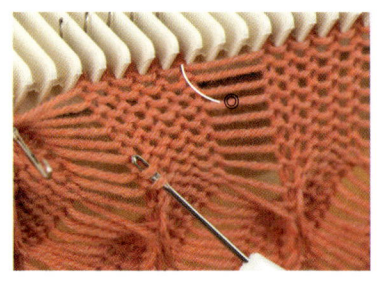

7 13~14단의 ▲ 싱커 루프 2가닥을 옮김바늘로 떠서 ◎ 바늘에 겁니다.

8 걸린 바늘을 D위치로 꺼낸 다음 10단을 뜹니다. 4~8을 반복해서 무늬를 뜹니다.

9 무늬뜨기의 안면. 옆선 잇기할 때 코 상태가 같아지도록 1장 더 왼쪽에서 뜨개를 시작해서 완성한다.

10 겉면에서 본 모습입니다.

옆선 잇는 법

1 무늬 뜰 바늘을 꺼내서 뜨개바탕의 겉면을 앞쪽으로 놓고 뜨개 시작 쪽의 싱커 루프를 겁니다. 바늘 빼기 부분은 A위치로 넣어둔 3코의 오른쪽 바늘을 꺼내서 걸고

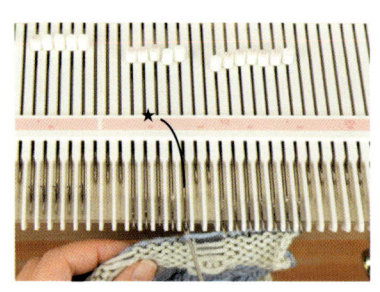

2 같은 바늘 빼기 부분에 한 번 더 옮김바늘을 넣어 ★바늘에도 겁니다.

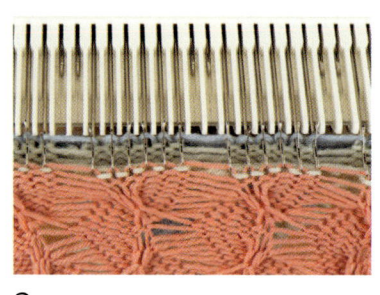

3 다른 1장의 뜨개바탕은 안면을 앞쪽으로 놓고 뜨개 시작 쪽을 같은 방법으로 겁니다. 래치 넘기기를 해서 1단 뜨고 버림실 뜨기를 해서 빼낸 다음 감침질 코막음을 합니다.

4 뜨개 끝 쪽은 코끼리 뜨개 시작 쪽과 같은 방법으로 잇습니다(바늘 빼기 부분의 걸친 실은 줍지 마세요).

뒤판 목둘레 늘어짐 막기

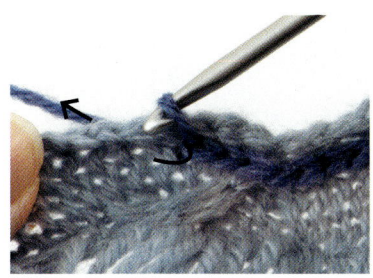

1
뒤판 목둘레가 늘어지는 걸 막기 위해 안면 가장자리에서 3번째 코에 화살표처럼 바늘을 넣은 다음

2
빼뜨기를 해서 정돈합니다.

3
겉면에서 본 상태입니다. 작품과 같은 색으로 해서 눈에 잘 띄지 않습니다. 앞판 목둘레는 뜨개 바탕의 굴곡을 그대로 활용합니다.

무늬뜨기하는 법(P.90 작품)

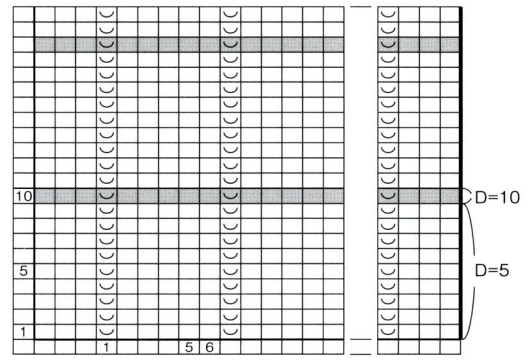

□ = ─

☡ = 바늘 빼기

※도안은 수편기에 걸린 상태다.

D=10

D=5

1
1코 고무뜨기를 한 다음 무늬뜨기의 바늘 빼기 위치 코를 겹쳐서 빈 바늘로 만듭니다.

2
빈 바늘은 A 위치로 내립니다.

3
D=5로 9단을 뜹니다.

4
계속해서 D=10으로 1단을 뜹니다. 이 단은 캐리지가 무거워지므로 천천히 뜹니다.

5
3~4를 반복해서 뜹니다. D=5로 바꾼 첫 1, 2단은 코가 말리기 쉬우므로 뜨개바탕을 아래로 잡아당기면서 뜨면 좋습니다.

칼라 다는 법

1
몸판의 겉면을 앞쪽이 보이도록 해서 칼라를 수편기에 겁니다. 바늘 빼기 부분도 1코로 셉니다.

2
바늘 빼기 부분의 바늘도 B위치로 꺼내서 칼라 안면이 앞쪽을 보도록 해서 수편기에 겁니다.

3
래치 넘기기를 하고 1단을 뜨고 버림실 뜨기를 해서 빼낸 다음 감침질 코막음을 합니다.

내가 만든 '털실타래' 속 작품

〈털실타래 Vol.4〉 41p

@yellow_waf

실: 오가닉코튼
실이 뜨기 편하게 부드럽고 무엇보다도 모티브가 너무 예뻐서 뜨는 동안 행복했어요. 다만 장력 조절이 중요해서 처음 하시는 분들은 조금 힘들 수도 있을 거 같아요. 하지만 완성하면 분명 만족스러우실 거예요.

〈털실타래 Vol.3〉 82p

차미(serendipity0700)

실: 허니비 네프사
앞, 뒷면 튤립과 줄기의 형태가 다른 디자인으로 각기 다른 매력으로 들 수 있는 튤립백! 설레는 봄기운 가득 담은 작품입니다. ^^

〈털실타래 Vol.6〉 47p

이라(knit_by.aira)

실: 알리제 아티산 5001과 507
모티브를 잇는 작품은 뜨지 않을 거라고 생각했는데, 거북이의 등껍질을 연상시키는 육각형이 독특해 뜨게 된 작품이에요! 원작 실의 컬러감이 선명하면서도 다채로워서 뜨는 내내 즐겁게 작업했습니다. :)

〈털실타래 Vol.6〉 29p

하나 (@__ha._.naa)

실: 트위드헤이즈 135g, 키드실크헤이즈 40g
모헤어의 가벼움과 부드러움을 잘 표현한 디자인이라고 생각해요. 베스트라 더욱 가볍고 와이드한 핏으로 하늘하늘한 느낌이 있어요. 원작실인 트위드헤이즈는 바탕색에 비해 튀는 색상의 실이 콕콕 박혀 있어서 심심해 보일 수 있는 브이넥 베스트를 특별하게 만들어줘요. 깊은 브이넥과 어깨를 덮는 넓이, 그와 반대되는 짧은 기장이 포인트인 디자인이랍니다.

〈털실타래 Vol.5〉 21p

수(@sue_knit_)

실: 니트공작소 Alpacino D.oatmeal 4합
겉뜨기, 안뜨기만으로 이렇게 다양한 무늬를 만들 수 있다니! 건지 니트에 대해서 처음 알게 되었는데 너무 매력적인 것 같아요. 한 단 한 단 쌓아 올리다 보면 어느새 무늬들이 완성되어, 뜨는 내내 지루할 틈 없이 아주 즐거웠습니다. 완성된 작품도 너무 예뻐서 만족스러워요.

〈털실타래 Vol.1〉 93p

@elisabetknit

실: 알리 익스프레스에서 구입한 모헤어 두 겹 사용, 총 235그램
바텀업 도안을 탑다운으로 변경해서 진행했으나 줄이고 늘리는 모든 코칭은 도안 그대로 적용했습니다. 콧수 게이지는 비슷했고 단 게이지는 차이가 있었지만 저에겐 적당한 길이가 되어 만족스러웠어요.

독자분들이 뜬 〈털실타래〉 속 작품을 소개합니다!
원작의 느낌을 살려 완성한 작품, 취향대로 디자인을 조금 변형한 작품, 다른 색으로 떠 새로운 느낌으로
만든 작품까지 모두 만나 보세요.
〈털실타래 Vol.1~8〉 속 작품을 만드셨다면 SNS에 사진과 해시태그(#털실타래)를 함께 업로드해 주세요!

구성·편집 : 편집부

〈털실타래 Vol.6〉 85p
샬럿(charlotte2023)

실: 기존 실 & 라라뜨개 [캐시5] 아이보리 5합
300g
반려견의 정기 미용 후에 쌀쌀한 겨울철 대비 보
온용으로 떴습니다. 적당한 도안이 없어 고민하
던 중에 털실타래 나온 도안을 참고해서 떴습니
다. 다 떠보니 유치원생 같더라고요.

〈털실타래 Vol.1〉 48p
아름(@lazy_rumi)

실: 에어울 네이비, 오트밀
남편에게 처음으로 떠줄 대바늘 작품을 찾아 털
실타래 보던 중 이 베스트가 딱!! 어울릴 것 같아
첫 남편 옷으로 뜨게 되었습니다. 사이즈도 잘 나
왔고 편물도 가지런하고 과하지 않은 꽈배기패턴
이라 유행타지 않는 작품입니다. 남편이 자랑하
고 다닐 만큼 만족해합니다! 다 뜨고 미소가 머금
게 되는 작품이었습니다.

〈털실타래 Vol.6〉 14p
크림(@theorganic32)

실: 램스울 6합
둥근 요크 무늬가 매력적인 작품입니다. 배색을
다르게 했더니 가을호 표지 작품과 같은 도안이
라고 생각할 수 없을 만큼 다른 분위기의 옷이
완성되었어요. 바로 이게 배색의 묘미인듯 싶습
니다.

〈털실타래 Vol.7〉 43p
꼬마사자

실: DMC Eco vita
뜨개머리앤에서 출시되는 dmc ecovita를 여름
이 오기도 전에 미리 받아봤는데 뜨고 있던 울실
을 내려놓고 만들게 되더라구요. 시원해 보이는
이 베스트는 이 실이 정말 딱이구나 싶어 후루룩
~ 떠 보았습니다. 올여름 화사하고 시원하게 잘
입으려구요.

〈털실타래 Vol.2〉 13p
JOY

실: [Ella Rae] [Cashmereno Aran] 베이비핑크
〈털실타래 Vol.2〉에 실린 하라다 가산도라 디자
인의 아란무늬 가디건을 재현해 보았습니다. 밑
단에서 시작하여 앞판, 몸판, 뒤판을 모두 연속해
서 뜨다가 진동 부분부터 분리하여 뜨는 방식입
니다. '생명의 나무'와 굵은 케이블이 교차되는 무
늬가 사용한 실의 색상과 은은한 광택에 잘 어울
려 뜨는 내내 지루하지 않고 완성이 기대되는 설
렘이 있었고, 완성하고 보니 사진보다 실제가 더
예쁜 니트입니다. 따뜻하고 폭닥해서 초겨울부터
봄까지 내내 잘 입었습니다.

〈털실타래 Vol.4〉 40p
조지연

실: 코튼 브리즈 200g
해운대에서 언니네사진관을 운영하며 취미생활
로 틈틈이 코바늘과 대바늘 뜨개질을 하는 30대
입니다. 감사하게도 〈털실타래 Vol.4〉의 서포터즈
가 되어 수록된 레이첼님의 도안을 참고하여 만든
레이스 커튼입니다. 코바늘로 만든 레이스 커튼은
초보자들도 어렵지 않게 빠르게 완성할 수 있는
작품입니다. 실도 부드러워서 주방 또는 다용도실
입구에 걸어두면 감성이 돋보이는 커튼입니다.

Everyday Crochet Bag

매일 들고 싶은 사계절 코바늘 가방

코바늘 뜨개의 기초부터 실의 배색 노하우까지
한 권의 책에 알차게 담아 소개합니다 !

책에 있는 작품들을 그대로 뜰 수 있는, 원작 실 패키지로 만나 보세요!

NATURAL BEIGE
내추럴 베이지

FRESH NET
프레쉬 네트

MODERN STRIPE
모던 스트라이프

COLORFUL WORLD
컬러풀 월드

CASUAL STITCH
캐주얼 스티치

「뜨개꾼의 심심풀이 뜨개」

소중한 물건은 잠그기? '뜨개 자물쇠와 뜨개 걸쇠'가 있는 풍경

소중한 물건을 넣어 둘 때
열쇠로 잠글까, 잠그지 말까

중요한 물건인 걸 눈치채지 못하게 일부러
잠그지 않을 때도 있지만
보통 열쇠로 잠그지

예로부터 창고나 문이나 방에, 금고에
걸쇠를 걸어뒀지
경치가 좋은 곳에는
약속의 자물쇠(사랑의 맹서로)
간편하게 가지고 다닐 수 있는 만큼,
약속은 무거워
패션 아이템으로 팔찌나 목걸이에도
열쇠와 자물쇠

그리고 보이지 않는 자물쇠로 마음을 잠근다
어느새 보이지 않는 자물쇠로
마음을 걸어 잠근다
나만의 생각에 빠져서
나아가지 못하는 것도 모른 채

어서 자물쇠를 따고
미뤄 뒀던 손뜨개
정체를 알 수 없는 손뜨개
새로이 시작되는 손뜨개를 통해
미래로 나아가자

열쇠는 어디에?

뜨개꾼 203gow(니마루산고)
색다른 뜨개 작품 '이상한 뜨개'를 제작한다. 온 거리를
뜨개 작품으로 메우려는 게릴라 뜨개 집단 '뜨개 기습단'
을 창설했다. 백화점 쇼윈도, 패션 잡지 배경, 미술관 및
갤러리 전시, 워크숍 등 다양한 활동을 전개하고 있다.
https://203gow.weebly.com(이상한 뜨개 HP)

글·사진/203gow 참고 작품

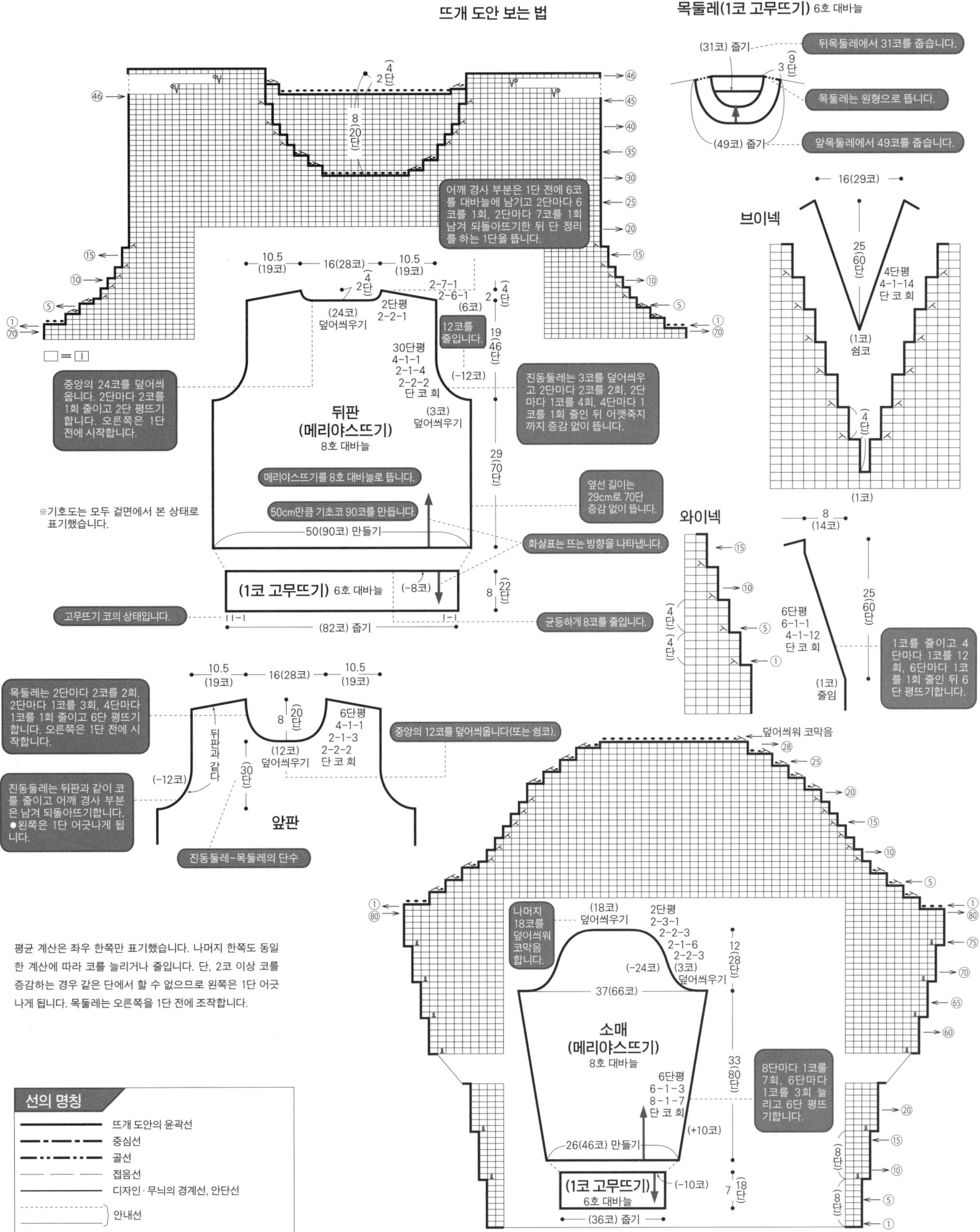

재료
퍼피 프로탕 물색(8) 195g 4볼

도구
대바늘 13호

완성 크기
가슴둘레 96cm, 어깨너비 34cm, 기장 50.5cm(리본 제외)

게이지(10×10cm)
메리야스뜨기 13코×19단,
가터뜨기 13코×21단(리본 부분)

POINT
●몸판…손가락에 실을 걸어서 기초코를 만들어 뜨기 시작해 메리야스뜨기와 가터뜨기로 뜹니다. 줄임코는 2코 이상은 덮어씌우기, 1코는 가장자리 1코 세워 줄이기를 합니다. 어깨까지 뜬 다음 이어서 가터뜨기로 리본을 뜹니다. 뜨개 끝은 덮어씌워 코막음합니다.
●마무리…옆선은 떠서 꿰매기를 합니다. 스팀다리미로 다리지 않고 마무리합니다.

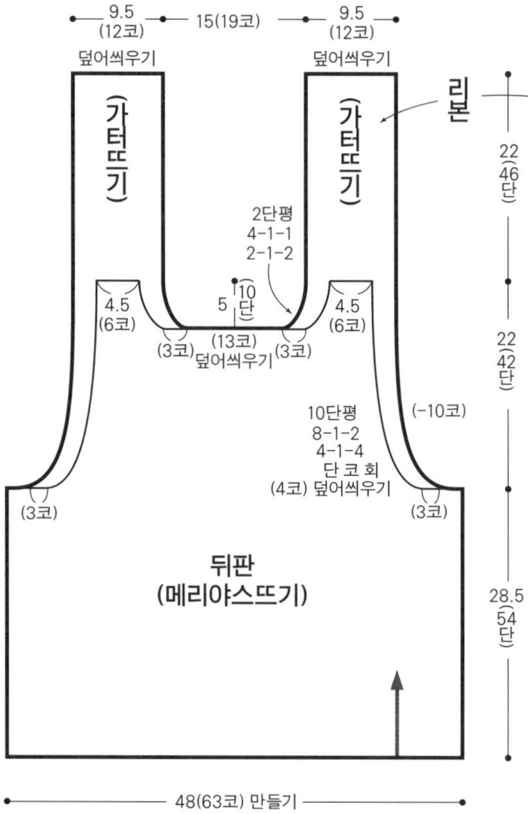

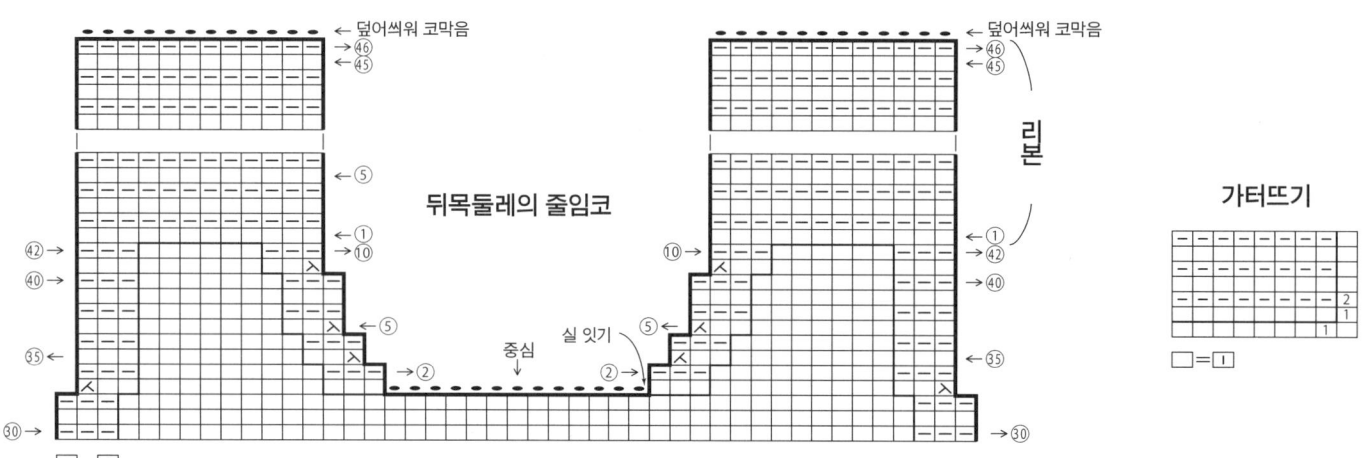

마무리하는 법

원하는 위치에서 맞매듭을 한다

떠서 꿰매기

뒤목둘레의 줄임코

리본

가터뜨기

※모두 13호 대바늘로 뜬다.

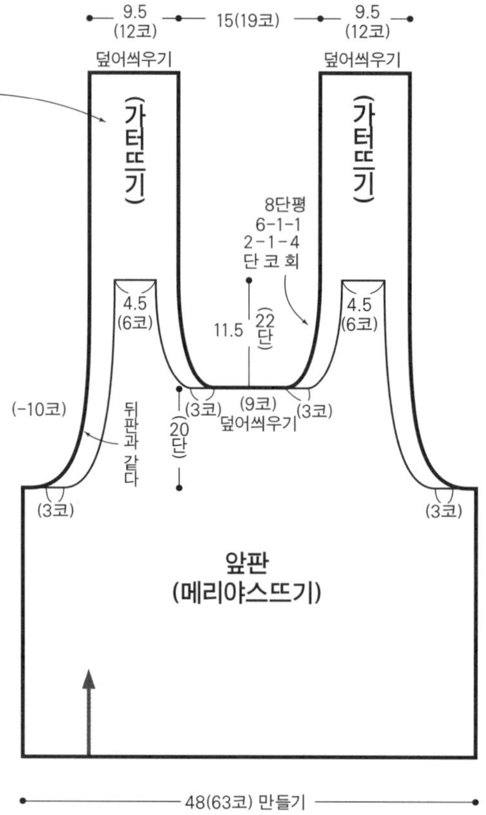

□ = |

★ 개수는 작품을 선택하는 기준으로 참고해주세요. ★…초심자도 안심, ★★…자신이 조금 생겼다면, ★★★…끈기도 겸비한 중·상급자, ★★★★…솜씨에 자신 있음. 실은 실물 크기입니다.

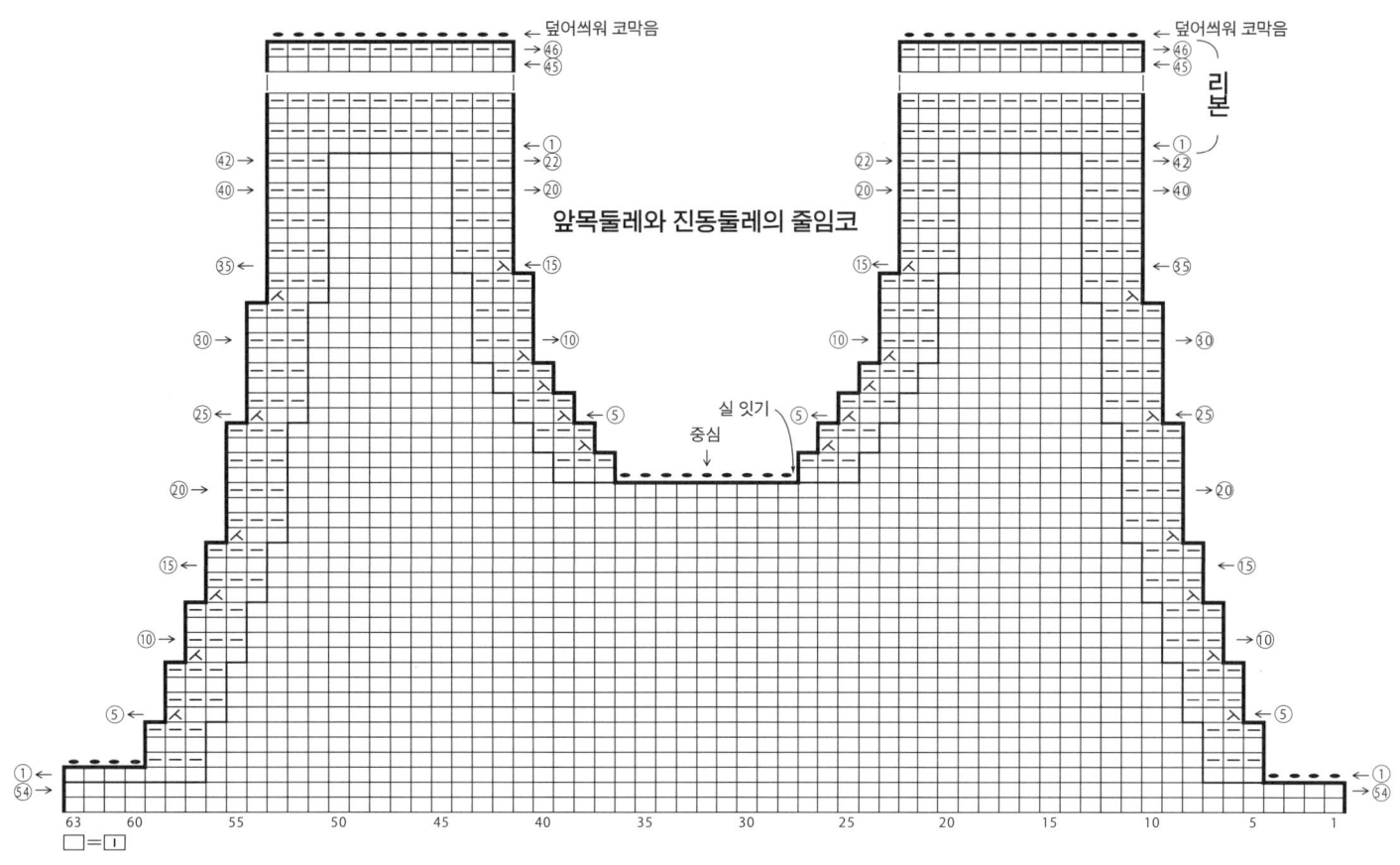

앞목둘레와 진동둘레의 줄임코

덮어씌워 코막음

리본

실 잇기

중심

□ = 1

▶ 102페이지에서 이어집니다.

밑단의 늘림코

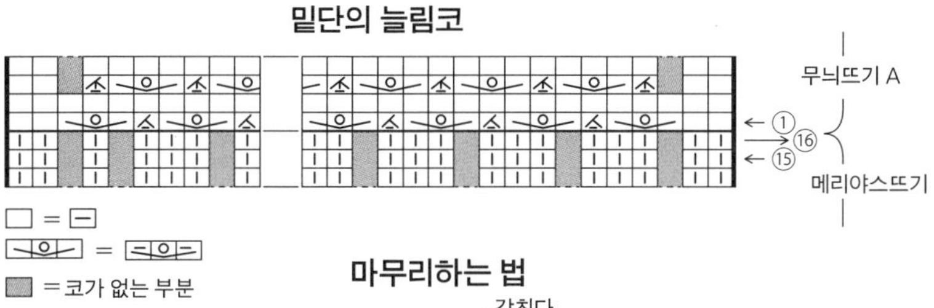

무늬뜨기 A

메리야스뜨기

□ = —

⎡─│○│⎤ = ⎡─│○│⎤

▨ = 코가 없는 부분

마무리하는 법

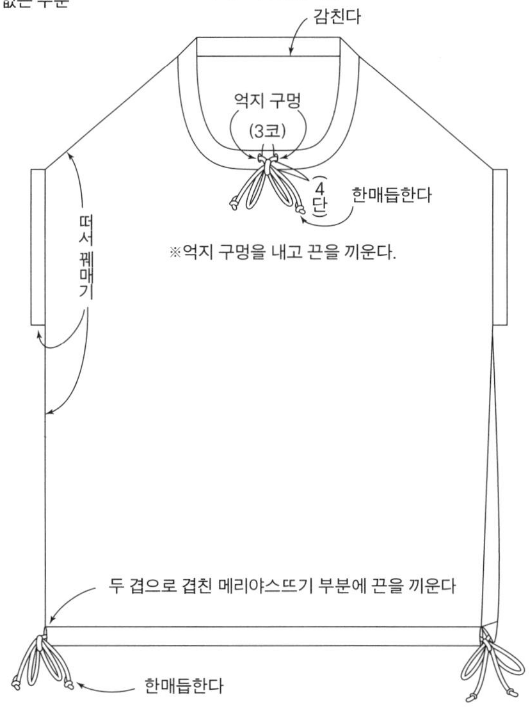

감친다

억지 구멍
(3코)

4단

한매듭한다

※억지 구멍을 내고 끈을 끼운다.

떠서 꿰매기

두 겹으로 겹친 메리야스뜨기 부분에 끈을 끼운다

한매듭한다

목둘레
(메리야스뜨기) 3호 대바늘

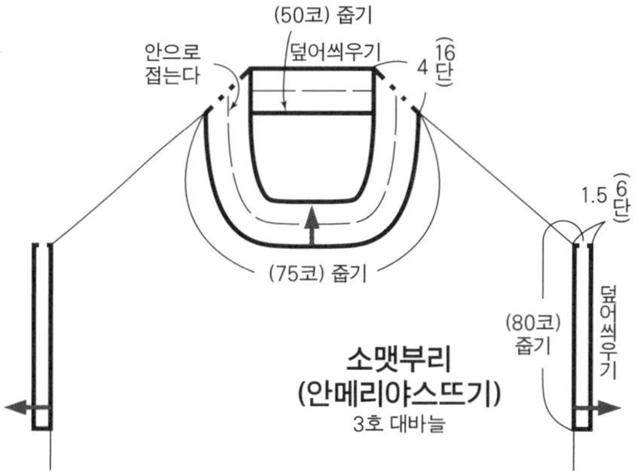

(50코) 줍기

안으로
접는다

덮어씌우기

4
16
단

(75코) 줍기

1.5
6
단

(80코)
줍기

덮어씌우기

소맷부리
(안메리야스뜨기)
3호 대바늘

무늬뜨기 A

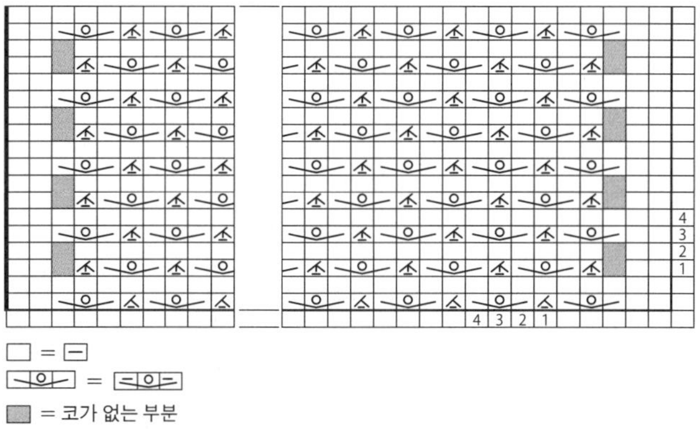

4
3
2
1

4 3 2 1

4 3 2 1

□ = —

⎡─│○│⎤ = ⎡─│○│⎤

▨ = 코가 없는 부분

101

재료
데오리야 코튼 리넨 KS 베이지 계열 믹스(06)
150g
도구
대바늘 4호·3호, 코바늘 3/0호
완성 크기
가슴둘레 94cm, 기장 62.5cm, 화장 25cm
게이지(10×10cm)
무늬뜨기 A 30.5코×30.5단
POINT
●몸판…별도 사슬로 기초코를 만들어 뜨기 시작해 메리야스뜨기로 뜹니다. 15단을 뜬 다음 별도 사슬을 풀어 코를 줍고, 15단과 겹쳐 떠서 두 겹으

로 만듭니다. 이어서 무늬뜨기 A로 뜹니다. 무늬뜨기 A는 단에 따라 콧수가 다르므로 주의합니다. 어깨와 앞목둘레의 줄임코는 도안을 참고해 뜹니다.
●마무리…어깨는 떠서 꿰매기를 합니다. 소맷부리는 앞뒤 몸판에서 코를 주워 안메리야스뜨기로 뜹니다. 뜨개 끝은 안뜨기하면서 느슨하게 덮어씌워 코막음합니다. 목둘레는 지정 콧수를 주워 메리야스뜨기로 원형으로 뜹니다. 뜨개 끝은 느슨하게 덮어씌워 코막음한 뒤 안으로 접어 감칩니다. 옆선·소맷부리 아래쪽은 떠서 꿰매기를 합니다. 끈은 무늬뜨기 B로 뜹니다. 목둘레에 억지 구멍을 내고, 목둘레와 밑단에 끈을 끼웁니다.

101페이지로 이어집니다. ▶

왼코 겹쳐
3코 모아 안뜨기
※ 일본어 사이트

안뜨기
3코 만들기
※ 일본어 사이트

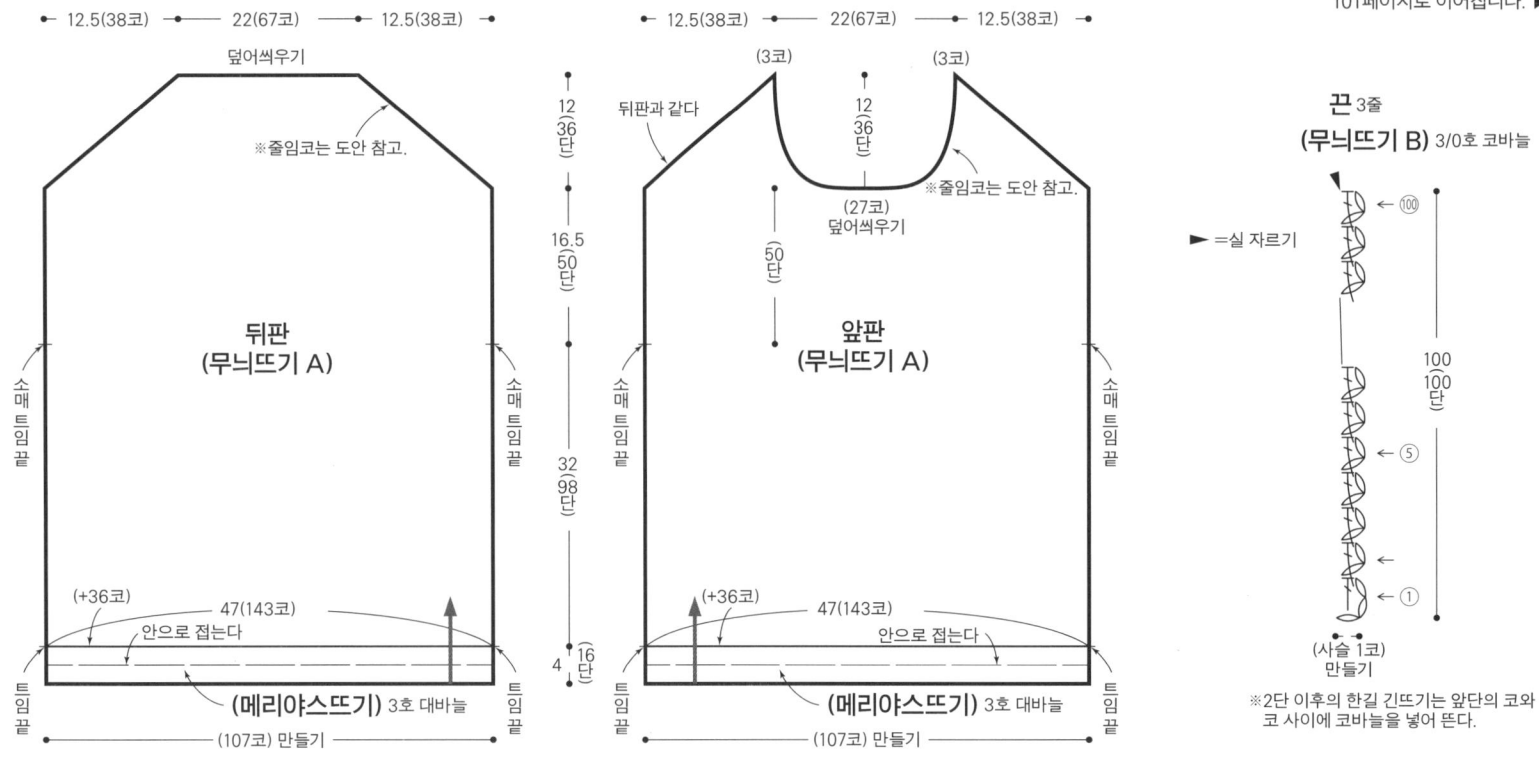

※지정하지 않은 것은 4호 대바늘로 뜬다.
※밑단은 메리야스뜨기를 15단 뜬 다음 별도 사슬을 풀어 코를 줍고, 15단과 겹쳐 2코를 함께 뜨면서 두 겹으로 만든다.

앞목둘레의 줄임코

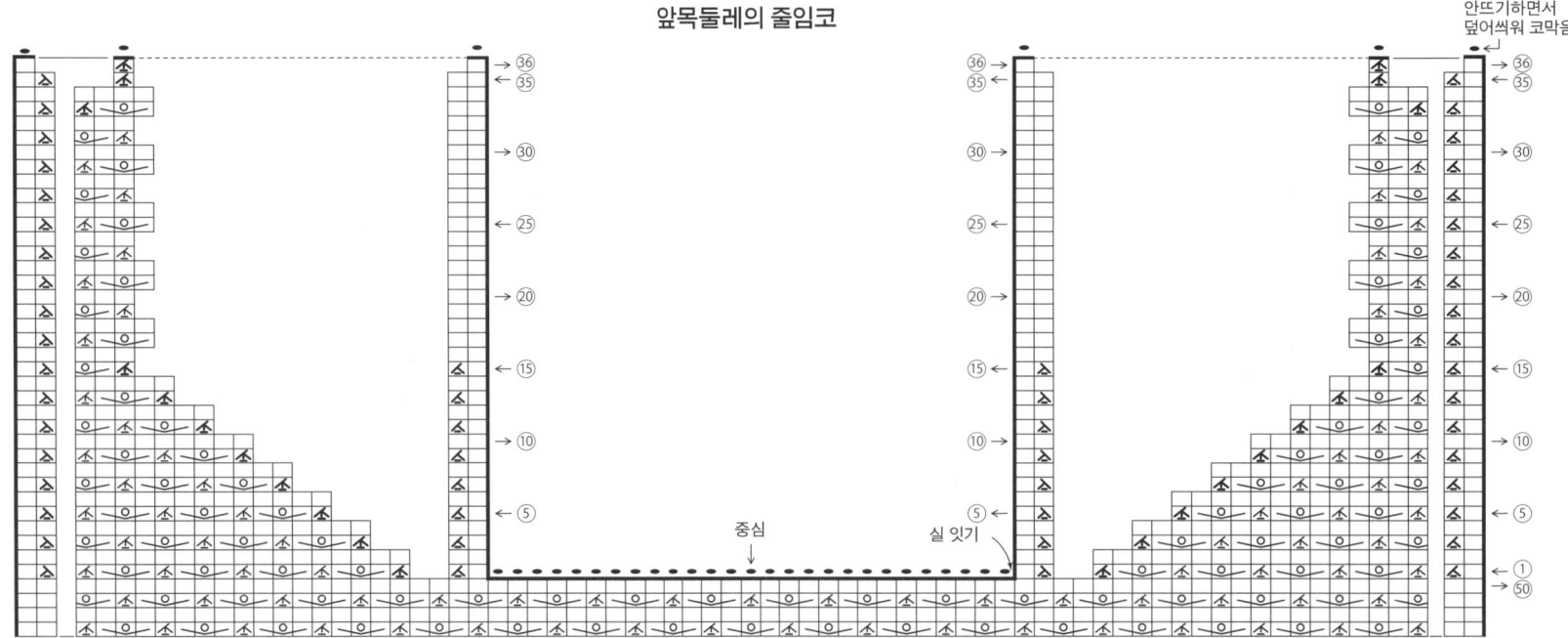

□ = ─

☒·☒·☒ =목둘레·어깨 경사의 줄임코

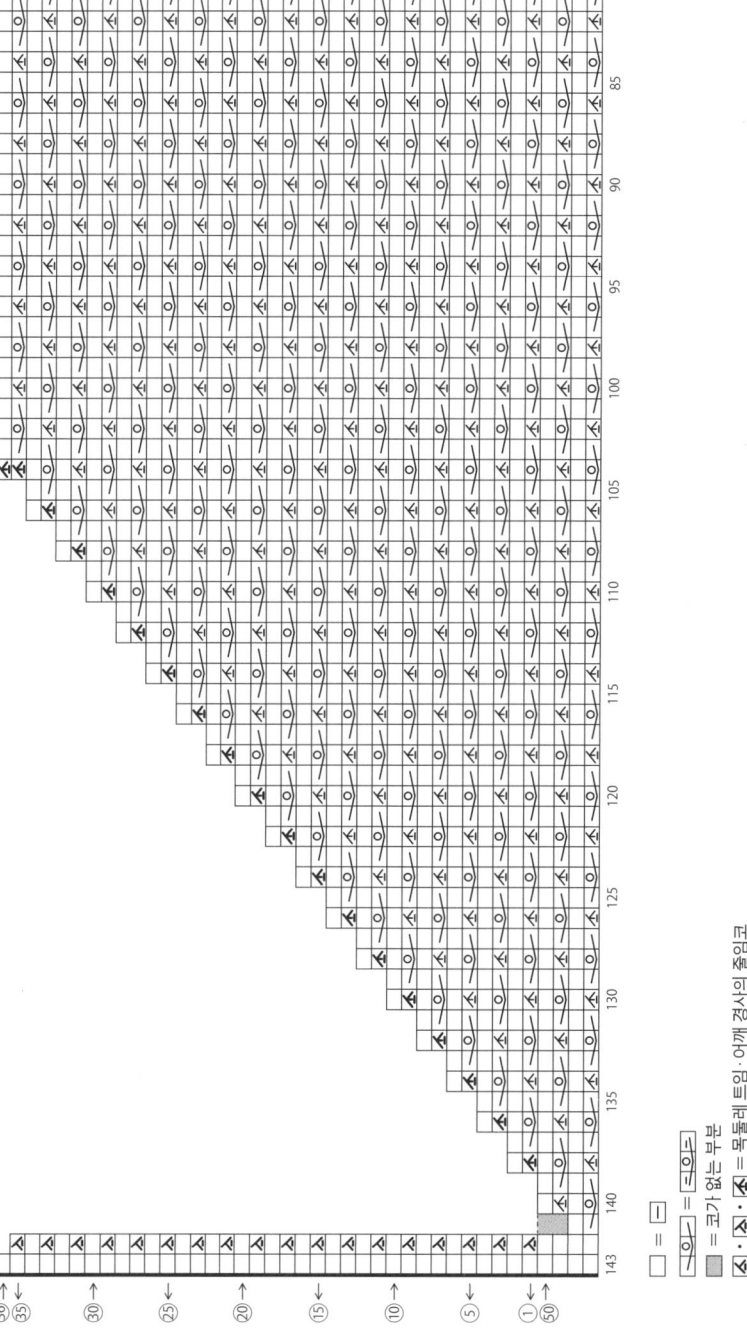

아래의 줄임코

안뜨기하면서
덮어씌워 코막음

중심

어깨의 줄임코

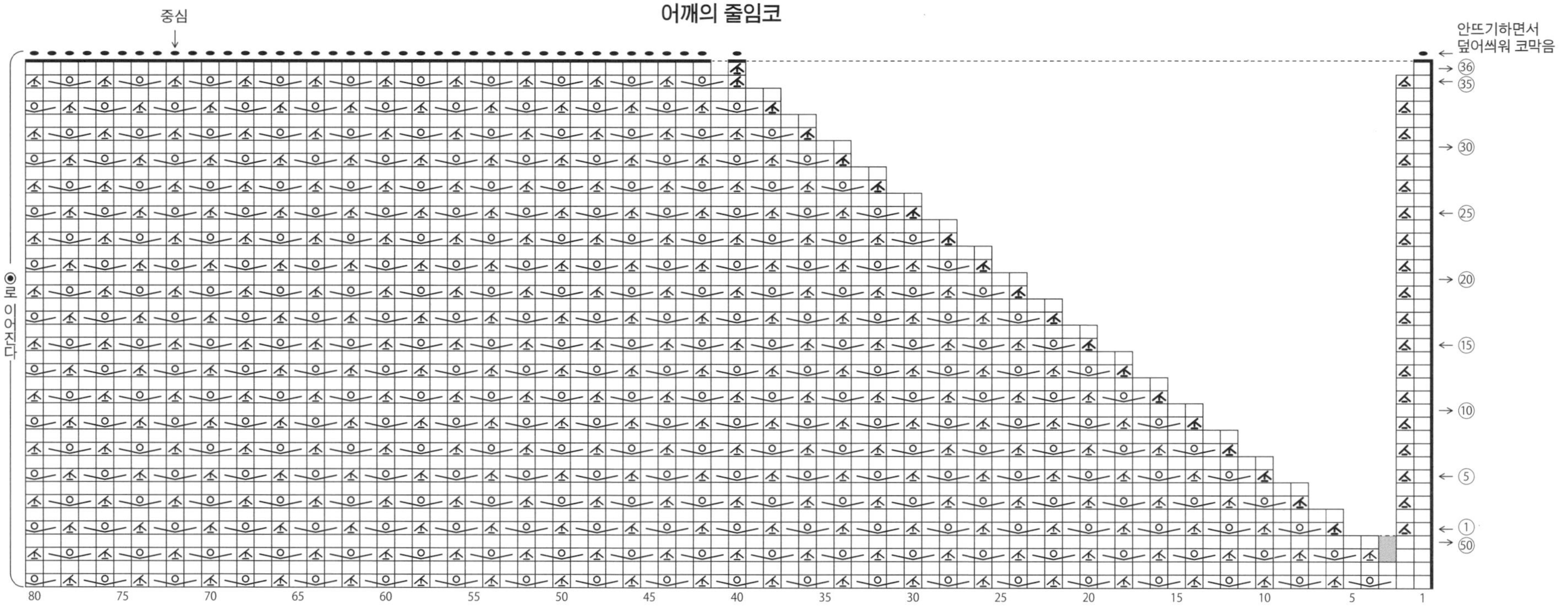

36 35 30 25 20 15 10 5 1 50

□ = □
⊠ = □ 오른코
□ = 코가 없는 부분
⬛ = 목둘레 트임·어깨 경사의 줄임코
⊠・⊿ = 어깨 경사 사이의 줄임코

감아코

※ 일본어 사이트

재료
퍼피 퍼피 리넨 100 오렌지(911) 165g 5볼

도구
대바늘 5호·4호

완성 크기
가슴둘레 103cm, 기장 50.5cm, 화장 61cm

게이지(10×10cm)
메리야스뜨기 19.5코×31단, 무늬뜨기 17.5코×31단

POINT
●요크·몸판·소매…요크는 별도 사슬로 기초코를 만들어 뜨기 시작해 메리야스뜨기와 무늬뜨기로 원형으로 뜹니다. 늘림코는 도안을 참고하세요. 이

어서 앞뒤 몸판은 요크에서 코를 줍고 거싯은 감아코로 코를 만들어 메리야스뜨기로 원형으로 뜹니다. 밑단은 앞뒤 몸판을 각각 테두리뜨기로 왕복해 뜹니다. 뜨개 끝은 무늬를 이어서 뜨면서 덮어씌워 코막음합니다. 소매는 요크의 쉼코와 거싯에서 코를 주워 메리야스뜨기와 무늬뜨기로 원형으로 뜹니다. 줄임코는 도안을 참고하세요. 이어서 소맷부리는 테두리뜨기로 뜨고 뜨개 끝은 밑단처럼 정리합니다.
●마무리…목둘레는 기초코 사슬을 풀어 코를 주워 테두리뜨기로 원형으로 뜹니다. 뜨개 끝은 밑단처럼 정리합니다.

슬릿 트임 끝 ─── (101코) ─── 슬릿 트임 끝
덮어씌우기

5.5 (22단)

(테두리뜨기) 4호 대바늘

17 (52단)

가장자리 1코는 안뜨기로 뜬다   앞판과 이어서 뜬다
가장자리 1코는 안뜨기로 뜬다   앞판과 이어서 뜬다

뒤판
(메리야스뜨기)

52(101코)
(89코) 줄기
46(89코)

3 (6코) 만들기
3 (6코) 만들기

요크
(메리야스뜨기)

☆ = { 2단평 2-1-42 단 코 회 }
※도안 참고.

28 (86단)

(+42코)   (+42코)
☆   ☆
이어서 뜬다   이어서 뜬다

2.5(5코)

(테두리뜨기) 4호 대바늘
(메리야스뜨기)
소매 밑선의 1코는 안뜨기로 뜬다 ■에서 (6코) 줄기

오른쪽 소매
(무늬뜨기)

(-1코) (-5코)

(50코) (-5코)
줄기
△에서 (5코) 줄기
※도안 참고.

(50코)
덮어씌우기

29 (51코)   34 (61코)

12단평 10-1-5 단 코 회

28 86단

(무늬뜨기)

28.5 (50코)   62 (110코) 만들기   28.5 (50코)   쉼코

(무늬뜨기)

왼쪽 소매
(무늬뜨기)

(테두리뜨기) 4호 대바늘
(메리야스뜨기)
소매 밑선의 1코는 안뜨기로 뜬다 □에서 뜬다

(6코) 줄기 (-5코) (-1코)

(50코) 줄기
34 (61코)   29 (51코)

(50코)
덮어씌우기

오른쪽 소매와 같다

▲에서 (5코) 줄기

(메리야스뜨기)
3 (12단)

(메리야스뜨기)
3 (12단)   20 (62단)

2.5(5코)

(+42코)   **(메리야스뜨기)**   (+42코)
☆   ☆
이어서 뜬다   이어서 뜬다

2.5 (5코) 만들기   46(89코)   2.5 (5코) 만들기
(89코) 줄기
51(99코)

△   뒤판과 이어서 뜬다   ▲   뒤판과 이어서 뜬다

17 (52단)

앞판
(메리야스뜨기)

3 (12단)   (+1코)   ※도안 참고. **(테두리뜨기)** 4호 대바늘   (+1코)
덮어씌우기

슬릿 트임 끝 ─── (101코) ─── 슬릿 트임 끝

목둘레(테두리뜨기) 4호 대바늘
20
3 (12단)
(110코) 줄기

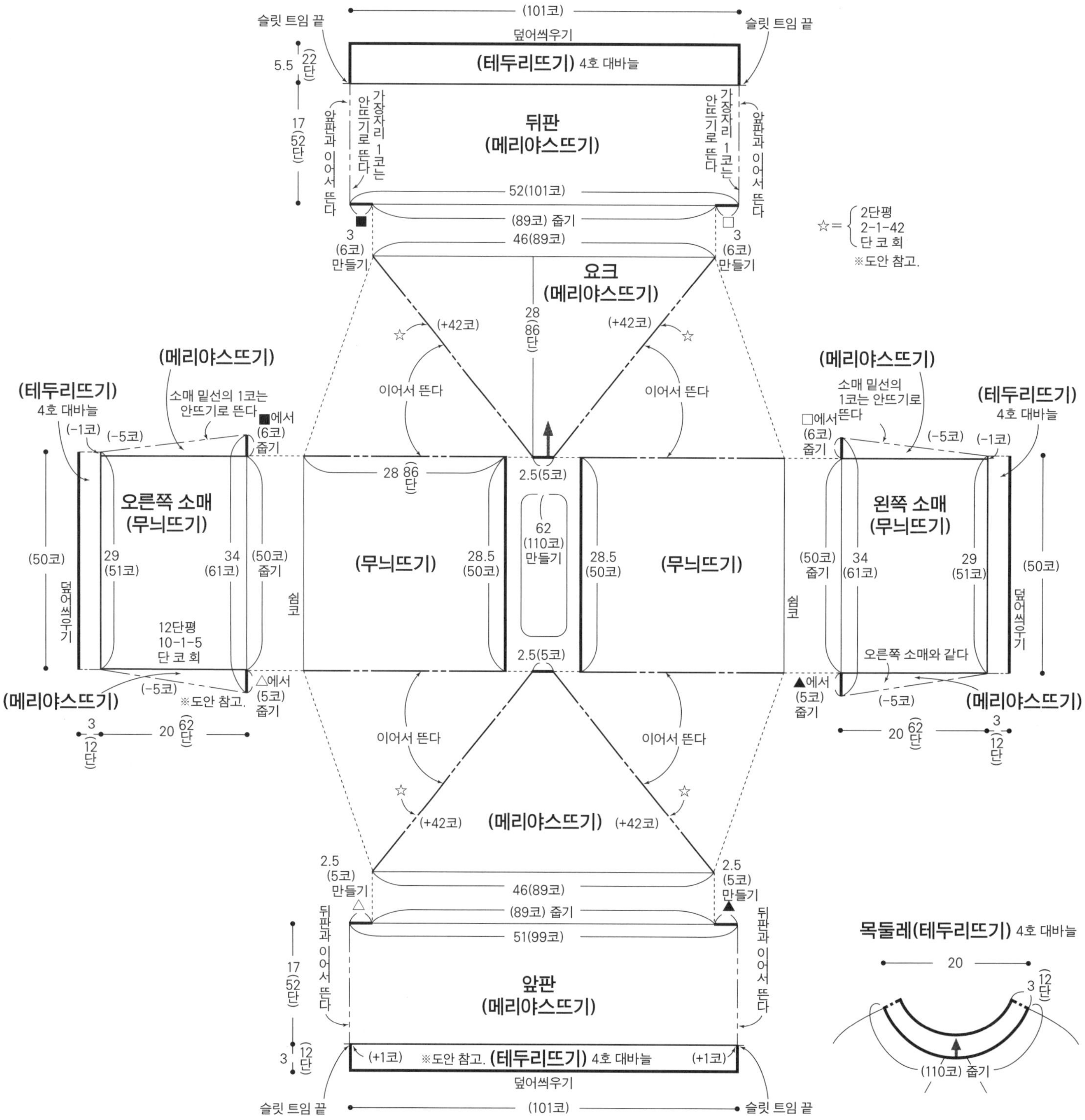

※지정하지 않은 것은 5호 대바늘로 뜬다.
※거싯은 앞뒤 몸판을 이어서 감아코로 각 (11코) 만든다.

요크의 늘림코

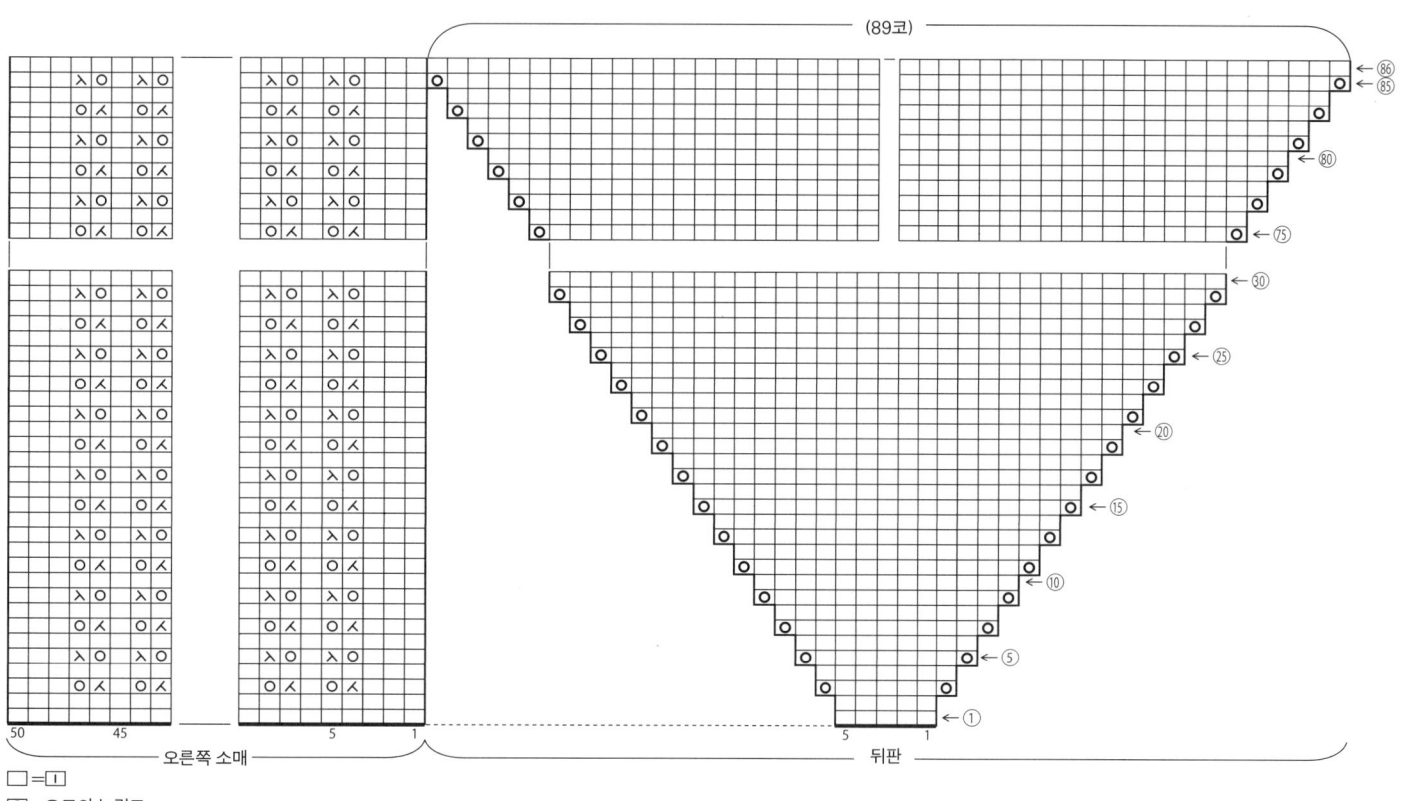

(89코)

← 86
← 85
← 80
← 75
← 30
← 25
← 20
← 15
← 10
← 5
← 1

50 45 5 1 5 1

└─ 오른쪽 소매 ─┘ └─ 뒤판 ─┘

□ = ☐
◎ = 요크의 늘림코

소매 밑선의 줄임코

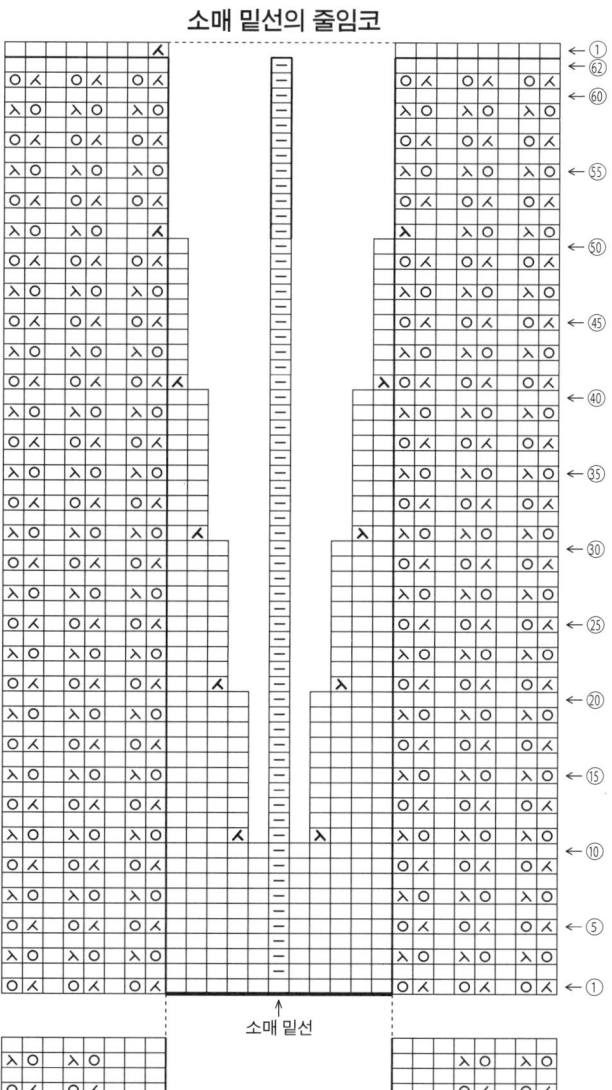

← 1
← 62
← 60
← 55
← 50
← 45
← 40
← 35
← 30
← 25
← 20
← 15
← 10
← 5
← 1

소매 밑선

□ = ☐
☒·☒ = 소매 밑선의 줄임코

무늬뜨기

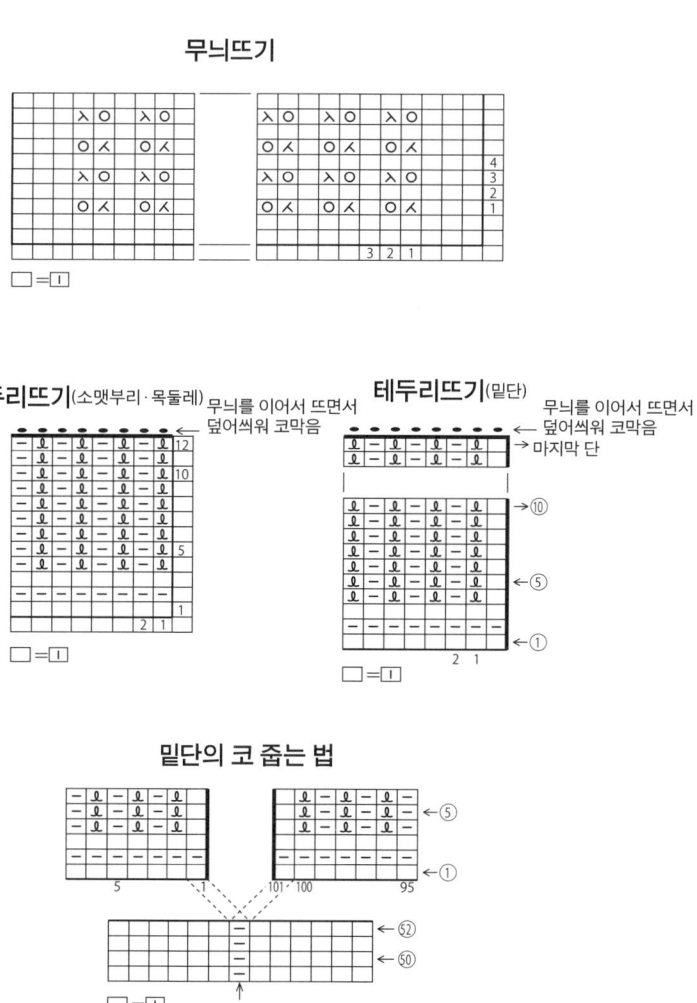

4
3
2
1

3 2 1

□ = ☐

테두리뜨기(소맷부리·목둘레) 무늬를 이어서 뜨면서 덮어씌워 코막음

12
10
5
1
2 1

□ = ☐

테두리뜨기(밑단) 무늬를 이어서 뜨면서 덮어씌워 코막음

마지막 단
← 10
← 5
← 1
2 1

□ = ☐

밑단의 코 줍는 법

← 5
← 1

5 1 101 100 95

← 52
← 50

□ = ☐

옆선

105

재료
실…스키 얀 스키 미나모 크림옐로(1912) 250g 9
볼
단추…지름 15mm 3개
도구
코바늘 4/0호
완성 크기
가슴둘레 115cm, 기장 52.5cm, 화장 39.5cm
게이지
모티브 크기는 도안 참고. 무늬뜨기 A·B(10×10
cm) 24.5코×12.5단

POINT
●몸판·소매…몸판은 모티브 잇기로 뜹니다. 2번
째 장부터는 모티브 잇는 법을 참고해 마지막 단
에서 옆 모티브와 연결하며 뜹니다. 지정 위치에서
코를 주워 밑단은 무늬뜨기 A로 왕복해 뜨고, 소매
는 무늬뜨기 B로 원형으로 왕복뜨기합니다. 소매
의 분산 줄임코는 도안을 참고하세요.
●마무리…앞단·목둘레는 지정 위치에서 코를 주
워 테두리뜨기로 뜹니다. 모서리의 증감코는 도안
을 참고하세요. 오른쪽 앞단에는 단춧구멍을 냅니
다. 단추를 달아 마무리합니다.

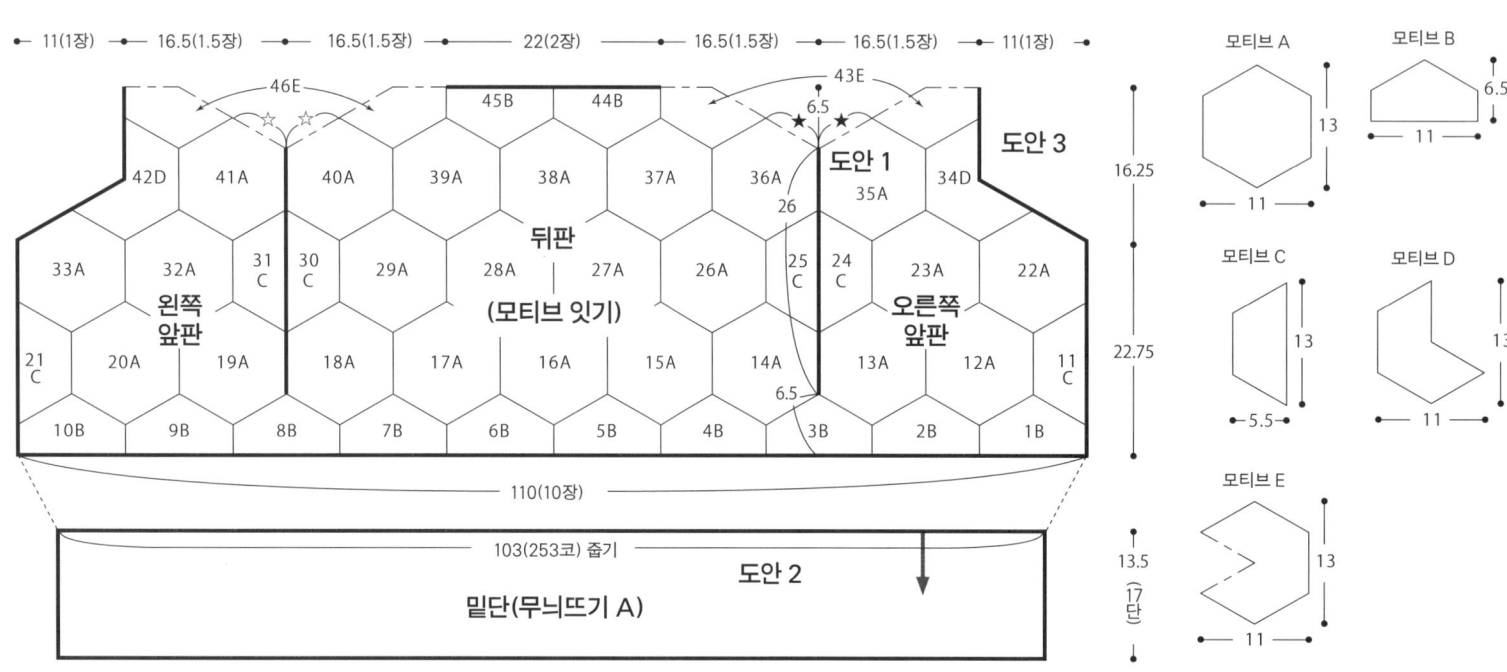

※모두 4/0호 코바늘로 뜬다.
※모티브 안의 숫자는 연결하는 순서다.
※맞춤 표시끼리는 뜨면서 연결한다.

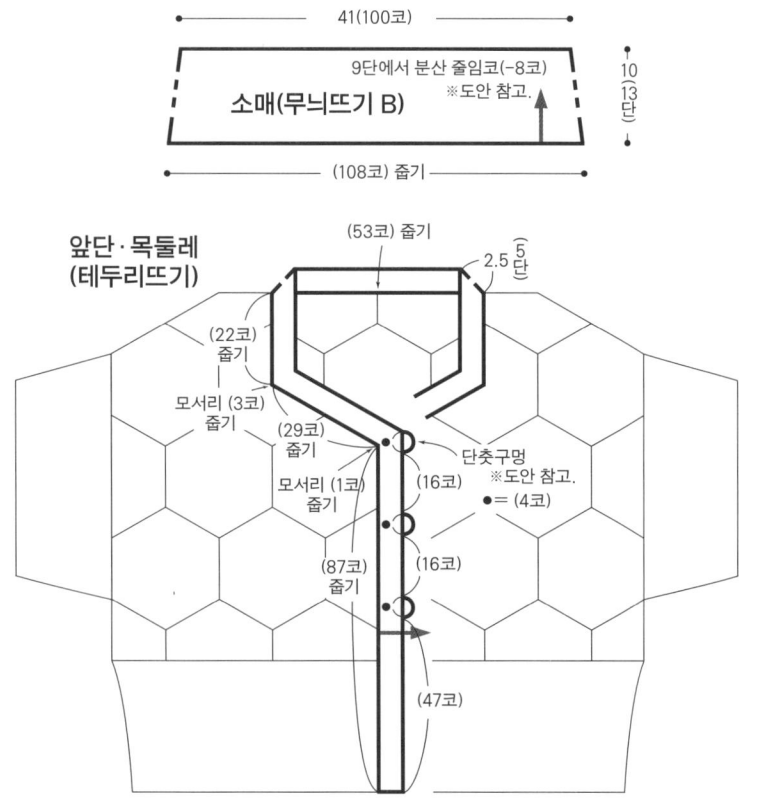

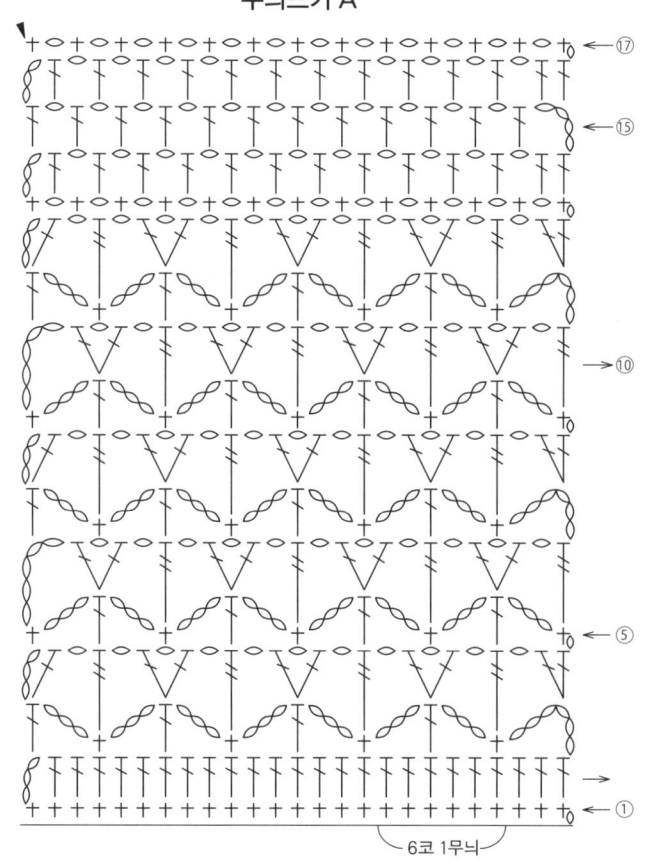

► = 실 자르기

무늬뜨기 B

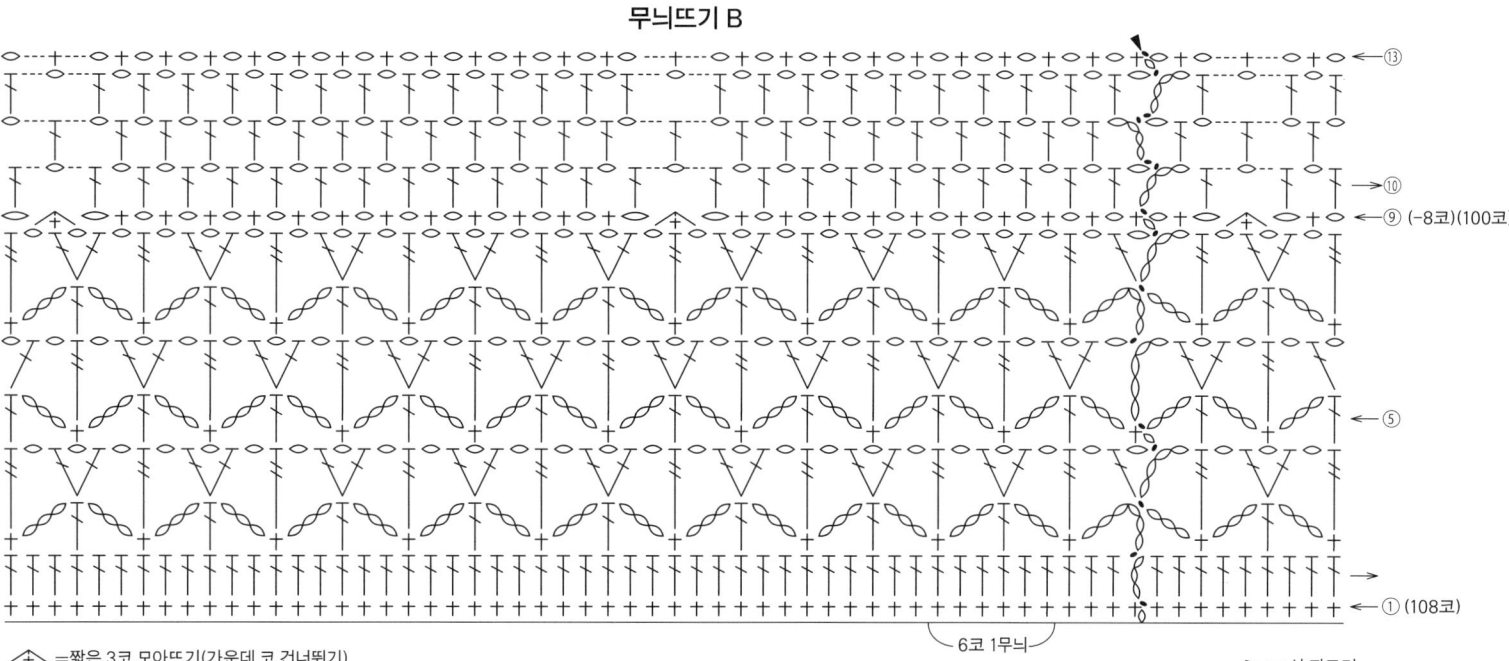

←⑬
←⑩
←⑨ (-8코)(100코)
←⑤
←① (108코)

⌃= 짧은 3코 모아뜨기(가운데 코 건너뛰기)

◖6코 1무늬◗

► = 실 자르기

모티브 C 6장

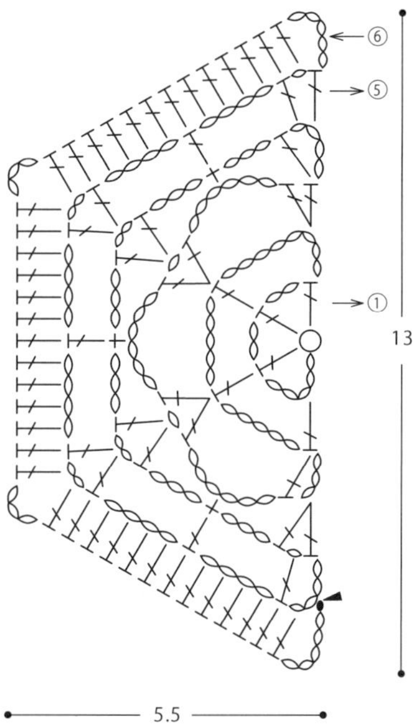

←⑥
←⑤
→①

13

5.5

모티브 A 24장

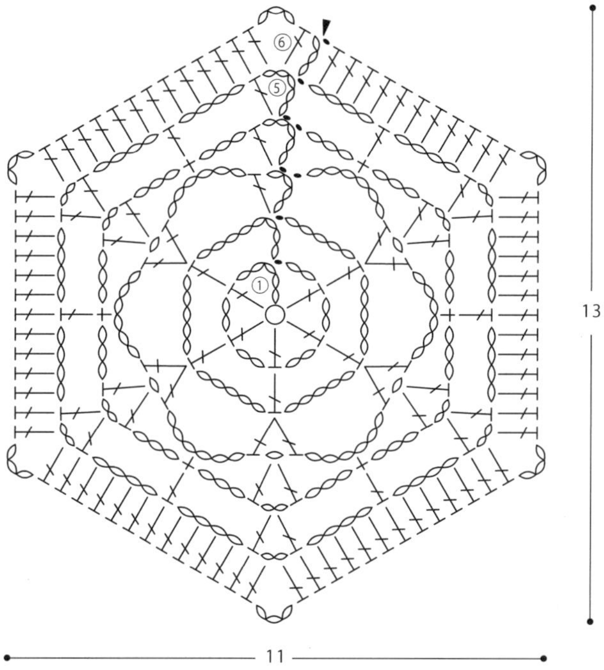

←⑥
←⑤
←①

13

11

테두리뜨기

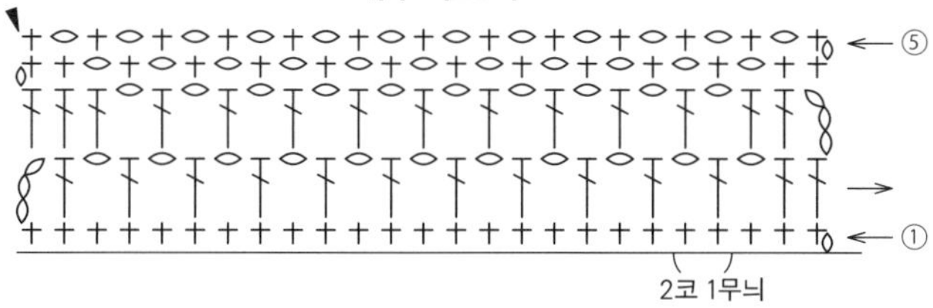

←⑤

→
←①

◖2코 1무늬◗

모티브 B 12장

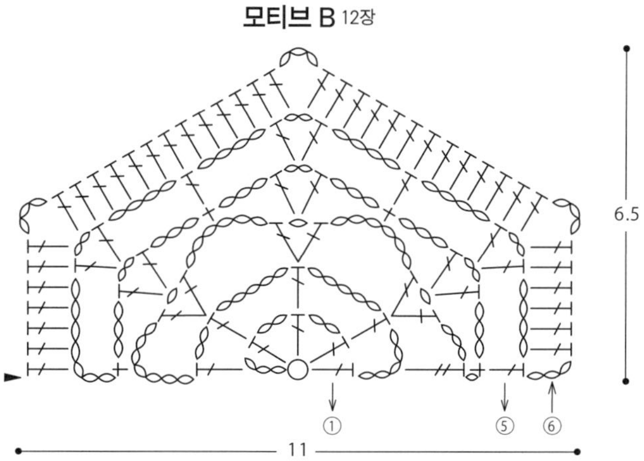

6.5

① ⑤ ⑥

11

108페이지로 이어집니다. ►

▶ 107페이지에서 이어집니다.

모티브 E 2장   모티브 D 2장

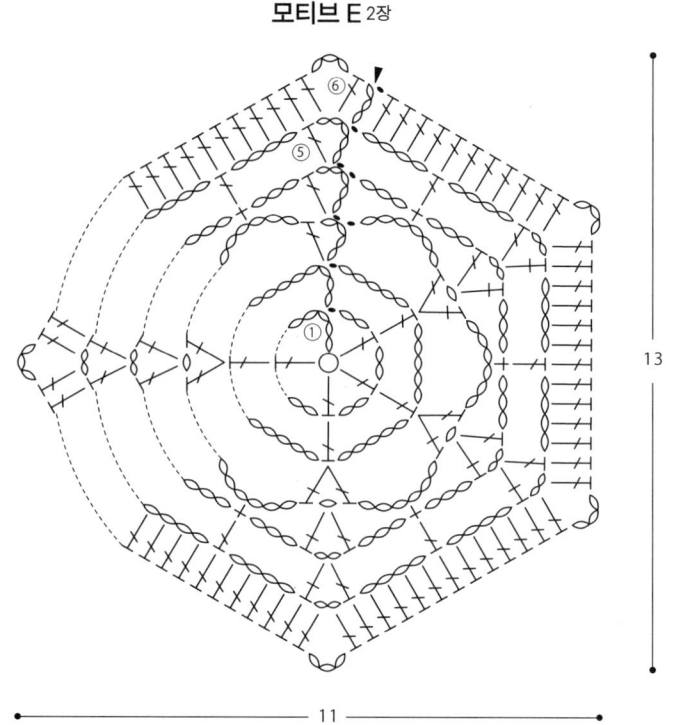
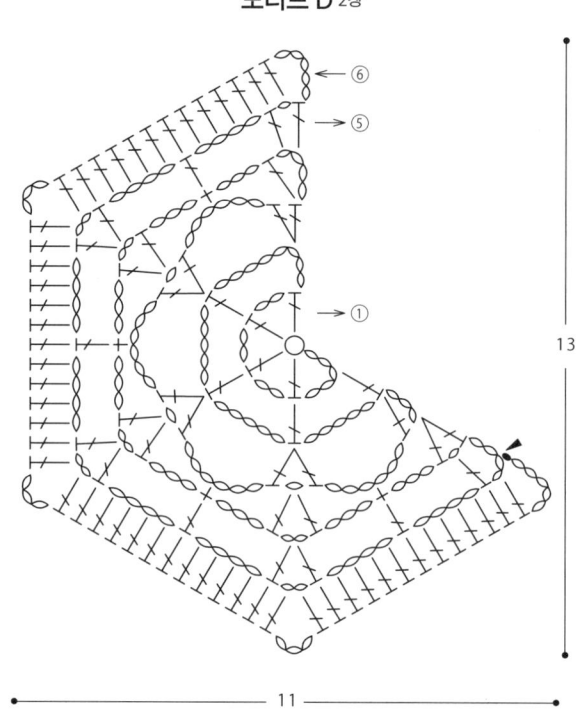

▶ = 실 자르기

모티브 잇는 법

※모티브 잇는 법→P.110

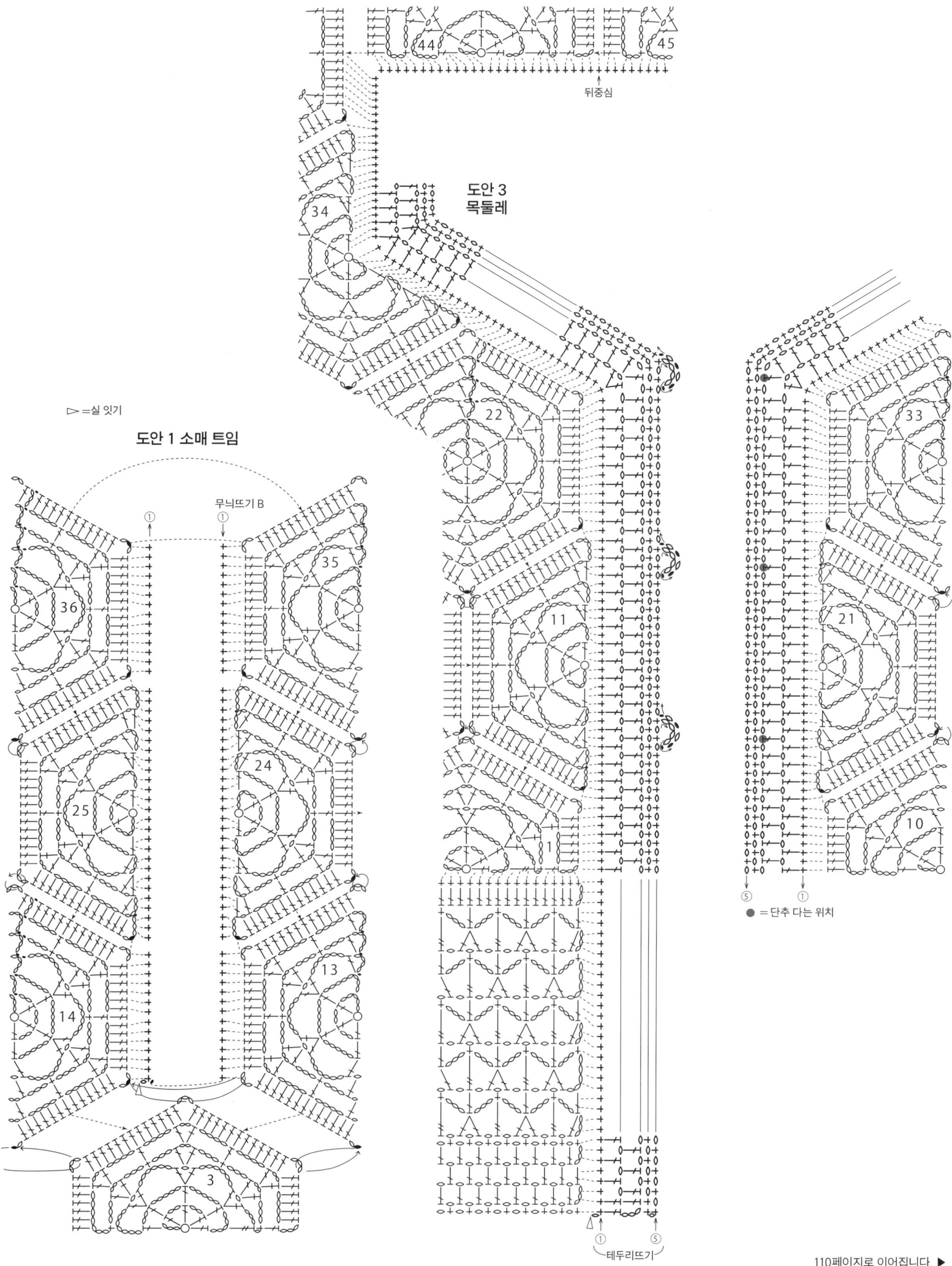

도안 3
목둘레

44　45

뒤중심

▷ =실 잇기

도안 1 소매 트임

무늬뜨기 B

34

36　35

22

24

25

11

14　13

1

3

33

21

10

⑤　①

● =단추 다는 위치

①　⑤

테두리뜨기

110페이지로 이어집니다. ▶

▶ 109페이지에서 이어집니다.

마구비기 A

△ = 실 잇기

도안 2 밑단

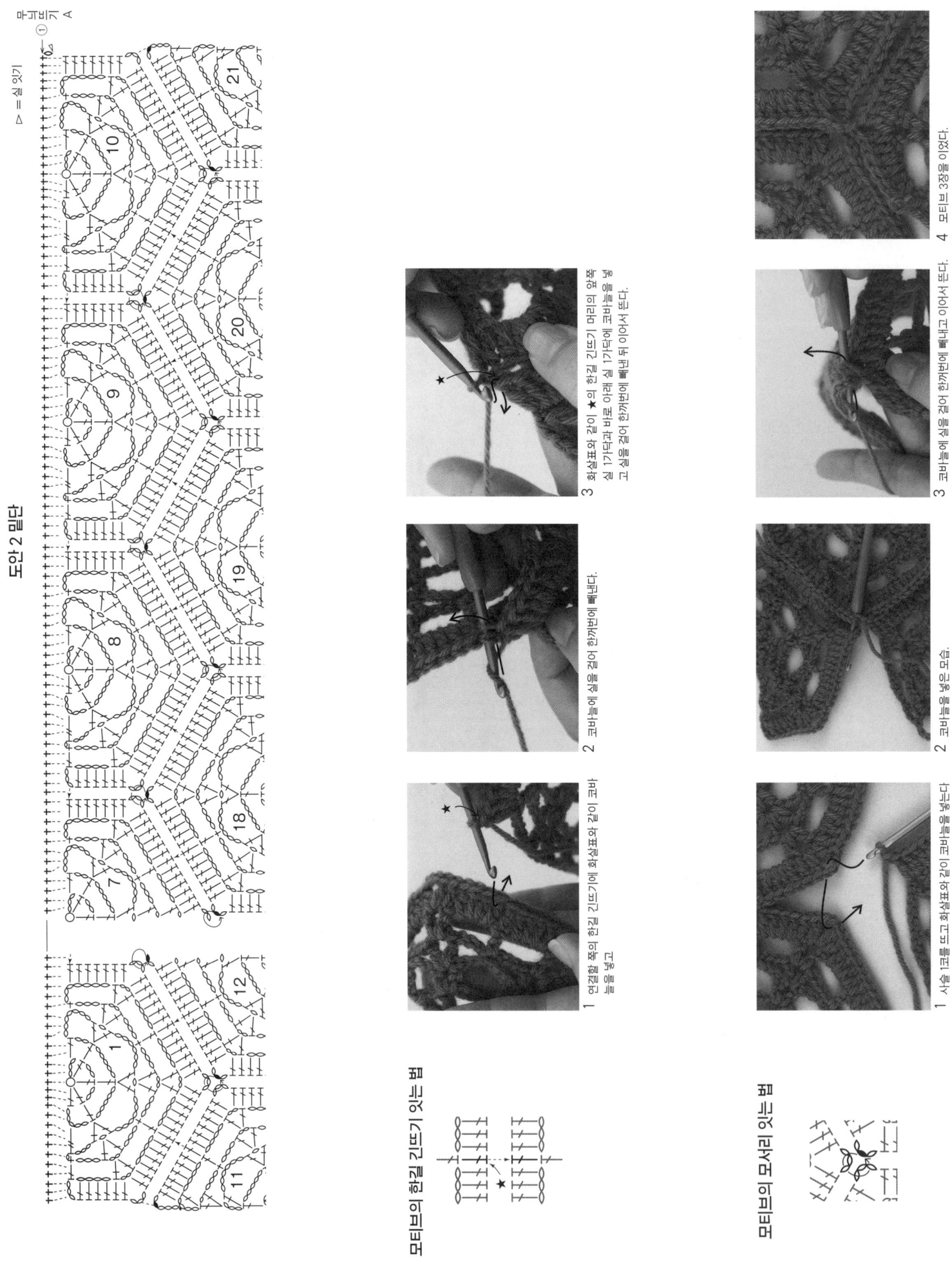

모티브의 한길 긴뜨기 잇는 법

1 연결할 쪽의 한길 긴뜨기에 화살표와 같이 코바늘을 넣고

2 코바늘에 실을 걸어 한꺼번에 빼낸다.

3 화살표와 같이 ★이 한길 긴뜨기 머리의 앞쪽 실 1가닥과 바로 아래 실 1가닥에 코바늘을 넣고 실을 걸어 한꺼번에 빼낸 뒤 이어서 뜬다.

모티브의 모서리 잇는 법

1 사슬 1코를 뜨고 화살표와 같이 코바늘을 넣는다

2 코바늘을 넣은 모습

3 코바늘에 실을 걸어 한꺼번에 빼내고 이어서 뜬다.

4 모티브 3장을 이었다.

오리지널 코튼

재료
데오리야 오리지널 코튼 남색(131) 355g
도구
대바늘 5호·3호
완성 크기
가슴둘레 102cm, 기장 54cm, 화장 40cm
게이지(10×10cm)
무늬뜨기 24코×37단
POINT
●요크·몸판·소매…요크는 손가락에 실을 걸어서 기초코를 만들어 뜨기 시작해 메리야스뜨기와 무

늬뜨기로 뜹니다. 24단까지는 왕복해 뜨고 25단부터는 원형으로 뜹니다. 늘림코는 도안을 참고하세요. 앞뒤 몸판은 요크에서 코를 줍고 거싯은 감아코로 코를 만들어 메리야스뜨기, 무늬뜨기, 2코 고무뜨기로 원형으로 뜹니다. 뜨개 끝은 무늬를 이어서 뜨면서 덮어씌워 코막음합니다. 소매는 요크의 쉼코와 거싯에서 코를 주워 몸판처럼 뜹니다. 뜨개 끝은 밑단처럼 정리합니다.
●마무리…목둘레는 지정 콧수를 주워 2코 고무뜨기로 원형으로 뜹니다. 뜨개 끝은 밑단처럼 정리합니다.

목둘레(2코 고무뜨기) 3호 대바늘

(42코) 줄기
4 14단
(14코) 줄기   (14코) 줄기
(46코) 줄기

무늬뜨기(몸판·소매)

□=|

(120코)
덮어씌우기
(-3코) **(2코 고무뜨기)** 3호 대바늘
4 14단

뒤판
(무늬뜨기)

앞판과 이어서 뜨다   앞판과 이어서 뜨다

28 104단

51(123코)
50(121코)
(115코) 줄기
0.5(1코)   0.5(1코)

1.5(4코) 만들기   1.5(4코) 만들기
48(115코)
46(111코)

오른쪽 소매
(무늬뜨기)

왼쪽 소매
(무늬뜨기)

0.5(1코)
▲에서 (4코) 줄기

0.5(1코)
△에서 (4코) 줄기

(2코 고무뜨기) 3호 대바늘

(2코 고무뜨기) 3호 대바늘

(92코)

덮어씌우기

(92코)

요크
(무늬뜨기)

(+36코)   (+36코)
이어서 뜨다   이어서 뜨다

22 82단

40 (95코)   40 (95코)
(87코) 줄기   (87코) 줄기
36 (87코)   36 (87코)
34 (83코)   34 (83코)
쉼코   쉼코
39 (93코)   39 (93코)

(+36코)   (+36코)
16(39코)
22 82단   4.5(11코)   4.5(11코)

32(75코) 만들기

0.5(1코)

6.5 24단
(13코) 만들기 (+16코)
※도안 참고

(+36코)   (+36코)
이어서 뜨다   이어서 뜨다

●에서 (4코) 줄기
0.5(1코)
4 14단   5 18단

(무늬뜨기)

(+34코)   (+34코)
58단
(무늬뜨기)

◇에서 (4코) 줄기
5 18단   4 14단
0.5(1코)

(-3코)

1.5(4코) 만들기
46(111코)
48(115코)

☆=1(2코)

◆= {3단평 3-1-7 2-1-29 단 코 회}   ◇= {3단평 3-1-7 2-1-26 6-1-1}

1.5(4코) 만들기

0.5(1코)
50(121코)
51(123코)
0.5(1코)

28 104단

앞판
(무늬뜨기)

뒤판과 이어서 뜨다   뒤판과 이어서 뜨다

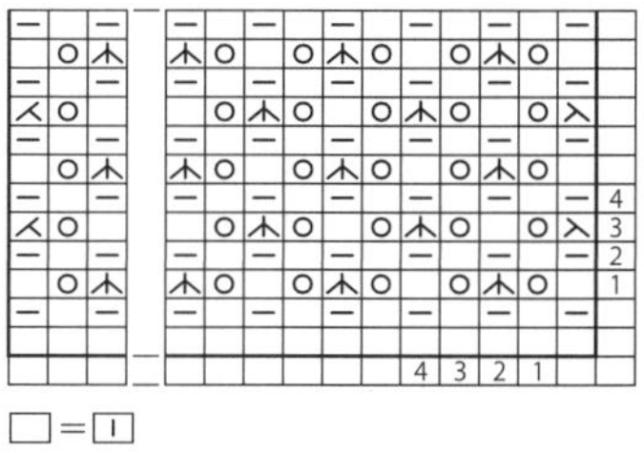

2코 고무뜨기(밑단·소맷부리)

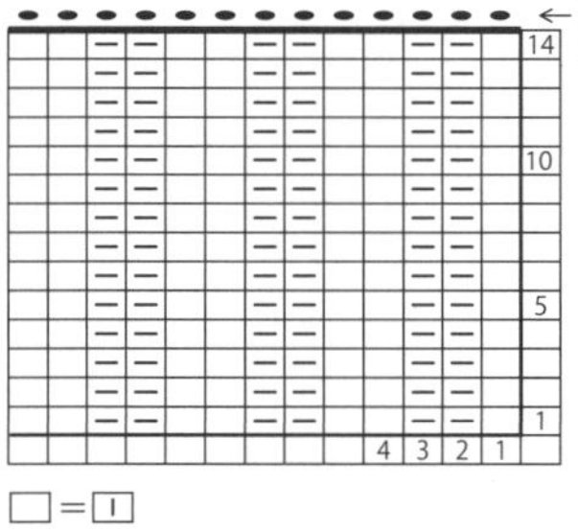

무늬를 이어서 뜨면서 덮어씌워 코막음

14
10
5
1
4 3 2 1
□=|

(-3코) **(2코 고무뜨기)** 3호 대바늘
4 14단
덮어씌우기
(120코)

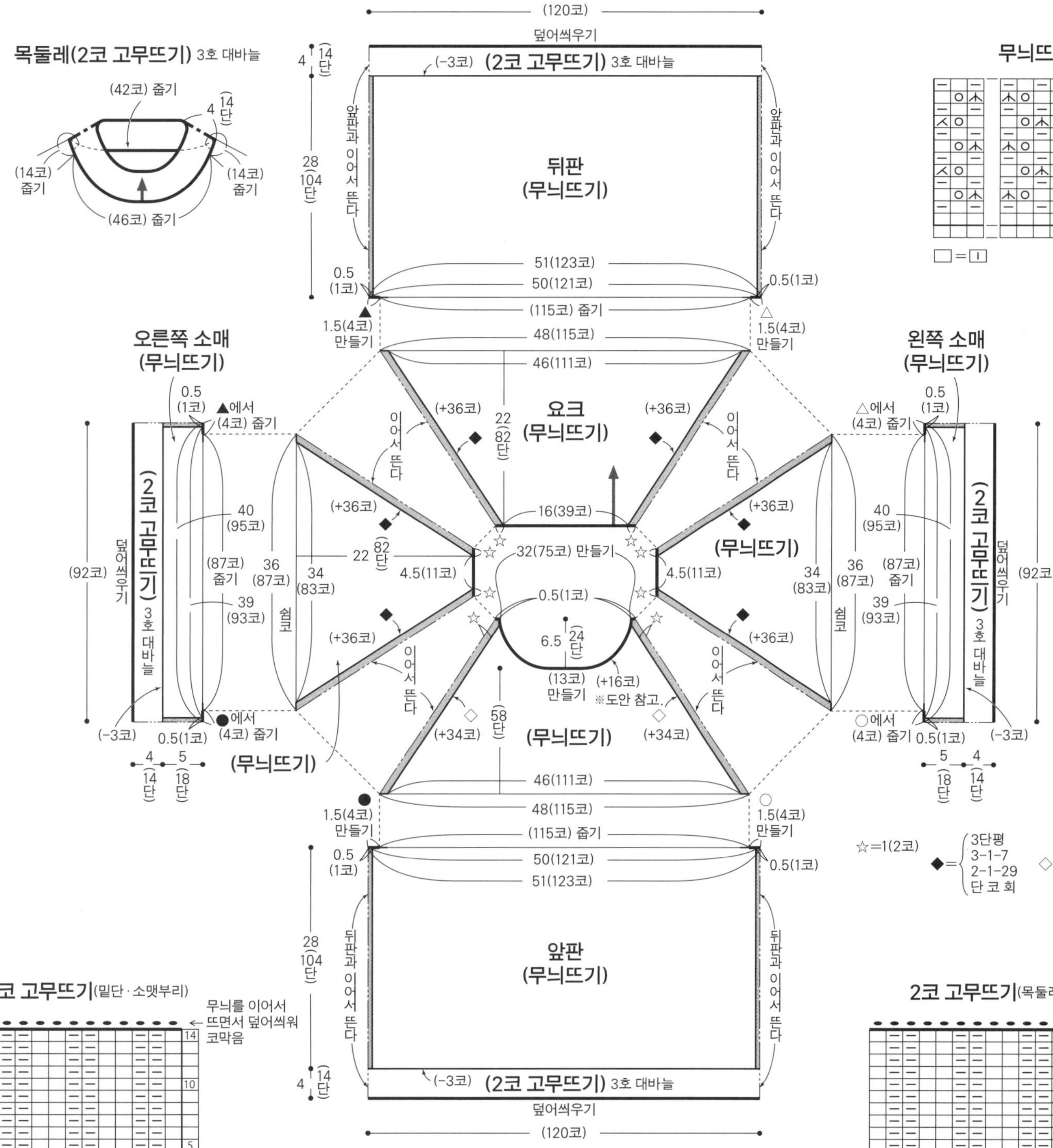

※ 지정하지 않은 것은 5호 대바늘로 뜬다.
※ 거싯은 앞뒤 몸판을 이어서 감아코로 각 (8코) 만든다.
※ ▨ =(메리야스뜨기)

2코 고무뜨기(목둘레)

무늬를 이어서 뜨면서 덮어씌워 코막음
14
10
5
1
4 3 2 1
□=|

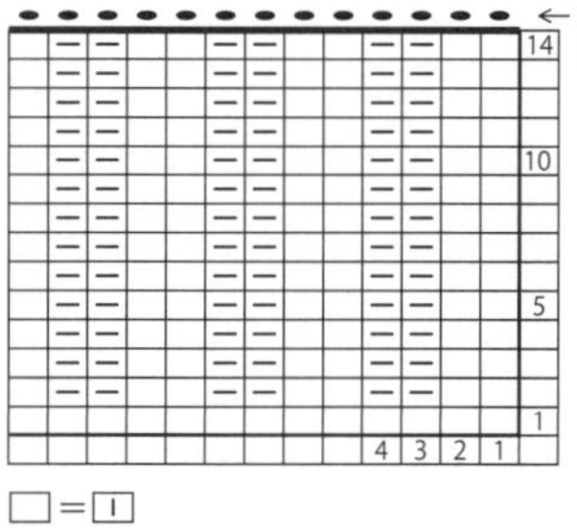

112페이지로 이어집니다. ▶

▶ 111페이지에서 이어집니다.

요크 뜨는 법(앞판)

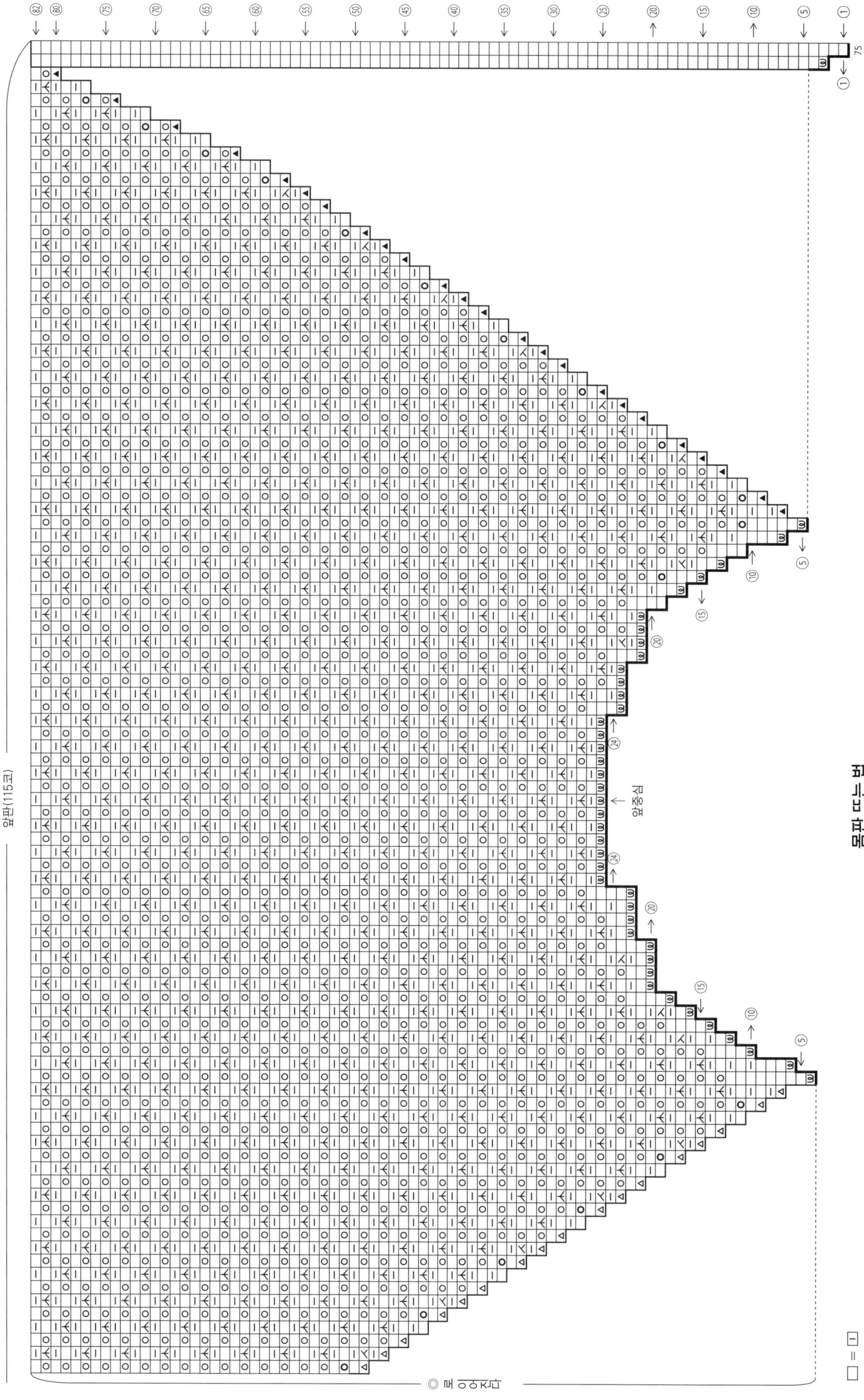

앞판(115코)

몸판 뜨는 법

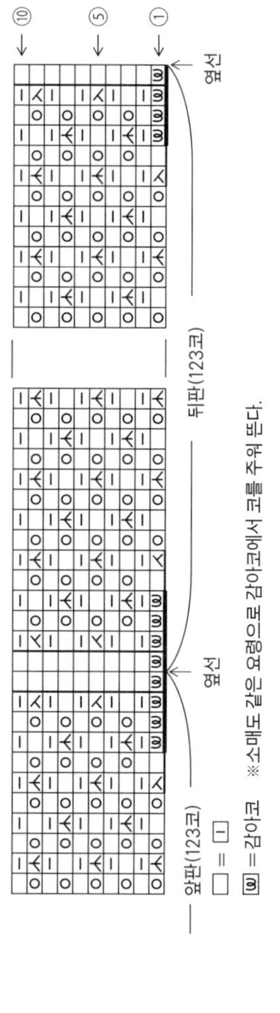

앞판(123코) 뒤판(123코)

= □ = 감아코
Ⅲ = 감아코
= □ = 겉뜨기
Ⅲ = 감아코 ※소매도 같은 요령으로 감아코에서 코를 주워 뜬다.

□ = 감아코
Ⅲ = 감아코
◀ = 왼쪽 돌려뜨기 늘림코
△ = 오른쪽 돌려뜨기 늘림코
○ = 늘림코

요크 뜨는 법(왼쪽 소매)

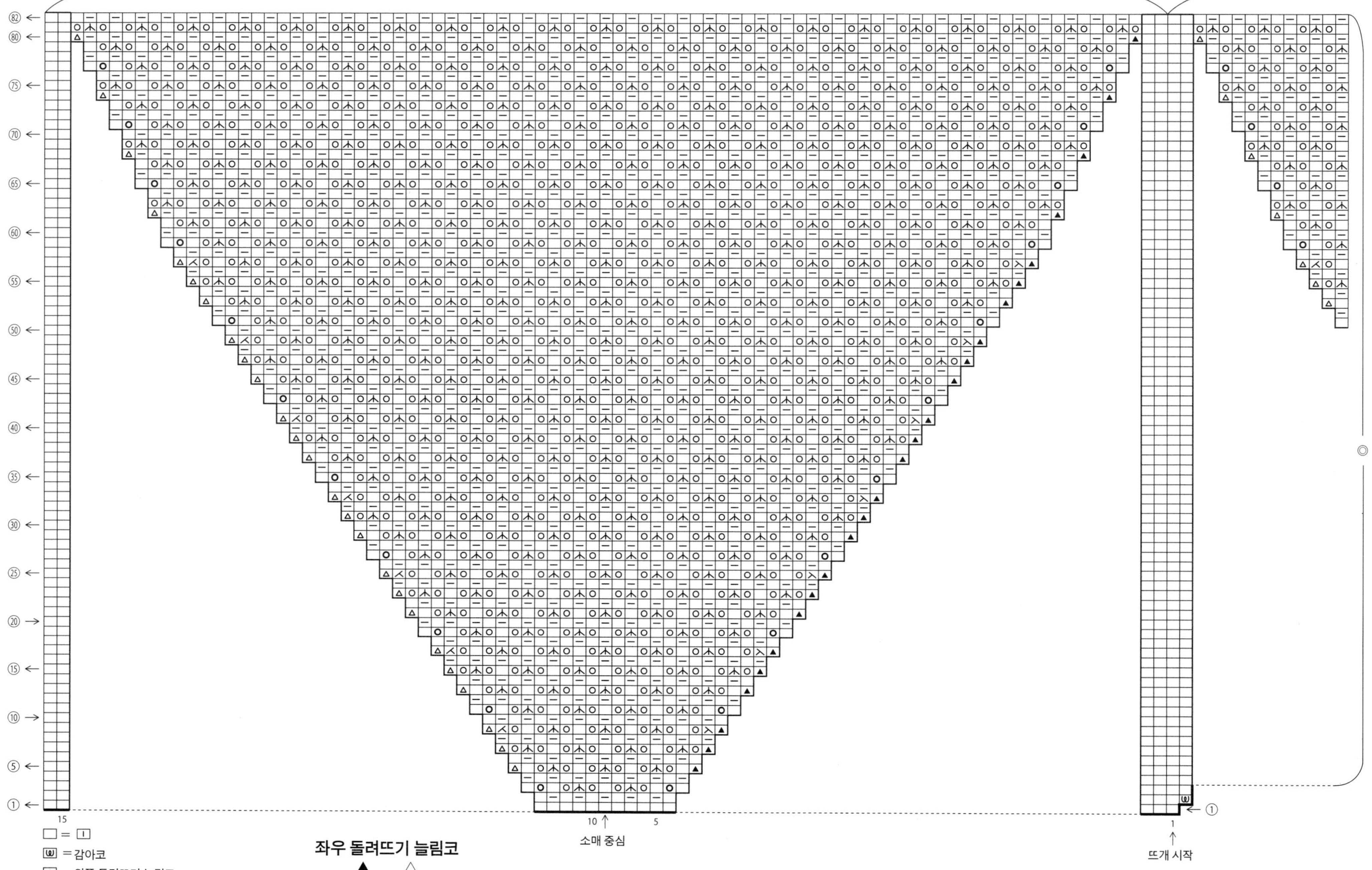

왼쪽 소매(87코)

뜨개 시작

소매 중심

좌우 돌려뜨기 늘림코

△오른쪽 돌려뜨기 늘림코
(오른쪽으로 꼬는 돌려뜨기)

▲왼쪽 돌려뜨기 늘림코
(왼쪽으로 꼬는 돌려뜨기)

□ = □
Ⓦ = 감아코
▲ = 왼쪽 돌려뜨기 늘림코
△ = 오른쪽 돌려뜨기 늘림코

※뒤판도 소매와 같은 요령으로 뜬다.

15　10　5　1

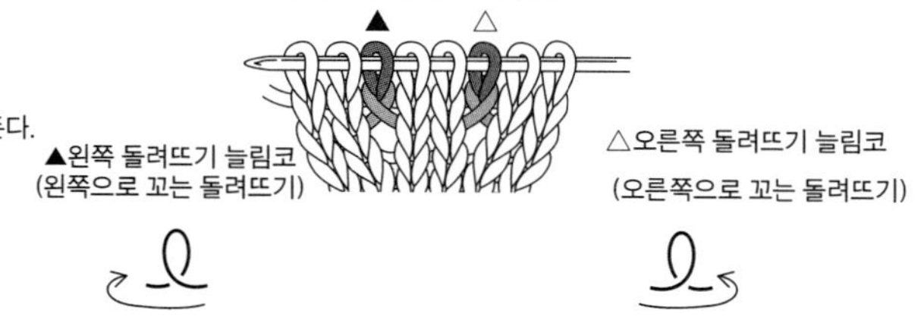

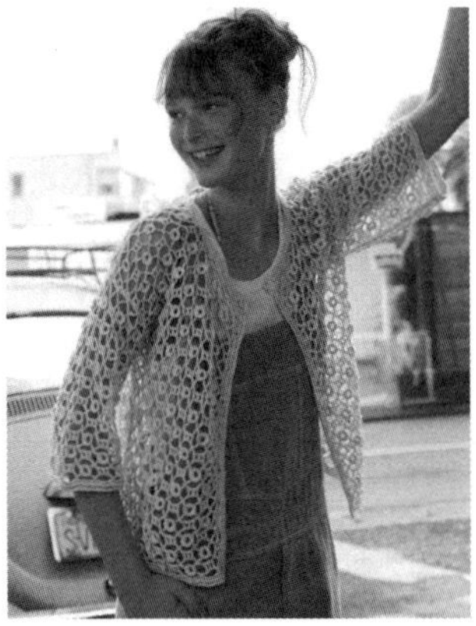

재료

실…스키 얀 스키 미나모 하얀색(1911) 245g 9볼
단추…지름 13㎜ 9개

도구

코바늘 3/0호

완성 크기

가슴둘레 105.5㎝, 기장 45㎝, 화장 50㎝

게이지

무늬뜨기 1무늬=5.2㎝, 9.5단=10㎝

POINT

●몸판·소매…사슬뜨기로 기초코를 만들어 뜨기 시작해 무늬뜨기로 뜹니다. 목둘레의 줄임코는 도안을 참고하세요. 무늬뜨기의 마지막 단은 불규칙해지므로 주의합니다. 밑단·소맷부리는 지정 콧수를 주워 테두리뜨기로 뜹니다.

●마무리…어깨는 사슬뜨기와 짧은뜨기로 잇기, 옆선·소매 밑선은 사슬뜨기와 짧은뜨기로 꿰매기를 합니다. 목둘레·앞단은 각각 지정 콧수를 주워 테두리뜨기로 뜹니다. 오른쪽 앞단에는 단춧구멍을 냅니다. 소매는 사슬뜨기와 짧은뜨기로 잇기로 몸판과 연결합니다. 단추를 달아 마무리합니다.

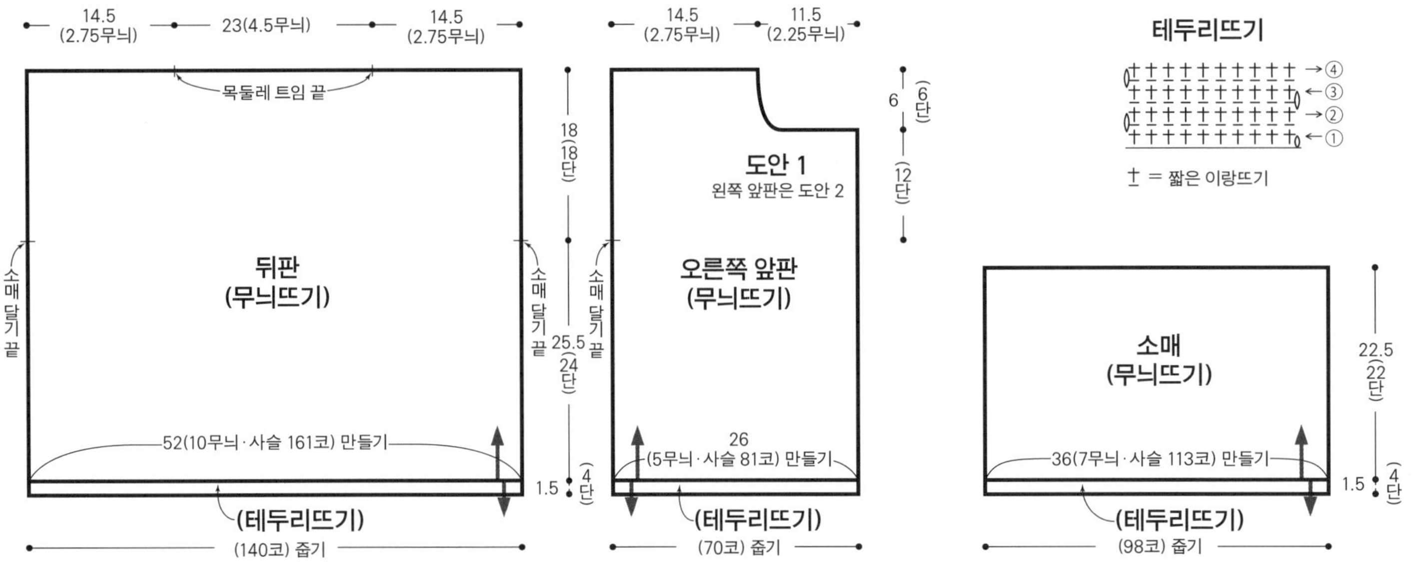
14.5 (2.75무늬)
23(4.5무늬)
14.5 (2.75무늬)
목둘레 트임 끝
18 (18단)
소매 달기 끝
뒤판 (무늬뜨기)
25.5 (24단)
52(10무늬·사슬 161코) 만들기
1.5 (4단)
(테두리뜨기)
(140코) 줍기
14.5 (2.75무늬)
11.5 (2.25무늬)
6 (6단)
(12단)
도안 1
왼쪽 앞판은 도안 2
오른쪽 앞판 (무늬뜨기)
26 (5무늬·사슬 81코) 만들기
(70코) 줍기
테두리뜨기
→④
←③
→②
←①
± = 짧은 이랑뜨기
소매 (무늬뜨기)
22.5 (22단)
36(7무늬·사슬 113코) 만들기
(98코) 줍기

※모두 3/0호 코바늘로 뜬다.

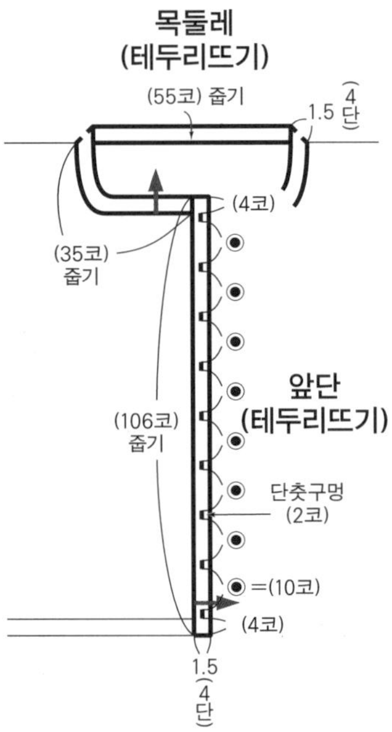
목둘레 (테두리뜨기)
(55코) 줍기
1.5 (4단)
(4코)
(35코) 줍기
(106코) 줍기
앞단 (테두리뜨기)
단춧구멍 (2코)
=(10코)
(4코)
1.5 (4단)

► = 실 자르기

무늬뜨기

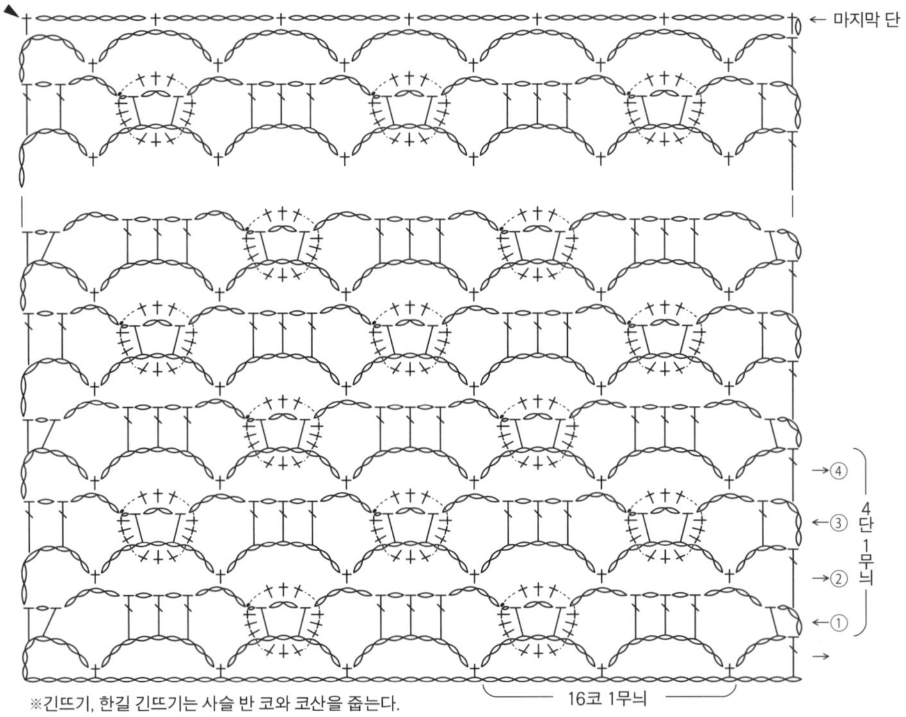
← 마지막 단
→④
←③
→②
←①
4단 1무늬
16코 1무늬

※긴뜨기, 한길 긴뜨기는 사슬 반 코와 코산을 줍는다.

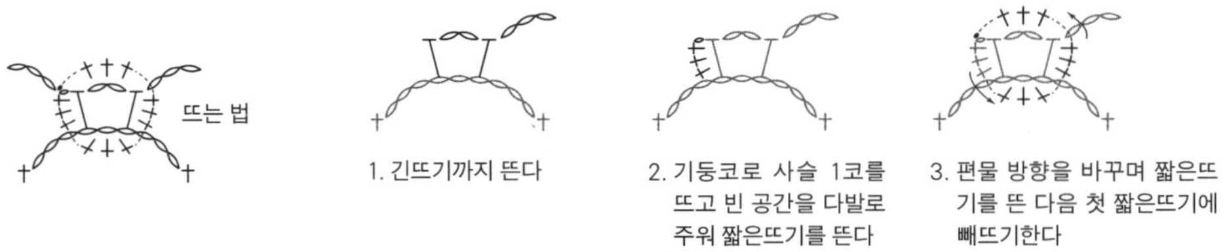
뜨는 법
1. 긴뜨기까지 뜬다
2. 기둥코로 사슬 1코를 뜨고 빈 공간을 다발로 주워 짧은뜨기를 뜬다
3. 편물 방향을 바꾸며 짧은뜨기를 뜬 다음 첫 짧은뜨기에 빼뜨기한다

★ 개수는 작품을 선택하는 기준으로 참고해주세요. ★…초심자도 안심, ★★…자신이 조금 생겼다면, ★★★…끈기도 겸비한 중·상급자, ★★★★…솜씨에 자신 있음. 실은 실물 크기입니다.

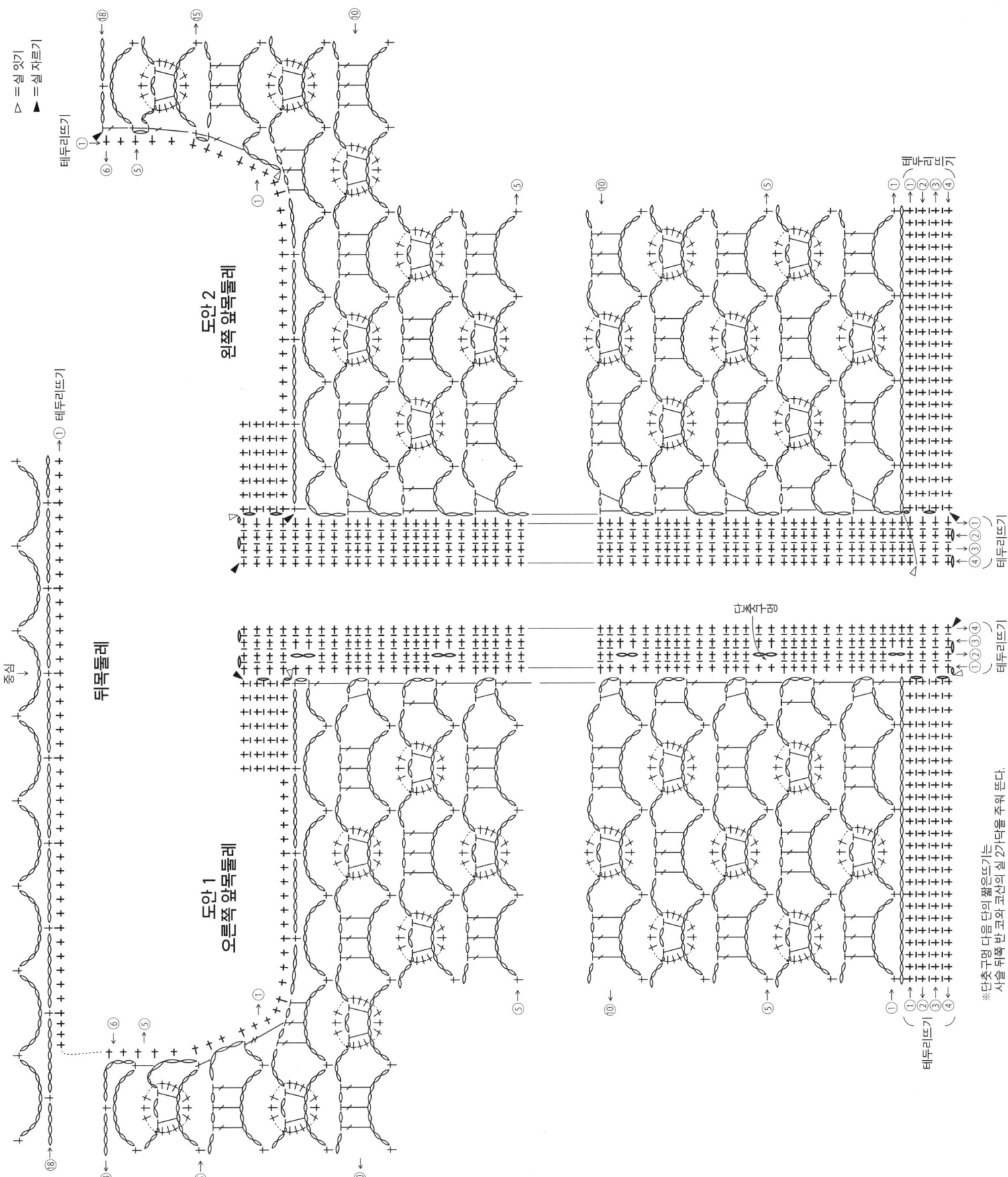

△ = 실 잇기
▲ = 실 자르기

테두리뜨기

도안 2
왼쪽 앞목둘레

도안 1
오른쪽 앞목둘레

뒤목둘레

중심

테두리뜨기

테두리뜨기

테두리뜨기

테두리뜨기

※단춧구멍 다음 단에 짧은뜨기는
사슬 위쪽 반 코와 코산의 실 2가닥을 주워 뜬다.

115

재료
게이토피에로 카로(Caro) 토마토레드(6) 260g
7볼

도구
대바늘 8호

완성 크기
가슴둘레 105cm, 기장 50cm, 화장 47cm

게이지(10×10cm)
무늬뜨기 14.5코×23.5단

POINT
●몸판·소매…모두 2가닥으로 뜹니다. 손가락에 실을 걸어서 기초코를 만들어 뜨기 시작해 1코 고무뜨기, 무늬뜨기로 뜹니다. 몸판 거싯의 코는 도안을 참고해 코를 줄이면서 덮어씌워 코막음합니다.

●마무리…요크는 몸판과 소매에서 코를 주워 도안을 참고해 코를 줄이면서 1코 고무뜨기, 무늬뜨기로 원형으로 뜹니다. 이어서 목둘레를 1코 고무뜨기로 뜨고 뜨개 끝은 1코 고무뜨기 코막음을 합니다. 옆선·소매 밑선은 떠서 꿰매기, 거싯의 코는 휘감아 잇기로 연결합니다.

▲ = {1단평 / 1-2-1 / 2-2-6 / 4-2-9 / 단 코 회} △ = {2단평 / 2-2-6 / 4-2-9 / 단 코 회}

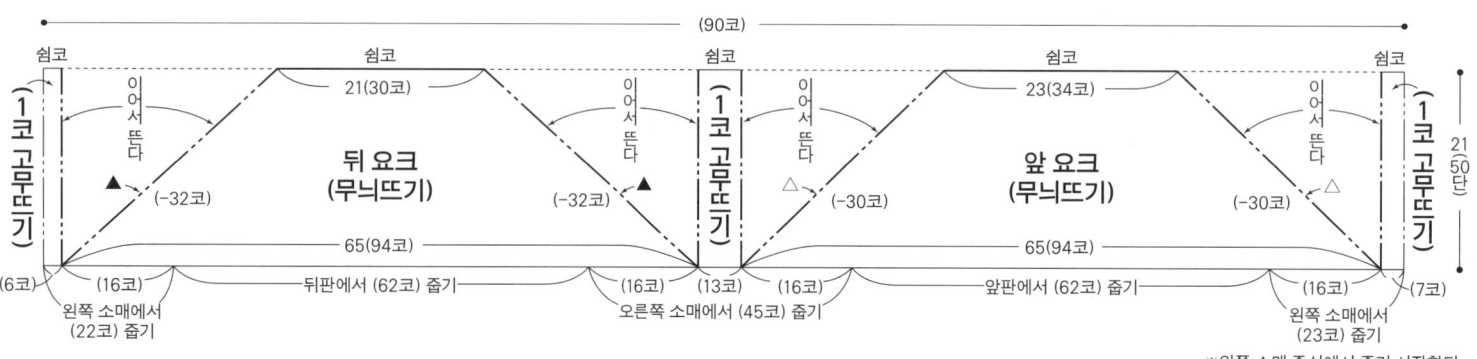

(90코)

쉼코　쉼코　쉼코　쉼코　쉼코

이어서 뜬다

21(30코)　　23(34코)

1코 고무뜨기　1코 고무뜨기　1코 고무뜨기

뒤 요크 (무늬뜨기)　앞 요크 (무늬뜨기)

21(50단)

(-32코)　(-32코)　(-30코)　(-30코)

65(94코)　65(94코)

(6코)　(16코)　뒤판에서 (62코) 줍기　(16코)(13코)(16코)　앞판에서 (62코) 줍기　(16코)　(7코)

왼쪽 소매에서 (22코) 줍기　오른쪽 소매에서 (45코) 줍기　왼쪽 소매에서 (23코) 줍기

※왼쪽 소매 중심에서 줍기 시작한다.

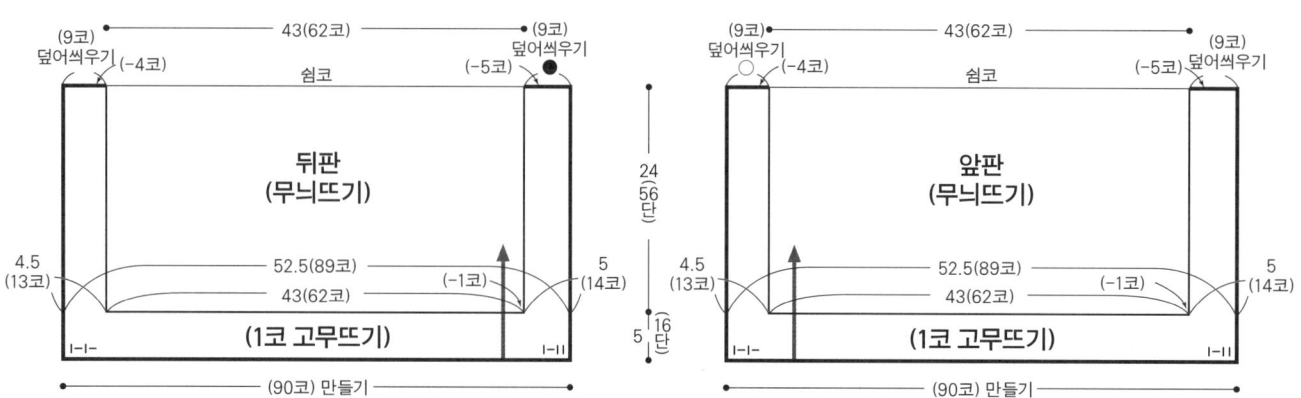

(9코) 덮어씌우기　43(62코)　(9코) 덮어씌우기　(9코) 덮어씌우기　43(62코)　(9코) 덮어씌우기

(-4코)　쉼코　(-5코)●　○(-4코)　쉼코　(-5코)

뒤판 (무늬뜨기)　앞판 (무늬뜨기)

24(56단)

4.5 (13코)　52.5(89코)　(-1코)　5 (14코)　4.5 (13코)　52.5(89코)　(-1코)　5 (14코)

43(62코)　43(62코)

(1코 고무뜨기)　(1코 고무뜨기)

5(16단)

(90코) 만들기　(90코) 만들기

※모두 2가닥, 8호 대바늘로 뜬다.

소매

26.5(45코)

(9코) 덮어씌우기　11 (16코)　쉼코　11 (16코)　(9코) 덮어씌우기

무늬뜨기　무늬뜨기

38.5(63코) (-1코) 4.5 13코

17(25코)　17(25코)

10(24단)

(1코 고무뜨기)

4(12단)

(64코) 만들기

※맞춤 표시는 오른쪽 소매.

목둘레(1코 고무뜨기)

24

뒤판에서 (29코) 줍기　3.5(10단)

(13코) 줍기　(13코) 줍기

(33코) 줍기

무늬뜨기

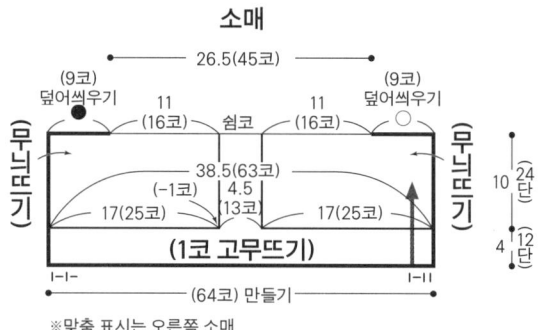

2 1

안면에서 뜰 때
⧅ = ⧅

1코 고무뜨기

2 1

□ = ⊡

목둘레← 　앞뒤 몸판·소매

뜨개 시작

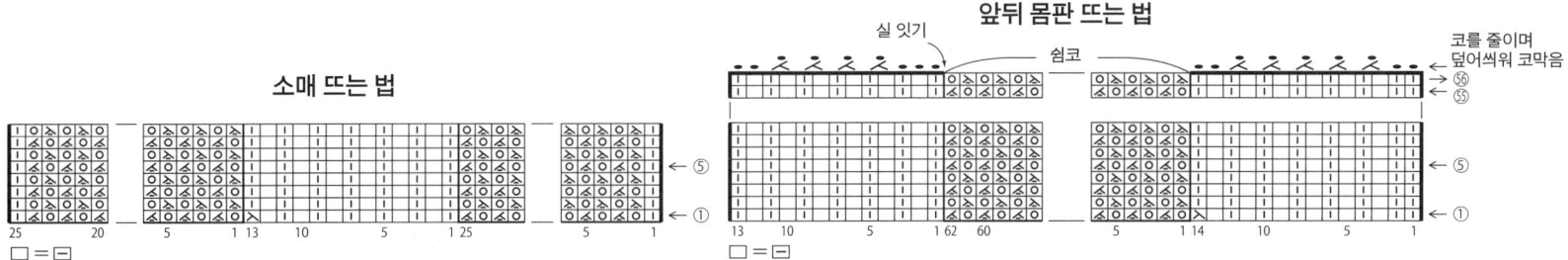

소매 뜨는 법

앞뒤 몸판 뜨는 법

실 잇기

쉼코

코를 줄이며
덮어씌워 코막음

⑤
⑤

← ⑤
← ①

13　10　　5　　1 62 60　　　5　　1 14　10　　5　　1

□ = ⊟

25　20　　5　　1 13　10　　5　　1 25　　5　　1

← ⑤
← ①

□ = ⊟

요크의 줄임코

★로 이어진다

앞 요크

← ⑩
← ⑤ 목둘레
← ①
← ⑩
← ㊿
← ㊺
← ㊵
← ㉟
← ㉚
← ㉕
← ⑳
← ⑮
← ⑩
← ⑤
← ①

5　1 94　90　85　80　75　70　65　60　　30　25　20　15　10　5　1 7 5　1

뒤 요크

★

6 5　1 94　90　85　80　75　70　65　60　　35　30　25　20　15　10　5　1 13　10

□ = ⊟

117

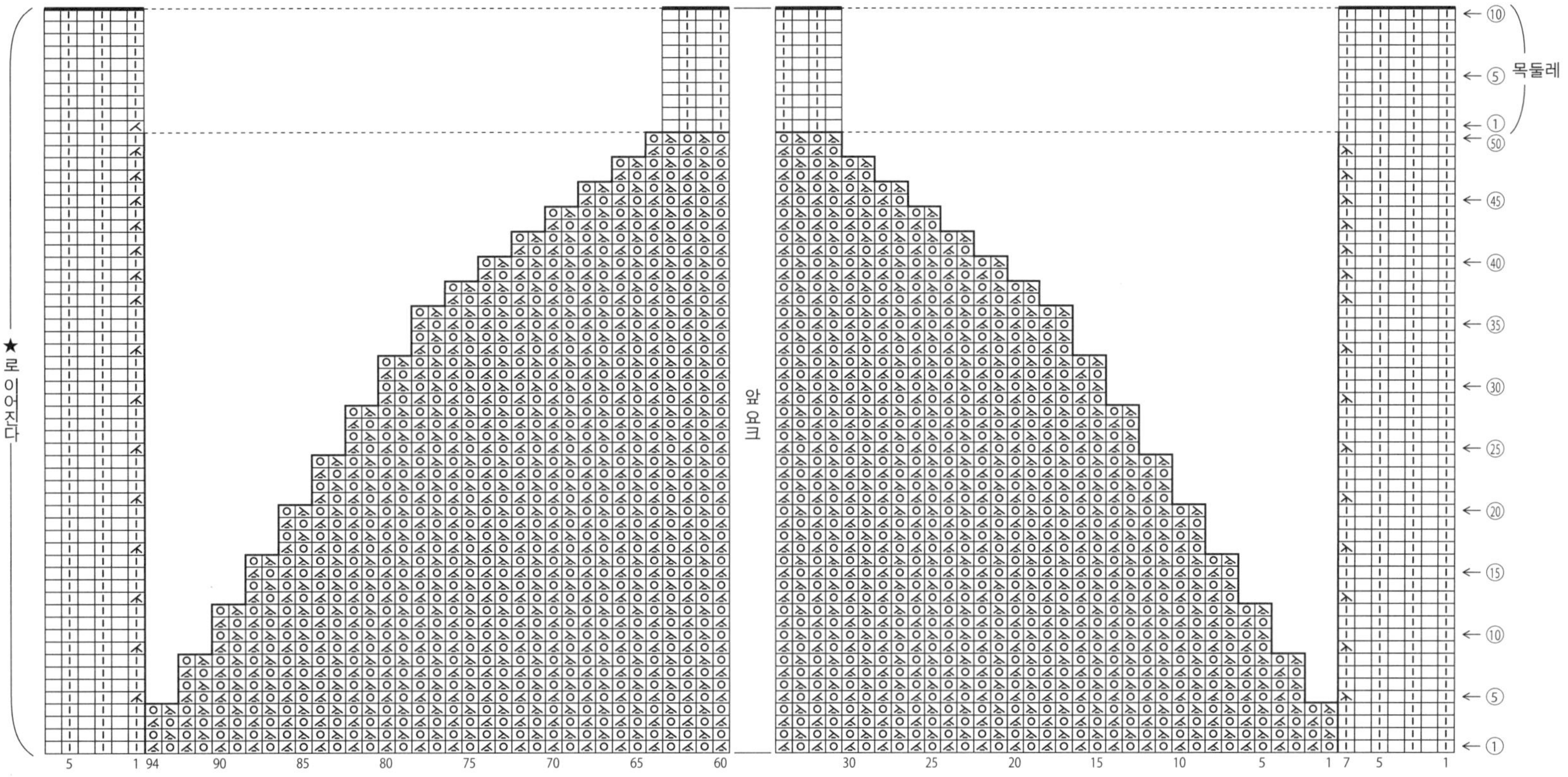

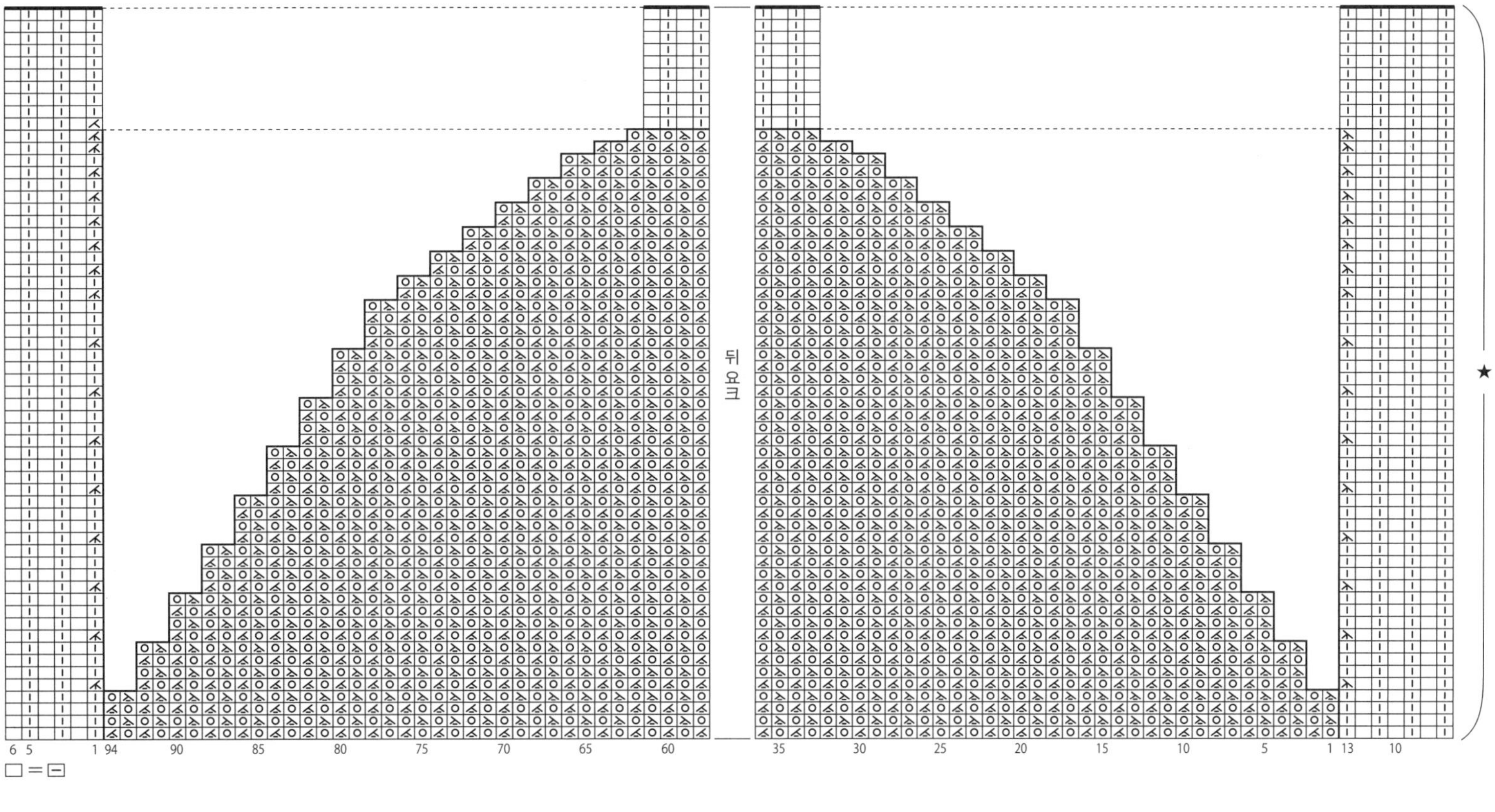

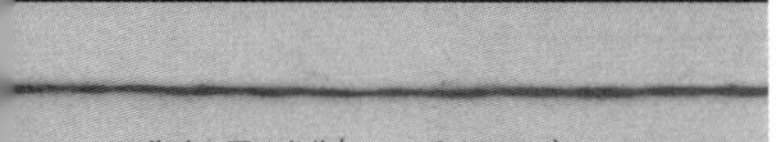

재료
게이토피에로 그레이스풀 리넨(graceful linen) 앤티크그린(04) 205g 3콘, 올리브그린(07) 75g 1콘

도구
대바늘 5호·4호, 코바늘 4/0호

완성 크기
기장 66.5cm, 화장 38.5cm

게이지(10×10cm)
무늬뜨기 A 18코×35단

POINT
●몸판…지정한 실 2가닥 또는 3가닥으로 뜹니다. 손가락에 실을 걸어서 기초코를 만들어 뜨기 시작

해 무늬뜨기 A로 앞뒤 몸판을 이어서 원형으로 뜨는데, 옆선의 무늬는 불규칙해지므로 주의합니다. 소매 트임에서 위쪽은 앞뒤 몸판을 나눠 왕복해 뜹니다. 목둘레의 줄임코는 2코 이상은 덮어씌우기, 1코는 가장자리 2코 세워 줄이기를 합니다.
●마무리…어깨는 빼뜨기로 잇기를 합니다. 목둘레·소맷부리는 지정 콧수를 주워 1코 고무뜨기로 원형으로 뜹니다. 소맷부리는 도안을 참고해 코를 줄입니다. 뜨개 끝은 무늬를 이어서 뜨면서 덮어씌워 코막음합니다. 끈을 2줄 뜨고 지정 위치에 끼운 뒤 묶습니다.

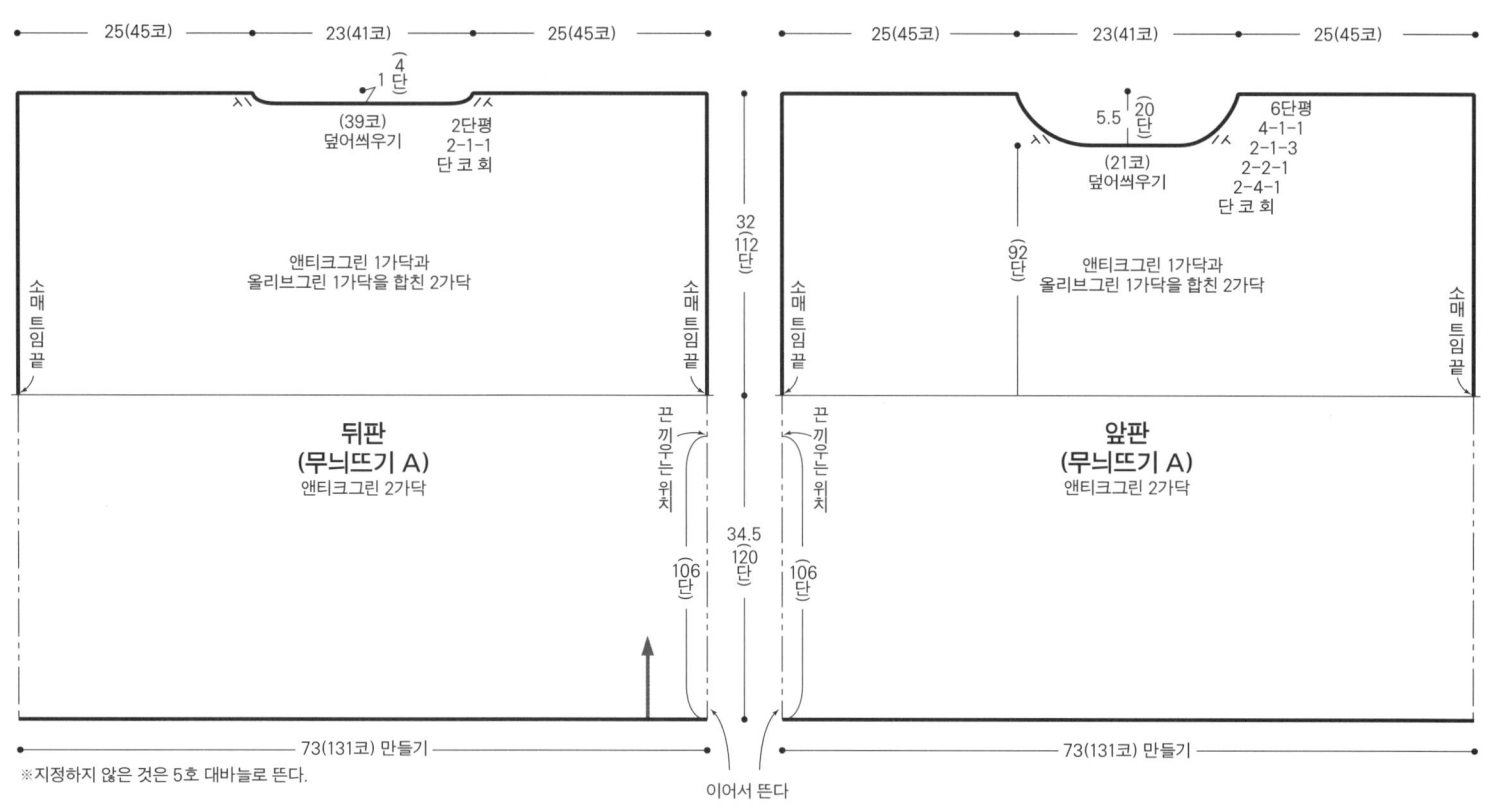

뒤판
(무늬뜨기 A)
앤티크그린 2가닥

앞판
(무늬뜨기 A)
앤티크그린 2가닥

25(45코)　23(41코)　25(45코)

앤티크그린 1가닥과
올리브그린 1가닥을 합친 2가닥

(39코) 덮어씌우기
2단평 2-1-1 단 코 회

소매 트임 끝

32(112단)

34.5(120단)

끈 끼우는 위치

106단

73(131코) 만들기

6단평 4-1-1 2-1-3 2-2-1 2-4-1 단 코 회

(21코) 덮어씌우기

5.5 20단

92단

이어서 뜬다

※지정하지 않은 것은 5호 대바늘로 뜬다.

무늬뜨기 A

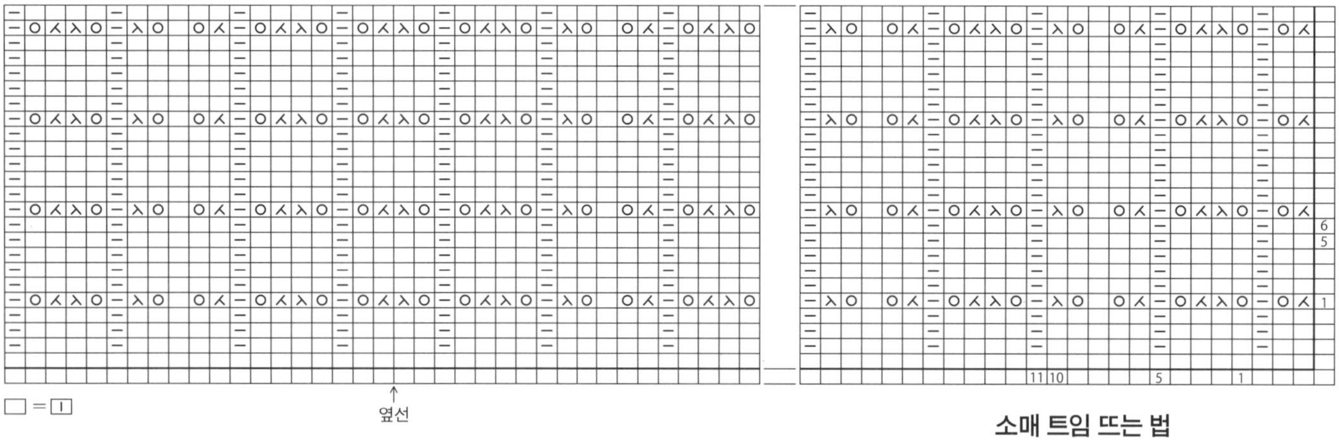

옆선

□=|

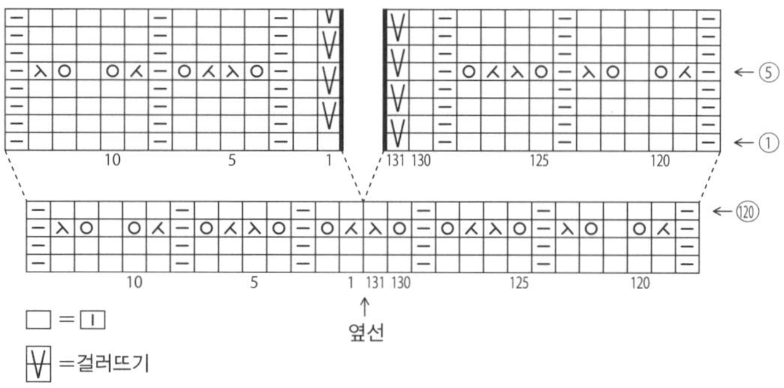

끈(무늬뜨기 B)
4/0호 코바늘 2줄
앤티크그린 2가닥과 올리브그린 1가닥을 합친 3가닥

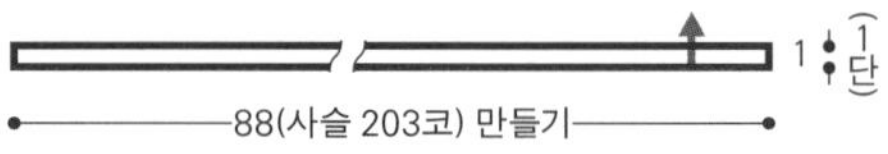

1단

88(사슬 203코) 만들기

무늬뜨기 B

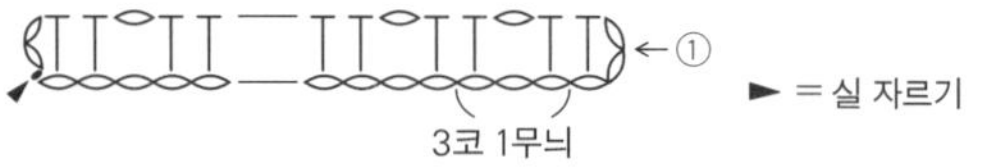

3코 1무늬

소매 트임 뜨는 법

←⑤
←①
←⑳

10　5　1　131 130　125　120

□=|
Ｖ=걸러뜨기

옆선

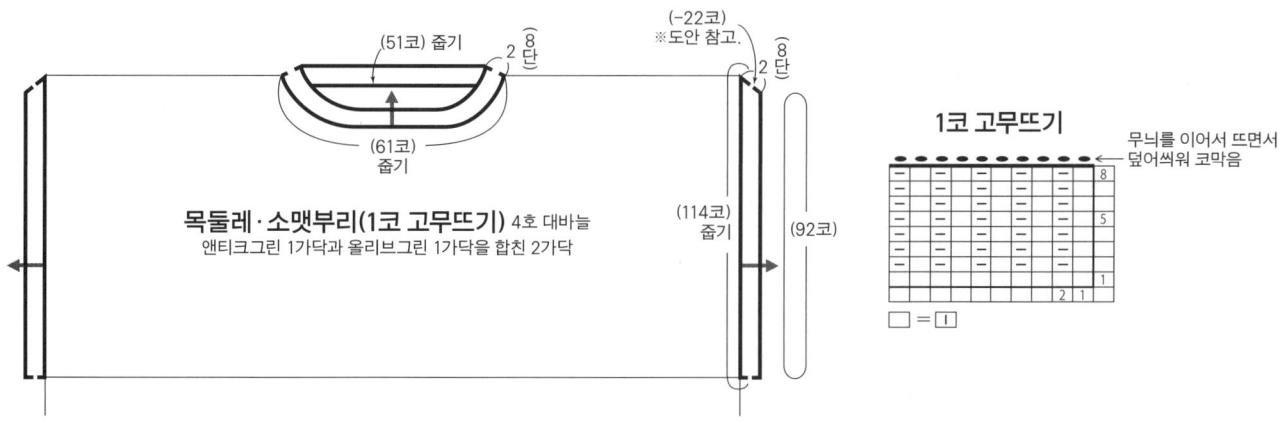

목둘레·소맷부리(1코 고무뜨기) 4호 대바늘
앤티크그린 1가닥과 올리브그린 1가닥을 합친 2가닥

(51코) 줄기

(-22코) ※도안 참고.

2단

2단

(61코) 줄기

(114코) 줄기

(92코)

1코 고무뜨기

무늬를 이어서 뜨면서 덮어씌워 코막음

8

5

1

2 1

□ = ①

소맷부리의 줄임코

무늬를 이어서 뜨면서 덮어씌워 코막음

8

5

③(-22코)(92코)

①(114코)

114 80 75 70 65 60 55 50 45 40 35 5 1

□ = ①

끈 끼우는 법

110

107

105

□ = ① 끈 옆선

▶ 120페이지에서 이어집니다.

모티브 잇는 법

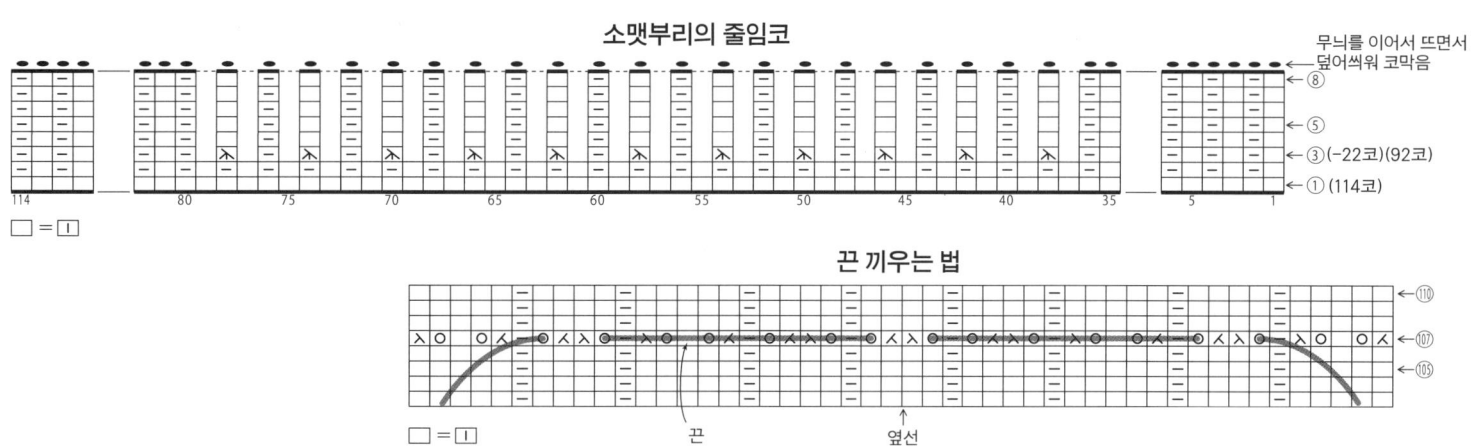

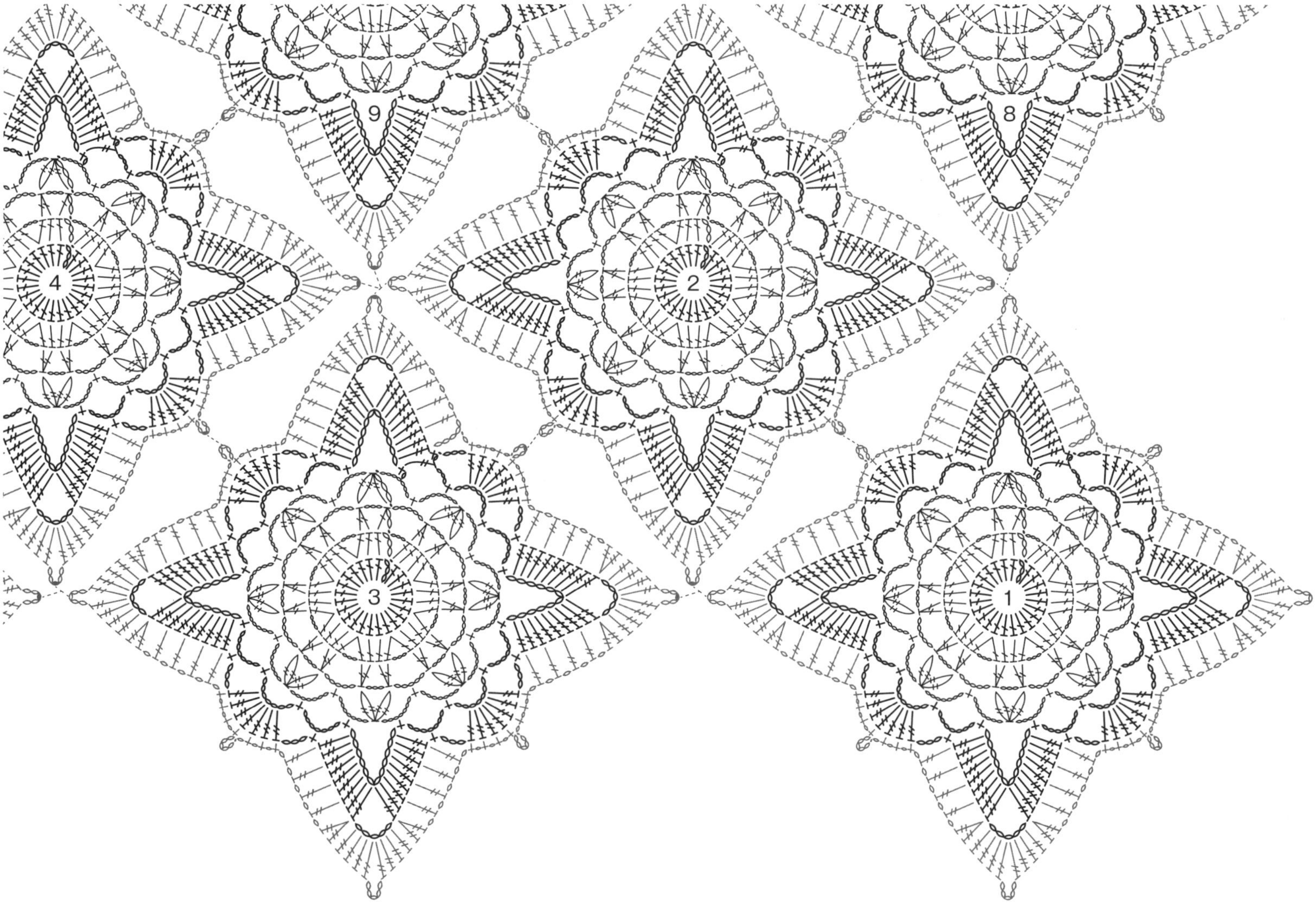

재료
올림포스 금표 40수 레이스 실 로열네이비(358)
20g 2볼, 라이트 그레이시블루(340)·아이보리화
이트(731) 각 15g 2볼

도구
레이스 코바늘 8호

완성 크기
너비 48㎝, 길이 36㎝

게이지
모티브 크기는 도안 참고

POINT
●모두 모티브 잇기로 뜹니다. 2번째 장부터는 마
지막 단에서 옆 모티브와 빼뜨기로 연결하며 뜹니
다.

도일리(모티브 잇기)

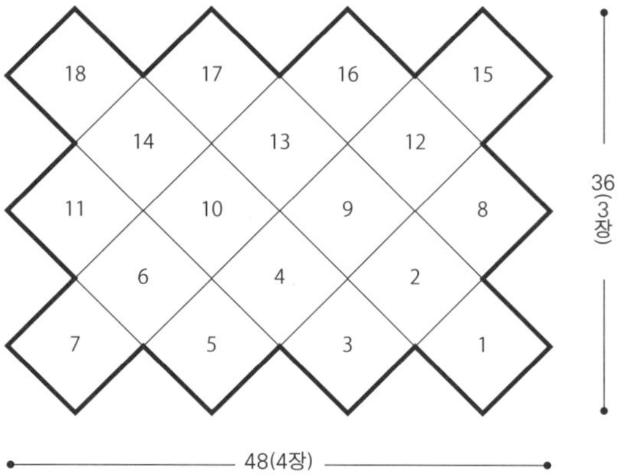

18	17	16	15
14	13	12	
11	10	9	8
6	4	2	
7	5	3	1

36
(3장)

48(4장)

※모두 8호 레이스 코바늘로 뜬다.
※모티브 안의 숫자는 연결하는 순서다.

모티브 18장

12

12

모티브의 모서리 잇는 법

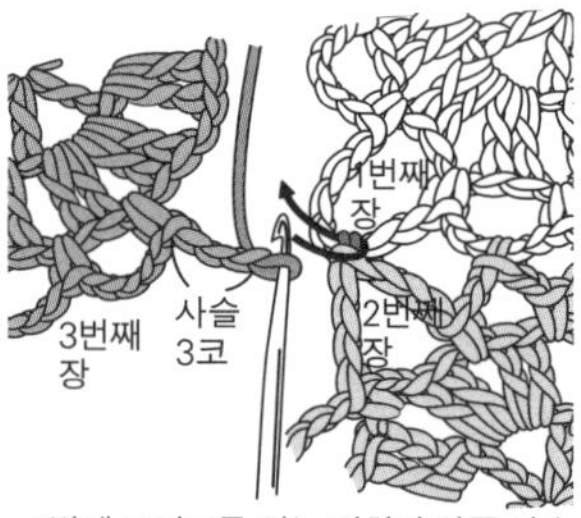

3번째
장

사슬
3코

1번째
장

2번째
장

1 3번째 모티브를 잇는 위치의 앞쪽 사슬 3
코를 뜬 뒤, 2번째 장의 **빼뜨기** 다리의 실
2가닥에 위에서 코바늘을 넣고

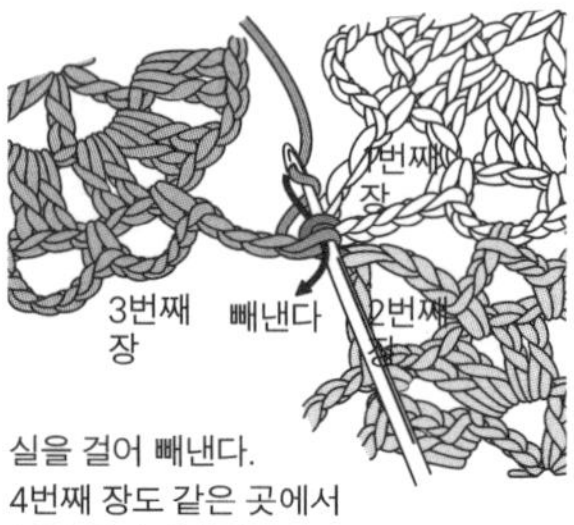

3번째
장

빼낸다

1번째
장

2번째
장

2 실을 걸어 빼낸다.
4번째 장도 같은 곳에서
실을 걸어 빼낸다.

배색
{
— = 로열네이비
— = 아이보리화이트
— = 라이트 그레이시블루
}

▷ = 실 잇기
► = 실 자르기

◀ 119페이지로 이어집니다.

리리리

되돌아 짧은뜨기

※일본어 사이트

재료
사레도 리리리 빈티지 라임(2046L) 200g 2콘

도구
대바늘 5호, 코바늘 5/0호

완성 크기
가슴둘레 96cm, 기장 49cm, 화장 25cm

게이지(10×10cm)
무늬뜨기 A·B 20.5코×31.5단, 메리야스뜨기
20.5코×30단

POINT
●몸판…손가락에 실을 걸어서 기초코를 만들어
뜨기 시작해 무늬뜨기 A·B, 메리야스뜨기로 뜹
니다. 목둘레의 줄임코는 2코 이상은 덮어씌우기,
1코는 가장자리 1코를 세우는 줄임코를 합니다.
●마무리…어깨는 덮어씌워 잇기, 옆선은 떠서 꿰
매기를 합니다. 지정된 콧수를 주워 밑단·소맷부리
는 테두리뜨기 A, 목둘레는 테두리뜨기 B로 원형
뜨기를 합니다.

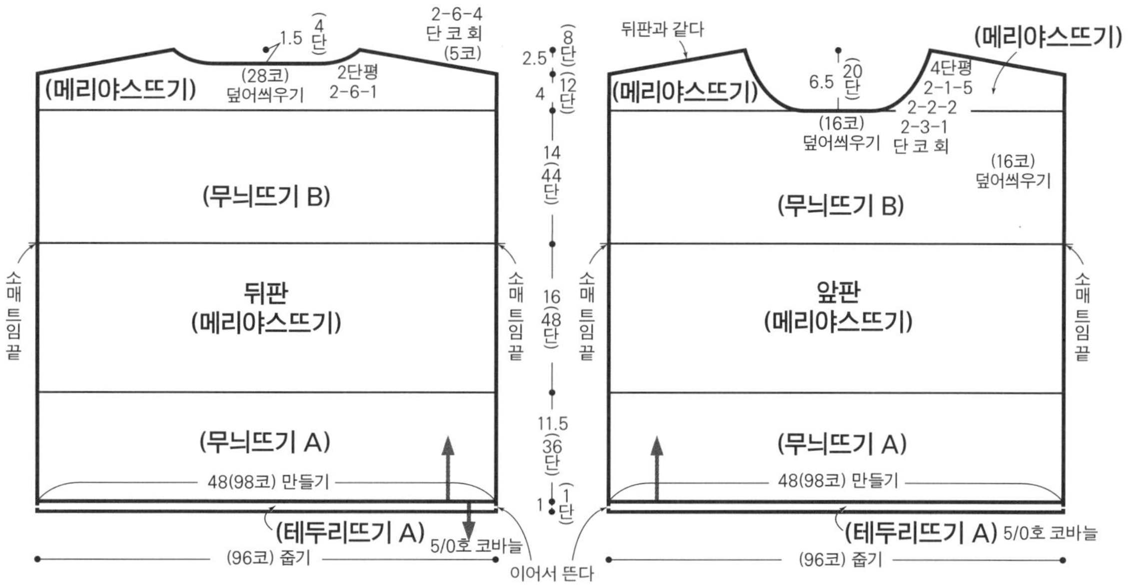

뒤판 (메리야스뜨기)

14.5(29코) — 19(40코) — 14.5(29코)

1.5 (4단)
2-6-4 단 코 회 (5코)
(28코) 덮어씌우기 2단평 2-6-1

(무늬뜨기 B)

뒤판 (메리야스뜨기)

(무늬뜨기 A)

48(98코) 만들기

소매 트임끝

(테두리뜨기 A)

(96코) 줍기

앞판 (메리야스뜨기)

14.5(29코) — 19(40코) — 14.5(29코)

뒤판과 같다

2.5 (8단) 4 (12단)
6.5 (20단)
4단평 2-1-5 2-2-2 2-3-1 단 코 회

(16코) 덮어씌우기   (16코) 덮어씌우기

(무늬뜨기 B)

앞판 (메리야스뜨기)

(무늬뜨기 A)

48(98코) 만들기

소매 트임끝

(테두리뜨기 A) 5/0호 코바늘

(96코) 줍기

이어서 뜬다

중앙 치수: 14 (44단), 16 (48단), 11.5 (36단), 1 (1단), 5/0호 코바늘

※지정하지 않은 것은 5호 대바늘로 뜬다.

테두리뜨기 A

← ①
2코 1무늬

테두리뜨기 B

→ ②
← ①

= 되돌아 짧은뜨기

► = 실 자르기

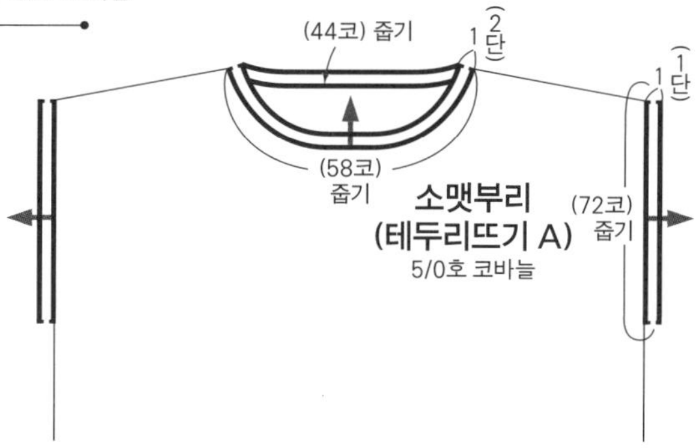

목둘레 (테두리뜨기 B)
5/0호 코바늘

(44코) 줍기 1·2단
(58코) 줍기

소맷부리 (테두리뜨기 A)
5/0호 코바늘

(72코) 줍기

1단

무늬뜨기 B

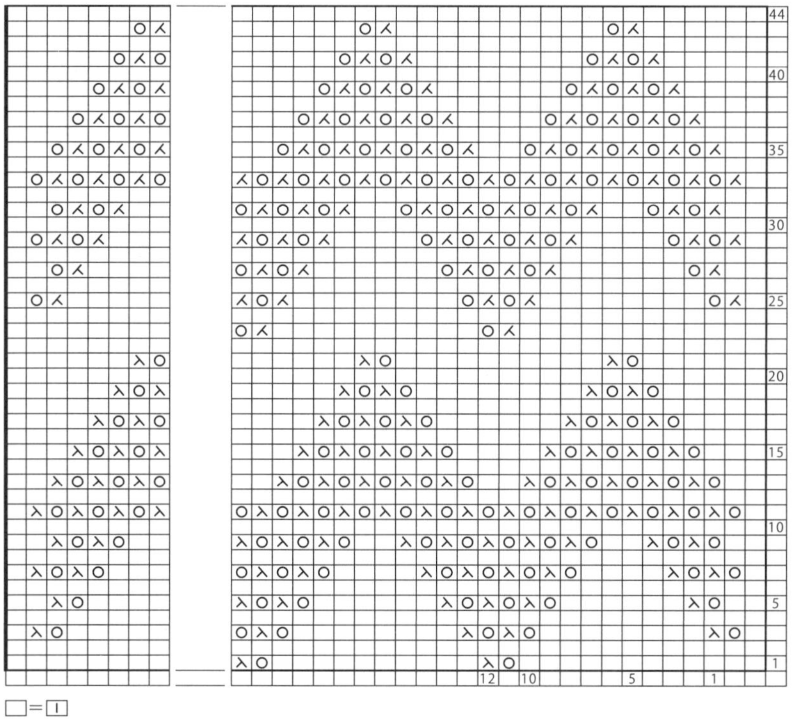

무늬뜨기 A

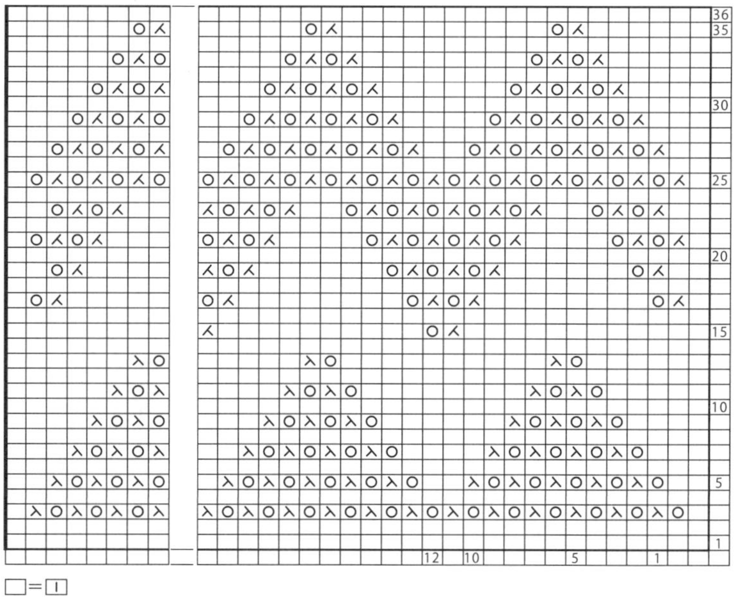

□ = □

121

왼코 늘려뜨기

※일본어 사이트

오른코 늘려뜨기

※일본어 사이트

왼코에 꿴 매듭뜨기
(3코일 때)

※일본어 사이트

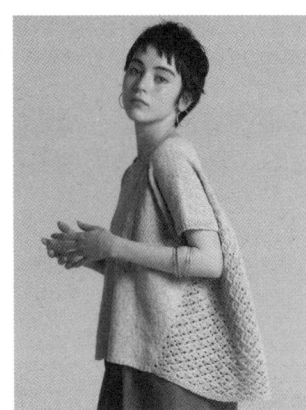

재료
S…하마나카 코토네 트위드 잿빛 핑크 계열 믹스
(11) 280g 10볼
M…하마나카 코토네 트위드 잿빛 핑크 계열 믹스
(11) 310g 11볼
L…하마나카 코토네 트위드 잿빛 핑크 계열 믹스
(11) 340g 12볼
XL…하마나카 코토네 트위드 잿빛 핑크 계열 믹스
(11) 375g 13볼

도구
대바늘 7호·6호·4호

완성 크기
S…가슴둘레 130cm, 기장 57cm, 화장 34.5cm
M…가슴둘레 138cm, 기장 59.5cm, 화장 36.5cm
L…가슴둘레 146cm, 기장 62.5cm, 화장 38.5cm
XL…가슴둘레 154cm, 기장 64.5cm, 화장 40.5cm

게이지(10×10cm)
무늬뜨기 17.5코×27단, 메리야스뜨기 20코×29단

POINT
●몸판…손가락에 실을 걸어서 기초코를 만들어 뜨기 시작해 뒤판은 가터뜨기, 무늬뜨기, 1코 고무뜨기, 메리야스뜨기로 뜨는데, 가터뜨기의 1단은 안면에서 뜨는 단이므로 주의합니다. 앞판은 1코 고무뜨기와 메리야스뜨기로 뜹니다. 증감코는 도안을 참고해 뜹니다.
●마무리…어깨는 빼뜨기로 잇기, 옆선은 떠서 꿰매기를 합니다. 목둘레·소맷부리는 지정 콧수를 주워 테두리뜨기로 원형으로 뜹니다. 뜨개 끝은 무늬를 이어서 뜨면서 덮어씌워 코막음합니다.

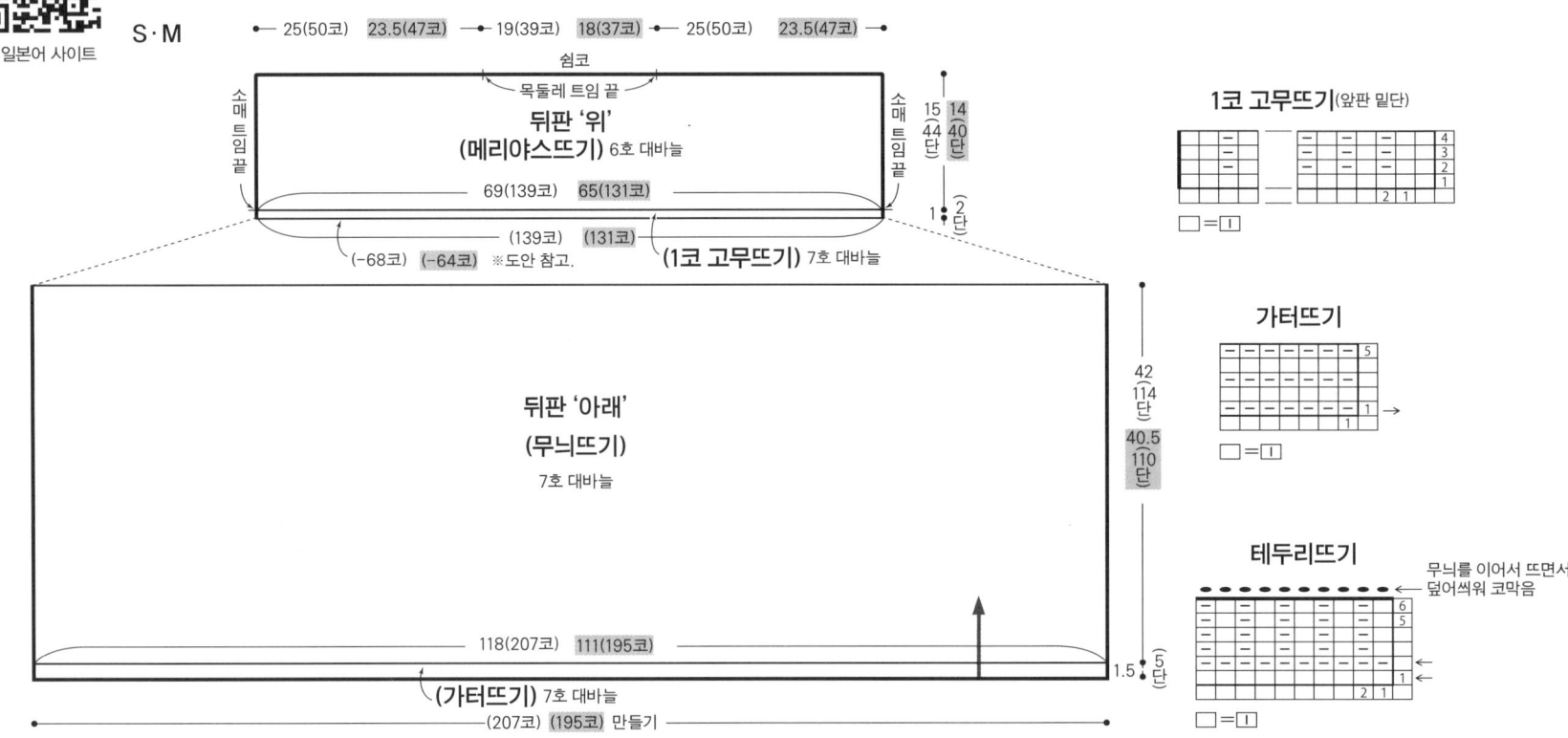

S·M

25(50코) ← 23.5(47코) → 19(39코) 18(37코) ← 25(50코) 23.5(47코)

쉼코
목둘레 트임 끝

소매 트임 끝

뒤판 '위'
(메리야스뜨기) 6호 대바늘

69(139코) 65(131코)

소매 트임 끝

15 14
44 40
단 단

1 2
단 단

(139코) (131코)
(-68코) (-64코) ※도안 참고.
(1코 고무뜨기) 7호 대바늘

뒤판 '아래'
(무늬뜨기)
7호 대바늘

42 40.5
114 110
단 단

118(207코) 111(195코)

(가터뜨기) 7호 대바늘
(207코) (195코) 만들기

1.5
단 (5
단)

※ 는 S, 그 외는 M 또는 공통.

1코 고무뜨기(앞판 밑단)
□ = ⊡

가터뜨기
□ = ⊡

테두리뜨기
무늬를 이어서 뜨면서 덮어씌워 코막음
□ = ⊡

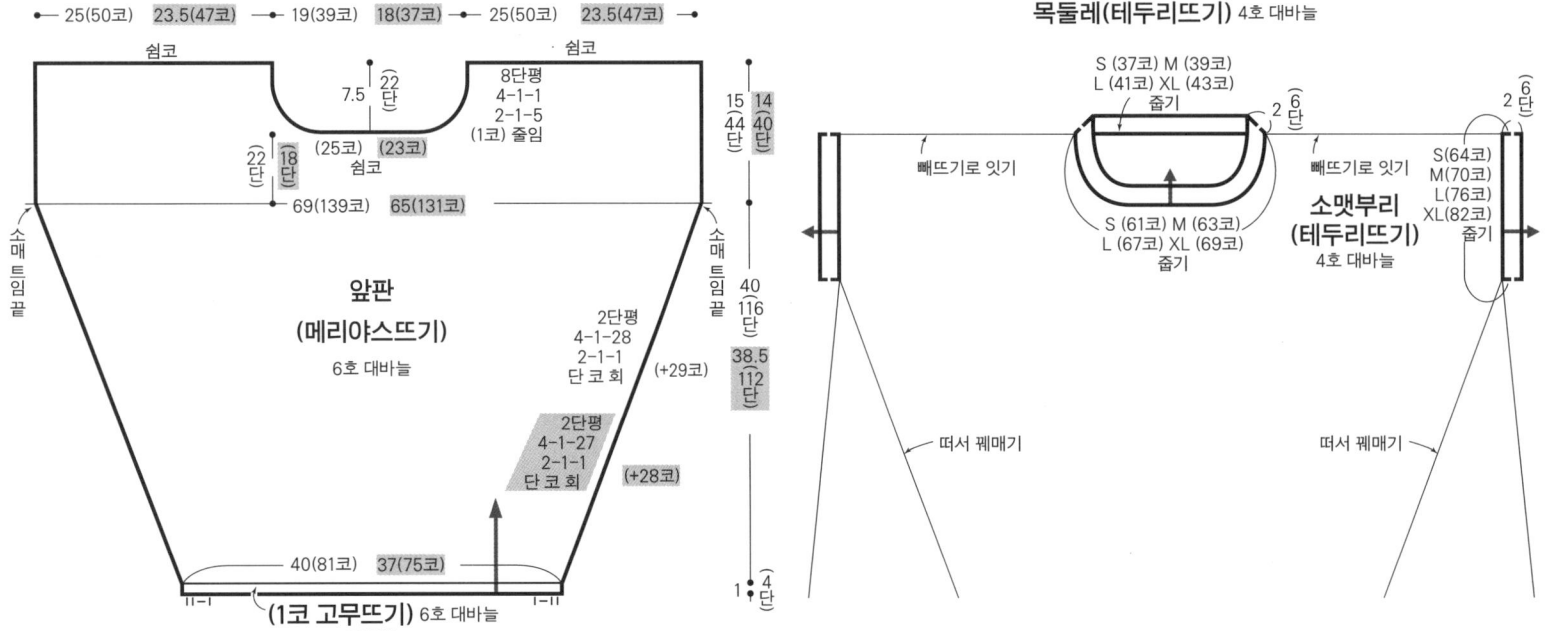

25(50코) ← 23.5(47코) → 19(39코) 18(37코) ← 25(50코) 23.5(47코) →

쉼코 쉼코

7.5 (22 단)
8단평
4-1-1
2-1-5
(1코) 줄임

(25코) (23코)
쉼코

(22 18
단 단)

69(139코) 65(131코)

소매 트임 끝

소매 트임 끝

15 14
44 40
단 단

앞판
(메리야스뜨기)
6호 대바늘

2단평
4-1-28
2-1-1
단 코 회 (+29코)

2단평
4-1-27
2-1-1
단 코 회 (+28코)

40 38.5
116 112
단 단

40(81코) 37(75코)

(1코 고무뜨기) 6호 대바늘
(81코) (75코) 만들기

1 4
단 단

목둘레(테두리뜨기) 4호 대바늘

S (37코) M (39코)
L (41코) XL (43코)
줍기

2 6
단 단

빼뜨기로 잇기

빼뜨기로 잇기

S (61코) M (63코)
L (67코) XL (69코)
줍기

떠서 꿰매기

소맷부리
(테두리뜨기)
4호 대바늘

S (64코)
M (70코)
L (76코)
XL (82코)
줍기

2 6
단 단

떠서 꿰매기

L·XL

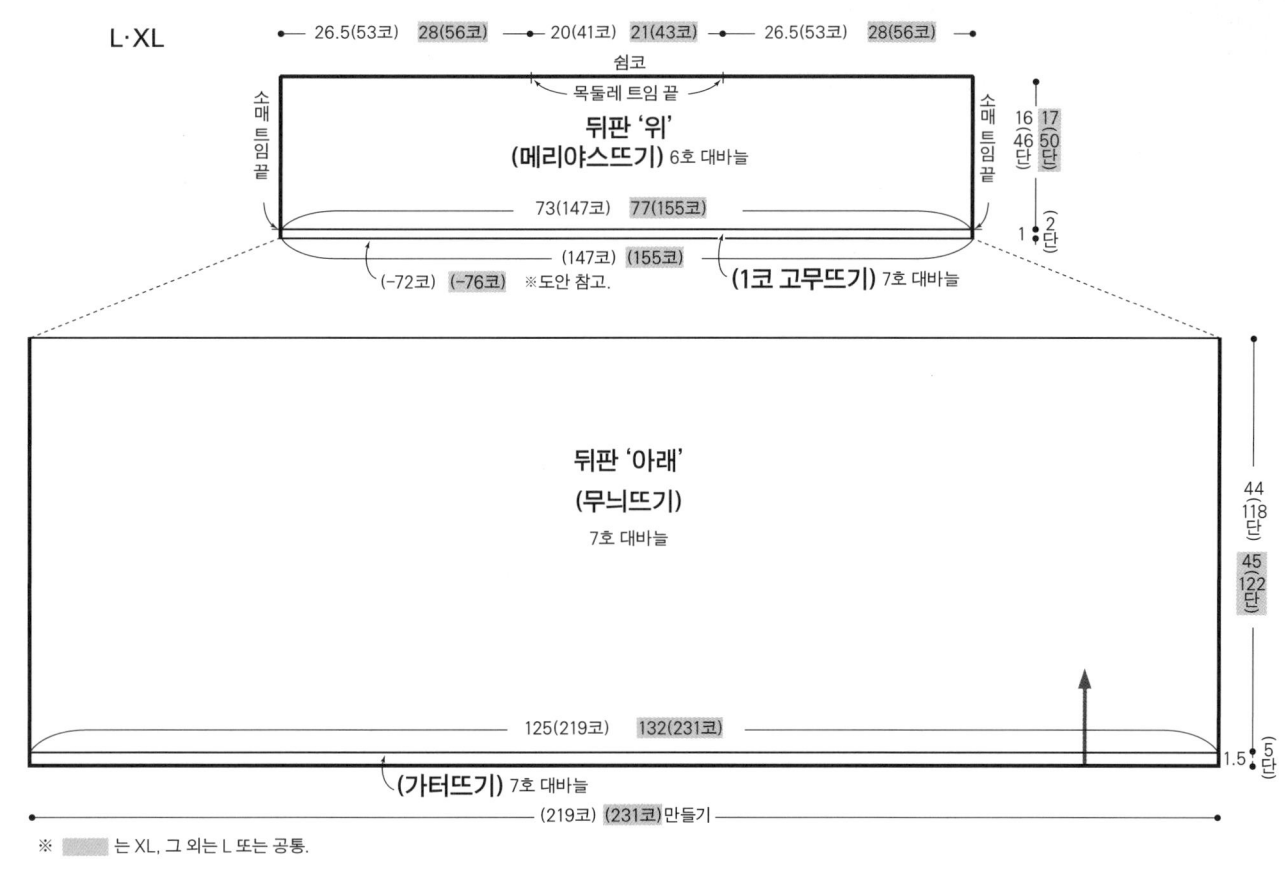

뒤판 '위'
(메리야스뜨기) 6호 대바늘

←26.5(53코)→ 28(56코) →20(41코) 21(43코) →26.5(53코) 28(56코) →

쉼코
목둘레 트임 끝

소매 트임 끝   소매 트임 끝

16 17
46 50
단 단

1 2
단

73(147코) 77(155코)

(147코) (155코)
(-72코) (-76코) ※도안 참고.
(1코 고무뜨기) 7호 대바늘

뒤판 '아래'
(무늬뜨기)
7호 대바늘

44
118
단

45
122
단

125(219코) 132(231코)

1.5 5
단

(가터뜨기) 7호 대바늘

(219코) (231코) 만들기

※ ▨ 는 XL, 그 외는 L 또는 공통.

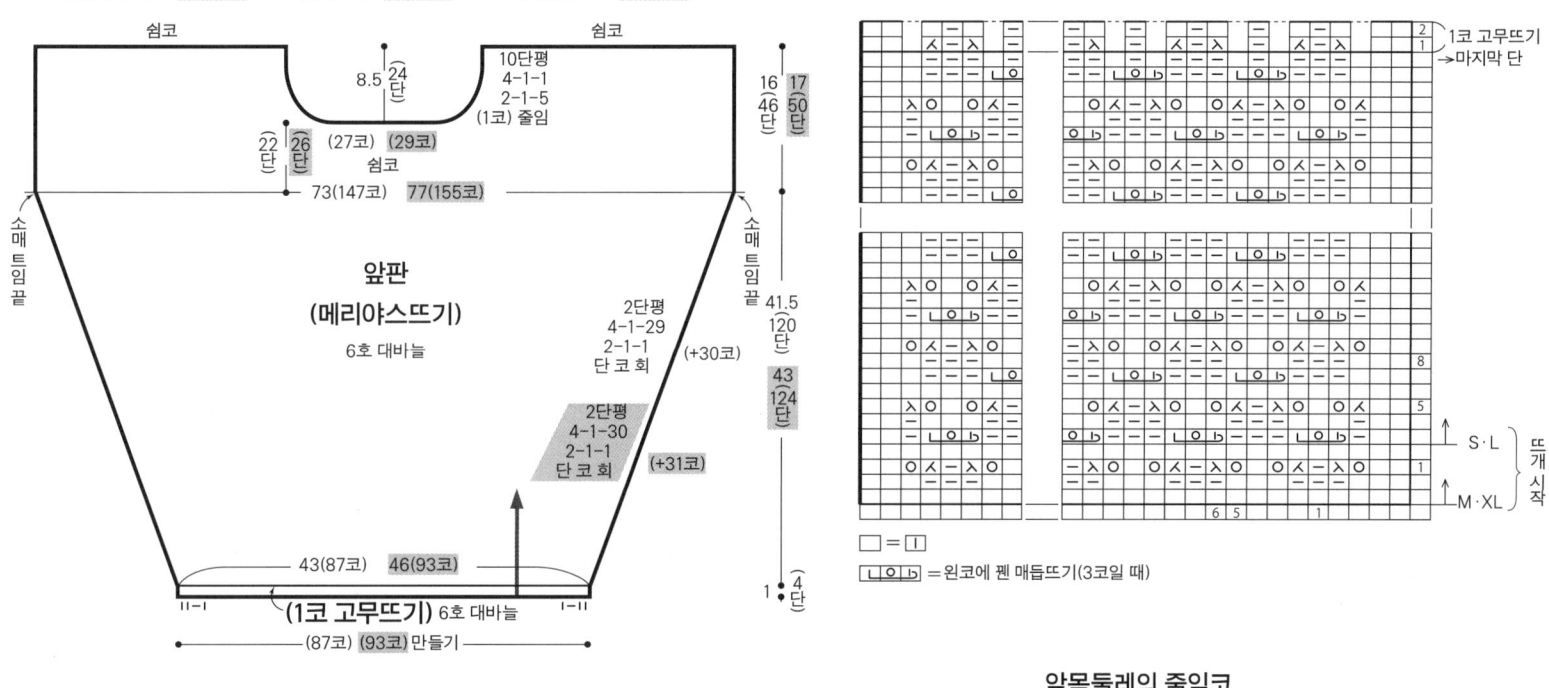

←26.5(53코)→ 28(56코) →20(41코) 21(43코) →26.5(53코) 28(56코) →

쉼코   쉼코

8.5 24
단

10단평
4-1-1
2-1-5
(1코) 줄임

22 26
단 단

(27코) (29코)
쉼코

16 17
46 50
단 단

1 2
단

소매 트임 끝   소매 트임 끝

앞판
(메리야스뜨기)
6호 대바늘

73(147코) 77(155코)

2단평
4-1-29
2-1-1
단 코 회 (+30코)

2단평
4-1-30
2-1-1
단 코 회 (+31코)

41.5
120
단

43
124
단

43(87코) 46(93코)

1 4
단

(1코 고무뜨기) 6호 대바늘

(87코) (93코) 만들기

무늬뜨기

S·L 뜨
개
M·XL 시
작

☐ = ⊡
⌐⌐⌐ =왼코에 꿴 매듭뜨기(3코일 때)

앞판 옆선의 늘림코

←⑮
→⑩
←⑤
←①

☐ = ⊡
⌐⌐ =오른코 늘려뜨기
⌐⌐ =왼코 늘려뜨기

앞목둘레의 줄임코
(S·M)

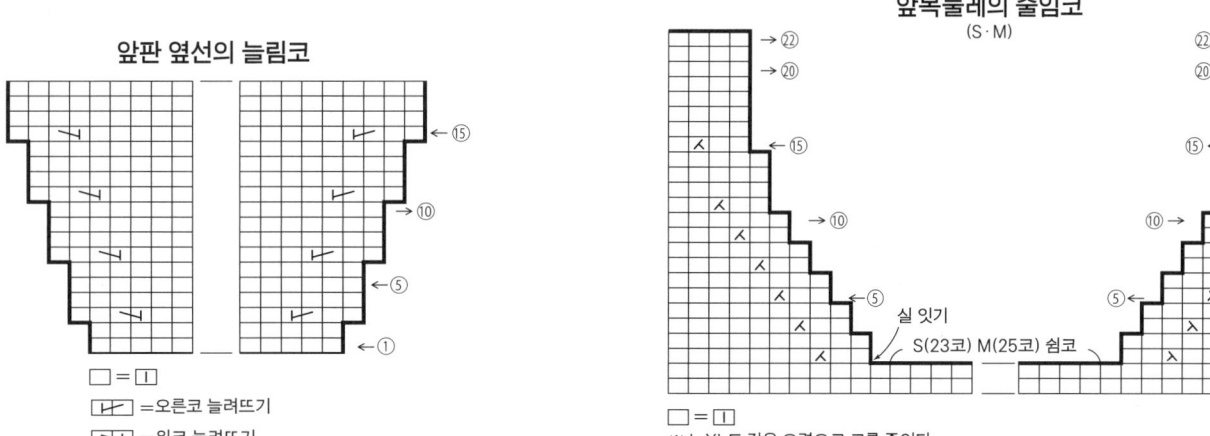

→㉒
→⑳
←⑮
→⑩
←⑤
실 잇기
S(23코) M(25코) 쉼코

㉒→
⑳→
⑮←
⑩→
⑤←

☐ = ⊡
※ L·XL도 같은 요령으로 코를 줄인다.

123

한길 긴 앞걸어뜨기　　한길 긴 뒤걸어뜨기

※ 일본어 사이트　　※ 일본어 사이트

재료
올림포스 에미 그란데 페일옐로(560) 90g 2볼
도구
레이스 코바늘 0호
완성 크기
지름 38cm

POINT
● 원형코를 만들어 뜨기 시작해 도안을 참고해 뜹니다.

도일리 0호 레이스 코바늘

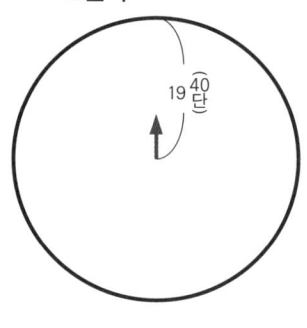

19 ⁴⁰단

38

ᛏ = 짧은 뒤걸어뜨기

= 한길 긴 뒤걸어뜨기

= 한길 긴 앞걸어 5코 팝콘뜨기

= 한길 긴 줄기뜨기

= 한길 긴 앞걸어뜨기

= 한길 긴 앞걸어 2코 구슬뜨기

= 짧은 앞걸어뜨기

※ 2, 3, 16, 23, 24단의 기둥코는 앞단에 ᛏ 를 뜬 뒤 사슬 2코를 뜬다.

※ 17단의 기둥코는 앞단에 ᛏ 를 뜬 뒤 사슬 2코를 뜬다.

※ 9단의 마지막 ⟋ 는 처음에 뜬 ⟋ 의 아래쪽이 되게 코바늘을 넣어 끌어올린다.

※ 9단의 마지막은 1번째 짧은뜨기 머리의 뒤쪽 반 코를 주워 빼뜨기한다.

※ 14단의 짧은뜨기는 ⟋ 를 앞으로 눕혀 앞단 짧은뜨기에 뜬다.

※ 20단의 ᛏ 는 19단을 앞으로 눕혀 18단의 ⊕ 에 뜬다.

= 1무늬

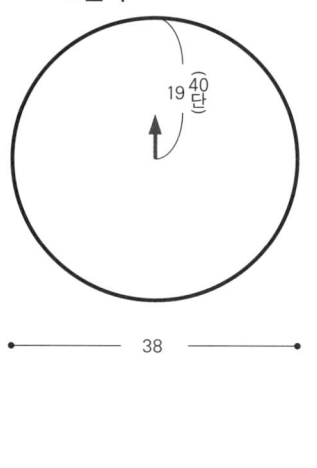

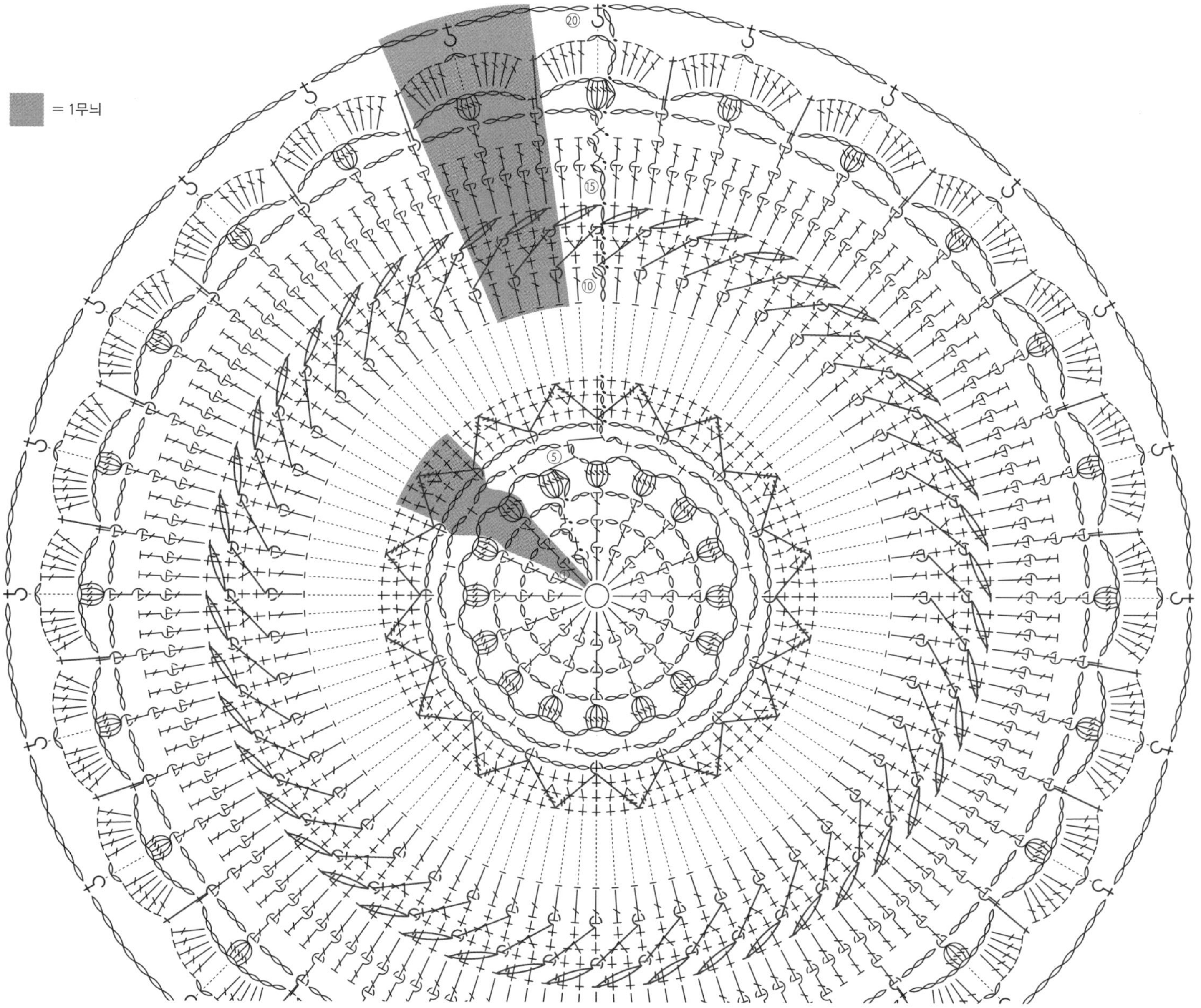

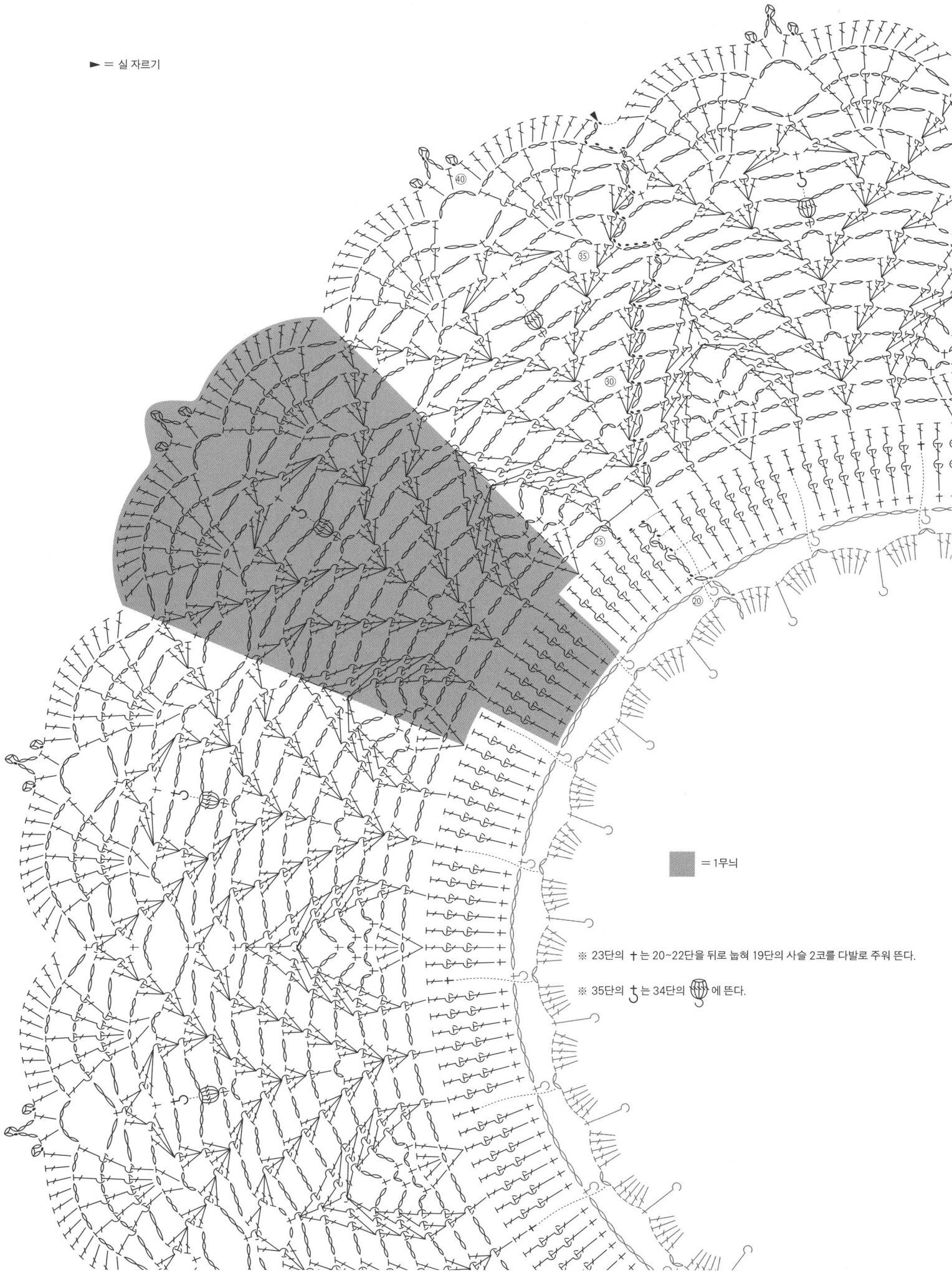

► = 실 자르기

= 1무늬

※ 23단의 ✝ 는 20~22단을 뒤로 눕혀 19단의 사슬 2코를 다발로 주워 뜬다.

※ 35단의 ⌡ 는 34단의 에 뜬다.

피마 베이식

콰트로 디그레이드

재료

퍼피 피마 베이식 회색(604) 160g 4볼, 콰트로 디
그레이드 빨간색·분홍색·하늘색·노란색 계열 그러
데이션(12) 95g 1볼

도구

대바늘 4호, 코바늘 5/0호

완성 크기

가슴둘레 88cm, 어깨너비 30cm, 기장 55cm

게이지

모티브 1변 5.5cm, 2코 고무뜨기(10×10cm)
25.5코×32단

POINT

●몸판…앞뒤 몸판은 모티브 잇기로 뜹니다. 2번째
단까지 80장 뜨고 나서 색이 겹치지 않도록 모티

브를 고르게 배치한 다음 3번째 단을 뜹니다. 2번
째 장부터는 옆 모티브와 연결하면서 뜹니다. 가장
자리는 지정된 콧수를 주워 짧은뜨기 1단에서 정
리합니다. 모티브 잇기의 위쪽은 짧은뜨기의 머리
를 주워 2코 고무뜨기로 원형뜨기를 합니다. 진동
둘레부터는 앞뒤 몸판을 나눠서 뜹니다. 진동둘레
의 줄임코는 도안을 참고하세요. 목둘레는 무늬가
이어지도록 뜨면서 덮어씌워 코막음을 합니다. 뜨
개 끝은 쉼코를 합니다.

●마무리…어깨는 덮어씌워 잇기로 연결합니다. 밑
단은 위쪽과 같은 방법으로 코를 주워 2코 고무뜨
기로 원형뜨기를 합니다. 뜨개 끝은 목둘레와 같은
방법으로 정리합니다.

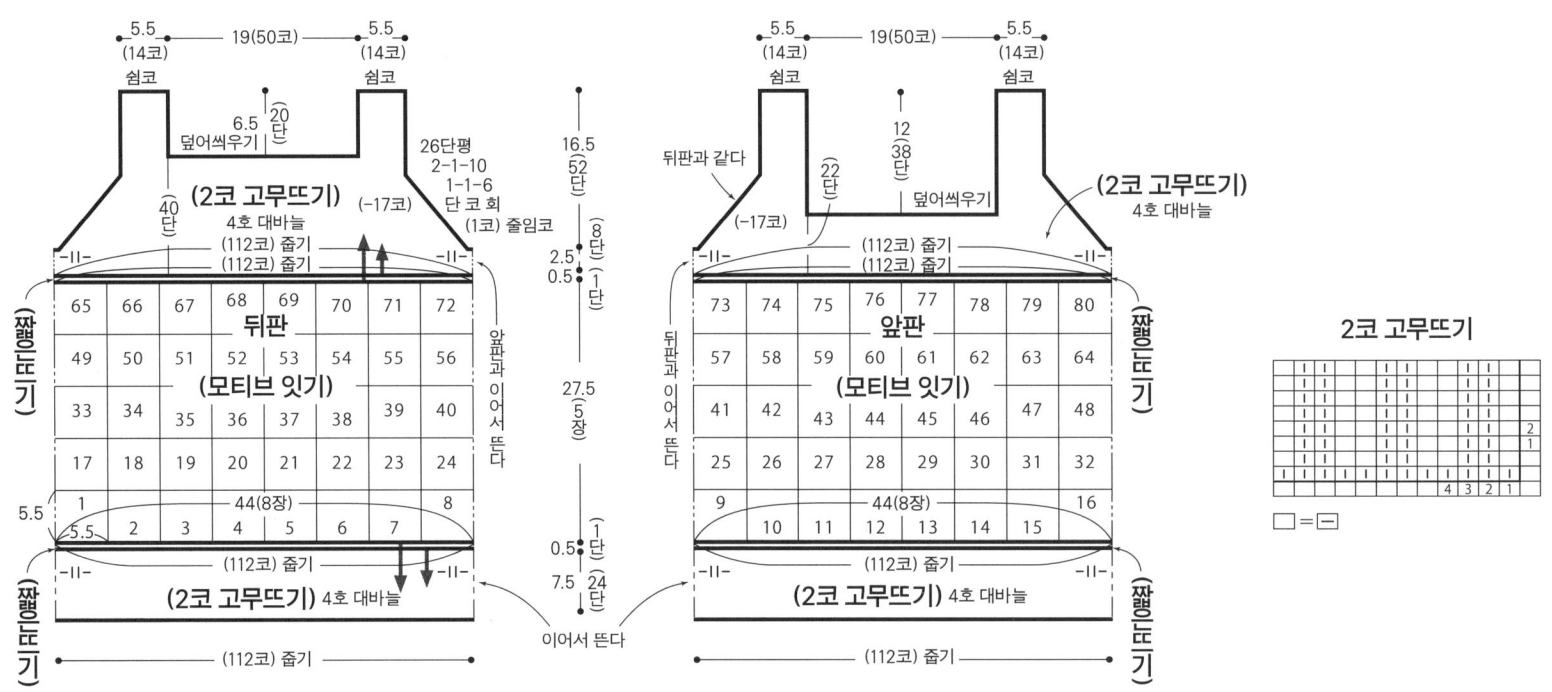

2코 고무뜨기

□ = □

※지정하지 않은 것은 5/0호 코바늘로 뜬다.

※지정하지 않은 것은 회색으로 뜬다.

※모티브 안의 숫자는 연결하는 순서다.

진동둘레의 줄임코

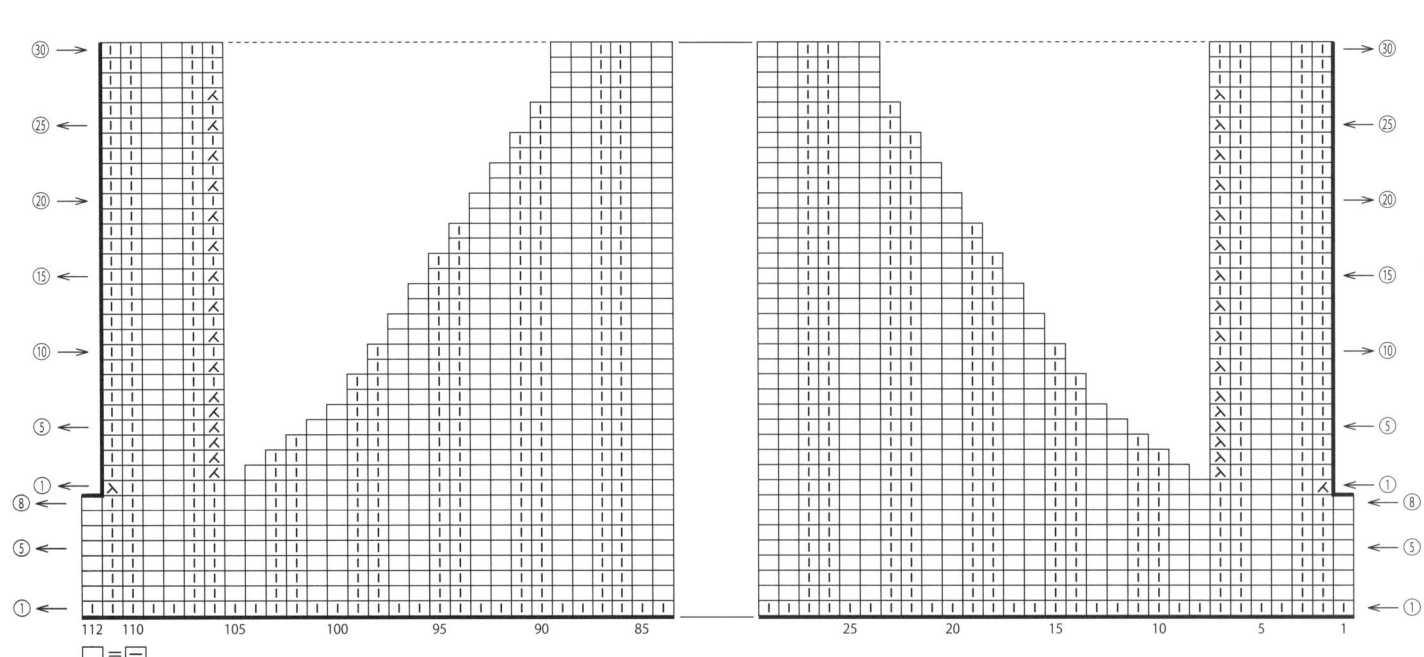

□ = □

127페이지로 이어집니다. ▶

재료
사레도 리사이클드 코튼 100 씨에메랄드(2130M)
145g 1콘
도구
코바늘 5/0호
완성 크기
폭 117cm, 길이 60cm

게이지(10×10cm)
무늬뜨기 B 26.5코×11단
POINT
●원형뜨기 기초코로 뜨개를 시작하고 도안을 참고해 분산 늘림코를 하면서 무늬뜨기 A·B로 뜹니다. 이어서 테두리뜨기를 뜹니다.

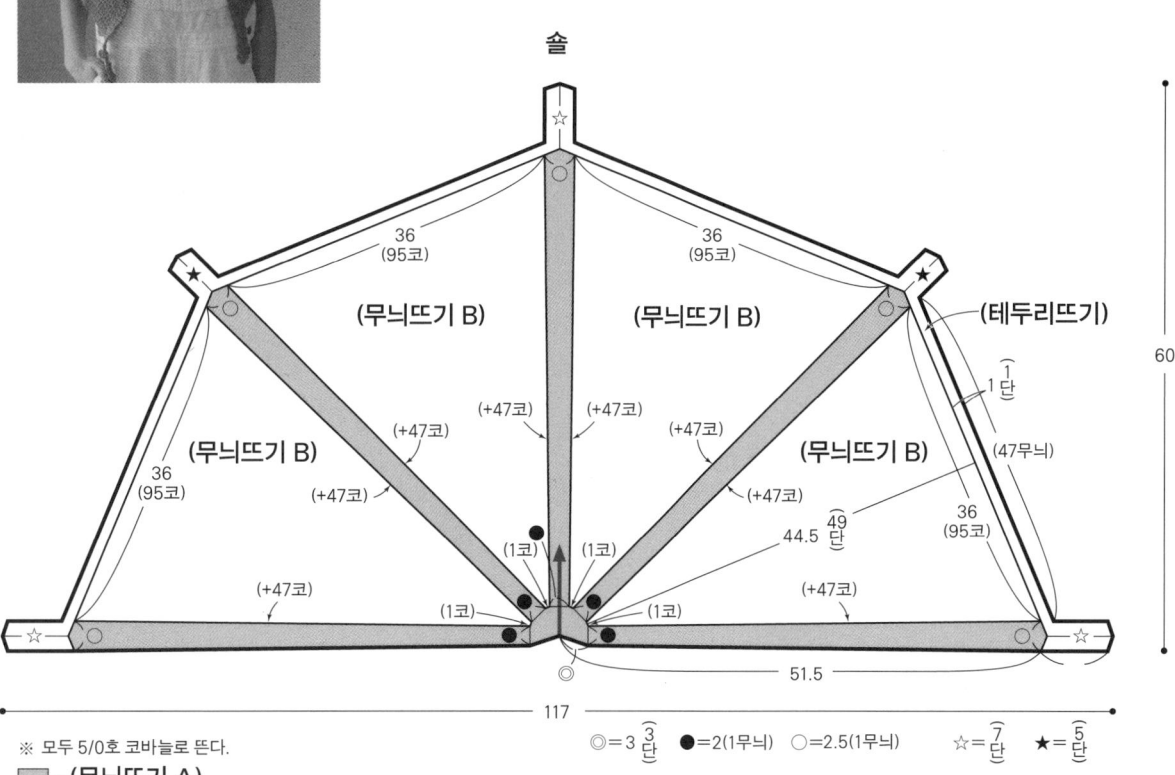

※ 모두 5/0호 코바늘로 뜬다.
　=(무늬뜨기 A)

◎=3 $\frac{3}{단}$　●=2(1무늬)　○=2.5(1무늬)　☆=$\frac{7}{단}$　★=$\frac{5}{단}$

128페이지로 이어집니다. ▶

▶ 126페이지에서 이어집니다.

모티브 잇는 법

짧은뜨기 ①→

※ 모티브의 모서리 잇는 법→P.120

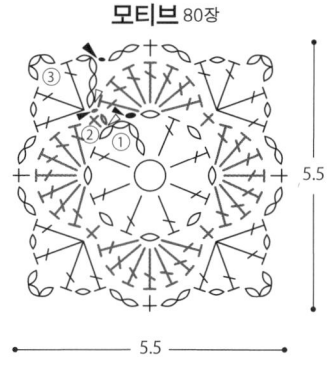

모티브 80장

5.5

5.5

※ 2번째 단까지 80장 뜨고 나서
3번째 단을 뜬다.

배색 { ── = 회색
　　　 ── = 그러데이션

▷=실 잇기
▶=실 자르기

▶ 127페이지에서 이어집니다.

무늬뜨기 B

무늬뜨기 A

파란리비기

솔 뜨는 법

= 실 자르기

재료
호비라 호비레 프라임 레이스 20 에크뤼(05)
280g 6볼
도구
코바늘 3/0호
완성 크기
가로 99cm, 세로 66cm

게이지
모티브 크기는 도안 참고
POINT
●모티브 잇기로 뜹니다. 2번째 장부터는 마지막
단에서 옆 모티브와 연결하며 뜹니다. 모티브 A를
뜨고 나서 모티브 A 사이에 모티브 B를 뜹니다.

블랭킷(모티브 잇기)

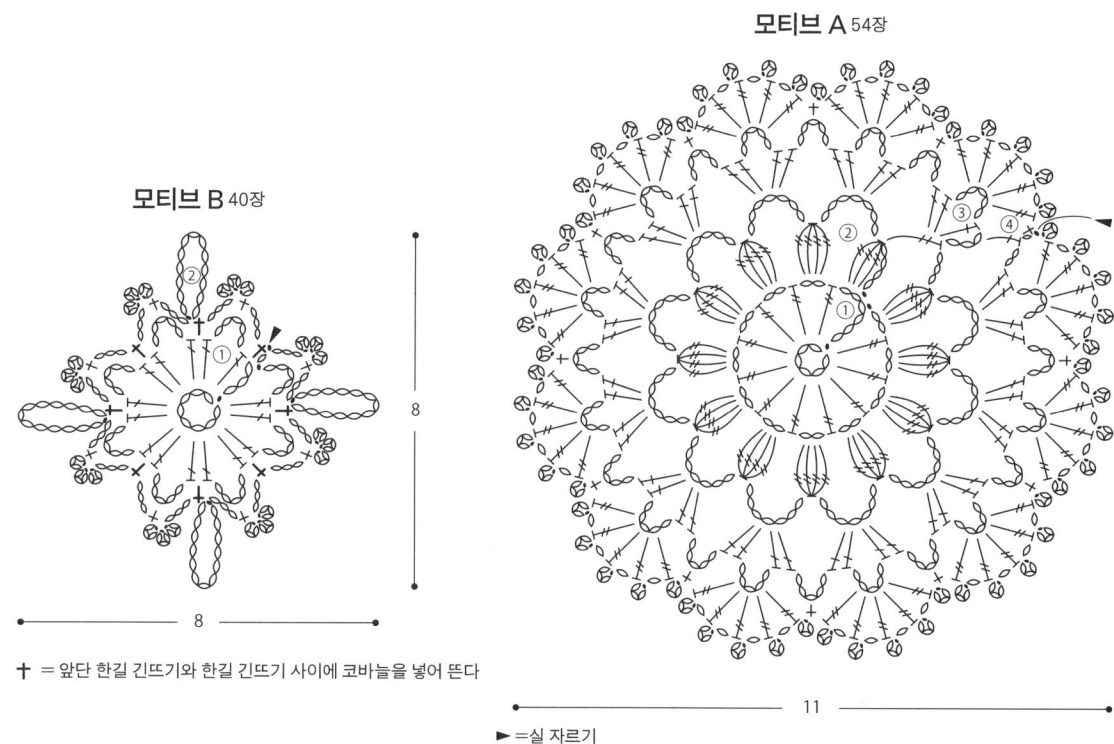

모티브 A
●━━ 11 ━━●

모티브 B
8
●━ 8 ━●

66
(6장)

99(9장)

※모두 3/0호 코바늘로 뜬다.
※모티브 안의 숫자는 연결하는 순서다.

모티브 A 54장

모티브 B 40장

8

●━ 8 ━●

┿ =앞단 한길 긴뜨기와 한길 긴뜨기 사이에 코바늘을 넣어 뜬다

▶ =실 자르기

11

130페이지로 이어집니다. ▶

▶ 129페이지에서 이어집니다.

모티브 잇는 법

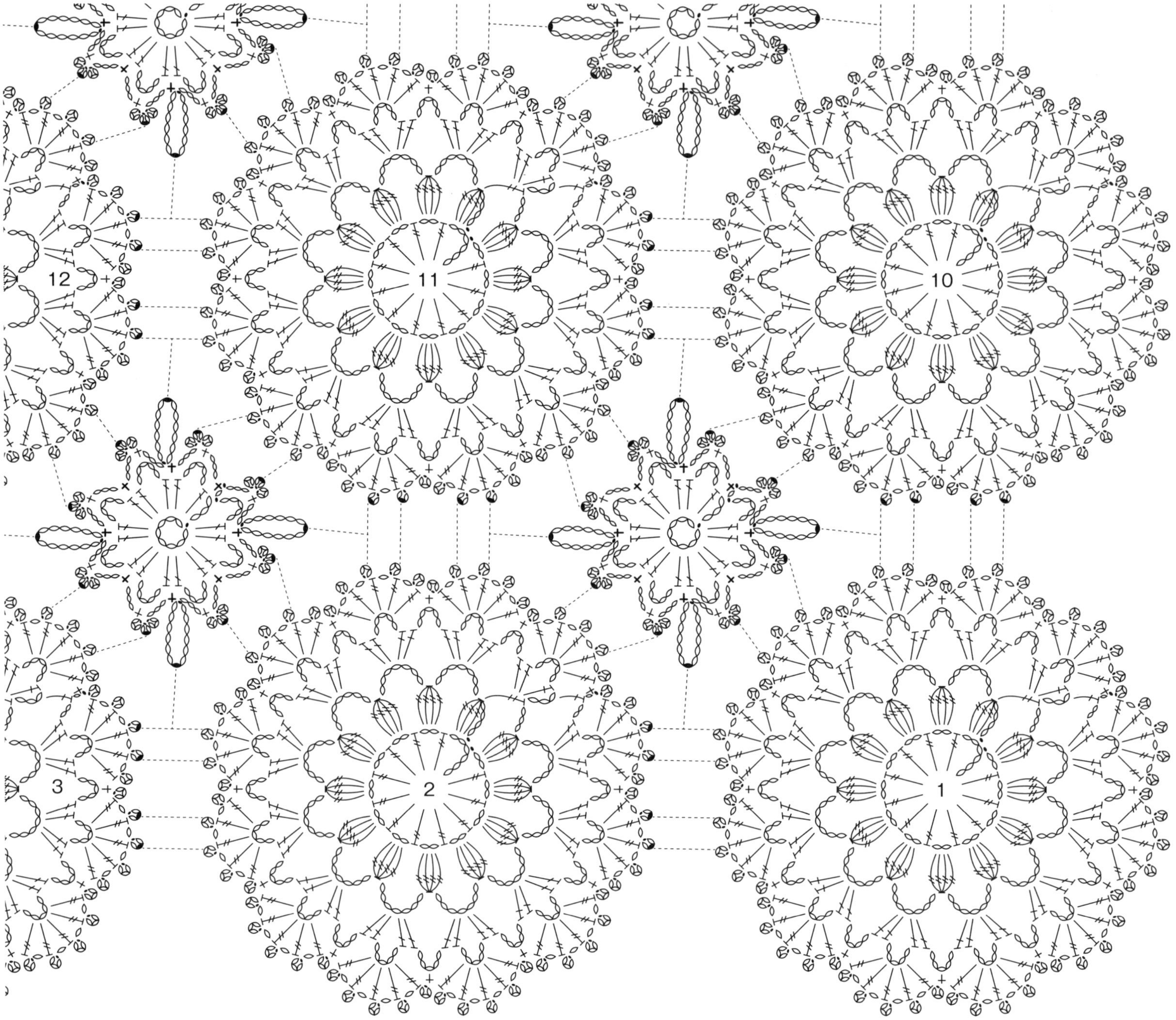

▶ 131페이지에서 이어집니다.

어깨끈 2줄 (**무늬뜨기 C**) 3/0호 코바늘 검정색

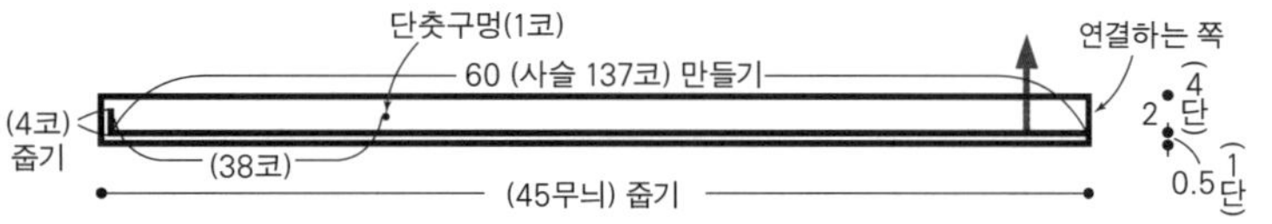

단춧구멍(1코)

(4코) 줄기

60 (사슬 137코) 만들기

연결하는 쪽

(38코)

(45무늬) 줄기

4
2 단
0.5 단

※ 단춧구멍은 뜨개바탕의 공간을 이용한다.

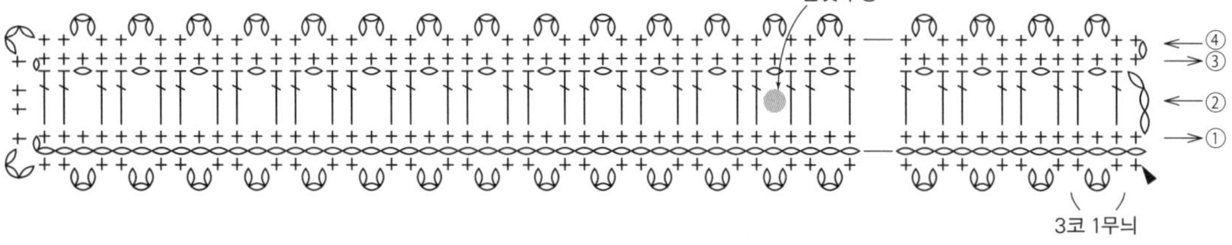

마무리하는 법

감침질

(앞판)

(33코)   단추   (33코)

(뒤판)

무늬뜨기 C

단춧구멍

► = 실 자르기

④
③
②
①

3코 1무늬

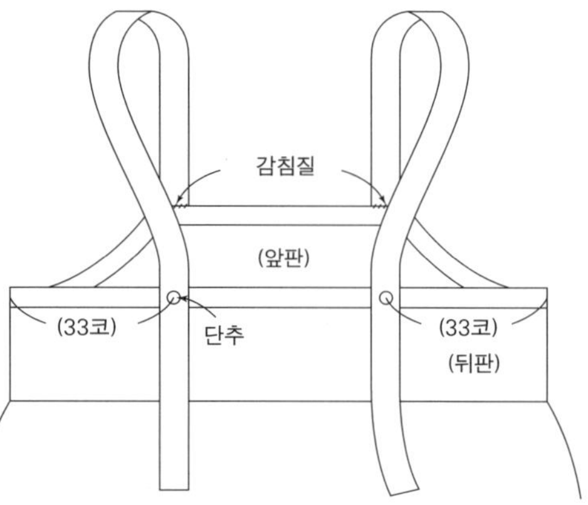

★ 개수는 작품을 선택하는 기준으로 참고해주세요. ★…초심자도 안심, ★★…자신이 조금 생겼다면, ★★★…끈기도 겸비한 중·상급자, ★★★★…솜씨에 자신 있음. 실은 실물 크기입니다.

재료
실…퍼피 퍼피 리넨 100 베이지색(903) 360g 9
볼, 검정색(910) 55g 2볼
단추…지름 15mm×2개

도구
대바늘 4호·5호, 코바늘 4/0호·3/0호

완성 크기
가슴둘레 90cm, 기장 83cm(어깨끈 제외).

게이지(10×10cm)
줄무늬 무늬뜨기 24코×33단, 무늬뜨기 A 25코×
32단, 메리야스뜨기 25코×34단

POINT
●몸판…손가락에 실을 걸어서 기초코를 만들어
뜨기 시작해 줄무늬 무늬뜨기, 무늬뜨기 A·B, 메
리야스뜨기로 뜹니다. 진동둘레의 줄임코는 2코
이상은 덮어씌우기, 1코는 가장자리 1코를 세우는
줄임코를 합니다. 뜨개 끝은 덮어씌워 코막음을 합
니다.
●마무리…옆선은 떠서 꿰매기를 합니다. 지정된
콧수를 주워 밑단은 테두리뜨기, 테두리 두르기는
짧은뜨기로 각각 원형뜨기를 합니다. 어깨끈은 무
늬뜨기 C로 떠서 지정 위치에 감침질로 답니다. 단
추를 달아 마무리합니다. 원하는 위치에 단춧구멍
을 내서 어깨끈 길이를 조절하세요.

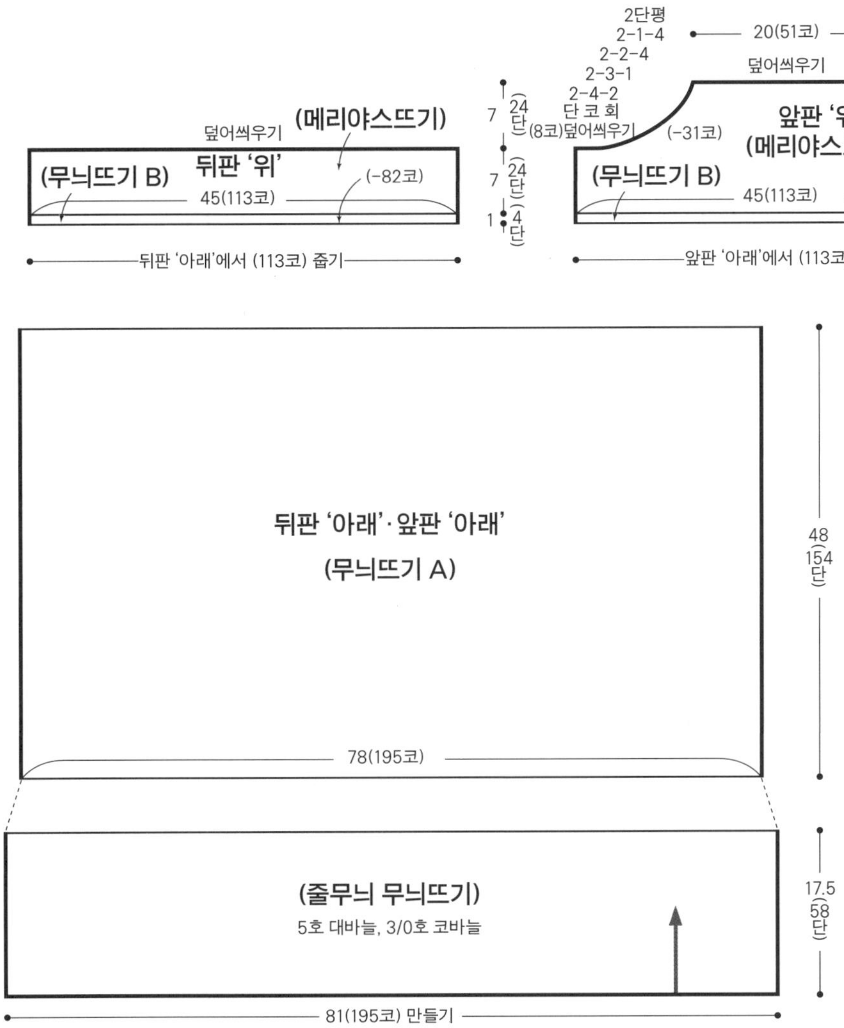

덮어씌우기 (메리야스뜨기)

(무늬뜨기 B) 뒤판 '위'
45(113코) (-82코)
7 24단 4단
뒤판 '아래'에서 (113코) 줍기

2단평
2-1-4
2-2-4
2-3-1
2-4-2 단 코 회
(8코)덮어씌우기
20(51코)
덮어씌우기
앞판 '위'
(메리야스뜨기)
(-31코)
(무늬뜨기 B)
45(113코) (-82코)
7 24단 1 4단
앞판 '아래'에서 (113코) 줍기

테두리뜨기
2코 1무늬
► = 실 자르기

짧은뜨기

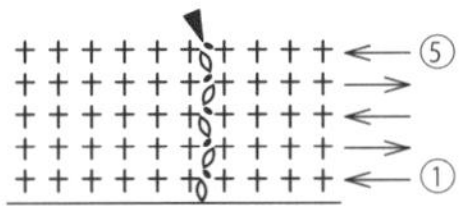

무늬뜨기 B
113 110   15   10   5   1
7회 반복한다.
□ = □

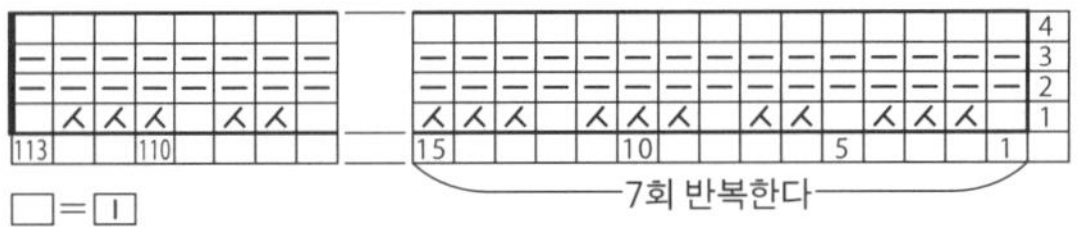

뒤판 '아래'·앞판 '아래'
(무늬뜨기 A)

78(195코)

48 154단

(줄무늬 무늬뜨기)
5호 대바늘, 3/0호 코바늘

17.5 58단

81(195코) 만들기

※지정하지 않은 것은 4호 대바늘로 뜬다.
※지정하지 않은 것은 베이지색으로 뜬다.

테두리 두르기의 모서리 뜨는 법
어깨끈 다는 위치   어깨끈 다는 위치
모서리(3코)   (49코)   모서리(3코)
(34코)   (34코)

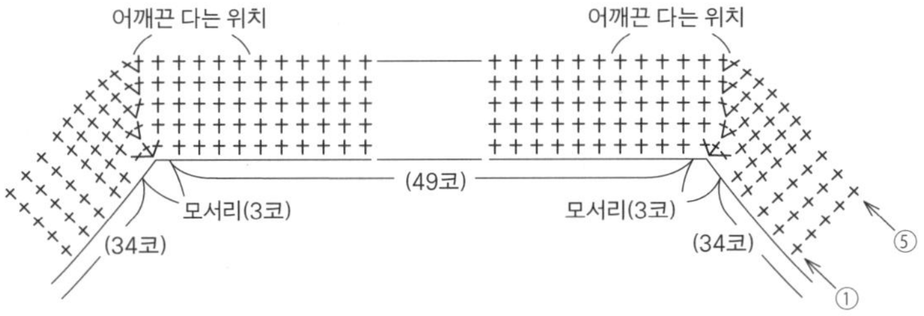

테두리 두르기 (짧은뜨기) 3/0호 코바늘 검정색
앞판과 이어서 뜨다
(111코) 줍기
뒤판 '위'
(49코) 줍기
모서리(3코)
(34코) 줍기
※도안 참고.
앞판 '위'
(34코) 줍기
1.5 5단
뒤판과 이어서 뜨다

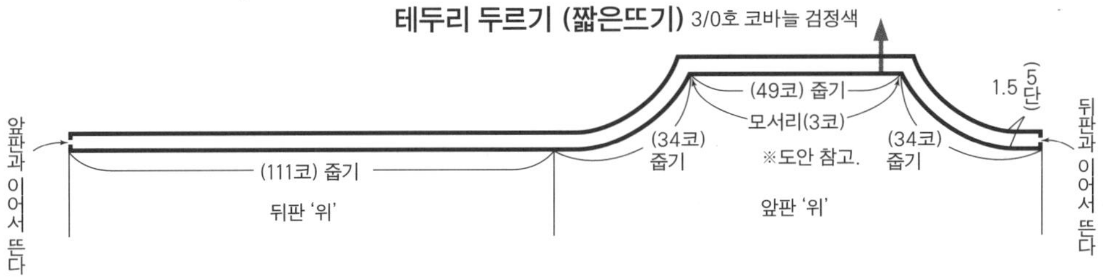

밑단 (테두리뜨기) 4/0호 코바늘 검정색
(386코) 줍기
1 2단

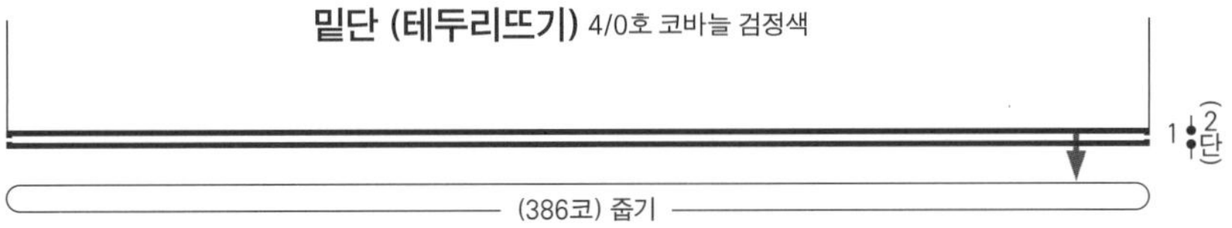

132페이지로 이어집니다. ▶

▶ 131페이지에서 이어집니다.

줄무늬 무늬뜨기

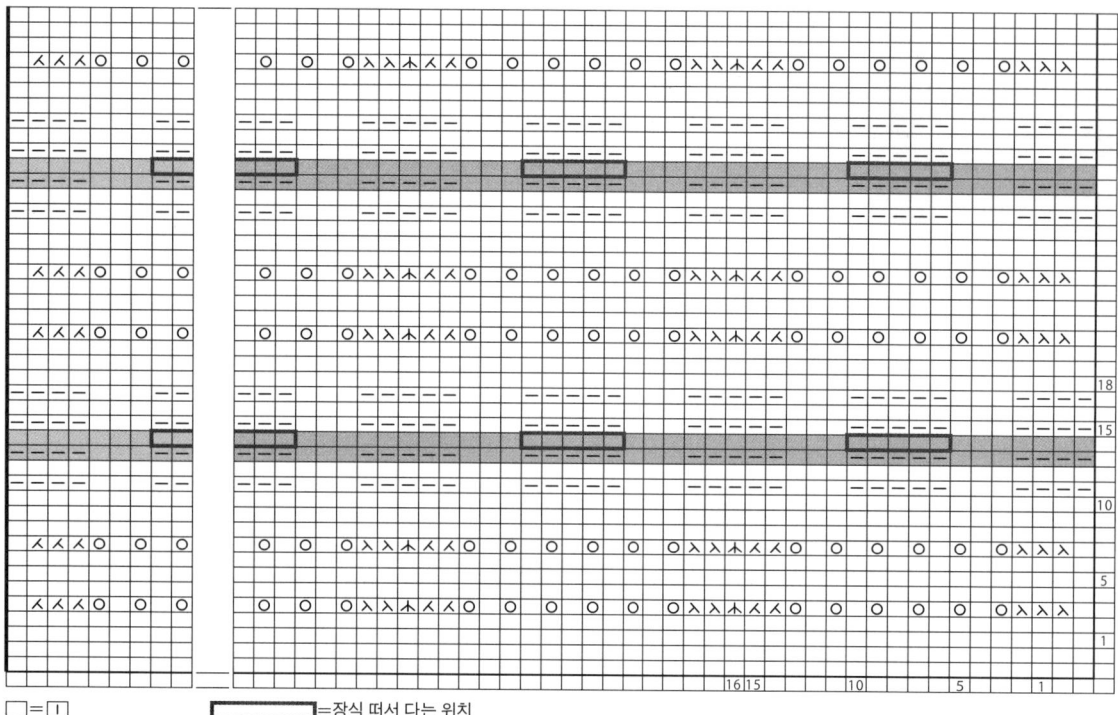

□ = ① =베이지색

■=장식 떠서 다는 위치

배색 { □ = 베이지색
■ = 검정색 }

줄무늬 무늬뜨기 장식
3/0호 코바늘 검정색

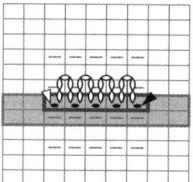

※아래 이미지 참고.

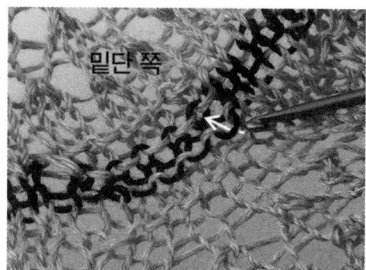

1 뜨개바탕을 위아래 거꾸로 잡고 화살표처럼 코에 코바늘을 넣어 실을 이은 다음, 도안대로 뜬다.

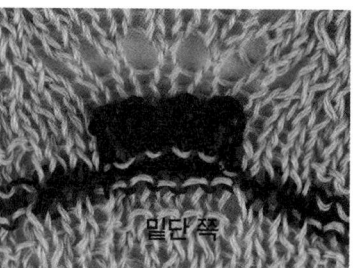

2 다 뜨면 실을 자르고 정리한다.

무늬뜨기 A

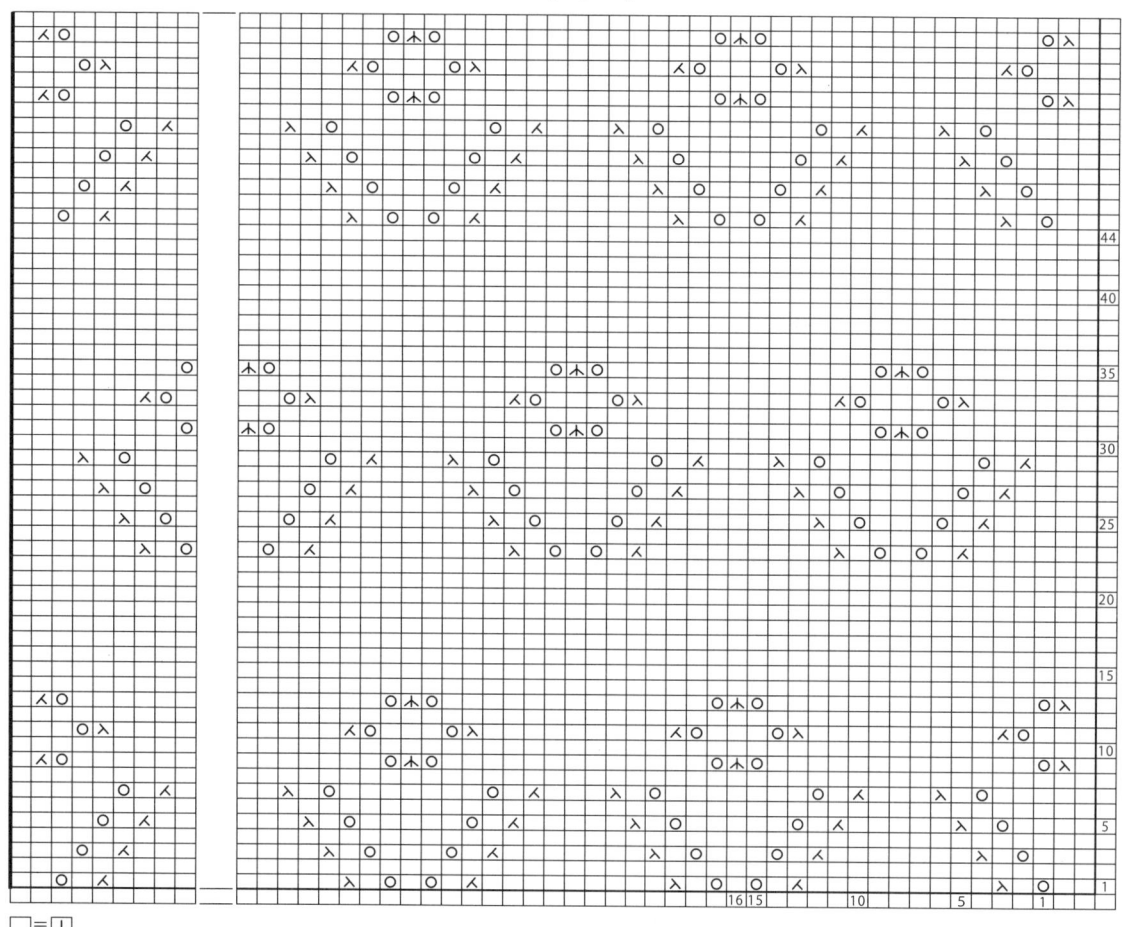

□ = ①

▷ = 실 잇기
► = 실 자르기

한길 긴
앞걸어뜨기

한길 긴
뒤걸어뜨기

※ 일본어 사이트

※ 일본어 사이트

재료
올림포스 에미 그란데 보라색(676) 335g 7볼

도구
코바늘 2/0호

완성 크기
가슴둘레 98cm, 어깨너비 33cm(프릴 제외), 기장 49cm

게이지
무늬뜨기 A는 10cm가 37.5코, 6.5cm에 9단. 무늬뜨기 B(10×10cm) 37.5코×17단

POINT
●몸판…뒤판 '위'·앞판 '위'는 사슬뜨기 기초코로 뜨기 시작해 무늬뜨기 A·B·C로 뜹니다. 증감코는 도안을 참고해 뜹니다.

●마무리…어깨는 휘감아 잇기, 옆선은 사슬뜨기 와 빼뜨기로 꿰매기를 합니다. 지정된 콧수를 주워 목둘레는 테두리뜨기 A, 진동둘레는 테두리뜨기 B로 원형뜨기를 합니다. 프릴은 지정 위치에서 코를 주워 무늬뜨기 D로 뜹니다. 앞뒤 몸판 '아래'는 무늬뜨기 E로 원형뜨기를 합니다. 분산 늘림코는 도안을 참고하세요.

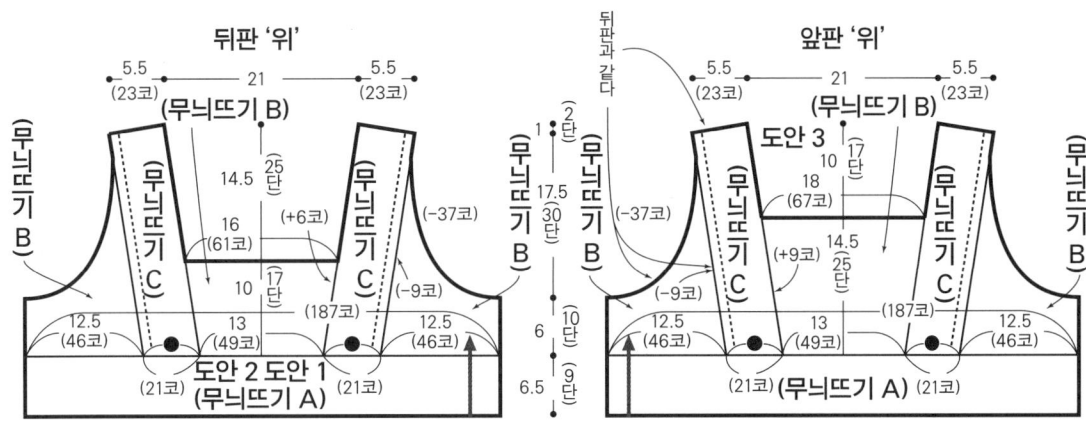

※모두 2/0호 코바늘로 뜬다.

● = 5.5(23코) 줄기

······ = 프릴 다는 위치

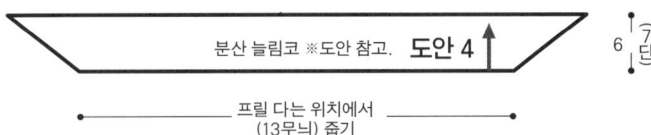

프릴
(무늬뜨기 D) 2장

분산 늘림코 ※도안 참고. **도안 4**

프릴 다는 위치에서 (13무늬) 줍기

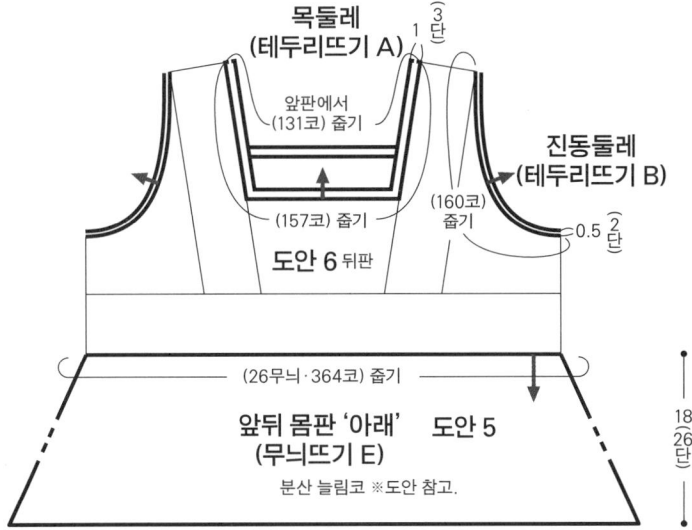

목둘레
(테두리뜨기 A)

앞판에서 (131코) 줍기

(157코) 줍기

진동둘레
(테두리뜨기 B)

(160코) 줍기

도안 6 뒤판

(26무늬·364코) 줍기

앞뒤 몸판 '아래' **도안 5**
(무늬뜨기 E)

분산 늘림코 ※도안 참고.

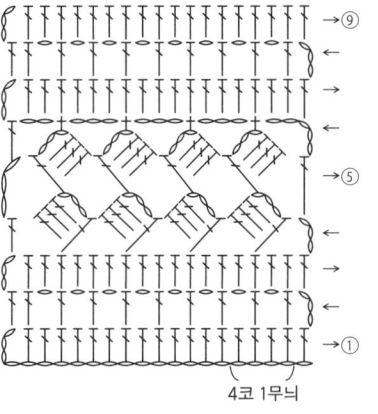

무늬뜨기 A

4코 1무늬

※5·6번째 단의 사슬에 뜨는 한길 긴뜨기와 짧은뜨기는 사슬을 갈라서 줍는다.

► = 실 자르기

무늬뜨기 B

3코 1무늬

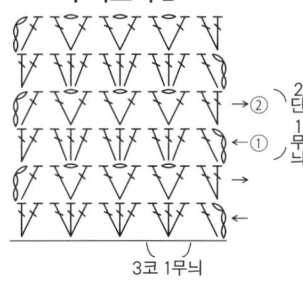

테두리뜨기 A

4코 1무늬

테두리뜨기 B

2코 1무늬

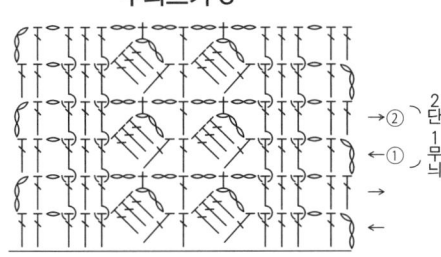

무늬뜨기 C

134페이지로 이어집니다. ▶

▶ 133페이지에서 이어집니다.

► = 실 자르기

⌒ = 실 걸치기

Ʃ = 한길 긴 앞걸어뜨기
※안면에서는 한길 긴 뒤걸어뜨기로 뜬다.

● = 프릴 줍는 위치→P.137

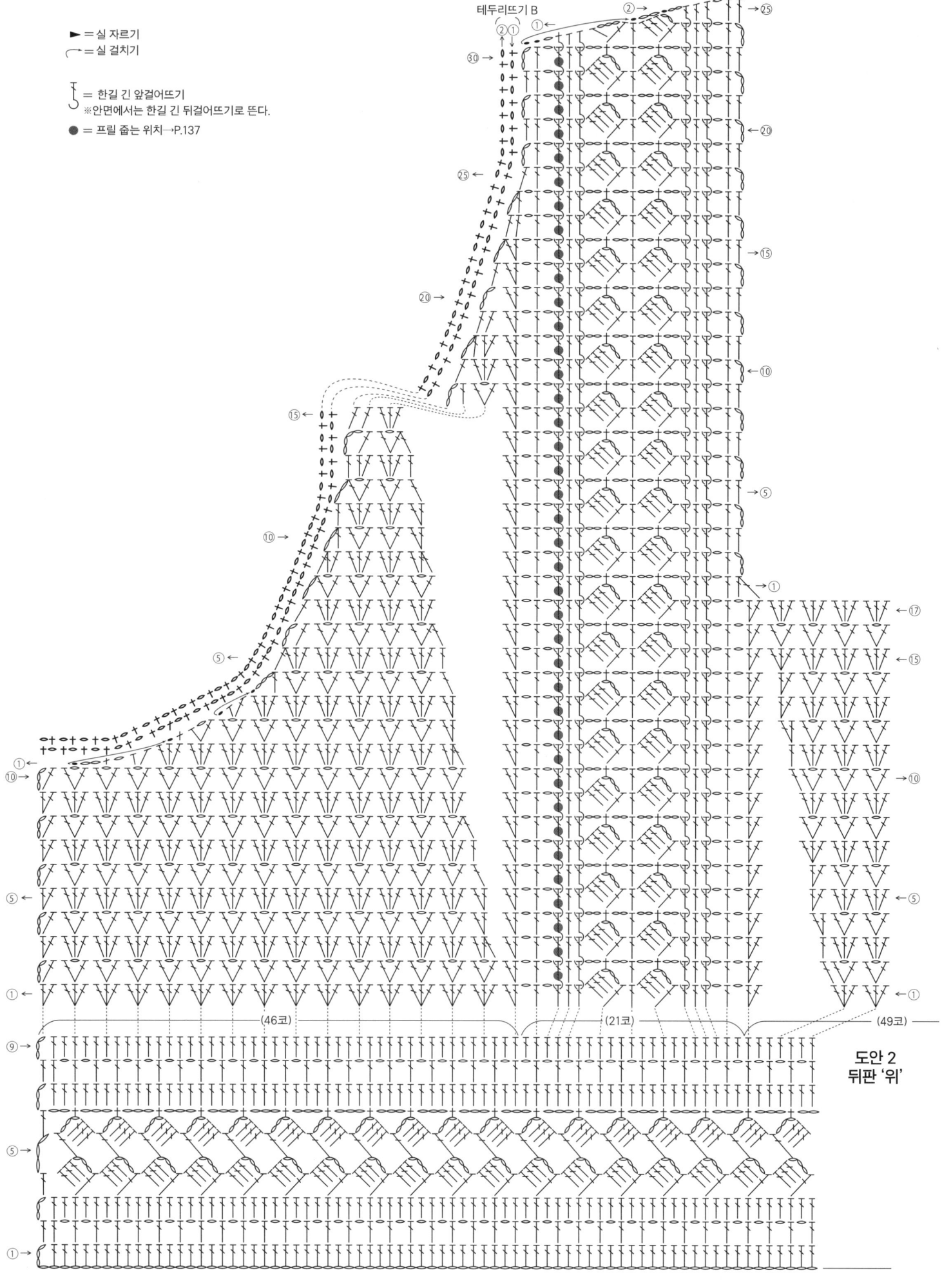

테두리뜨기 B

도안 2
뒤판 '위'

(46코) (21코) (49코)

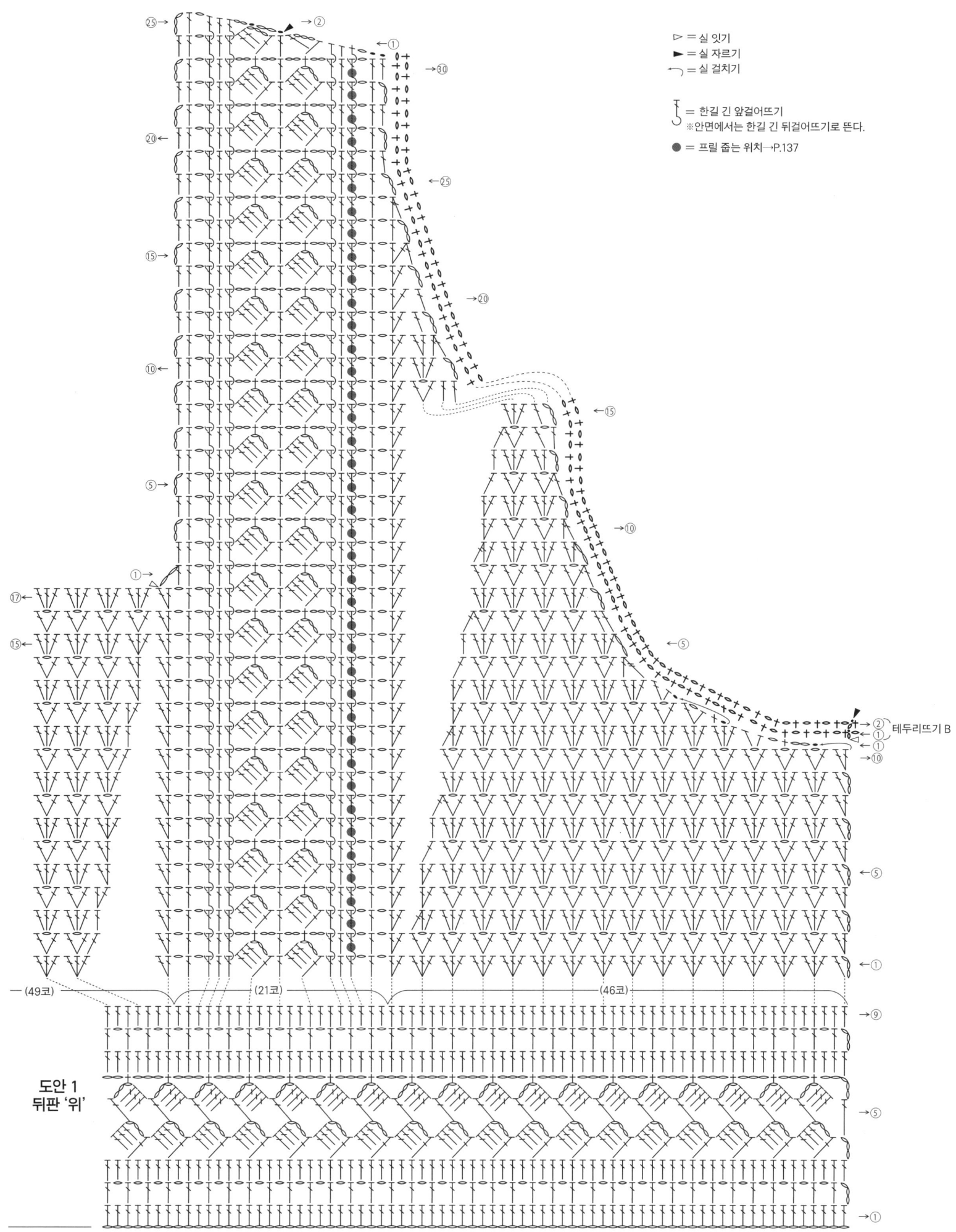

136페이지로 이어집니다. ▶

▶ 135페이지에서 이어집니다.

▷ = 실 잇기
► = 실 자르기

⌡ = 한길 긴 앞걸어뜨기
※안면에서는 한길 긴 뒤걸어뜨기로 뜬다.

테두리뜨기 A
③ ② ①

도안 3
앞목둘레

중심

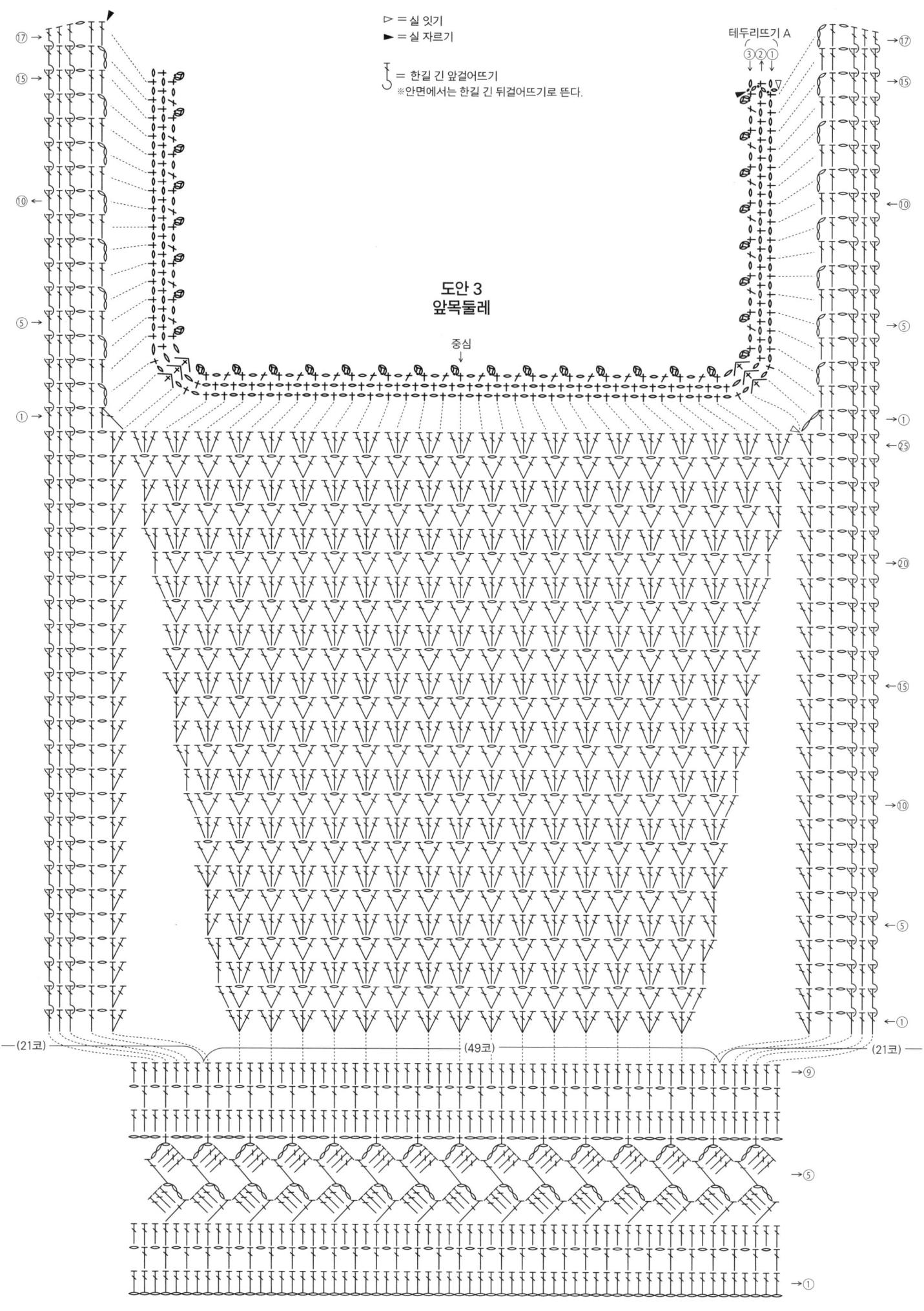

(21코)　　(49코)　　(21코)

136

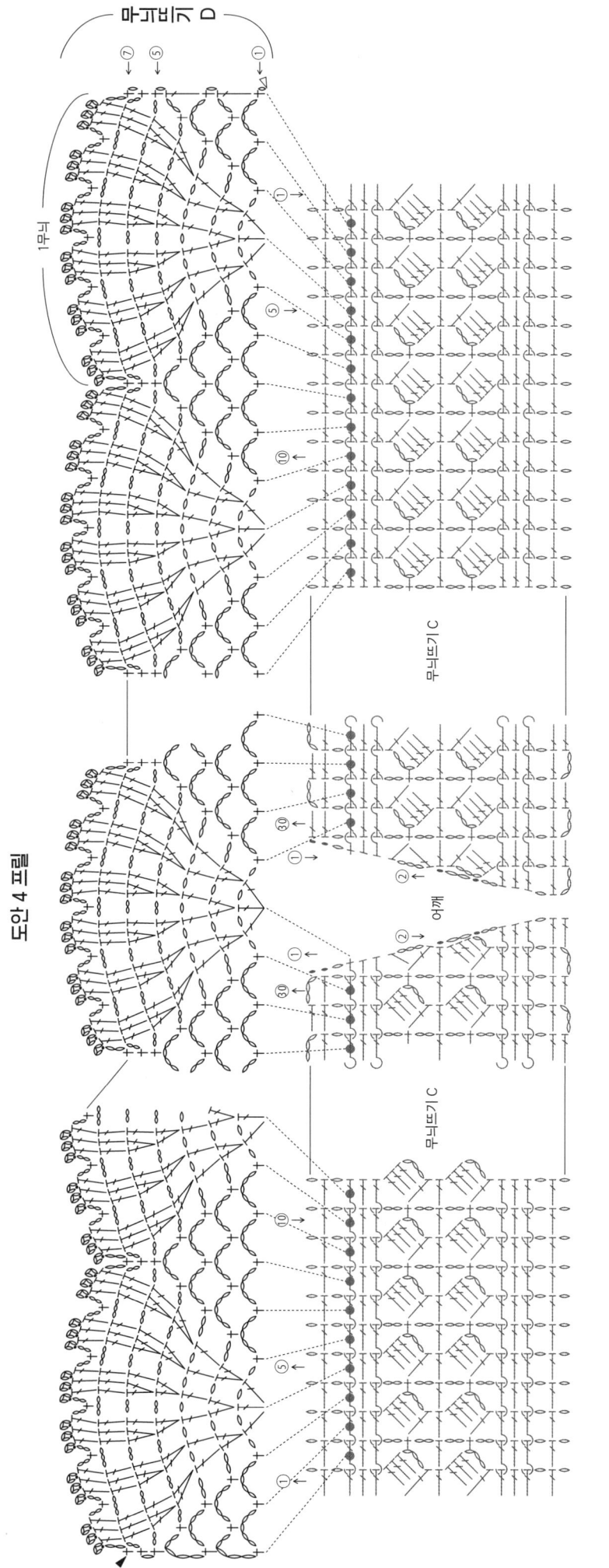

도안 4 프릴

마꾸바기 D

1무늬

⑦ ⑤ ① ⑤ ⑩ ①

무늬뜨기 C

⑧ ① ②

어깨

⑧ ① ②

무늬뜨기 C

⑩ ⑤ ①

△ = 실 잇기
▲ = 실 자르기

※무늬뜨기 C의 ●의 (한길 긴 앞걸어뜨기 다리)를 다발로 주워 코를 줍는다.
 어깨에서도 1코 줍는다.

138페이지로 이어집니다. ▶

▶ 137페이지에서 이어집니다.

도안 5
앞뒤 몸판 '아래'

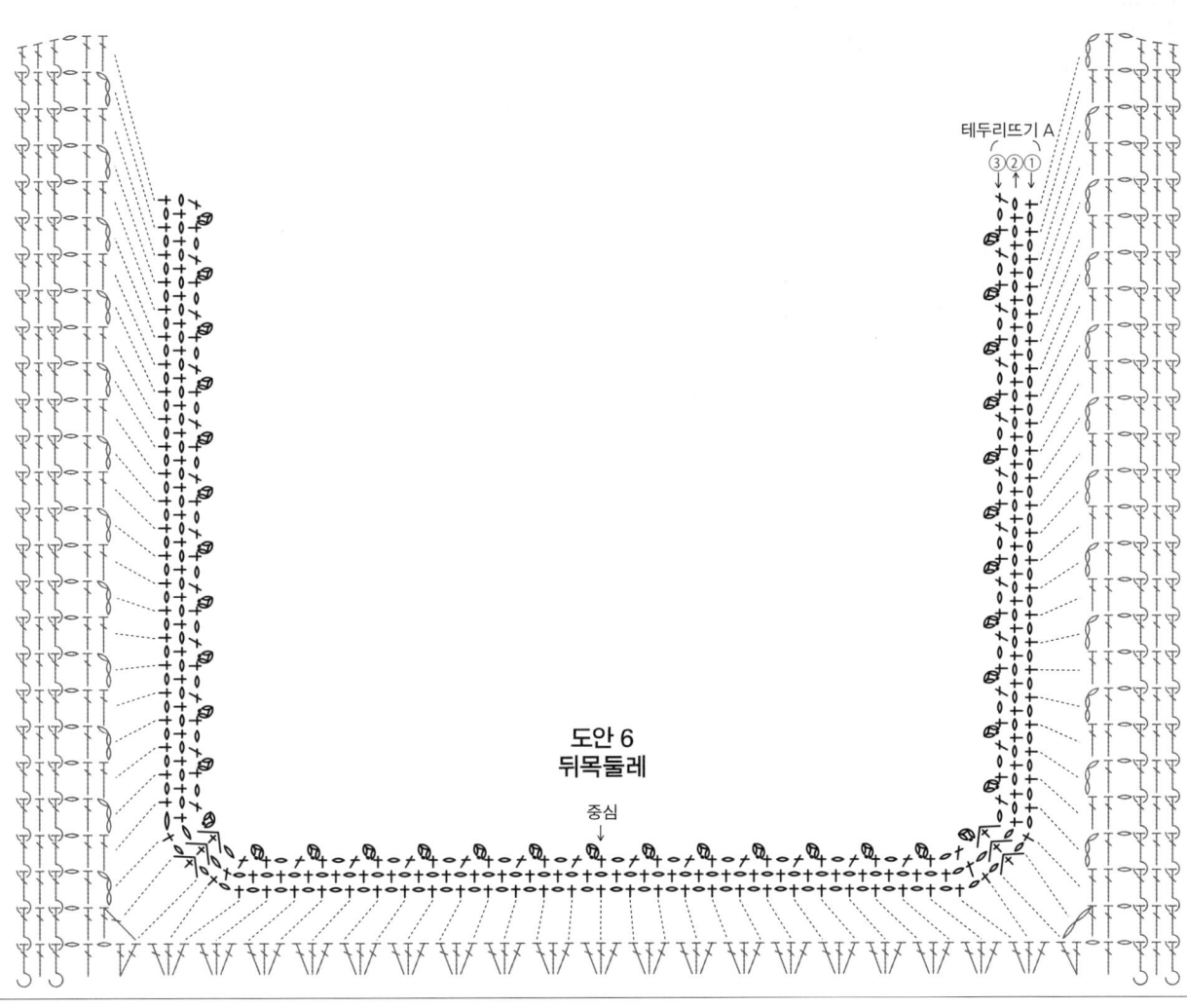

도안 6
뒤목둘레

중심

테두리뜨기 A
③ ② ①

★71페이지 무늬 C의 뜨는 법

<무늬 C>

5코의 배수+2코(양 끝의 가장자리 코를 1코씩 포함한다)

DDS(Double Dip Stitch):

1) 오른바늘을 왼바늘의 2코째의 4단 아래의 코에 넣고 겉뜨기해 코를 길게 늘인다. 이 코를 오른바늘에 둔다.
2) 겉뜨기 3.
3) 오른바늘 끝을 오른바늘의 2코째의 5단 아래의 코(이미 끌어낸 코를 뜬 코)에 넣고 겉뜨기해 코를 길게 늘인다.

준비단(안면) : 겉뜨기 2, 마지막까지【안뜨기 3, 겉뜨기 2】를 반복한다.
1 · 3단째(겉면) : 겉뜨기 1, 안뜨기 1, 겉뜨기 3,【안뜨기 2, 겉뜨기 3】을 마지막에 2코 남을 때까지 반복하고, 안뜨기 1, 겉뜨기 1.
2 · 4단째 : 겉뜨기 2,【안뜨기 3, 겉뜨기 2】를 마지막까지 반복한다.
3 · 4단째 : 1 · 2단째와 동일하게 뜬다.
5단째 : 겉뜨기 1, 안뜨기 1, DDS,【안뜨기 2, DDS】를 마지막에 2코 남을 때까지 반복하고, 안뜨기 1, 겉뜨기 1.
6단째 : 겉뜨기 1,【겉뜨기 1, 걸러뜨기 1, 안뜨기 3, 걸러뜨기 1, 겉뜨기 1】,【~】을 마지막 코 직전까지 반복하고, 겉뜨기 1.
7단째 : 겉뜨기 1,【안뜨기 1, 오른코 겹쳐 2코 모아뜨기, 겉뜨기 1, 왼코 겹쳐 2코 모아뜨기, 안뜨기 1】,【~】을 마지막 코 직전까지 반복하고, 겉뜨기 1.
8단째 : 겉뜨기 2,【안뜨기 3, 겉뜨기 2】를 마지막까지 반복한다.
3~8단째를 반복해서 뜬다.

<Pattern C>

Multiple of 5 sts + 2 sts, including 1 st for each end

DDS(Double Dip Stitch):

1) Insert RH needle into the 2nd stitch on LH needle 4 rows down and knit an elongated stitch. Keep this st on RH needle.
2) K3.
3) Insert RH needle into 2nd stitch on RH needle and 5 rows down (this is the same stitch that has a stitch pulled up already) Pull up a loop.

Set-up row (WS): K2, (p3, k2) to end.
Rows 1 and 3 (RS): K1, p1, k3, (p2, k3) until 2 sts remain, p1, k1.
Rows 2 and 4: K2, (p3, k2) to end.
Rows 3 and 4: Repeat Rows 1 and 2.
Row 5: K1, p1, DDS, (p2, DDS) until 2 sts remain, p1, k1.
Row 6: K1, *k1, sl1 wyif, p3, sl1 wyif, k1; rep from * until last st, k1.
Row 7: K1, *p1, ssk, k1, k2tog, p1; rep from * until last st, k1.
Row 8: K2, (p3, k2) to end.
Rep Rows 3 to 8 for pattern.

뜨개 약어

약어	영어 원어	우리말 풀이
CO	cast on	기초코
k	knit	겉코, 겉뜨기
p	purl	안코, 안뜨기
st(s)	stitch(es)	뜨개코
RH	right hand	오른쪽
LH	left hand	왼쪽
RS	right side	(뜨개바탕의) 겉쪽, 겉면
WS	wrong side	(뜨개바탕의) 안쪽, 안면
k2tog	knit 2 stitches together	왼코 겹쳐 2코 모아뜨기
ssk	slip, slip, knit	오른코 겹쳐 2코 모아뜨기
wyif	with yarn in front	실을 앞쪽에 두고

재료
올림포스 에미 그란데 남색(357)·다크 레드브라운
(778)·코랄색(783)·빨간색(192)·진한 파란색(335)
각 90g 2볼, 라이트 스카이블루(341) 85g 2볼
도구
코바늘 3/0호
완성 크기
가슴둘레 90cm, 어깨너비 34cm, 기장 96cm, 소
매 길이 38cm
게이지(10×10cm)
줄무늬 무늬뜨기 A·B 28코×12단

POINT
●몸판·소매...사슬뜨기 기초코로 뜨기 시작해 줄
무늬 무늬뜨기 A로 뜹니다. 증감코는 도안을 참고
해 뜹니다. 뒤판의 마지막 단은 배색이 불규칙해지
므로 주의합니다. 밑단 쪽·소매 끝 쪽은 기초코에
서 코를 주워 좌우 모두 줄무늬 무늬뜨기 B로 뜹니
다. 몸판·소매와 같은 색의 실로 어깨·옆선·소매 밑
선을 떠서 꿰매기로 연결합니다.
●마무리...지정된 콧수를 주워 밑단·소맷부리는
테두리뜨기 A, 목둘레는 테두리뜨기 B로 원형뜨
기를 합니다. 진동 부분은 같은 색의 실을 사용해
떠서 잇기로 몸판과 연결합니다.

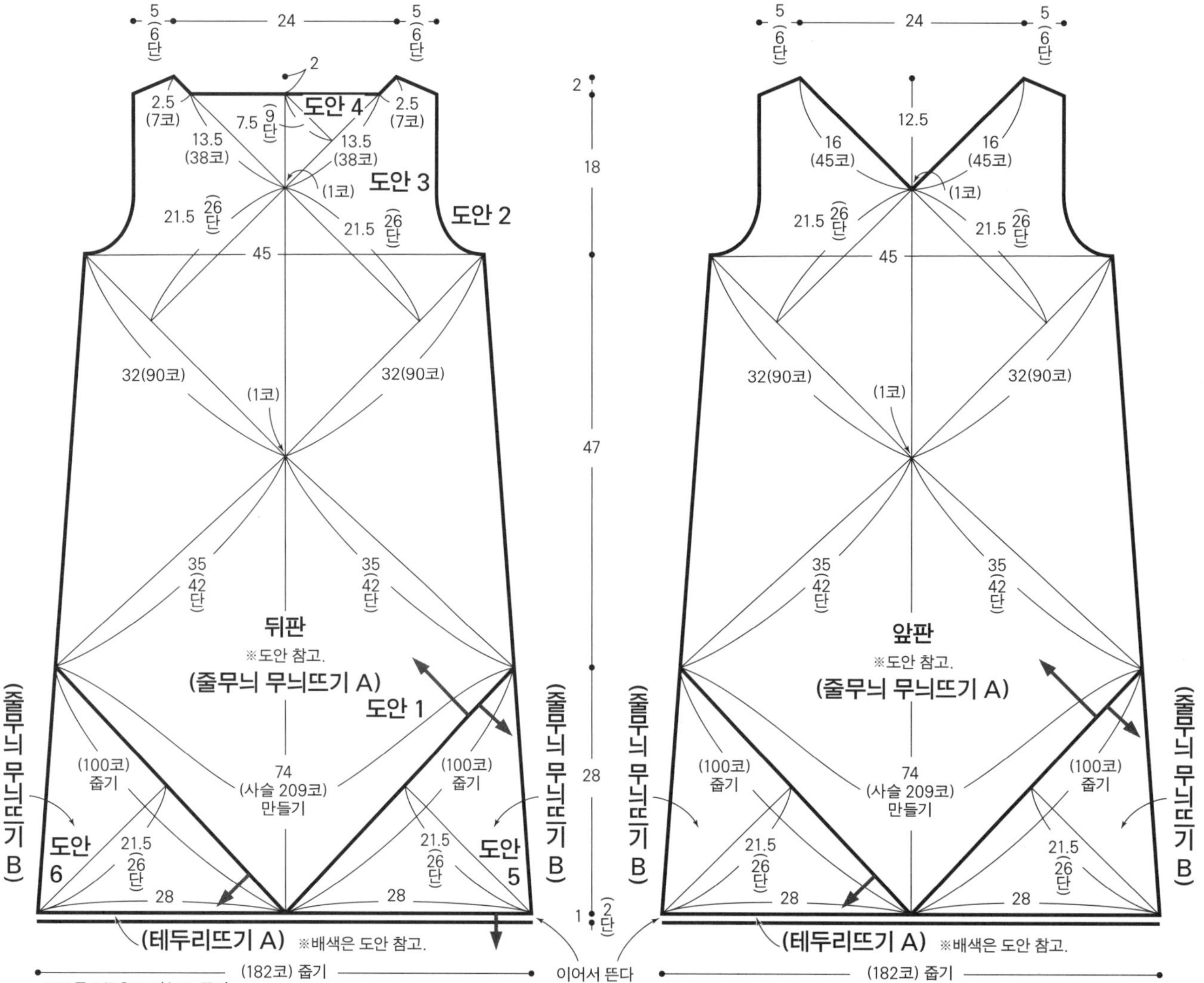

뒤판
※도안 참고.
(줄무늬 무늬뜨기 A)
도안 1

(줄무늬 무늬뜨기 B)
도안 6
도안 5
도안 4
도안 3
도안 2

74
(사슬 209코)
만들기

(테두리뜨기 A) ※배색은 도안 참고.
(182코) 줍기
※모두 3/0호 코바늘로 뜬다.

이어서 뜬다

앞판
※도안 참고.
(줄무늬 무늬뜨기 A)

(테두리뜨기 A) ※배색은 도안 참고.
(182코) 줍기
※목둘레 이외에는 뒤판과 같은 방법으로 뜬다.

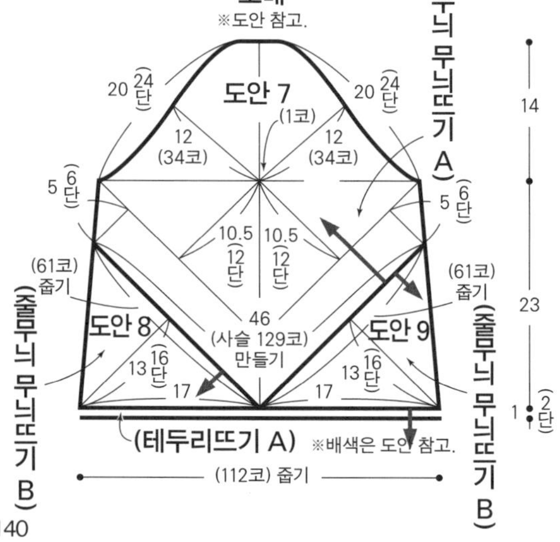

소매
※도안 참고.
도안 7
도안 8
도안 9
(줄무늬 무늬뜨기 A)
(줄무늬 무늬뜨기 B)
46
(사슬 129코)
만들기
(테두리뜨기 A) ※배색은 도안 참고.
(112코) 줍기

140

목둘레 (테두리뜨기 B) 라이트 스카이블루
(69코) 줍기
(45코) 줍기
(45코) 줍기
도안 10

▶ =실 자르기

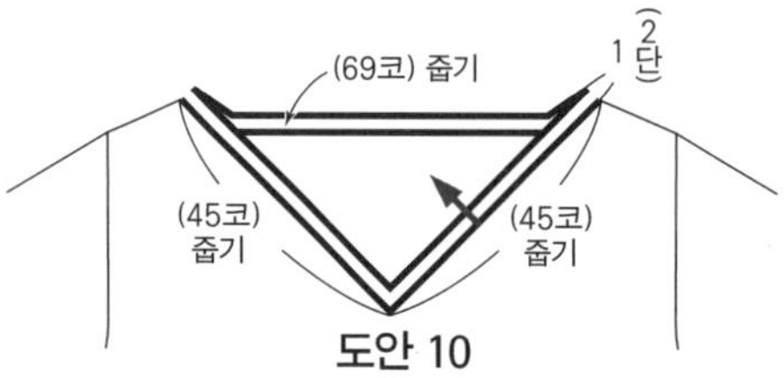

테두리뜨기 B
←②
→①
3코 1무늬

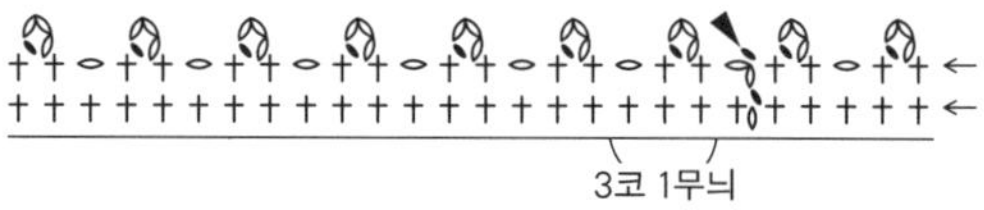

테두리뜨기 A
←② 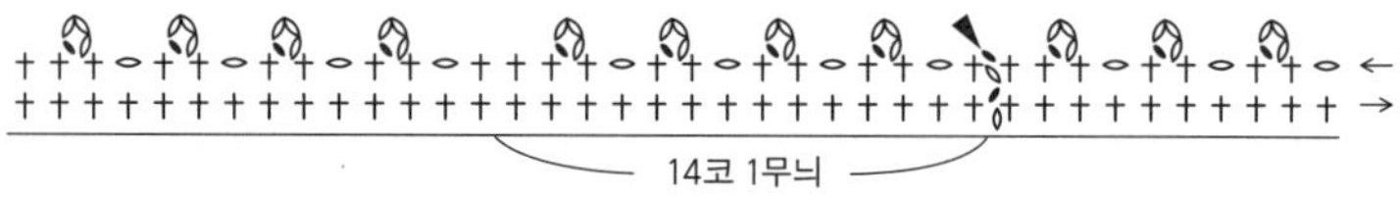
→①
14코 1무늬
※4단에서 1무늬 줍고, 몸판과 같은 색으로 실을 세로로 걸치는 배색뜨기를 한다.

줄무늬 무늬뜨기 A

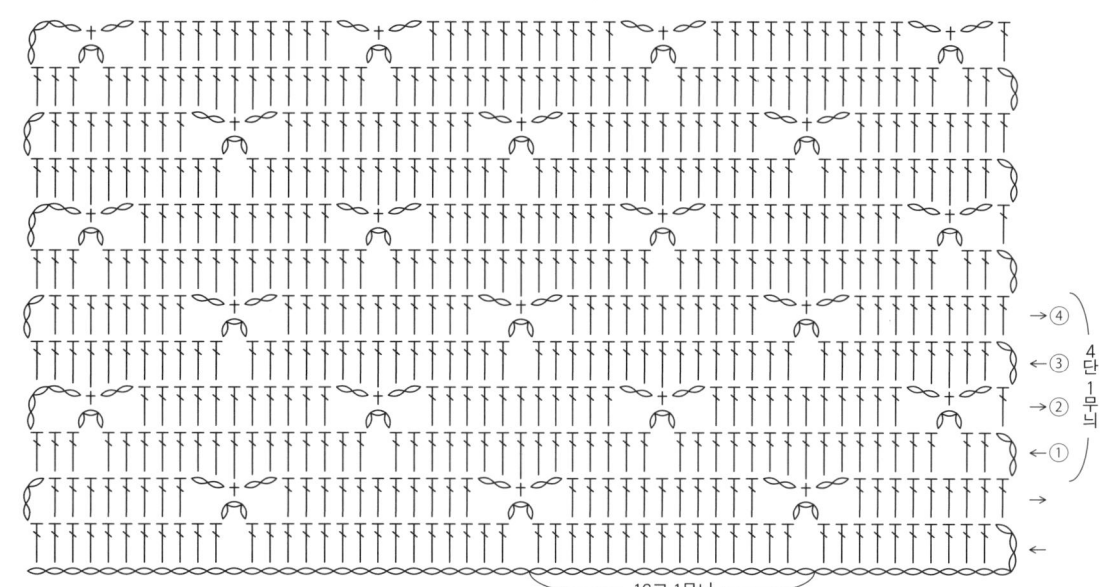

줄무늬 무늬뜨기 A 배색

	라이트 스카이블루	◎
	진한 파란색	◎
	코랄색	◎	↑ 소매 뜨개 시작
	남색	◎
	다크 레드브라운	◎
	빨간색	◎	↑ 몸판 뜨개 시작

반복하기

◎ = 4단

→ ④
← ③ } 4단 1무늬
→ ②
← ①
→
←

16코 1무늬

도안 4 뒤목둘레

※9번째 단은 빨간색으로 뜬다.

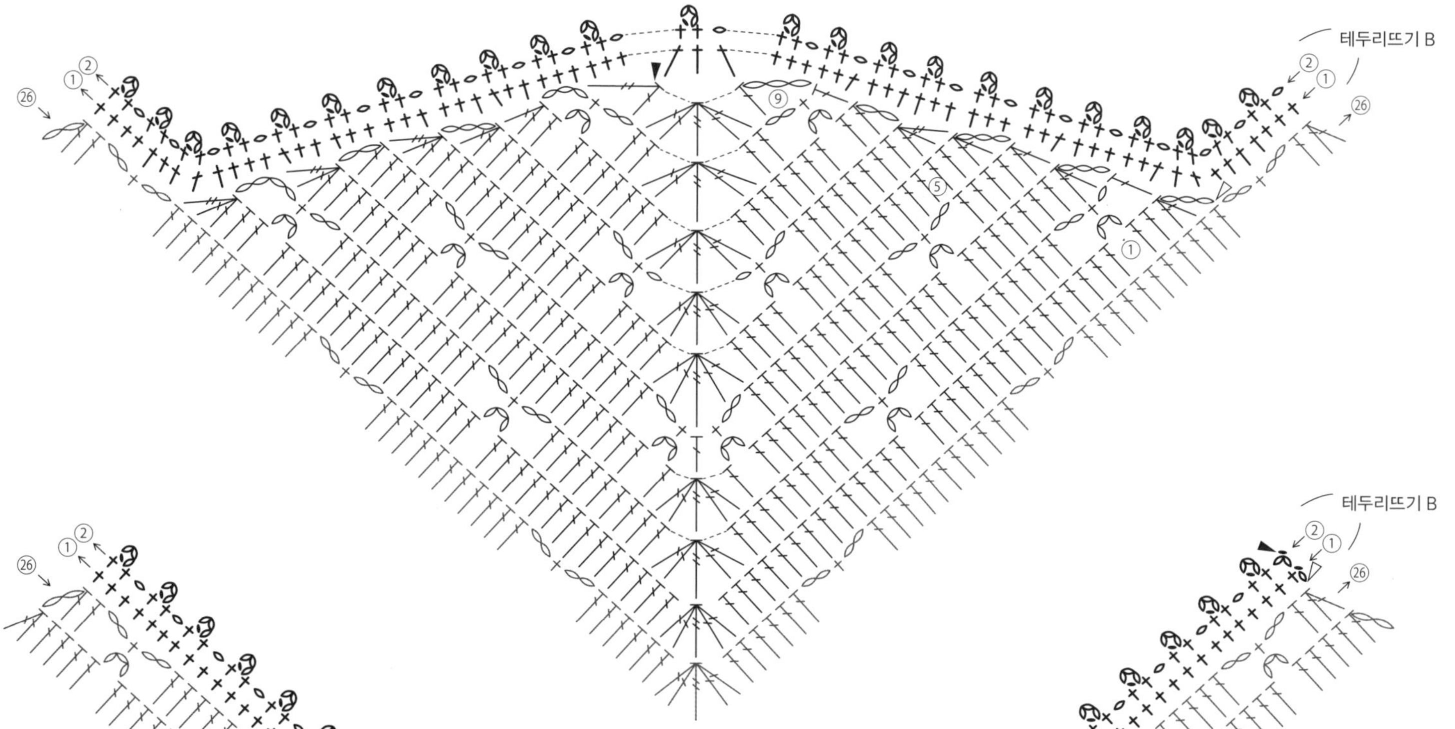

테두리뜨기 B

도안 10
앞목둘레

테두리뜨기 B

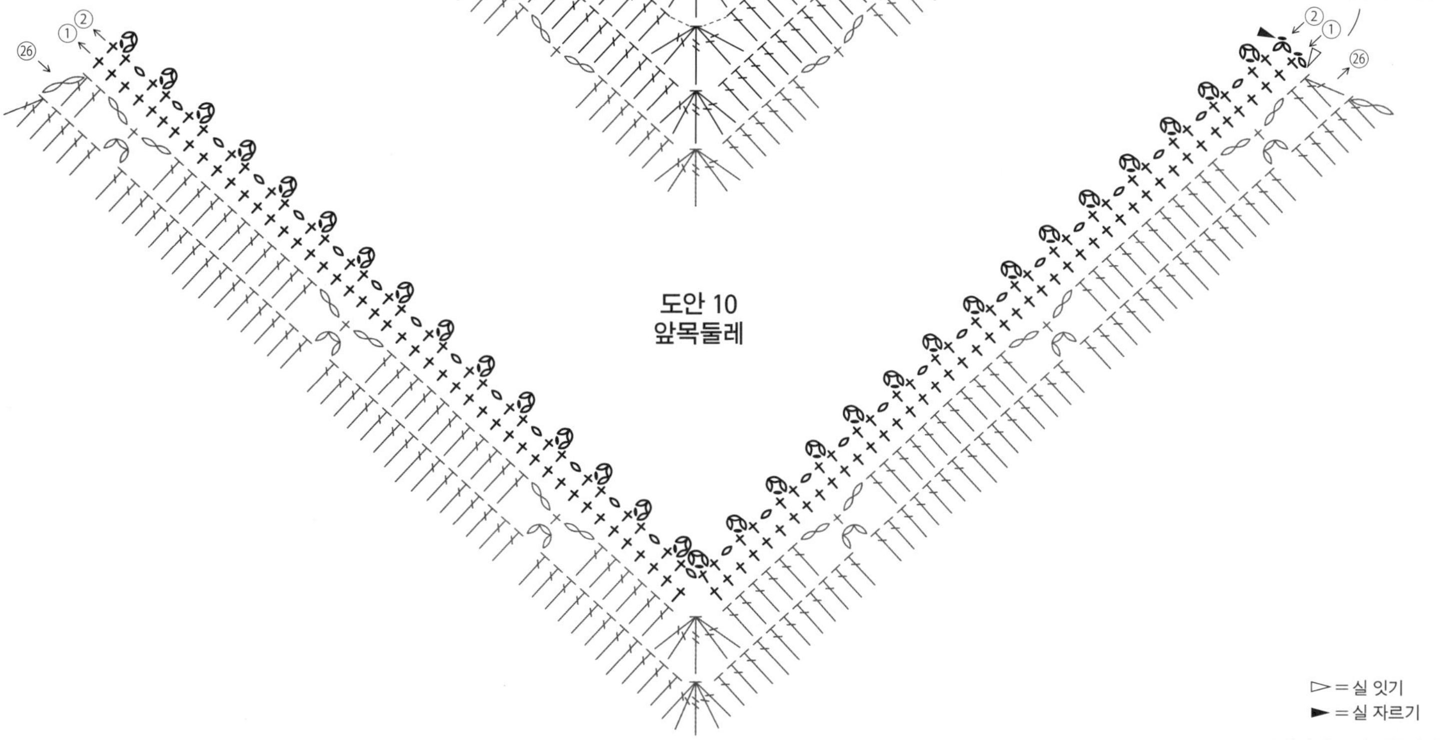

▷ = 실 잇기
► = 실 자르기

142페이지로 이어집니다. ▶

▶ 141페이지에서 이어집니다.

★로 이어진다 ↰

도안 1

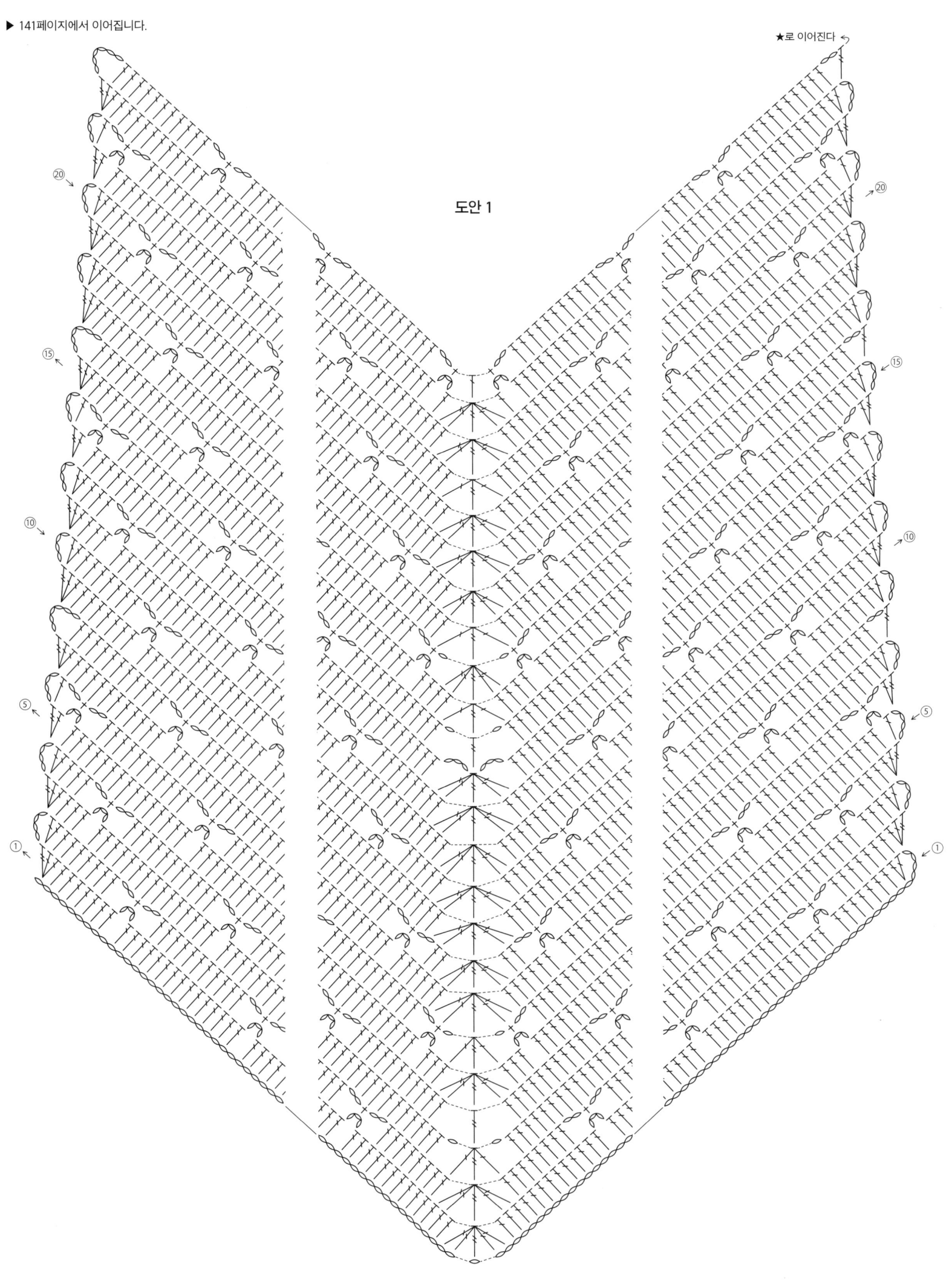

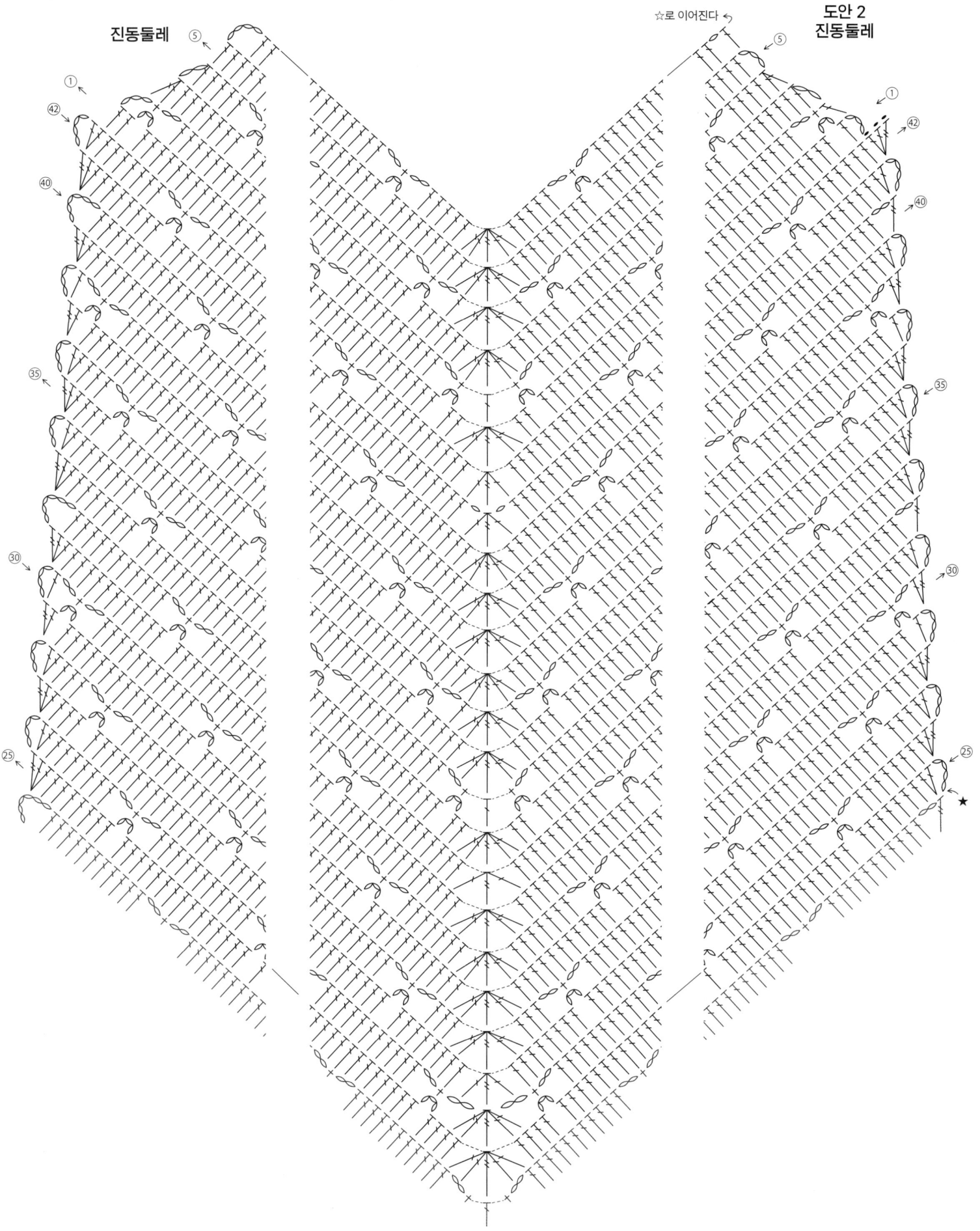

☆로 이어진다 ←

도안 2
진동둘레

진동둘레

144페이지로 이어집니다. ▶

▶ 143페이지에서 이어집니다.

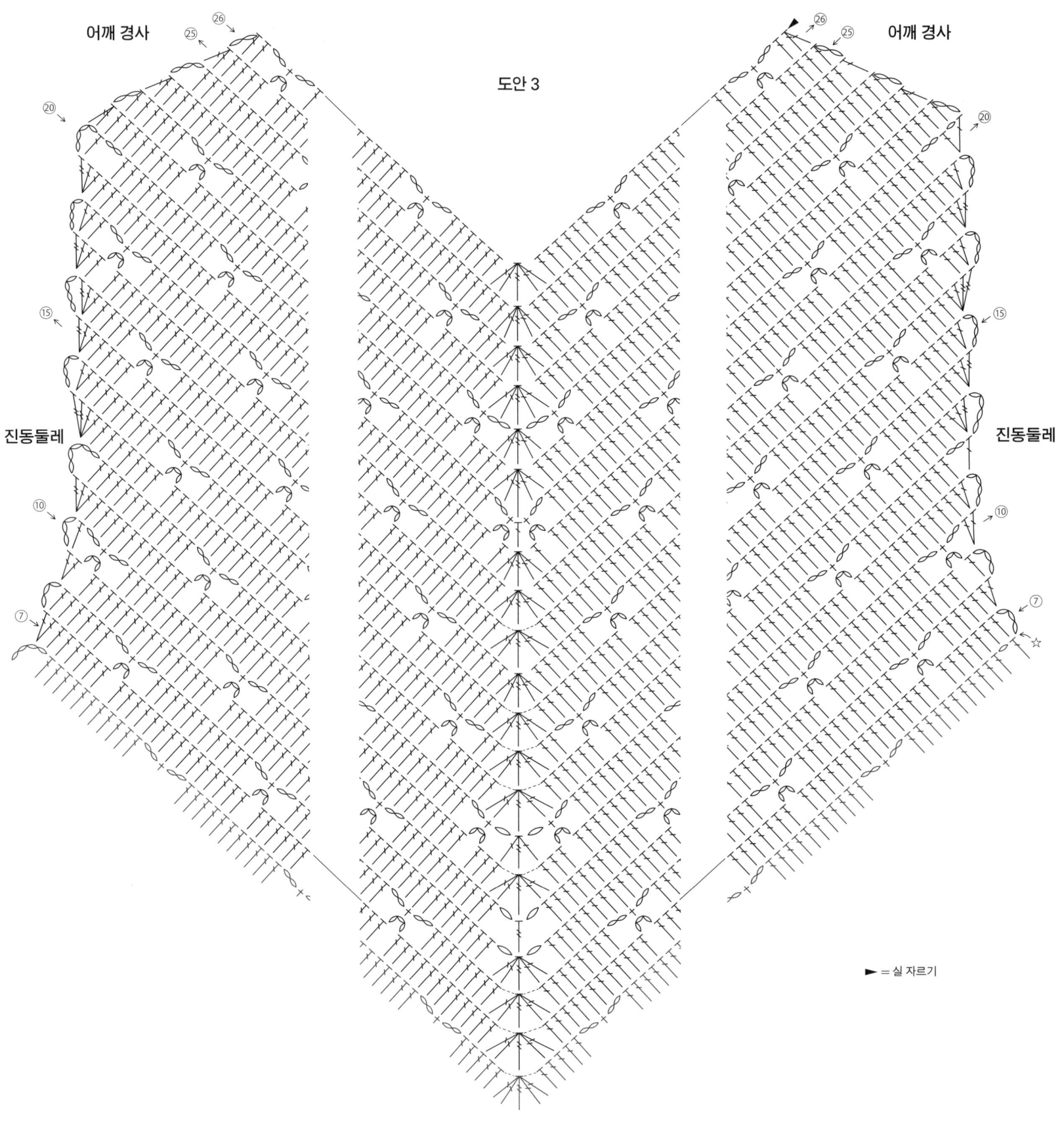

어깨 경사

어깨 경사

도안 3

진동둘레

진동둘레

▶ = 실 자르기

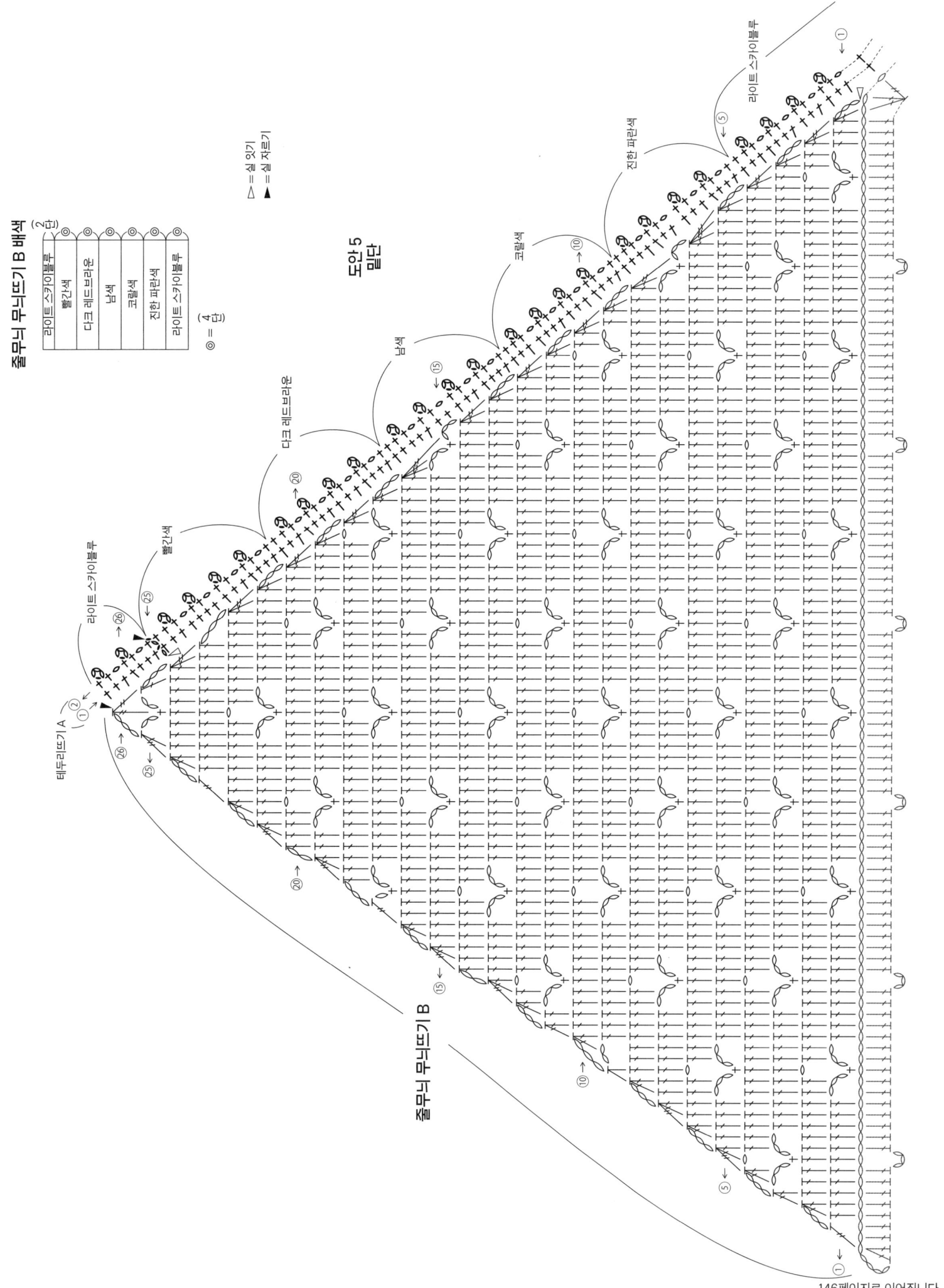

좁은 무늬뜨기 B 배색

	(2단)
라이트 스카이블루	◎
빨간색	◎
다크 레드브라운	◎
남색	◎
코랄색	◎
진한 파란색	◎
라이트 스카이블루	◎

◎ = (4단)

△ = 실 잇기
▲ = 실 자르기

도안 5
밑단

146페이지로 이어집니다. ▶

▶ 145페이지에서 이어집니다.

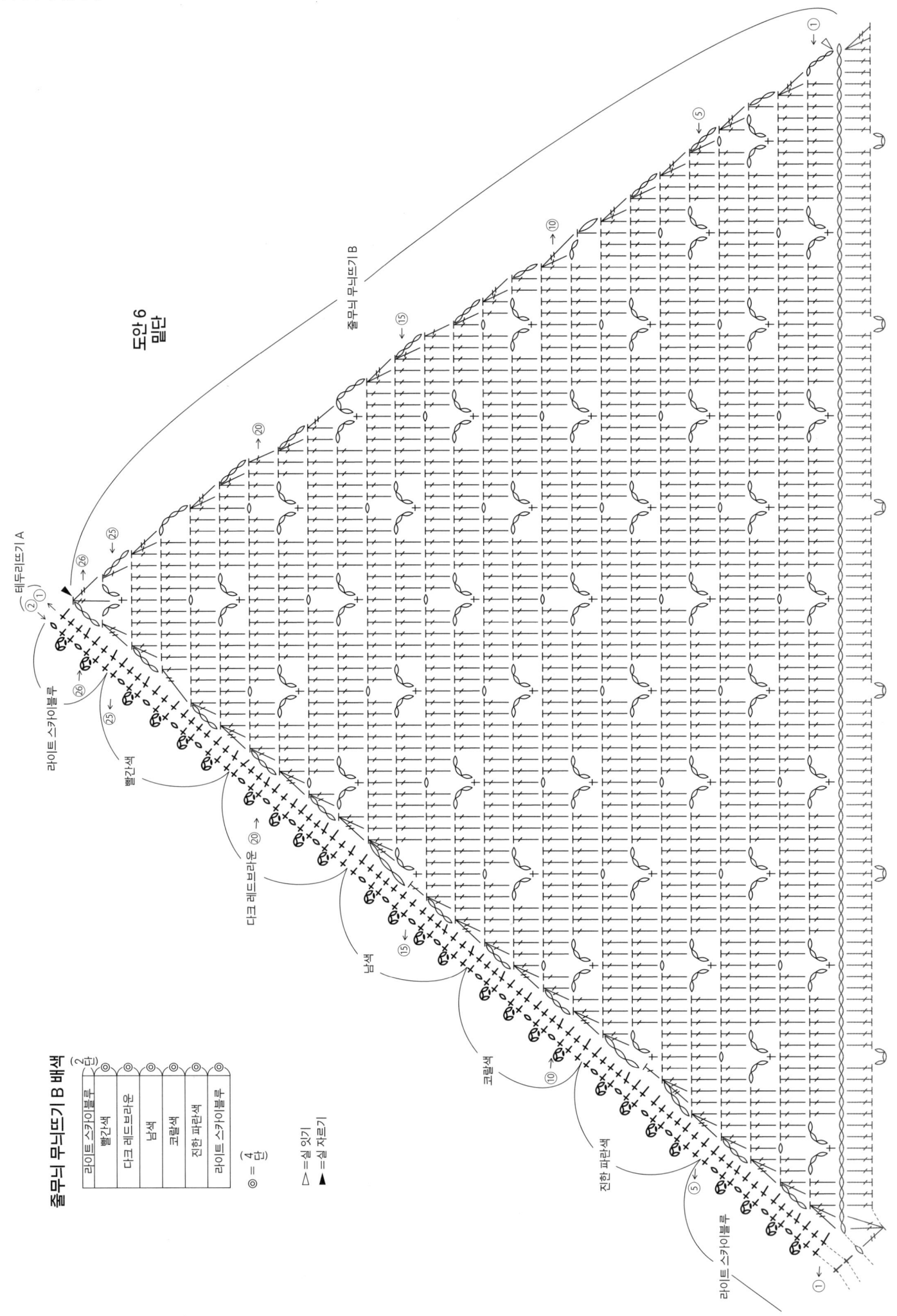

도안 9
밑단

줄무늬 무늬뜨기 B

테두리뜨기 A

줄무늬 무늬뜨기 B

라이트 스카이블루

빨간색

다크 레드 브라운 안

남색

크림색

진한 파란색

라이트 스카이블루

줄무늬 무늬뜨기 B 배색

	(2단)
라이트 스카이블루	◎
빨간색	◎
다크 레드브라운 안	◎
남색	◎
크림색	◎
진한 파란색	◎
라이트 스카이블루	◎

◎ = (4단)

△ = 실 잇기
▲ = 실 자르기

★ 개수는 작품을 선택하는 기준으로 참고해주세요. ★…초심자도 안심, ★★…자신이 조금 생겼다면, ★★★…끈기도 겸비한 중·상급자, ★★★★…솜씨에 자신 있음. 실은 실물 크기입니다.

도안 7
소매산

148페이지로 이어집니다. ►

▶ 147페이지에서 이어집니다.

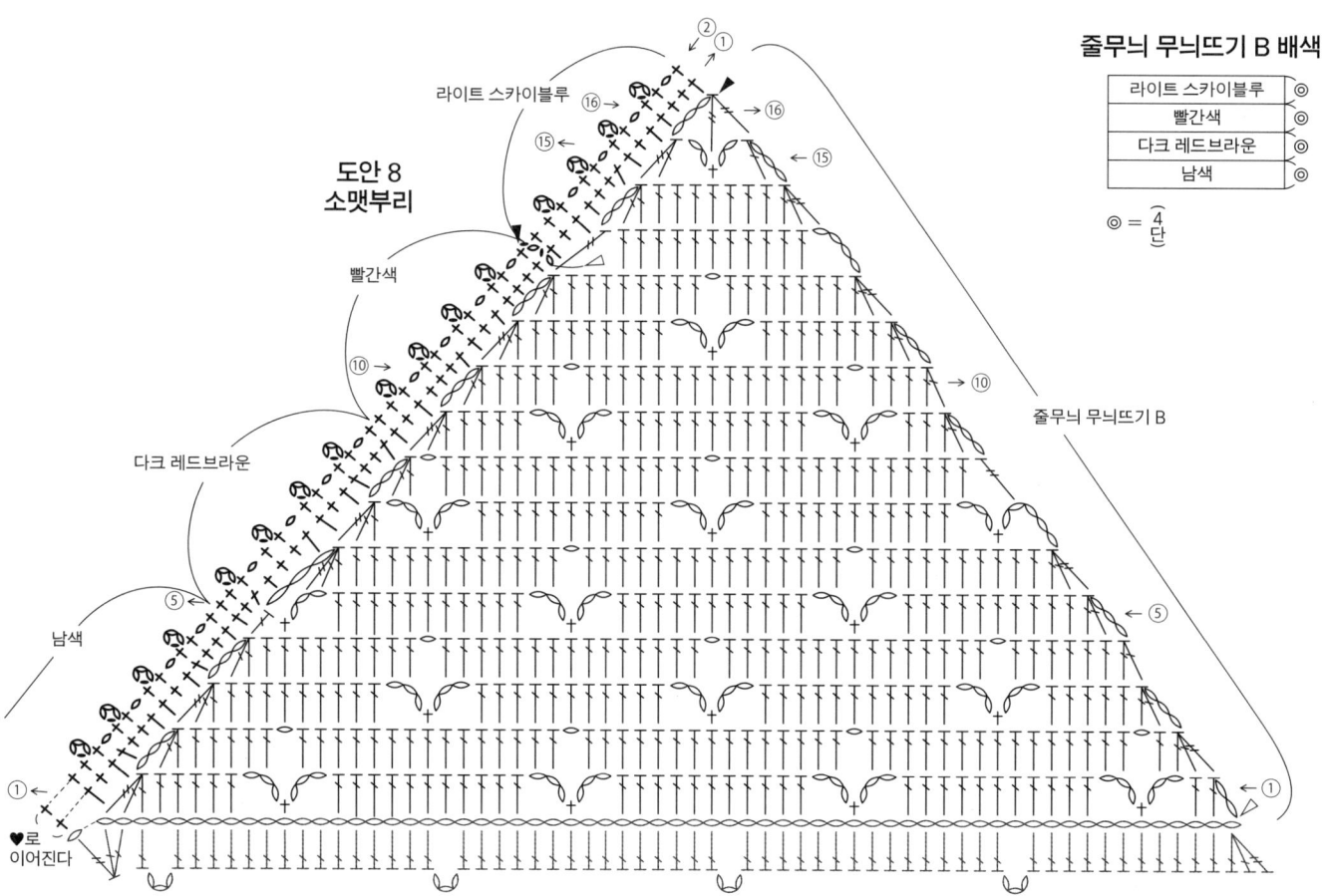

도안 8
소맷부리

줄무늬 무늬뜨기 B 배색

라이트 스카이블루	◎
빨간색	◎
다크 레드브라운	◎
남색	◎

◎ = 4단

라이트 스카이블루

빨간색

다크 레드브라운

남색

줄무늬 무늬뜨기 B

♥로 이어진다

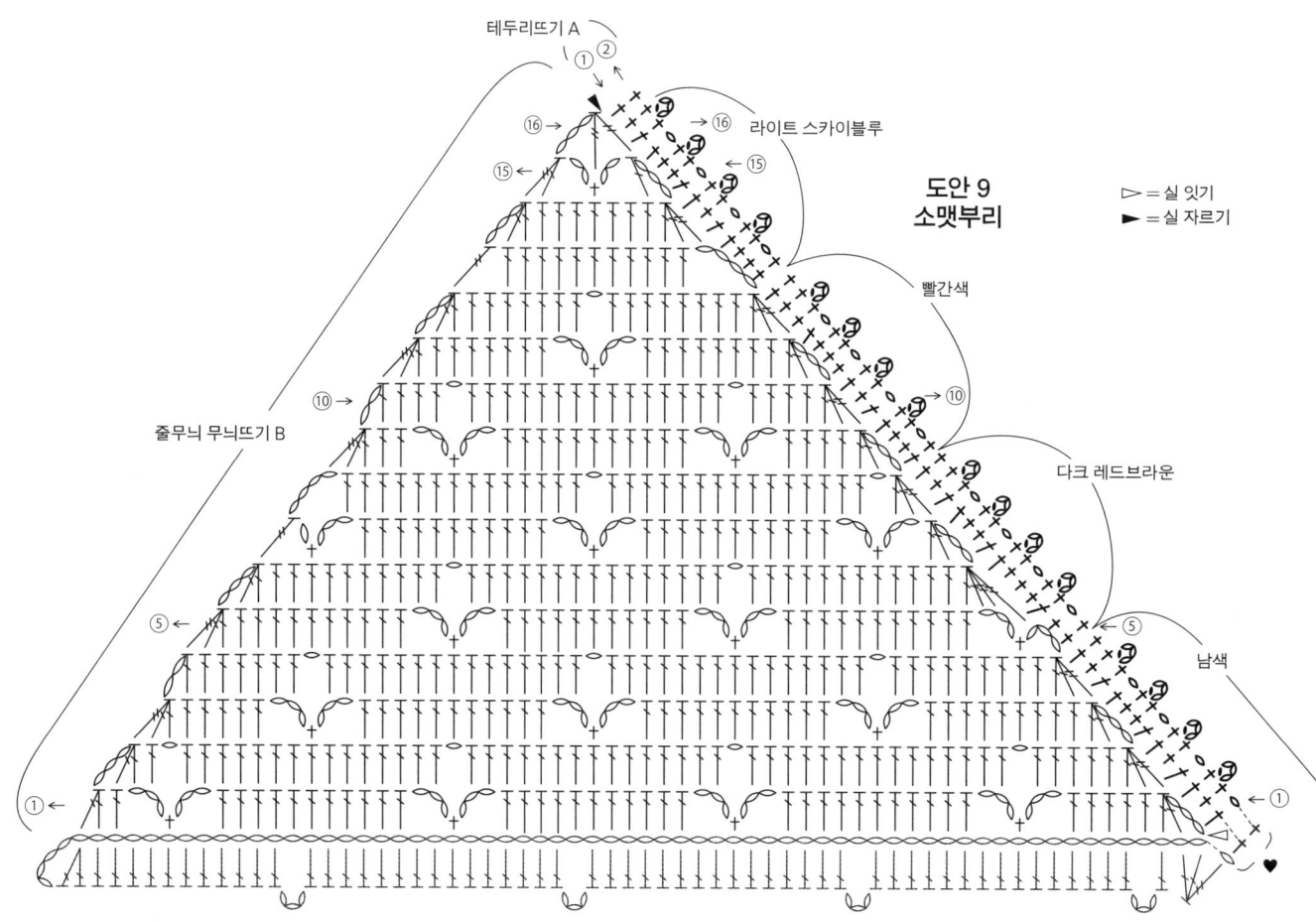

도안 9
소맷부리

테두리뜨기 A

라이트 스카이블루

빨간색

다크 레드브라운

남색

줄무늬 무늬뜨기 B

▷ = 실 잇기
► = 실 자르기

가터 잇기　중심 3코 모아 안뜨기
　　　　　　(안쪽에서 뜰 경우)

※ 일본어 사이트　※ 일본어 사이트

재료
제이미슨&스미스 1ply 카브웹 하얀색 65g 3볼
도구
대바늘 2호·3호
완성 크기
폭 130cm, 길이 56.5cm
게이지(10×10cm)
무늬뜨기 A 23코×67단
POINT
●게이지는 뜨개바탕을 펼쳐서 핀으로 고정한 다음 다림질하고 나서 잽니다. 손가락에 실을 걸어서

기초코를 만들어 뜨기 시작해 무늬뜨기 A로 뜹니다. 늘림코는 도안을 참고하세요. 뜨개 끝은 쉼코를 합니다. 이어서 무늬뜨기 B로 뜨는데, 안면을 보면서 코를 주우므로 주의하세요. 분산 늘림코는 도안을 참고해 뜹니다. 뜨개 끝은 쉼코를 합니다. 테두리뜨기는 별도 사슬로 기초코를 만들어 뜨기 시작해 무늬뜨기 A·B와 연결하면서 뜹니다. 뜨개 끝은 무늬가 이어지게끔 별도 사슬을 푼 뜨개 시작의 코와 가터 잇기로 연결합니다. 뜨개바탕을 치수보다 크게 펼쳐서 핀으로 고정한 다음 스팀다리미로 다림질하여 마무리합니다.

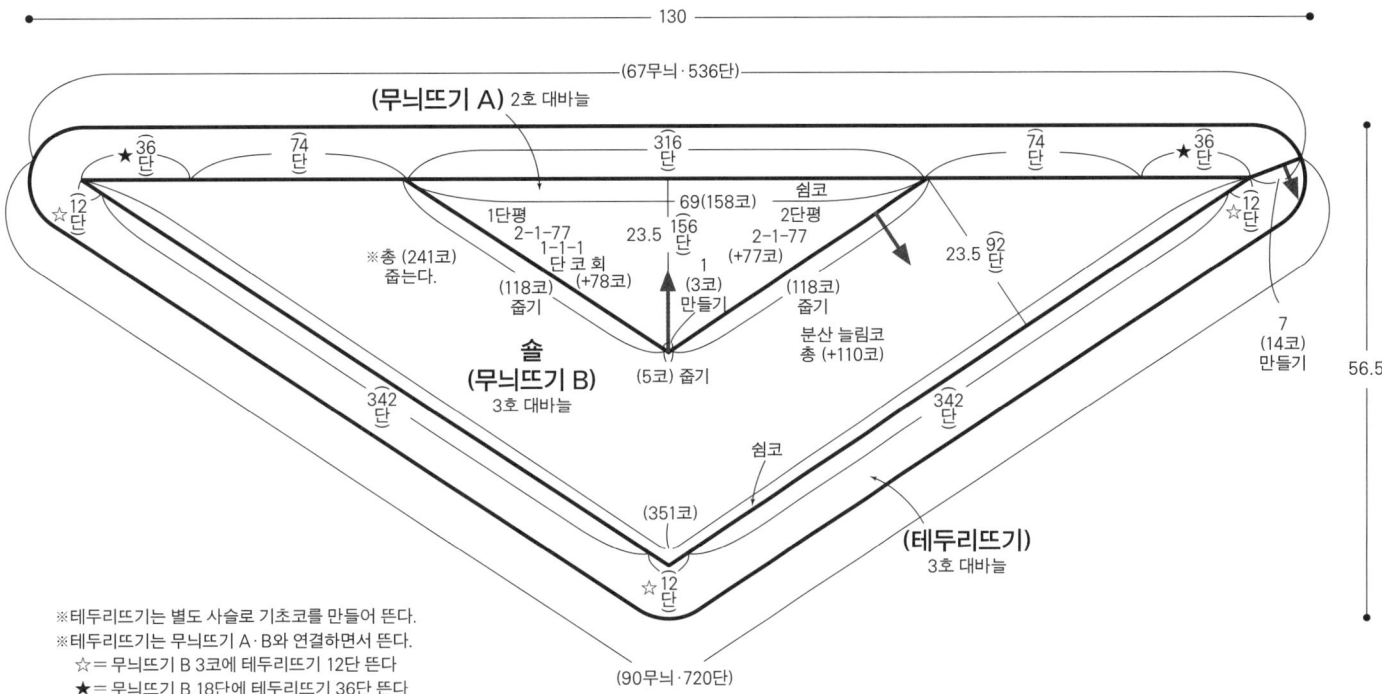

※테두리뜨기는 별도 사슬로 기초코를 만들어 뜬다.
※테두리뜨기는 무늬뜨기 A·B와 연결하면서 뜬다.
　☆= 무늬뜨기 B 3코에 테두리뜨기 12단 뜬다
　★= 무늬뜨기 B 18단에 테두리뜨기 36단 뜬다

무늬뜨기 A

테두리뜨기

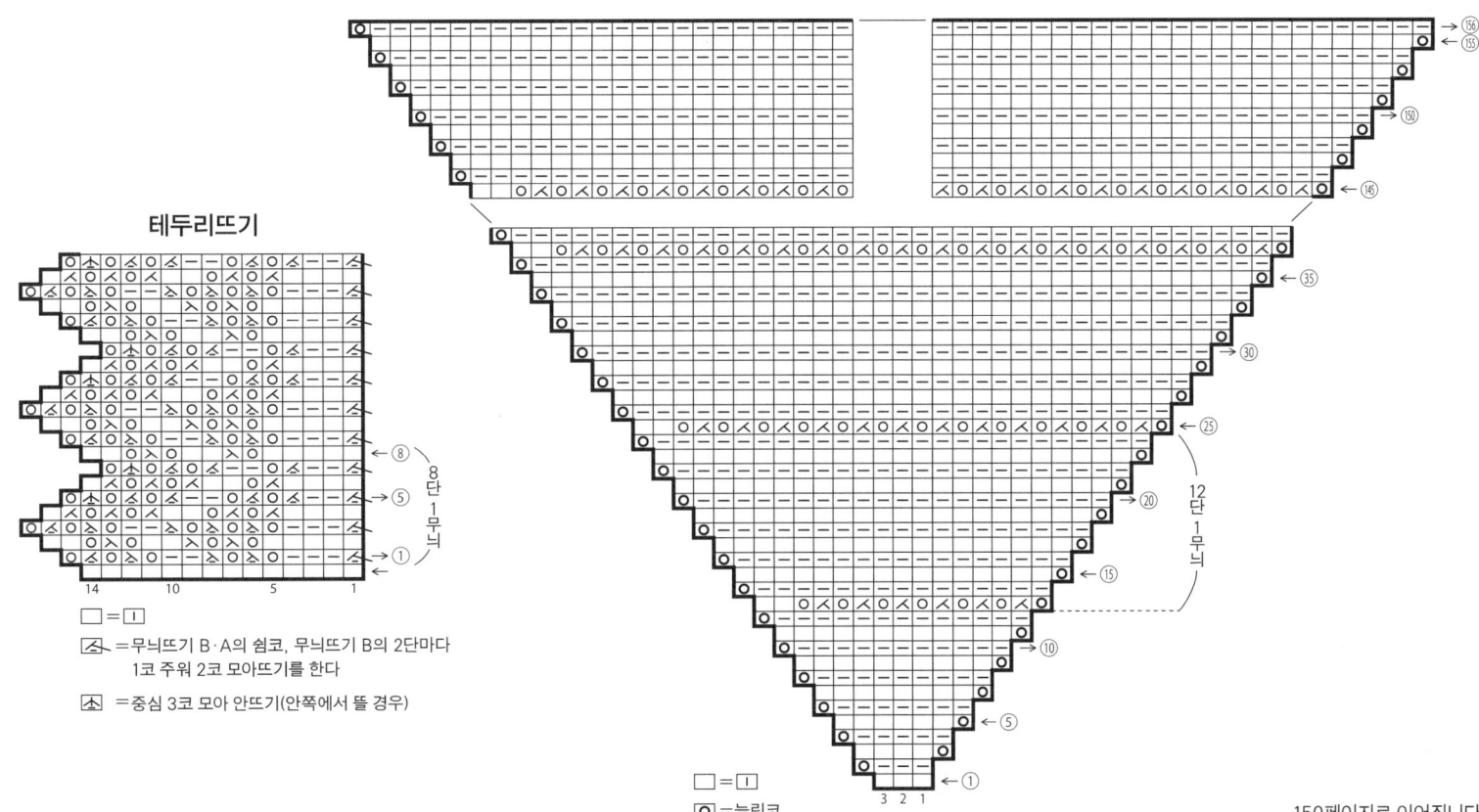

□ = ﹍
☒ = 무늬뜨기 B·A의 쉼코, 무늬뜨기 B의 2단마다
　　1코 주워 2코 모아뜨기를 한다

☒ = 중심 3코 모아 안뜨기(안쪽에서 뜰 경우)

□ = ﹍
⊙ = 늘림코

150페이지로 이어집니다. ▶

▶ 149페이지에서 이어집니다.

무늬뜨기 B와 분산 늘림코

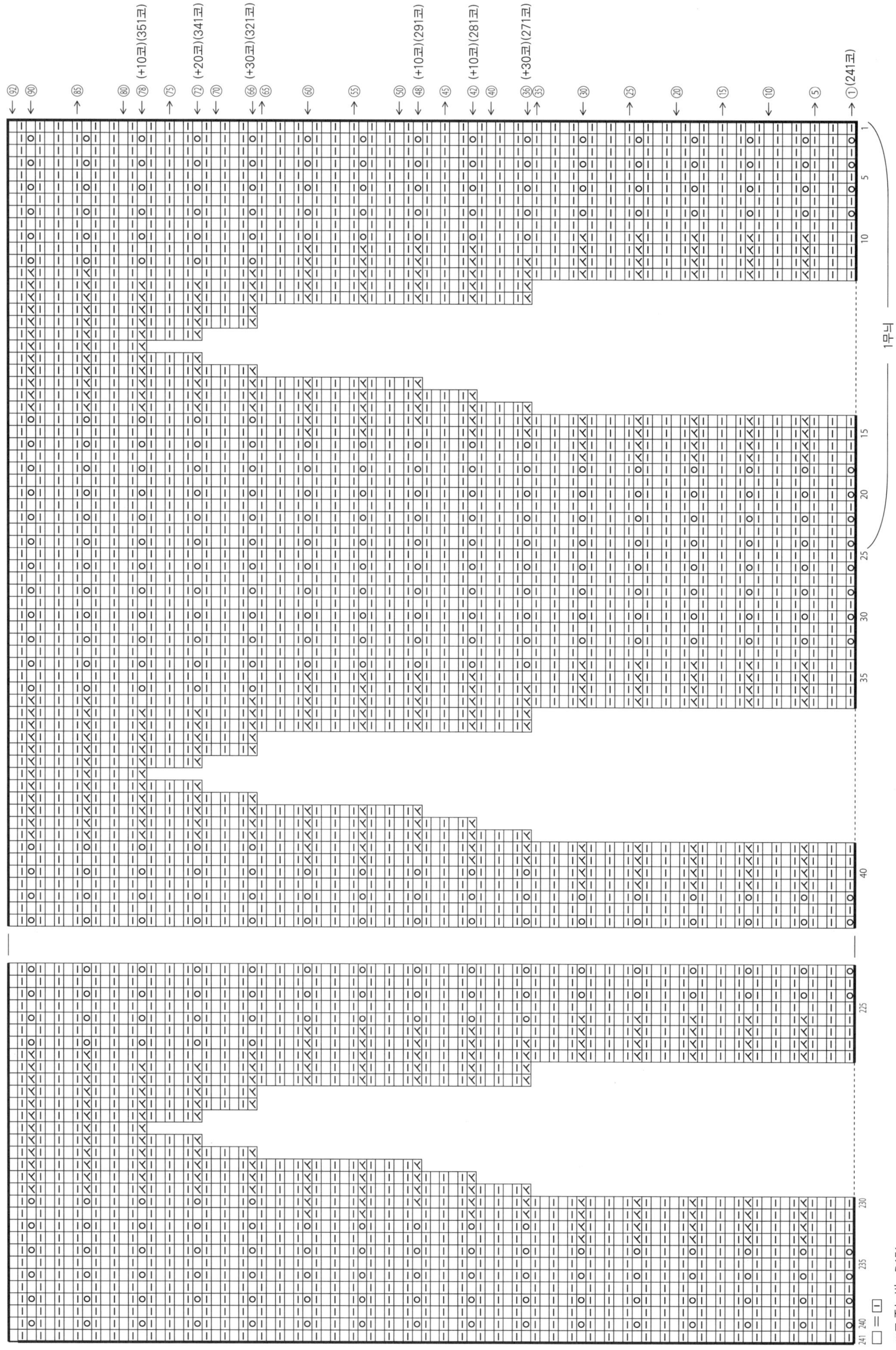
(+10코)(351코)
(+20코)(341코)
(+30코)(321코)
(+10코)(291코)
(+10코)(281코)
(+30코)(271코)
①(241코)
1무늬

□ = ⊟

※코 줍는 법→P.151

무늬뜨기 B의 1단 코줍는 법

테두리뜨기 잇는 법

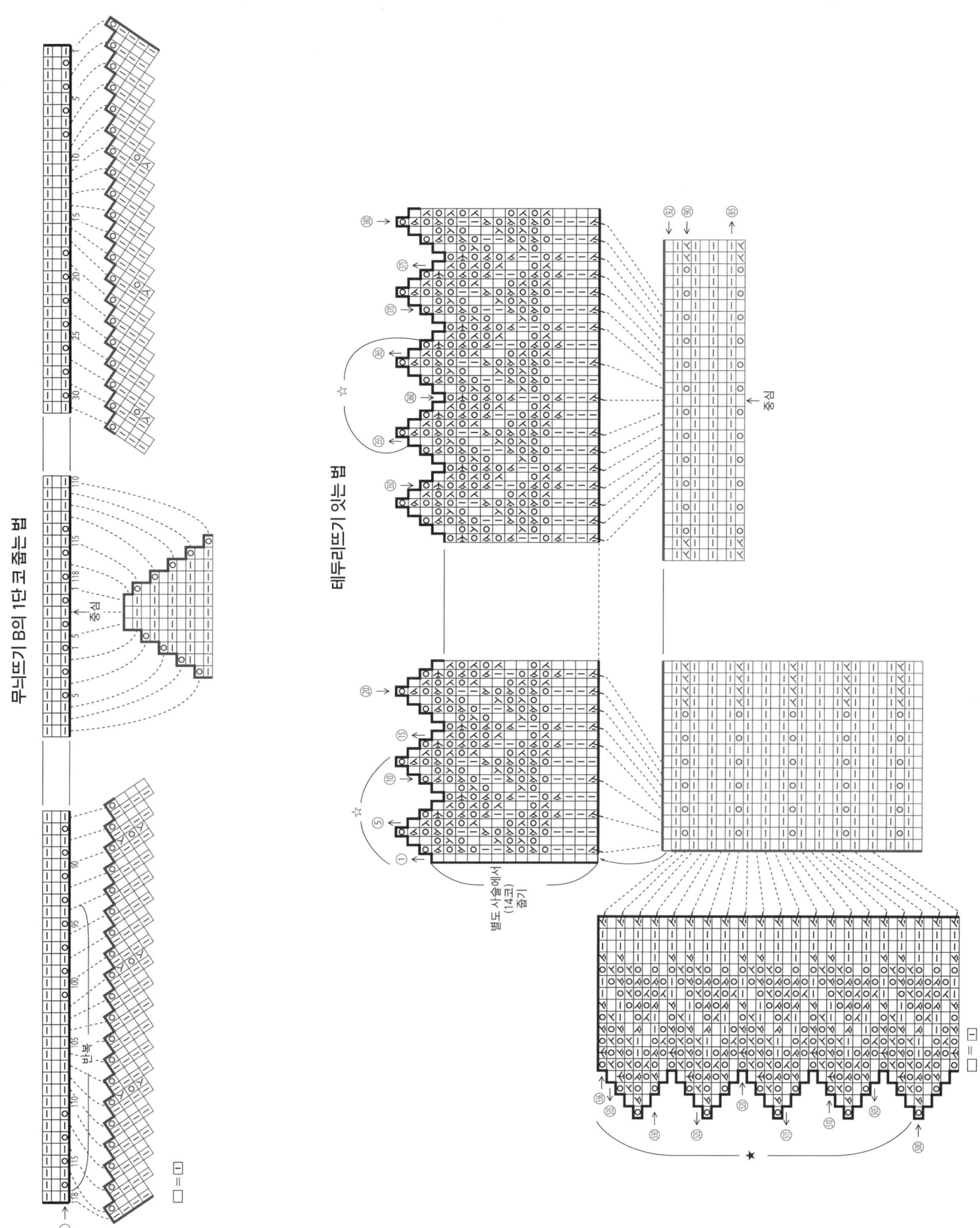

별도 사슬에서
(14코)
줍기

☆

중심

반복

□ = □

151

셰틀랜드 · 울트라 레이스

가터 잇기

※ 일본어 사이트

걸쳐 안뜨기
(2단일 때)

※ 일본어 사이트

재료
제이미슨스 셰틀랜드·울트라 레이스 내추럴 화이트(0104) 105g 5볼

도구
대바늘 9호

완성 크기
폭 180cm, 길이 90cm(블로킹 후)

게이지(10×10cm)
무늬뜨기 B·B'·D·D' 12코×24단(블로킹 후)

POINT
●게이지는 뜨개바탕을 펼쳐서 핀으로 고정한 다음 다림질하고 나서 잽니다. 별도 사슬로 기초코를 만들어 뜨기 시작해 무늬뜨기 A부터 뜹니다. 뜨개 끝은 쉼코를 하고, 이어서 무늬뜨기 A의 왼쪽 가장자리에서 코를 주워 무늬뜨기 B·B'·C·D·D'로 뜹니다. 뜨개 끝은 덮어씌워 코막음을 합니다. 무늬뜨기 A의 쉼코에서 코를 주워 무늬뜨기 A'를 무늬뜨기 B·D·C·D'·B'와 연결하면서 뜹니다. 뜨개 끝은 무늬뜨기 A의 기초코 사슬을 풀어 가터 잇기를 합니다.

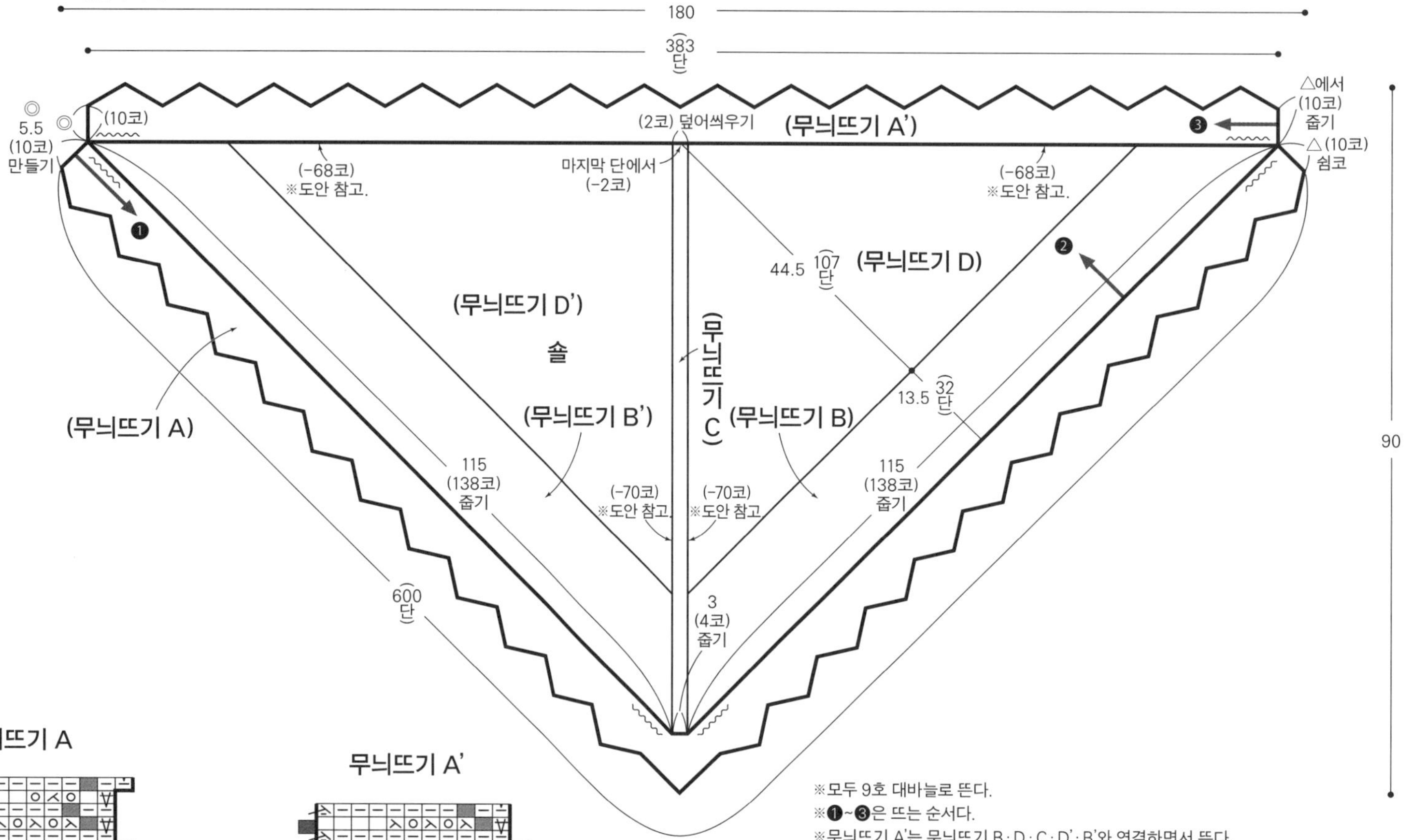

180
383단

(10코)
5.5
(10코)
만들기

①

(-68코)
※도안 참고.

(2코) 덮어씌우기
(무늬뜨기 A')

마지막 단에서
(-2코)

△에서
(10코)
줄기
③
△(10코)
쉼코

(-68코)
※도안 참고.

②

44.5
107단
(무늬뜨기 D)

(무늬뜨기 D')
숄
(무늬뜨기 B')

무늬뜨기 C

(무늬뜨기 B)

13.5
32단

90

(무늬뜨기 A)

115
(138코)
줄기

(-70코)
※도안 참고.

(-70코)
※도안 참고.

115
(138코)
줄기

600단

3
(4코)
줄기

※모두 9호 대바늘로 뜬다.
※①~③은 뜨는 순서다.
※무늬뜨기 A'는 무늬뜨기 B·D·C·D'·B'와 연결하면서 뜬다.
〜〜〜 =홈줄임
※◎끼리는 가터 잇기를 한다.

무늬뜨기 A

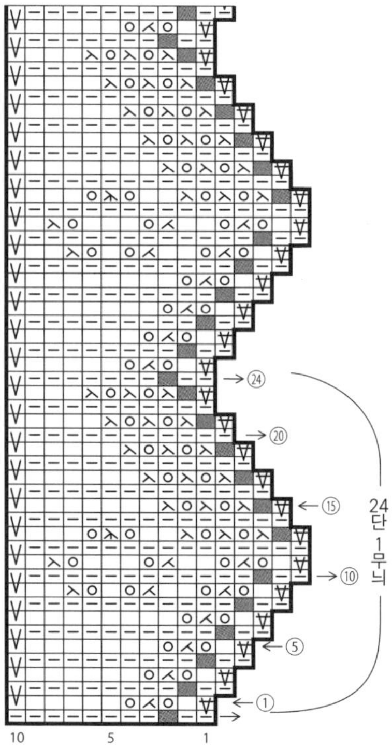

24단
1무늬

24
20
15
10
5
1

10 5 1

□ = ①
■ =코가 없는 부분
Ⅴ =걸쳐 안뜨기

무늬뜨기 A'

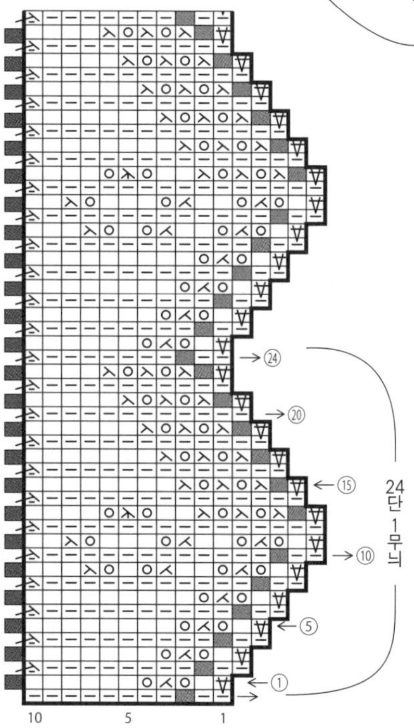

24단
1무늬

24
20
15
10
5
1

10 5 1

□ = ①
■ =코가 없는 부분
■ =무늬뜨기 B·D·C·D'·B'의 가장자리에서 코를 줍는다
☒ =안면에서 뜰 때는 ☒

무늬뜨기 B

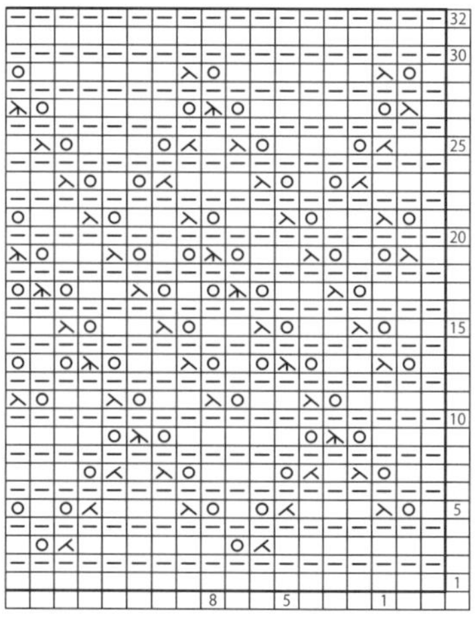

32
30
25
20
15
10
5
1

8 5 1

□ = ①

무늬뜨기 B'

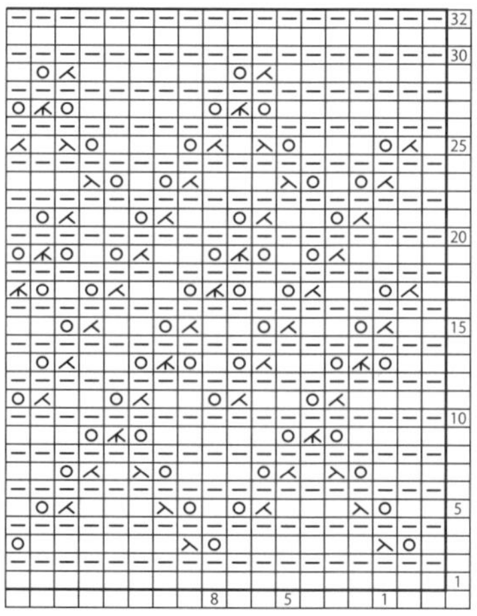

32
30
25
20
15
10
5
1

8 5 1

□ = ①

무늬뜨기 A에서의 코 줄는 법과 무늬뜨기 B·B'의 줄임코

무늬뜨기 B

무늬뜨기 C

무늬뜨기 B'

마귀비기 A

□ = □
= 코가 없는 부분
図·図·図 = 줄임코
■ = 줄임코

● = 무늬뜨기 A' 줄는 위치

홈줄임 부분에서 코 줄는 법
← 걸러뜨기
가장자리의 걸러뜨기에 화살표처럼 바늘을 넣어 1코 줄는다

154페이지로 이어집니다. ▶

▶ 153페이지에서 이어집니다.

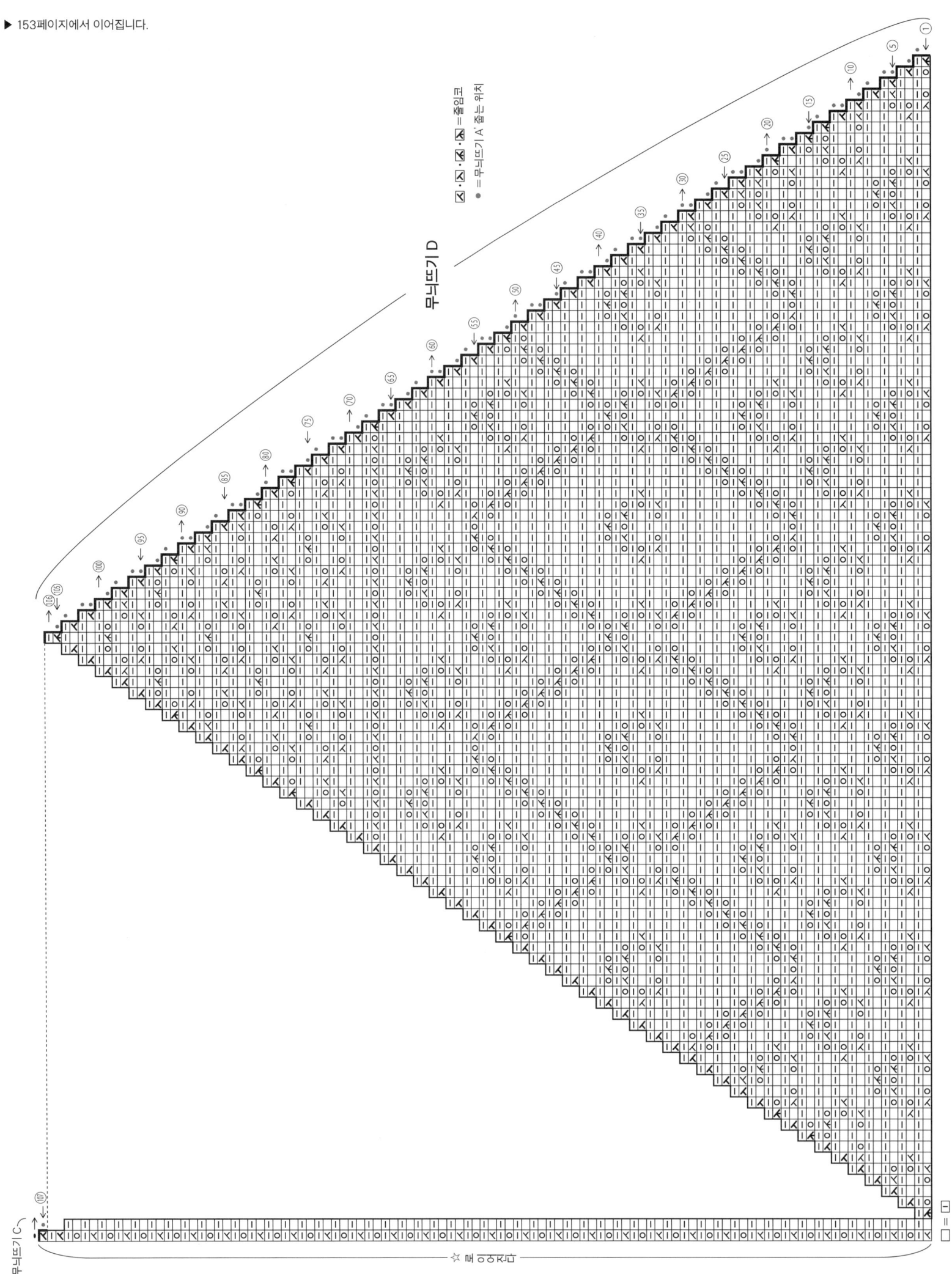

무늬뜨기 D

무늬뜨기 A

무늬뜨기 C

☆ 콧수 여기까지

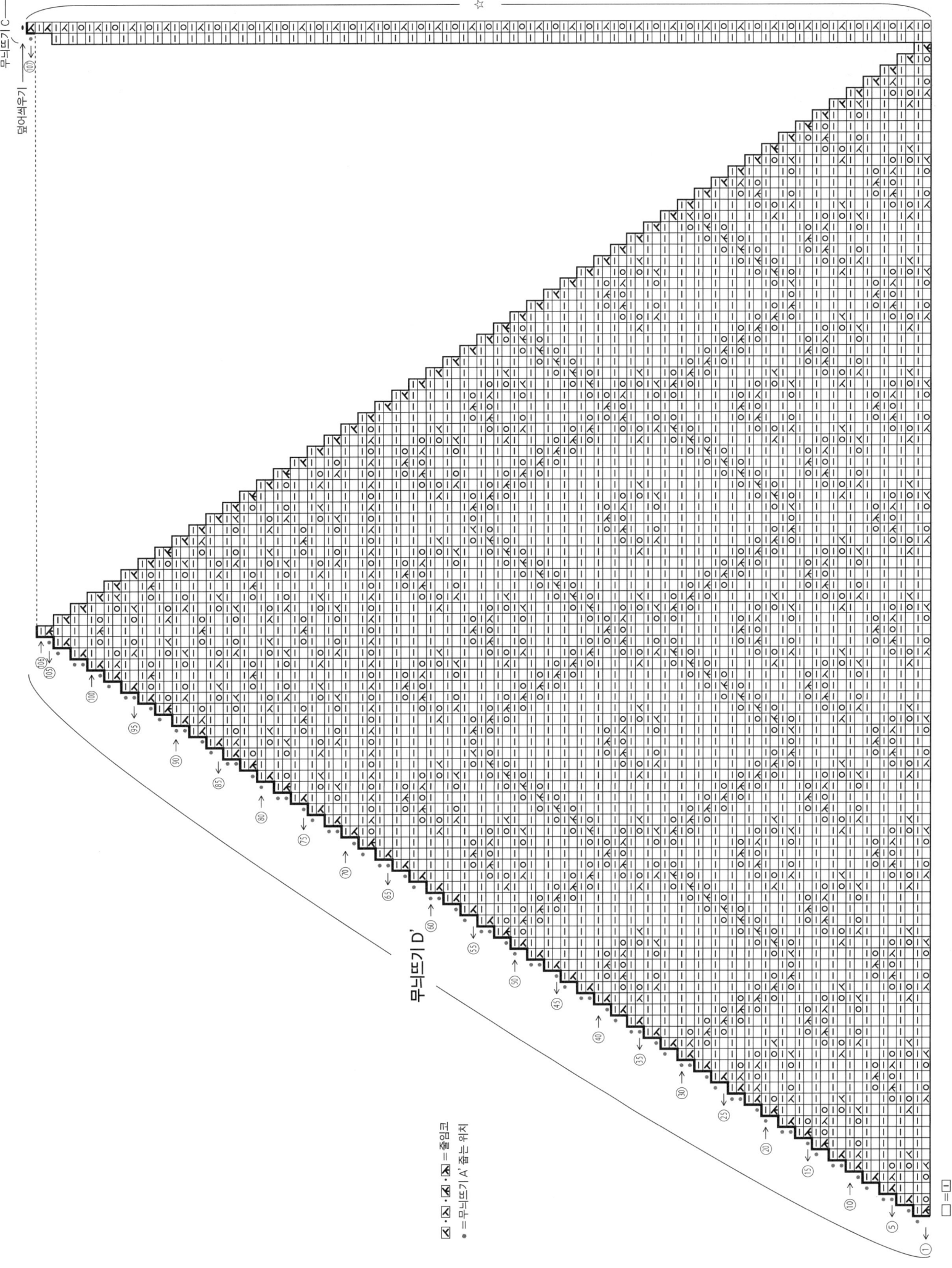

무늬뜨기 C ─

덮어씌우기

무늬뜨기 D'

무늬뜨기 A'

◁ · ◁ · ◁ · ◁ = 줄임코
● = 무늬뜨기 A' 줍는 위치

□ = □
□ = □

재료
올림포스 에미 그란데 〈컬러즈〉
색이름·색번호·사용량, 부자재는 도안의 표를 참
고하세요
도구
코바늘 2/0호

완성 크기
도안 참고
POINT
●도안을 참고해 각 파트를 뜹니다. 마무리하는 법
을 참고해 완성합니다.

실 사용량과 부자재

색이름(색번호)	사용량	부자재
검정색(901)	12g/2볼	수예용 솜 적당히, 스프레이 풀, 25
흰색(801)	조금/1볼	번 자주실 빨간색·노란색 각각 조금

고양이 요괴 ※모두 2/0호 코바늘로 뜬다.

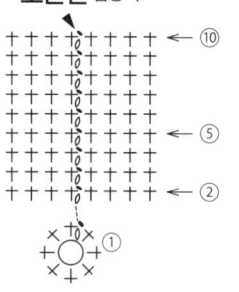

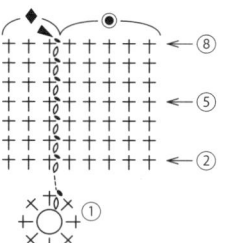

오른손 검정색

왼손 검정색

다리 검정색 2개

▷ = 실 잇기
► = 실 자르기

※실을 조금 길게 남기고 자른다.
◆ = 몸통의 10단째와 합치는 위치
◉ = 몸통의 11단째 줍는 위치

몸통 검정색　※마지막 단 코에 실을 통과시켜 오므린다.

배 쪽　　등 쪽

← ㉔
← ㉒ (−3코)(24코)
← ㉑ (−3코)(27코)
← ⑳ (−3코)(30코)
← ⑲ (−3코)(33코)
← ⑱ (−3코)(36코)
← ⑰ (−2코)(39코)
← ⑮ (−2코)(41코)
← ⑪ (+5코)(43코)
← ⑩
← ⑤
← ④ (+4코)(38코)

바닥

◆ =왼손을 겹치고 왼손의 남겨둔 실로 같이 빼낸다
◉ =왼손에서 코를 주워 뜬다

꼬리 검정색

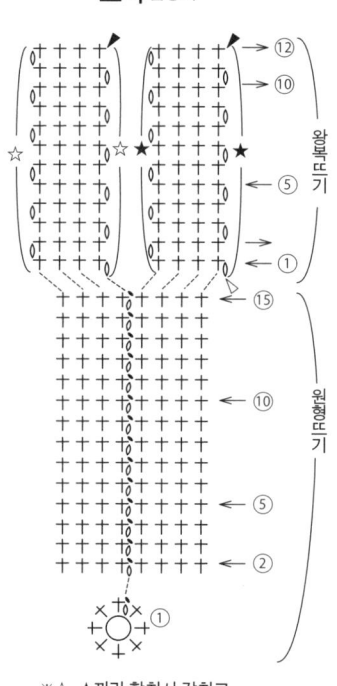

왕복뜨기
원형뜨기

※☆, ★끼리 합쳐서 감치고,
스프레이 풀을 발라 모양을 잡는다.

백 스티치

5빼기
3
4(1)넣기
3빼기 1빼기 2넣기

스트레이트 스티치

1빼기
2넣기

새틴 스티치

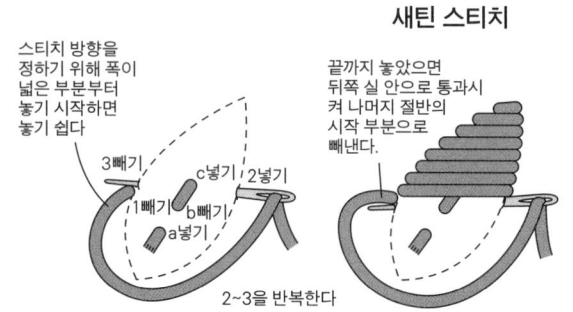

스티치 방향을
정하기 위해 폭이
넓은 부분부터
놓기 시작하면
놓기 쉽다

3빼기 c넣기 2넣기
1빼기 b넣기
a넣기

2~3을 반복한다

끝까지 놓았으면
뒤쪽 실 안으로 통과시
켜 나머지 절반의
시작 부분으로
빼낸다.

플라이 스티치

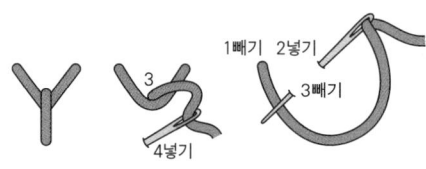

1빼기 2넣기
3
3빼기
4넣기

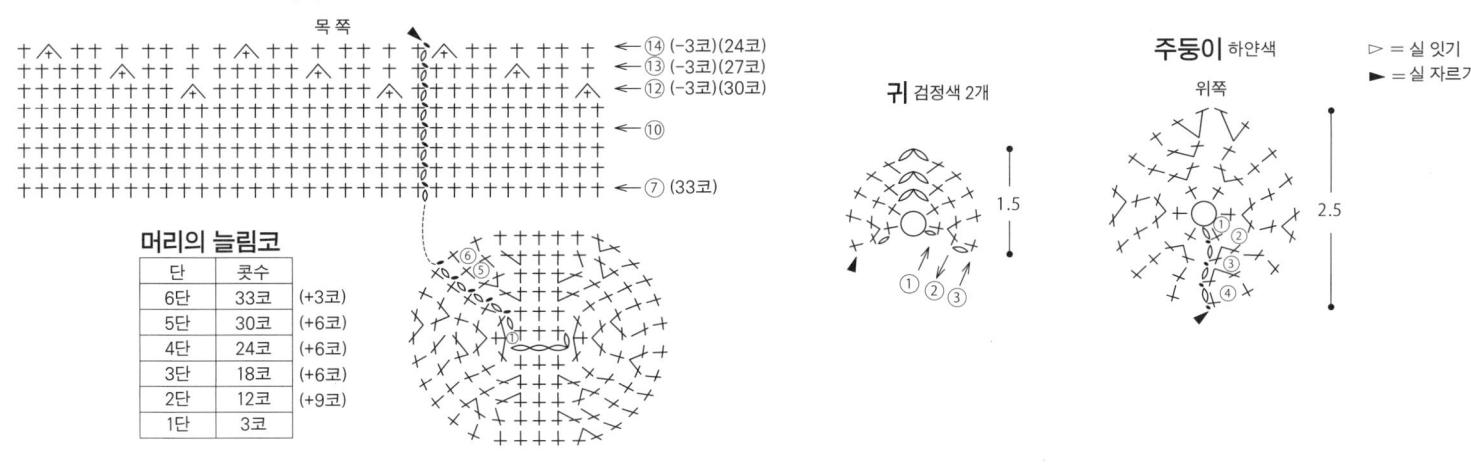

머리 검정색

목쪽

← ⑭ (-3코)(24코)
← ⑬ (-3코)(27코)
← ⑫ (-3코)(30코)
← ⑩
← ⑦ (33코)

머리의 늘림코

단	콧수	
6단	33코	(+3코)
5단	30코	(+6코)
4단	24코	(+6코)
3단	18코	(+6코)
2단	12코	(+9코)
1단	3코	

귀 검정색 2개

1.5

주둥이 하얀색

위쪽

▷ = 실 잇기
► = 실 자르기

2.5

솜을 채우고 머리와
몸통을 감아 꿰맨다

고양이 요괴 마무리하는 법

귀를 꿰매 붙인다

새틴 스티치
자수실(노란색)
6겹

스트레이트 스티치
검정색 1개

주둥이에 솜을 채워
머리에 꿰매 붙인다

새틴 스티치
자수실(빨간색)
3겹

오른손 끝을 구부려
꿰매 고정하고,
몸통에 꿰매 붙인다

솜을 채우고
머리와 몸통을
감아 꿰맨다

백 스티치
자수실(빨간색)
3겹

다리를 3단째에
꿰매 붙인다
(솜은 채우지 않는다)

왼손 끝을 꿰매 붙인다

몸통과 꼬리 안쪽을
몇 군데 꿰매 붙인다

⑯단 ⑤단 ②단 ⑦단 ⑥단

10

6

도깨비불 ※모두 2/0호 코바늘로 뜬다.

실 사용량과 부자재

색이름(색번호)	사용량	부자재
하얀색(801)	1g/1볼	수예용 솜 적당히,
브라이트 옐로(543)	1g/1볼	낚싯줄 2호 적당히,
스트롱 오렌지(172)	1g/1볼	지름 2mm의 투명 소프트 플라스틱 원형봉40cm×2개

도깨비불 마무리하는 법

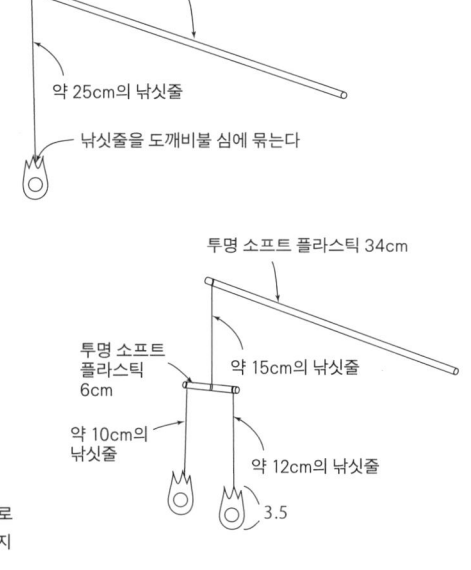

투명 소프트 플라스틱 40cm

약 25cm의 낚싯줄

낚싯줄을 도깨비불 심에 묶는다

투명 소프트 플라스틱 34cm

투명 소프트
플라스틱
6cm

약 15cm의 낚싯줄

약 10cm의
낚싯줄

약 12cm의
낚싯줄

3.5

도깨비불 심 하얀색 3개

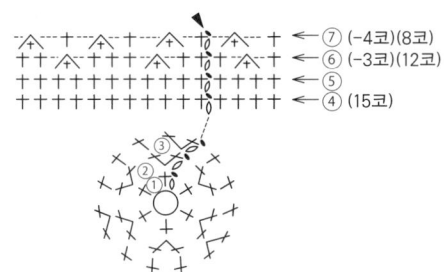

← ⑦ (-4코)(8코)
← ⑥ (-3코)(12코)
← ⑤
← ④ (15코)

※솜을 채워 마지막 단 코에 실을 통과시켜 오므린다.

도깨비불 바깥쪽 3개

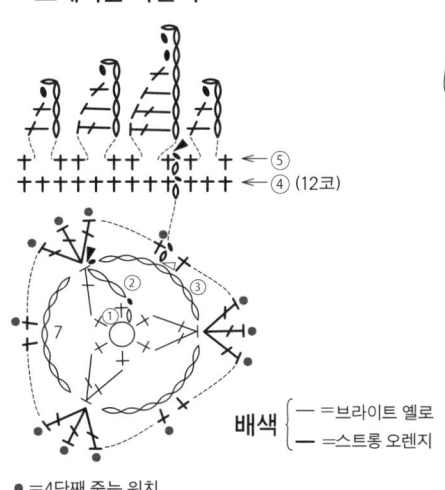

← ⑤
← ④ (12코)

7

배색 ┌ — =브라이트 옐로
└ — =스트롱 오렌지

● =4단째 줄이는 위치

※4단째까지 뜨면, 도깨비불 심을 안에 넣고 뜬다.

158페이지로 이어집니다.▶

▶157페이지에서 이어집니다.

지우산 요괴 ※모두 2/0호 코바늘로 뜬다.

실 사용량과 부자재

색이름(색번호)	사용량	부자재
비리디언 그린(265)	8g/1볼	지름 5mm의 나무 원형봉 10cm,
페일 베이지(734)	4g/1볼	퀼트 솜 적당히,
골드(514)	3g/1볼	판지 1.5x3cm,
하얀색(801)	조금/1볼	지름 6cm의 플라스틱판,
검정색(901)	조금/1볼	수예용 솜 조금,
빨간색(192)	조금/1볼	양면테이프

혀 빨간색

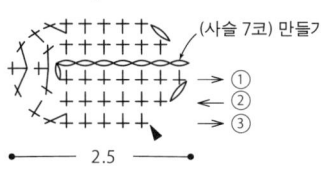

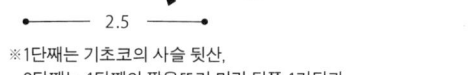

(사슬 7코) 만들기
→ ①
← ②
→ ③

2.5

※1단째는 기초코의 사슬 뒷산,
2단째는 1단째의 짧은뜨기 머리 뒤쪽 1가닥과
기초코의 사슬 뒤쪽 1가닥을 주워서 짧은뜨기를 뜬다.

우산 머리 골드

⊥ =앞단의 머리 뒤쪽 1가닥을
주워 뜬다.

눈

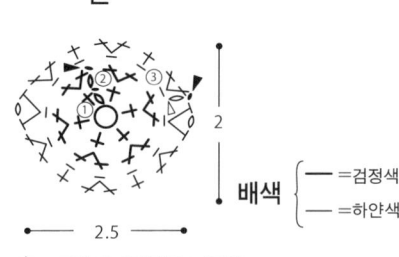

2

배색 {
━ =검정색
━ =하얀색
}

2.5

⊥ =앞단의 머리 뒤쪽 1가닥을
주워 짧은뜨기를 뜬다.

우산 비리디언 그린

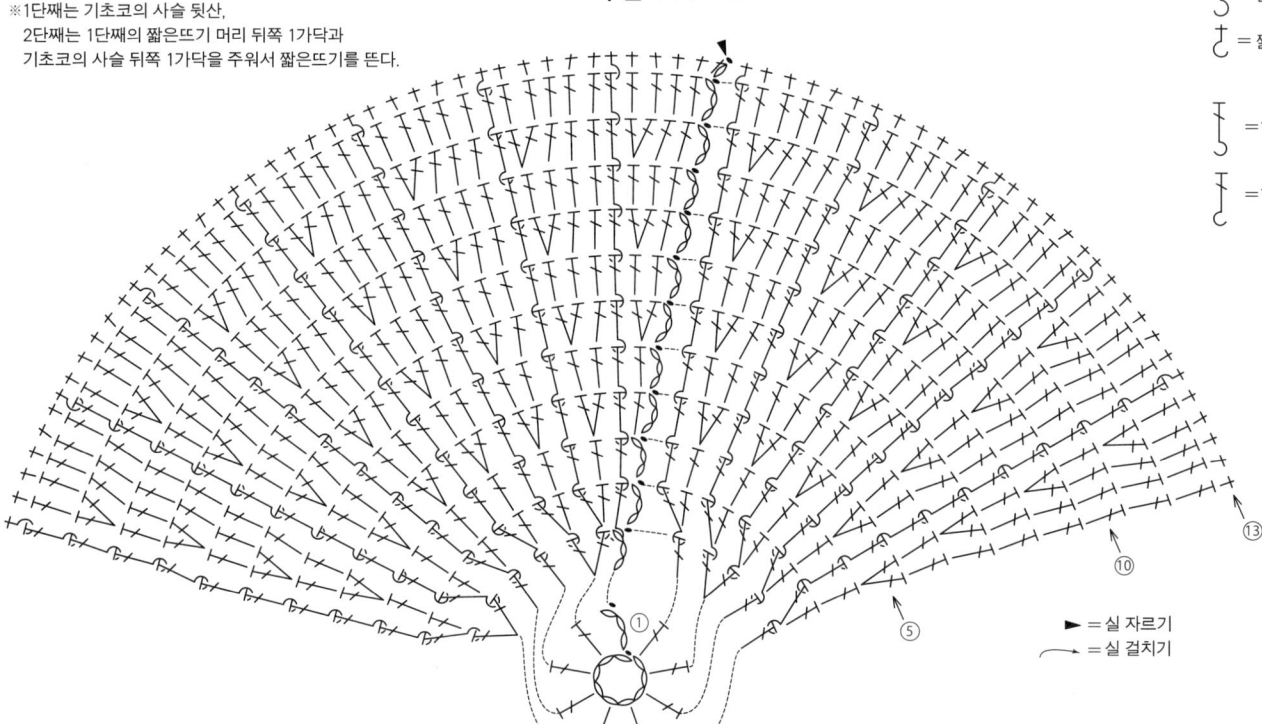

↑ = 짧은 앞걸어뜨기

↑ = 짧은 뒤걸어뜨기

♩ =한길 긴 앞걸어뜨기

♩ =한길 긴 뒤걸어뜨기

우산의 늘림코

단	콧수	
12, 13단	72코	
11단	72코	(+12코)
10단	60코	
9단	60코	(+12코)
8단	48코	
7단	48코	(+12코)
6단	36코	
5단	36코	(+12코)
4단	24코	
3단	24코	(+12코)
2단	12코	(+3코)
1단	9코	

▶ = 실 자르기
↪ = 실 걸치기

지우산 요괴 마무리하는 법

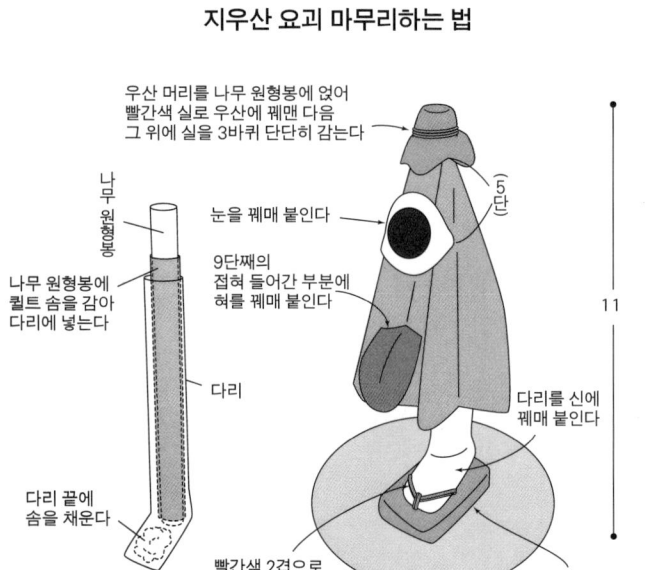

우산 머리를 나무 원형봉에 얹어
빨간색 실로 우산에 꿰맨 다음
그 위에 실을 3바퀴 단단히 감는다

나무 원형봉

나무 원형봉에
퀼트 솜을 감아
다리에 넣는다

눈을 꿰매 붙인다

9단째의
접혀 들어간 부분에
혀를 꿰매 붙인다

다리

다리 끝에
솜을 채운다

빨간색 2겹으로
판자째 뒤쪽까지
바늘을 넣어
플라이 스티치

다리를 신에
꿰매 붙인다

플라스틱판 받침에
양면테이프로 붙인다

5단

11

다리 페일 베이지

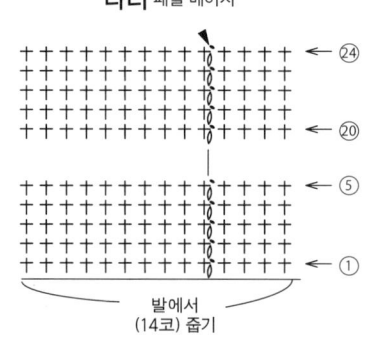

← ㉔
← ⑳
← ⑤
← ①

발에서
(14코) 줄기

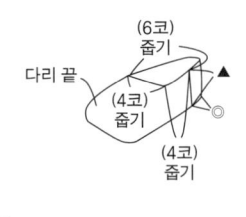

(6코)
줄기

다리 끝

(4코)
줄기

(4코)
줄기

발 페일 베이지

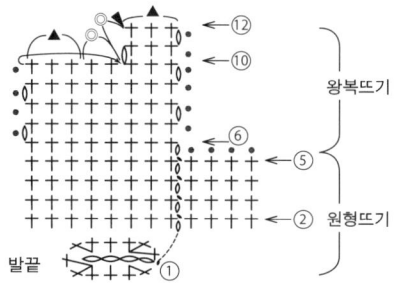

← ⑫
← ⑩

왕복뜨기

← ⑤
⑥
← ⑤
← ②

원형뜨기

발끝

①

※ 맞춤 표시끼리 감아 꿰맨다.

• =다리 줍는 위치

신 골드 2개

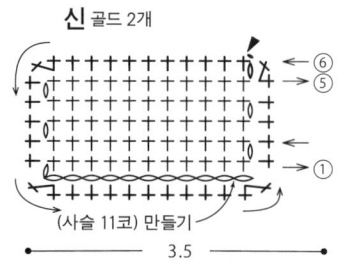

← ⑥
← ⑤
①

3.5

(사슬 11코) 만들기

※안에 판지를 끼워 겉면이 바깥을 보도록 합치고,
마지막 단끼리 감아잇기로 합친다.

등롱 요괴 ※모두 2/0호 코바늘로 뜬다.

실 사용량과 부자재

색이름(색번호)	사용량	부자재
페일 옐로(560)	8g/1볼	지름 5mm의 나무 원형봉, 8cm
검정색(901)	2g/1볼	#26 와이어 16cm,
빨간색(192)	2g/1볼	지름 1mm 와이어(검정색) 10cm,
하얀색(801)	조금/1볼	수예용 본드, 유성 매직(검정색)

혀 빨간색

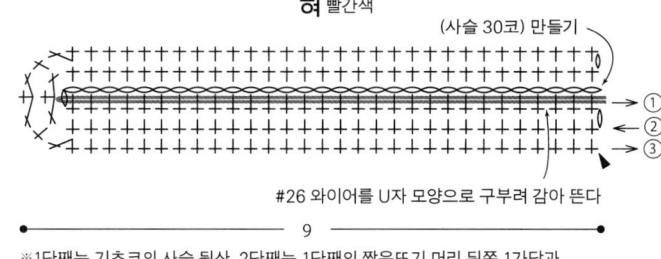

(사슬 30코) 만들기

① ② ③

#26 와이어를 U자 모양으로 구부려 감아 뜬다

9

※1단째는 기초코의 사슬 뒷산, 2단째는 1단째의 짧은뜨기 머리 뒤쪽 1가닥과 기초코의 사슬 뒤쪽 1가닥을 주워 짧은뜨기를 뜬다.

등롱 아래 검정색

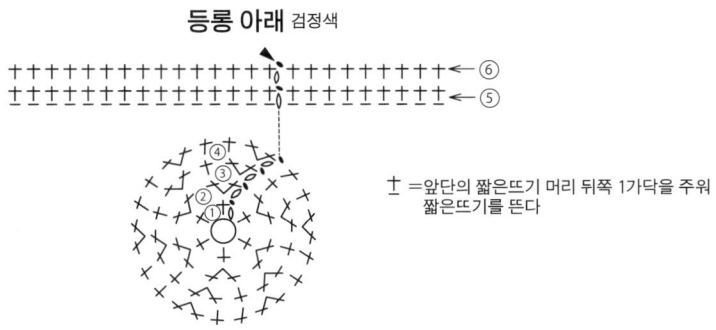

⑥ ⑤ ④ ③ ② ①

† =앞단의 짧은뜨기 머리 뒤쪽 1가닥을 주워 짧은뜨기를 뜬다

등롱 위 검정색

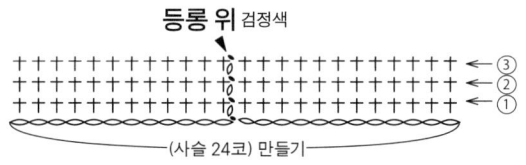

③ ② ①

(사슬 24코) 만들기

▷ = 실 잇기
► = 실 자르기

본체 페일 옐로 2개

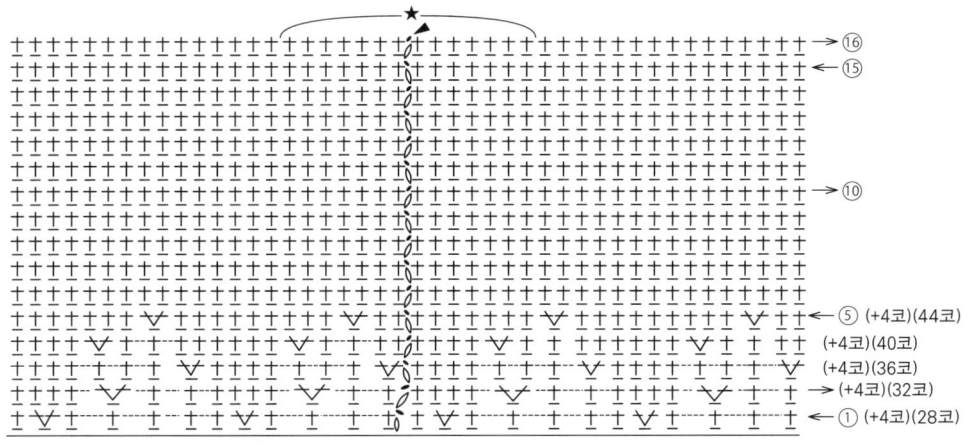

★

⑯ ⑮ ⑩

⑤ (+4코)(44코)
(+4코)(40코)
(+4코)(36코)
(+4코)(32코)
① (+4코)(28코)

† =1단째는 등롱 위와 아래의 마지막 단의 짧은뜨기 머리 앞쪽 1가닥,
　2단째 이후는 앞단의 짧은뜨기 머리 뒤쪽 1가닥을 주워 짧은뜨기를 뜬다

눈

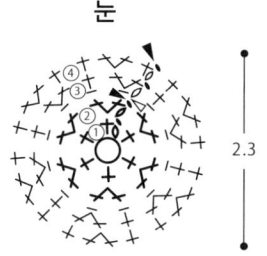

④ ③ ② ①

2.3

† = 앞단의 짧은뜨기 머리 뒤쪽 1가닥을 주워 짧은뜨기를 뜬다

배색 { = 검정색　= 하얀색 }

등롱 요괴 마무리하는 법

쇠장식 지름 1mm 와이어(검정색)
※실물 크기.

a
b

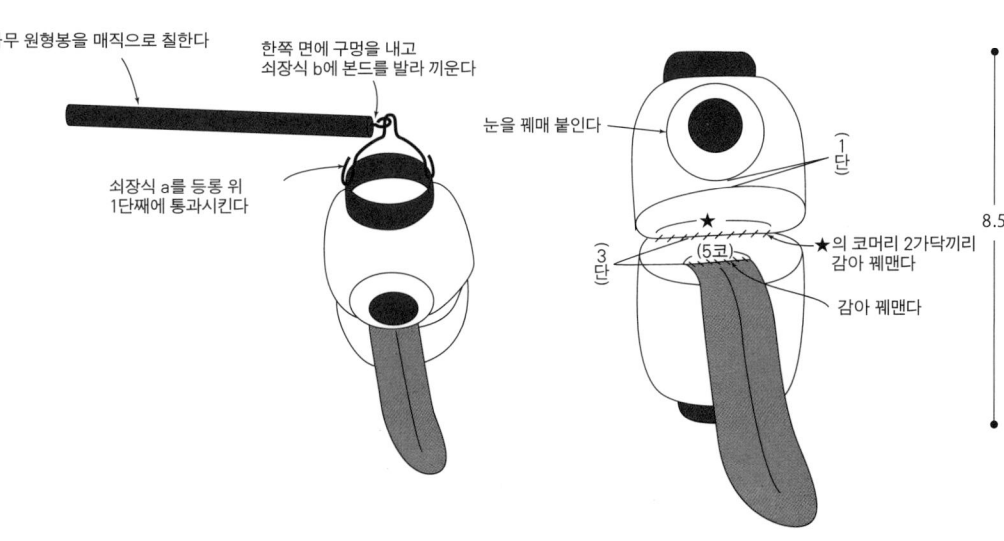

나무 원형봉을 매직으로 칠한다

한쪽 면에 구멍을 내고 쇠장식 b에 본드를 발라 끼운다

쇠장식 a를 등롱 위 1단째에 통과시킨다

눈을 꿰매 붙인다

(1)단
(3)단
(5코)

★의 코머리 2가닥끼리 감아 꿰맨다

감아 꿰맨다

8.5

스레드 코드

※ 일본어 사이트

재료
올림포스 금표 40번 레이스실
[A] 브라이트 에크뤼(802) 20g/2볼
[B] 코랄 레드(144) 20g/2볼
[C] 아이보리 화이트(731) 15g/2볼
지름 8mm의 펄 비즈 1개
[D] 라이트 그레이시 블루(340) 15g/2볼, 지름 8mm의 펄 비즈 1개
[E] 옐로 카키(284) 15g/2볼, 지름 8mm의 펄 비즈 1개

도구
[A, B] 레이스 바늘 6호·2호
[C, D, E] 레이스 바늘 6호

완성 크기
[A, B] 목둘레 48cm, 길이 6.5cm
[C, D, E] 목둘레 46cm, 길이 5.5cm

게이지
무늬뜨기 A 1무늬=3cm, 18.5단=10cm

point
●공통…사슬 기초코로 뜨기 시작하고, 무늬뜨기 A로 뜹니다.
●A, B…테두리뜨기 A와 무늬뜨기 B를 이어서 뜹니다. 끈을 뜨고, 지정 위치에 꿰매 붙입니다.
●C, D, E…테두리뜨기 B와 무늬뜨기 C를 이어서 뜹니다. 테두리뜨기 B의 2단째에 단춧고리를 만듭니다. 펄 비즈를 달아 완성합니다.

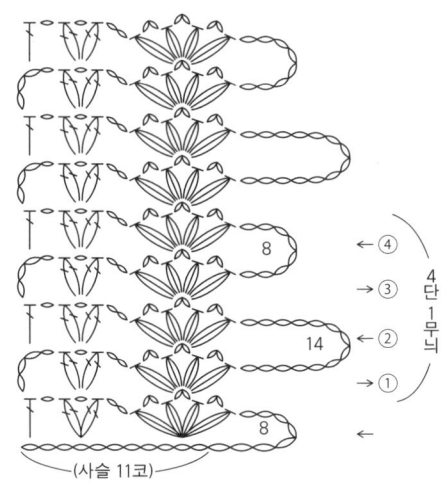

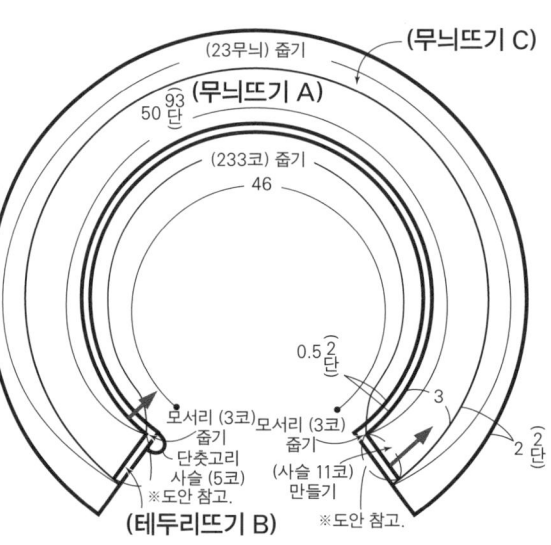

무늬뜨기 A

← ④
→ ③
← ②
→ ①
←

4단 1무늬

8
14
8

(사슬 11코)

A, B

(무늬뜨기 B)
(23무늬) 줍기
93
50단
(무늬뜨기 A)
(233코) 줍기
48

3단
3
2.5 3단
(사슬 11코) 만들기
※도안 참고.

모서리 (3코) 줍기 모서리 (3코) 줍기
※도안 참고.

(테두리뜨기 A)

※지정하지 않은 것은 레이스 바늘 6호로 뜬다.
※테두리뜨기 A와 무늬뜨기 B는 이어서 뜬다.
●= 끈 연결하는 위치

끈 (A, B) 각 2개
(스레드 코드) 레이스 바늘 2호

24(120코)

※뜨는 실은 2가닥, 거는 실은 1가닥으로 뜬다.

C, D, E

(무늬뜨기 C)
(23무늬) 줍기
93
50단
(무늬뜨기 A)
(233코) 줍기
46

0.5 2단
3
2단
(사슬 11코) 만들기
※도안 참고.

모서리 (3코) 줍기 모서리 (3코) 줍기
단춧고리 사슬 (5코)
※도안 참고.

(테두리뜨기 B)

※모두 레이스 바늘 6호로 뜬다.
※테두리뜨기 B와 무늬뜨기 C는 이어서 뜬다.

스레드 코드

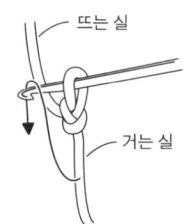

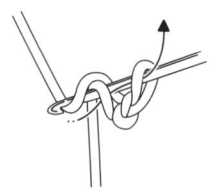

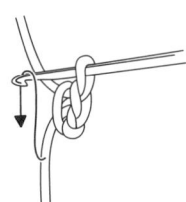

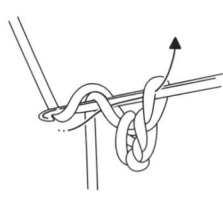

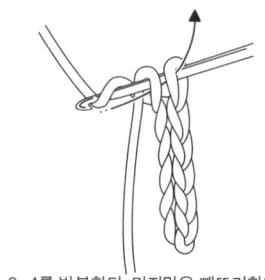

1 뜨고 싶은 길이의 3배만큼 실꼬리를 남기고 1코를 만든다. 실꼬리를 코바늘에 앞에서 뒤로 건다.

2 실을 걸어 코바늘에 걸린 실 2가닥을 한꺼번에 통과한다.

3 실꼬리를 코바늘에 앞에서 뒤로 건다.

4 바늘에 걸린 실 2가닥을 한꺼번에 통과한다.

5 3~4를 반복한다. 마지막은 빼뜨기한다.

뜨는 실
거는 실

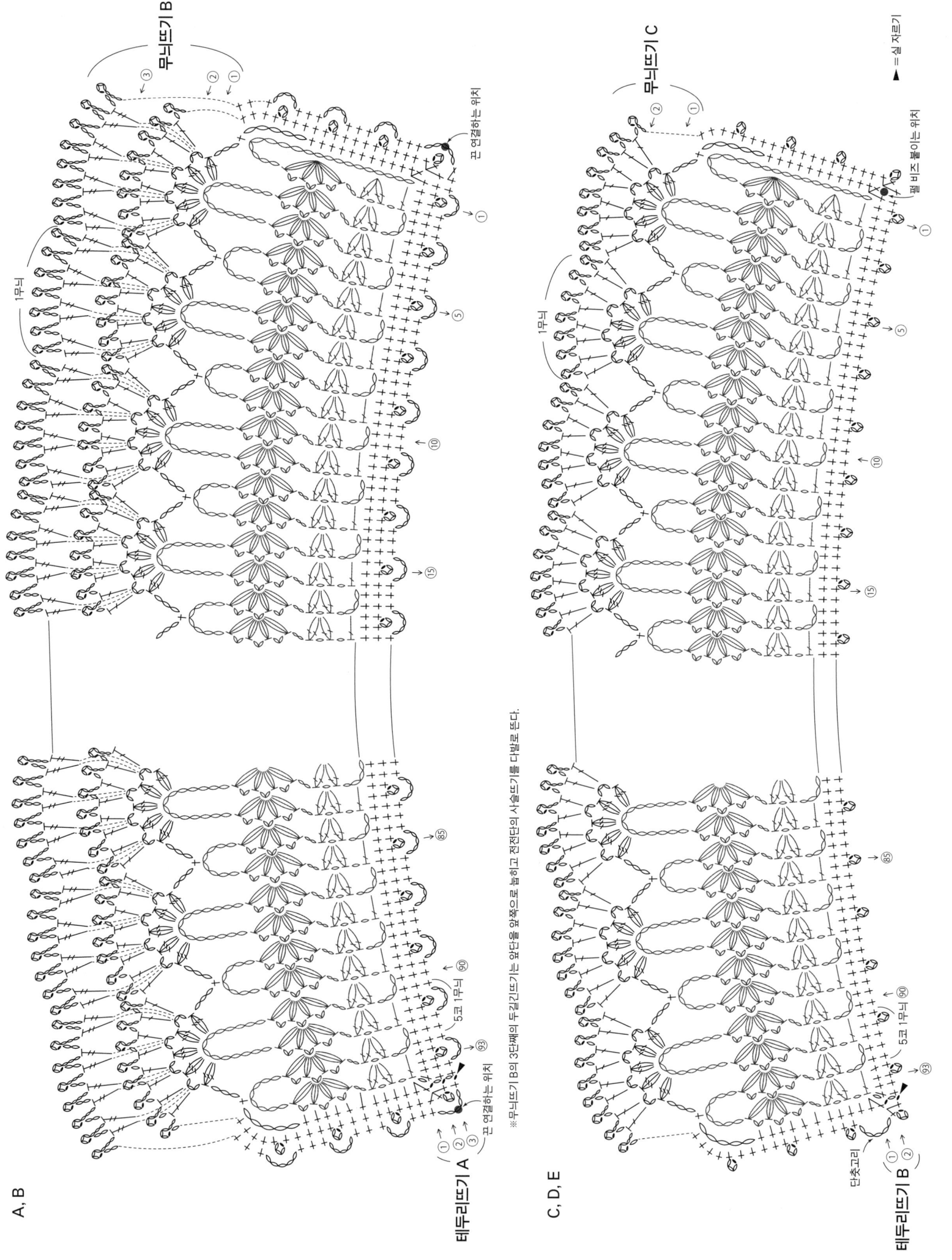

무늬뜨기 B

③ ② ①

1무늬

코 연결하는 위치

무늬뜨기 C

② ①

1무늬

팔 비즈 붙이는 위치

▲ = 실 자르기

A, B

85

5코 1무늬 90

93

테두리뜨기 A ① →
 ② →
 ③ →
코 연결하는 위치

※무늬뜨기 B의 3단째의 두꺼긴뜨기는 앞단을 앞쪽으로 눕히고 전전단의 사슬뜨기를 다발로 뜬다.

C, D, E

85

5코 1무늬 90

93

단축고리

테두리뜨기 B ① →
 ② →

다이아 로빈

다이아 플러스

긴뜨기 3코 변형
구슬뜨기
(코에 떠넣기)

[QR code]

※ 일본어 사이트

재료
[백] 다이아몬드케이토 다이아 로빈 남색(4307)
135g/3볼, 베이지(4303) 90g/2볼, 하얀색(4301)
65g/2볼
[모자] 다이아몬드케이토 다이아 로빈 베이지
(4303) 75g/2볼, 남색(4307) 20g/1볼. 다이아 플
러스 검정색(1702) 약간/1볼

도구
코바늘 8/0호·10/0호

완성 크기
[백] 폭 25cm, 깊이 34cm
[모자] 머리둘레 57cm, 깊이 18cm

게이지(10x10cm)
[백] 무늬뜨기·줄무늬 무늬뜨기 13.5코x9.5단
[모자] 무늬뜨기 A 13코x9.5단

point
●백…사슬 기초코로 뜨기 시작하고 옆면은 줄무
늬 무늬뜨기, 덧댐면은 무늬뜨기로 이어서 뜹니다.
덧댐면의 입구 쪽에 짧은뜨기를 1단 뜹니다. 바닥
은 짧은뜨기로 뜹니다. 마무리하는 법을 참고하면
서 테두리뜨기를 뜹니다. 손잡이 A, B, 손잡이 커
버를 각각 뜨고 도안을 참고해서 꿰매 붙입니다.
●모자…지정하지 않은 것은 실 1가닥으로 뜹니
다. 고리로 기초코를 만들고 크라운부터 뜨기 시작
해 도안을 참고해서 늘림코를 하면서 무늬뜨기 A
로 원형뜨기를 합니다. 브림은 크라운에서 코를 주
워, 도안을 참고해서 무늬뜨기 B로 뜹니다. 지정 위
치에서 코를 주워 테두리뜨기를 뜹니다. 스팀 다림
질해서 완성합니다.

가방

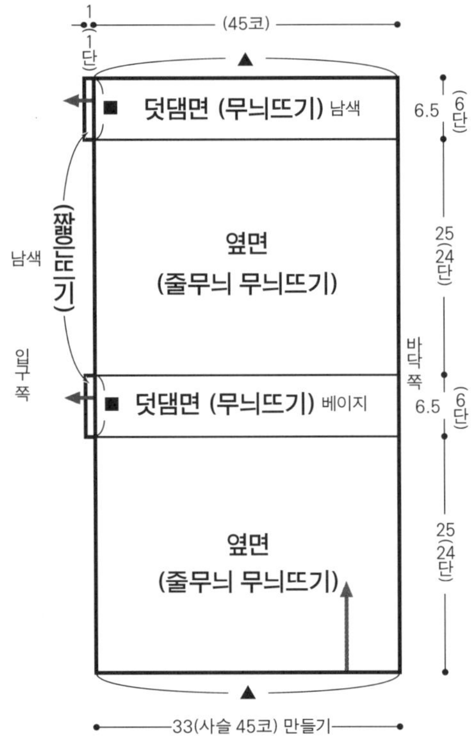

덧댐면 (무늬뜨기) 남색

옆면
(줄무늬 무늬뜨기)

덧댐면 (무늬뜨기) 베이지

옆면
(줄무늬 무늬뜨기)

33(사슬 45코) 만들기

※모두 8/0호 코바늘로 뜬다.
※■=(9코) 줍는다.

바닥

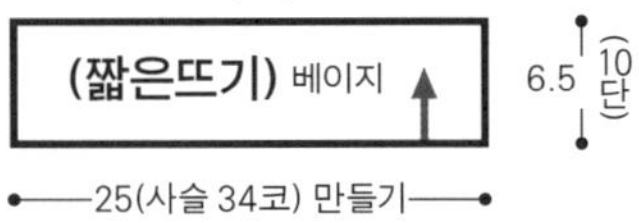

(짧은뜨기) 베이지

25(사슬 34코) 만들기

짧은뜨기(바닥)

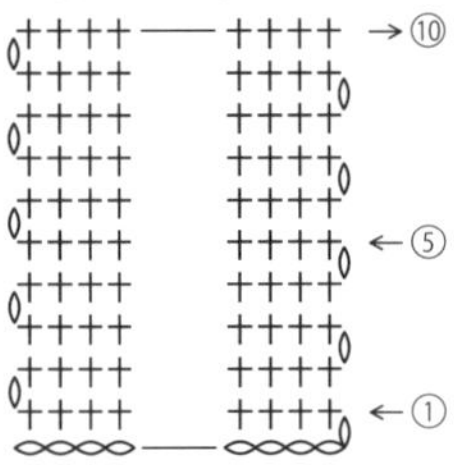

테두리뜨기
(덧댐면·바닥 쪽)

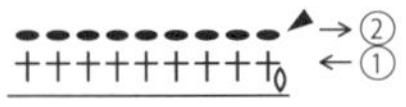

테두리뜨기(테두리둘레, 입구)

▷ =실 잇기
► =실 자르기

줄무늬 무늬뜨기의 배색

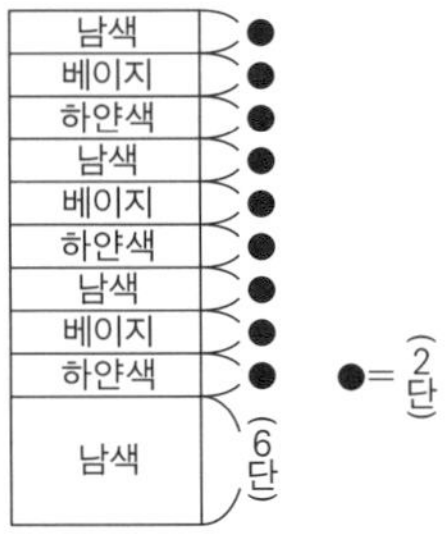

남색	●
베이지	●
하얀색	●
남색	●
베이지	●
하얀색	●
남색	●
베이지	●
하얀색	●
남색	

●=2단

무늬뜨기, 줄무늬 무늬뜨기

2코 1무늬

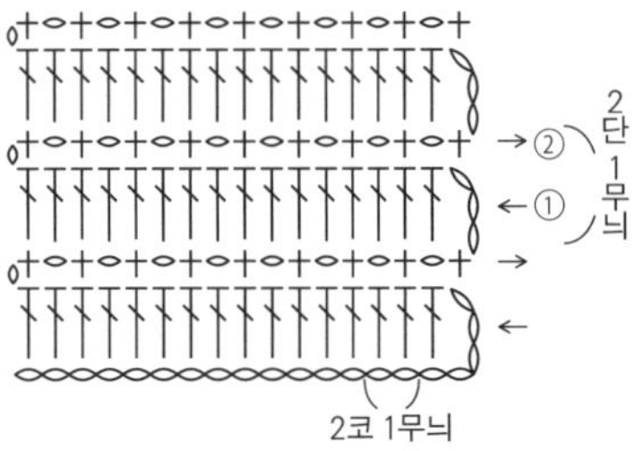

※줄무늬 배색은 왼쪽 도안 참고.

테두리뜨기 줍는 법

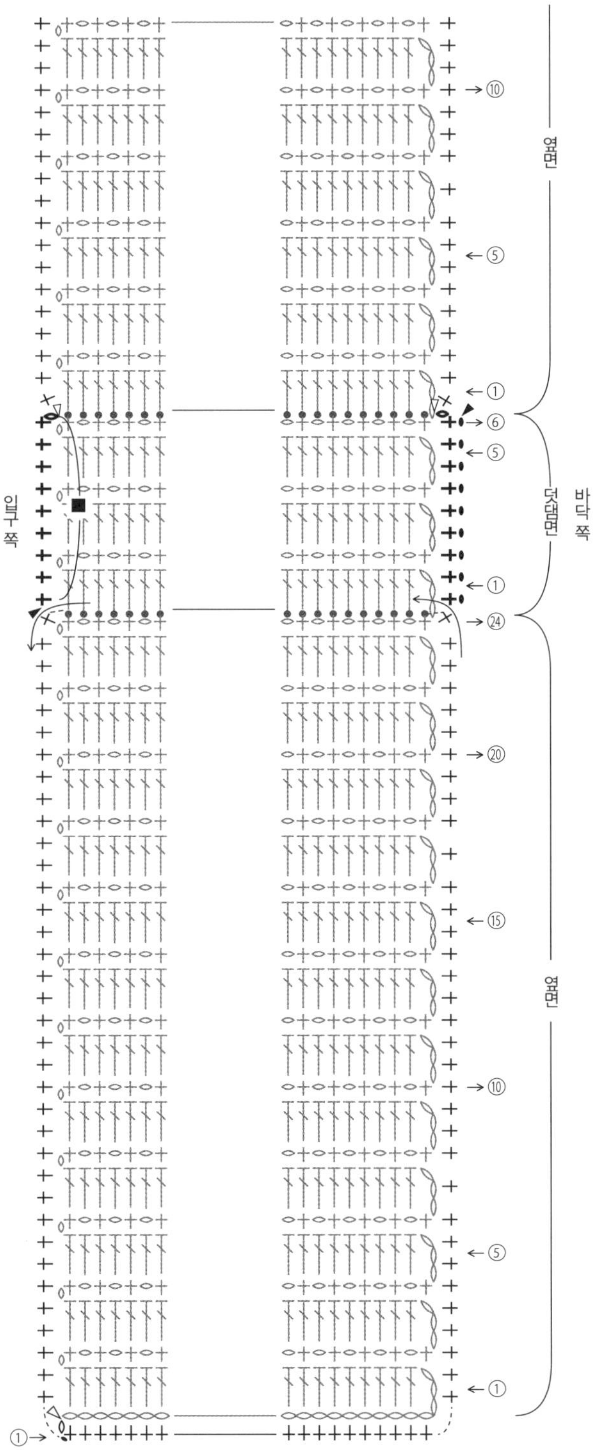

●=테두리둘레 줍는 위치

★ 개수는 작품을 선택하는 기준으로 참고해주세요. ★···초심자도 안심, ★★···자신이 조금 생겼다면, ★★★···끈기도 겸비한 중·상급자, ★★★★···솜씨에 자신 있음. 실은 실물 크기입니다.

마무리하는 법

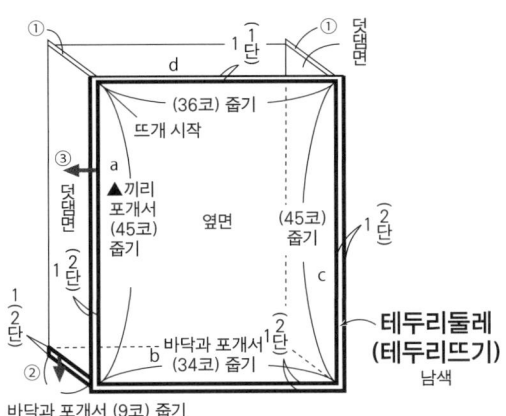

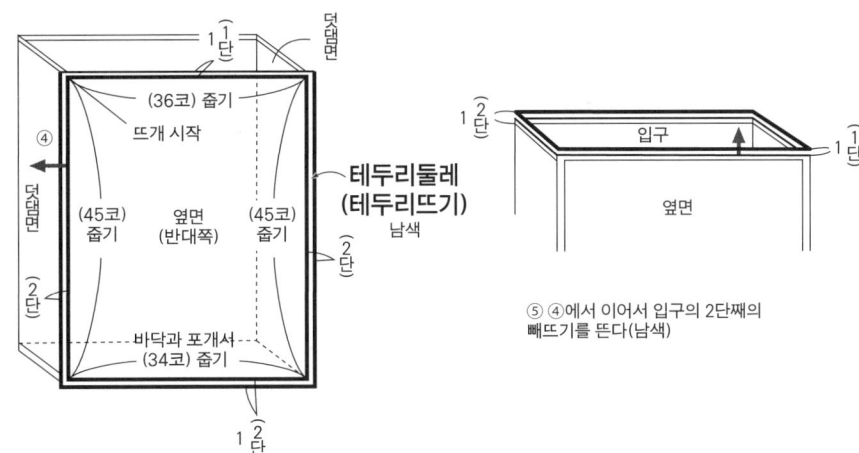

① 양쪽의 덧댐면 입구 쪽에 짧은뜨기를 1단 뜬다(※별도 도안 참고.)

② 덧댐면과 바닥을 겉면으로 합치고, 바닥을 앞쪽에 두고 테두리뜨기를
왕복으로 뜬다

③ a, ▲를 겉면끼리 포개고, 옆면을 앞쪽에 두고 짧은뜨기로 합친다

　b, 이어서 a와 마찬가지로 바닥을 포개서 합친다

　c, 옆면과 덧댐면의 경계를 겉면으로 접고, 옆면의 마지막 단에
　　바늘을 넣어 짧은뜨기를 뜬다

　d, 입구에 짧은뜨기를 뜬다

　e, a~c의 짧은뜨기에 빼뜨기를 뜬다

④ ③과 같은 요령으로 테두리뜨기를 뜬다

⑤ ④에서 이어서 입구의 2단째의
빼뜨기를 뜬다(남색)

손잡이 A 베이지 2개

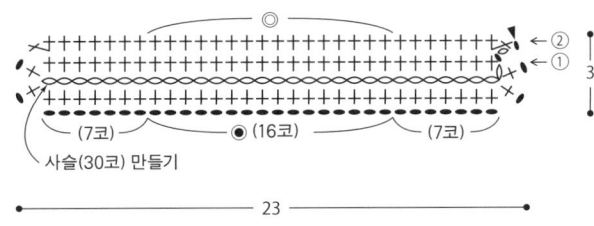

(7코)　　　●(16코)　　　(7코)

사슬(30코) 만들기

23

※●의 빼뜨기는 ◎와 겉면으로 포개서 2장 같이 주워서 뜬다.

▶ =실 자르기

손잡이 B 하얀색 2개

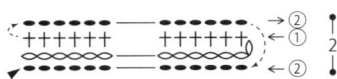

57(사슬 94코) 만들기

= 짧은뜨기, 기초코의
사슬 앞쪽 1가닥을
주워서 빼뜨기를 뜬다

손잡이 커버 남색 4개

④③②①

(사슬 1코)

6.5

4

손잡이 마무리하는 법 ※남색 실을 갈라서 사용.

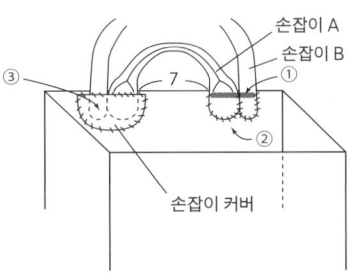

손잡이 A
손잡이 B
①

③

7

②

손잡이 커버

① ━━ =손잡이 A, B를 옆면 안쪽에
도안처럼 배치하고 반박음질한다

②손잡이 A, B를 겉면에 드러나지 않게 감침질한다

③손잡이 A, B 위에 손잡이 커버를 포개서 감침질한다

164페이지로 이어집니다.▶

▶163페이지에서 이어집니다.

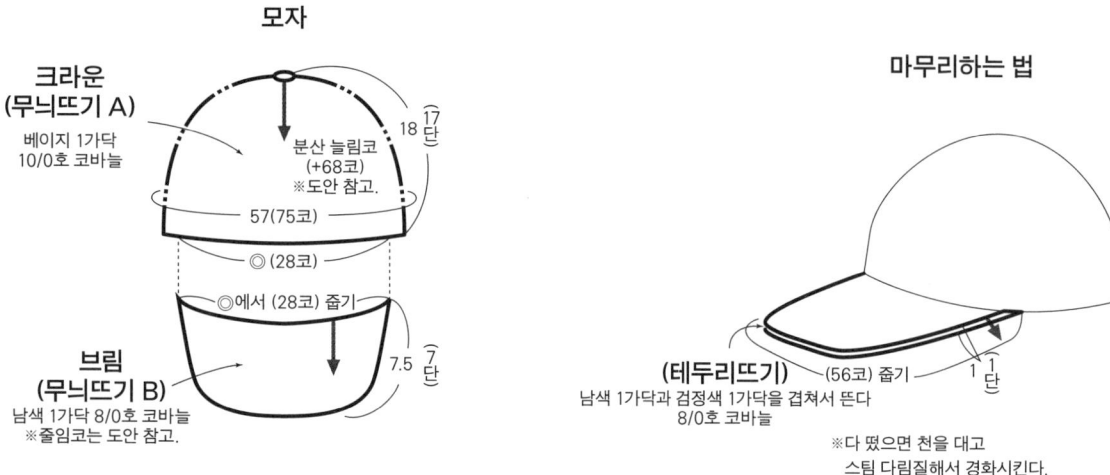

모자

**크라운
(무늬뜨기 A)**
베이지 1가닥
10/0호 코바늘

분산 늘림코
(+68코)
※도안 참고.

57(75코)

◎ (28코)

18 (17
단)

◎에서 (28코) 줄기

**브림
(무늬뜨기 B)**
남색 1가닥 8/0호 코바늘
※줄임코는 도안 참고.

7.5 (7
단)

마무리하는 법

(테두리뜨기)
남색 1가닥과 검정색 1가닥을 겹쳐서 뜬다
8/0호 코바늘

(56코) 줄기

1
단

※다 떴으면 천을 대고
스팀 다림질해서 경화시킨다.

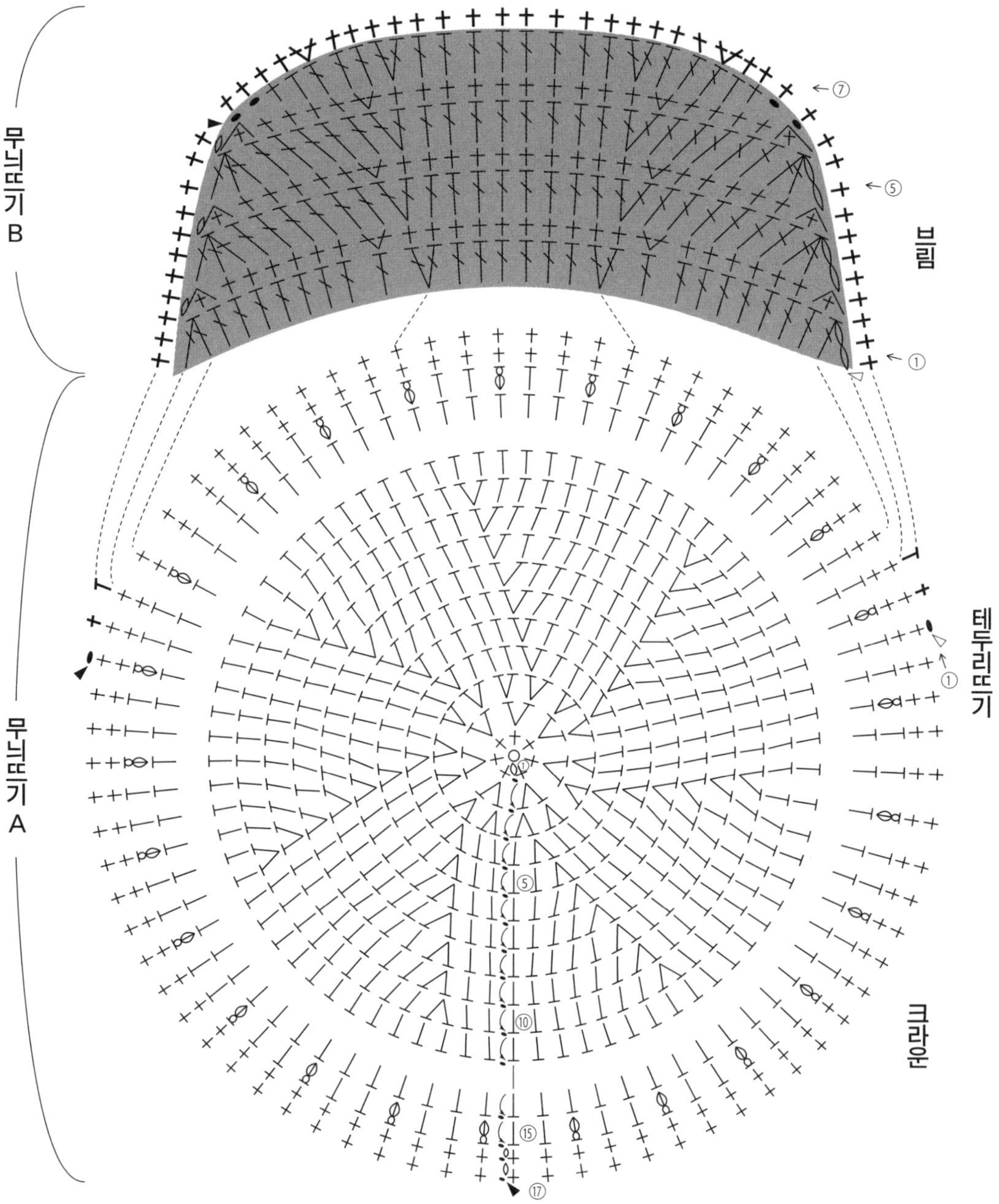

무늬뜨기 B

브림

← ⑦
← ⑤
← ①

무늬뜨기 A

테두리뜨기

← ①

크라운

⑤
⑩
⑮
⑰

크라운의 늘림코

단수	콧수	
11~17단	75코	
10단	75코	(+5코)
9단	70코	(+7코)
8단	63코	(+7코)
7단	56코	(+7코)
6단	49코	(+7코)
5단	42코	(+7코)
4단	35코	(+7코)
3단	28코	(+14코)
2단	14코	(+7코)
1단	7코	

⧗ =긴뜨기 3코 변형 구슬뜨기

▷ =실 잇기
► =실 자르기

T) =앞단의 빼뜨기를 뜬 후,
바늘에 걸린 실을 긴뜨기 높이까지 늘인 다음
긴뜨기를 뜬다

배색
── =베이지 1가닥
▨ =남색 1가닥
── =남색 1가닥과 검정색 1가닥을 겹친다

재료

DMC 태피스트리 울 물색(7301)·올리브그린
(7364)·에크뤼(7420) 각 3볼

도구

정띠직기(평직기 소), 코바늘 5/0호

완성 크기

세로 26cm, 가로 32cm

게이지

모티브 크기는 도안 참고

POINT

●모티브는 73페이지를 참고하고, 정띠직기를 사용해 지정 색으로 평직을 짭니다. 모티브끼리는 포개서 빼뜨기로 연결합니다. 둘레에 테두리뜨기를 뜹니다.

매트 (모티브 연결)

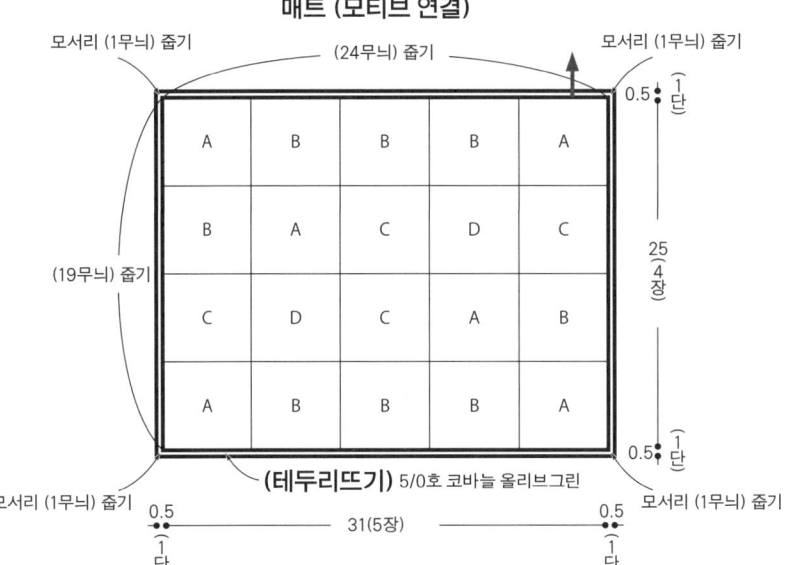

모서리 (1무늬) 줄기　(24무늬) 줄기　모서리 (1무늬) 줄기

(19무늬) 줄기

0.5 (1단)

25 (4장)

0.5 (1단)

(테두리뜨기) 5/0호 코바늘 올리브그린

모서리 (1무늬) 줄기　모서리 (1무늬) 줄기

0.5　31(5장)　0.5
(1단)　　　(1단)

※도안 치수는 빼뜨기로 연결한 후의 치수.

모티브의 실 배색

모티브

7

← 7 →

	거는 실			짜는 실	장수
	1회째	2회째	3회째		
A	올리브그린				6장
B	물색				8장
C	에크뤼				4장
D	에크뤼			물색	2장

모티브 연결하는 법

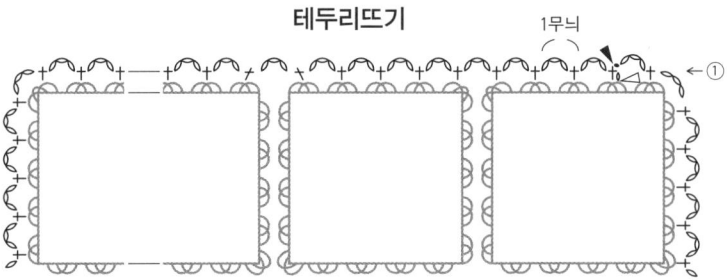

※빼뜨기는 모티브의 남은 실꼬리를 사용한다.

▷ = 실 잇기
► = 실 자르기

테두리뜨기

1무늬

←①

모티브를 빼뜨기로 연결한다

1 모티브 2장을 맞대고 각각의 코에 코바늘을 넣고 실을 걸어 빼낸다.

2 다음 코도 맞대어 바늘을 넣고 실을 걸어 바늘에 걸린 3가닥을 한꺼번에 통과한다.

3 마찬가지로 바늘을 넣어 빼뜨기로 연결한다.

4 빼뜨기로 모티브를 연결한 모습.

재료
DMC 태피스트리 울 물색(7301) 6볼, 남색(7306)
4볼, 파란색(7995)·황록색(7342)·노란색(7725)
각 3볼, 핑크(7135) 1볼
도구
정띠직기(평직기 소), 코바늘 4/0호
완성 크기
폭 21cm, 높이 21cm (축융 전)
폭 15cm, 높이 15cm (축융 후)

게이지
모티브 크기는 도안 참고
POINT
●모티브는 73페이지를 참고하고, 정띠직기를 사
용해 지정 색으로 평직을 짭니다. 모티브끼리는 감
침질로 연결합니다. 끈을 손가락 코드로 만듭니다.
파우치를 축융하고, 입구에 테두리뜨기를 뜹니다.
끈을 지정 위치에 통과시키고, 끈 끝에 뜨개구슬
을 달아서 완성합니다.

파우치 (모티브 연결)

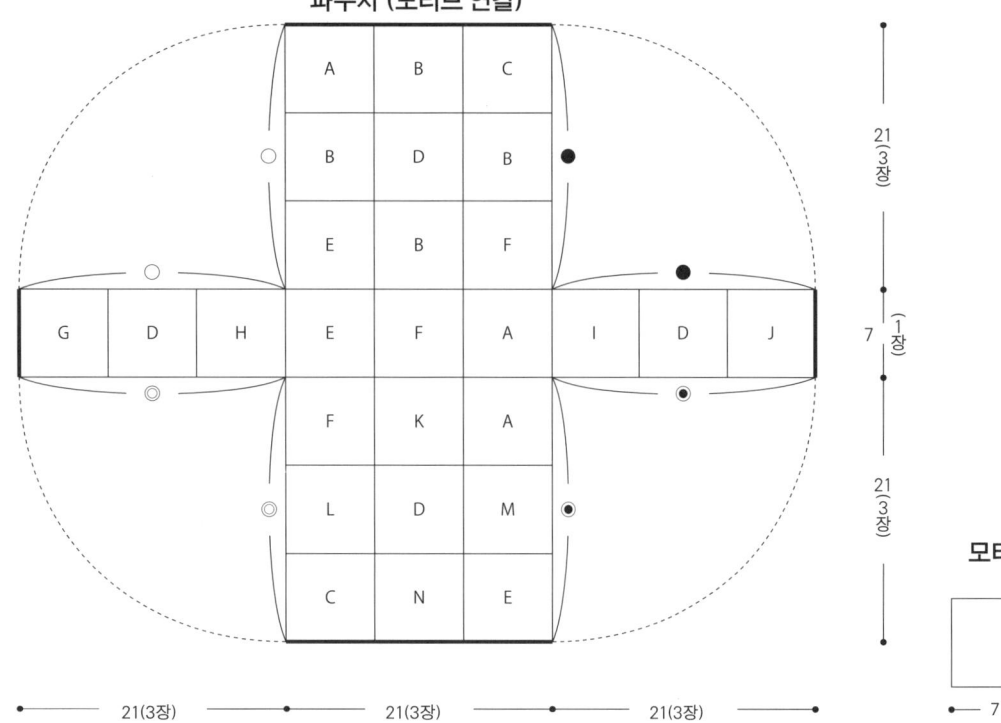

※맞춤 표시끼리는 감침질로 꿰맨다.

모티브 연결하는 법

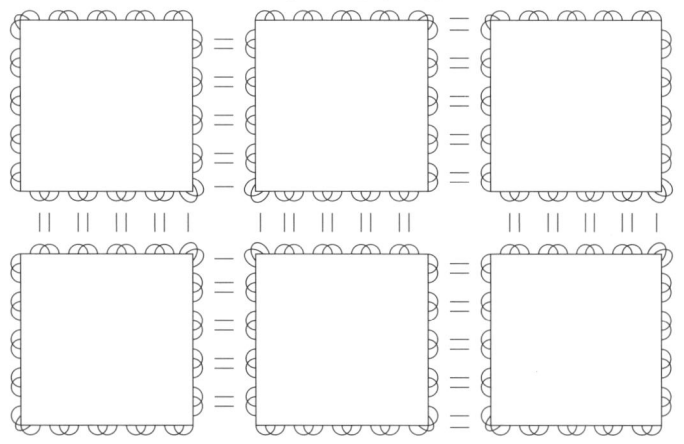

모티브의 실 배색

	거는 실			짜는 실	장수
	1회째	2회째	3회째		
A	파란색				3장
B	파란색	남색	황록색	노란색	4장
C	황록색				2장
D	물색				4장
E	노란색				3장
F	남색				3장
G	황록색	노란색	물색		1장
H	파란색	남색			1장
I	노란색	남색			1장
J	파란색	노란색			1장
K	파란색			남색	1장
L	남색			황록색	1장
M	파란색			노란색	1장
N	노란색			황록색	1장

모티브를 감침질로 연결한다

1 모티브를 안면이 겉을 보도록 맞대고, 가장자리
  의 코에 바늘을 넣는다.

2 각각의 코에 같은 방향에서 바늘을 넣고 감아서
  꿰맨다.

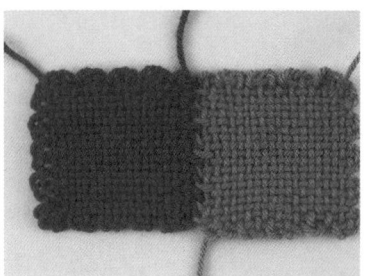

3 모티브 2장을 감침질로 합친 모습.

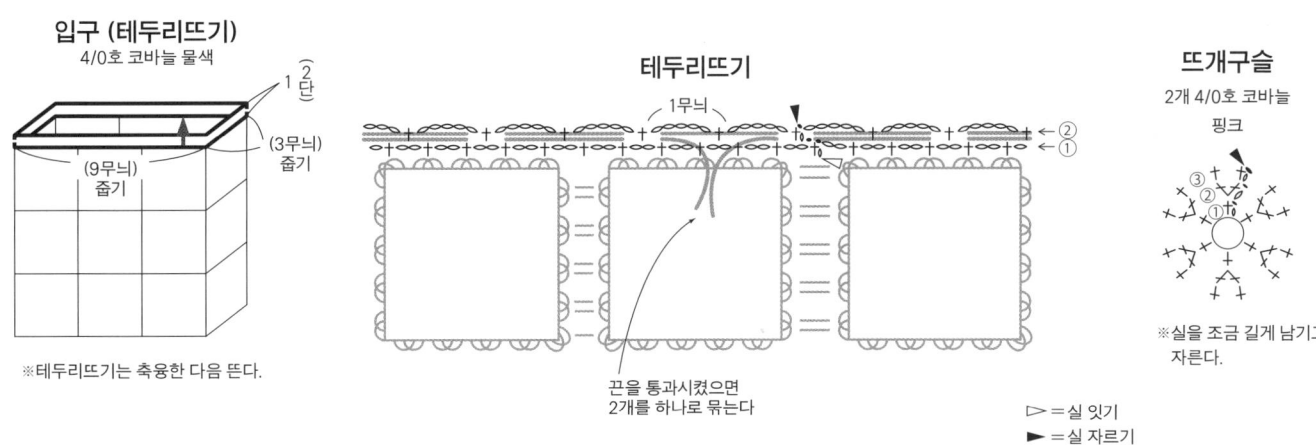

입구 (테두리뜨기)
4/0호 코바늘 물색

(2단)
1단

(9무늬) 줍기

(3무늬) 줍기

※테두리뜨기는 축융한 다음 뜬다.

테두리뜨기

1무늬

② →
① →

끈을 통과시켰으면
2개를 하나로 묶는다

뜨개구슬
2개 4/0호 코바늘
핑크

①
②
③

※실을 조금 길게 남기고
자른다.

▷ = 실 잇기
► = 실 자르기

마무리하는 법

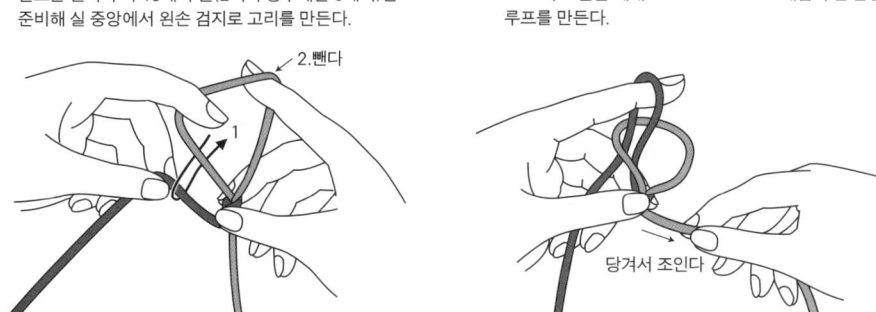

← 끈 매듭을 뜨개구슬 안에 넣고,
뜨개구슬의 마지막 단의 코에
실 끝을 통과시켜 오므린다

끈 (손가락 코드)
2개
황록색 · 남색

|———————— 50 ————————|

손가락 코드

※작품은 2색의 실을
사용한다.

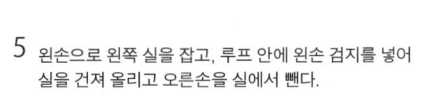

필요한 길이의
5배

2색의 실을
여기서 묶는다

필요한 길이의
5배

1 필요한 길이의 약 10배의 실(2색의 경우에는 5배씩)을
준비해 실 중앙에서 왼손 검지로 고리를 만든다.

2 그 고리로 실을 빼내
루프를 만든다.

3 매듭의 실 끝을 당겨서 조인다.

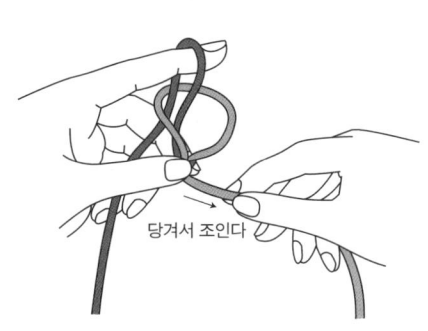
당겨서
조인다

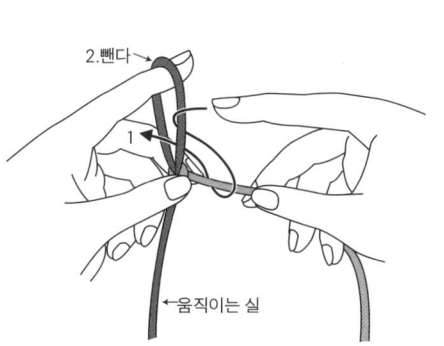
← 움직이는 실

4 오른손에 루프를 걸고 매듭을 잡는다.

2.뺀다
1

5 왼손으로 왼쪽 실을 잡고, 루프 안에 왼손 검지를 넣어
실을 건져 올리고 오른손을 실에서 뺀다.

당겨서 조인다

6 왼손에 매듭을 바꿔 잡고, 오른쪽의 실을 당긴다.

2.뺀다
1
← 움직이는 실

7 루프 안에 오른손 검지를 넣어
오른쪽 실을 건져 올리고 왼손을 실에서 뺀다.

당겨서
조인다

8 오른손에 매듭을 바꿔 잡고, 왼쪽 실을 당긴다.

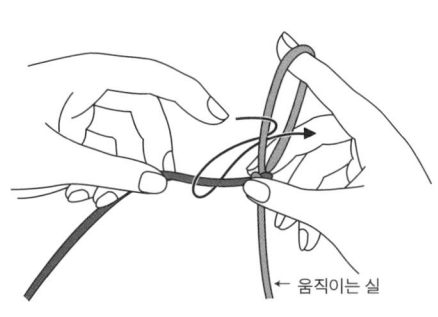
← 움직이는 실

9 5~8을 반복한다.

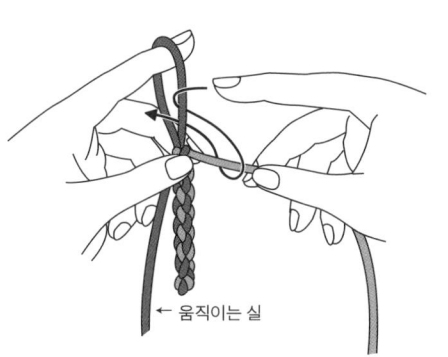
← 움직이는 실

10 조이는 강도를 일정하게 유지하며 만들어간다.

다이아 로빈

한길 긴
앞걸어뜨기

짧은
앞걸어뜨기

※ 일본어 사이트　　※ 일본어 사이트

재료
[모자] 다이아몬드케이토 다이아 로빈 베이지(4303)
65g/2볼, 검정색(4310) 50g/1볼
[백] 다이아몬드케이토 다이아 로빈 베이지(4303)
175g/4볼, 검정색(4310) 130g/3볼

도구
코바늘 8/0호

완성 크기
[모자] 머리둘레 56cm, 깊이 24.5cm
[백] 폭 40cm, 깊이 36.5cm

게이지
줄무늬 무늬뜨기 A 1무늬 11코=7cm, 5.5단
=10cm, 줄무늬 무늬뜨기 B 1무늬 13코=8cm,
5.5단=10cm

POINT
●모자…고리로 기초코를 만들고 톱부터 뜨기 시
작해 줄무늬 무늬뜨기 A로 뜹니다. 늘림코는 도안
을 참고합니다. 브림의 마지막 단에 빼뜨기를 1단
떠서 정리합니다.
●백…고리로 기초코를 만들어 뜨기 시작해 바닥
은 짧은뜨기, 옆면은 줄무늬 무늬뜨기 B로 뜹니다.
늘림코는 도안을 참고합니다. 입구·손잡이는 도안
을 참고해서 테두리뜨기 A, B로 뜹니다.

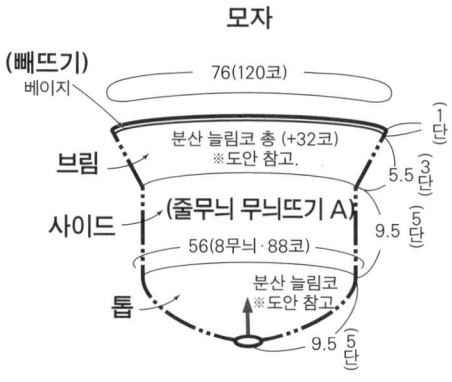

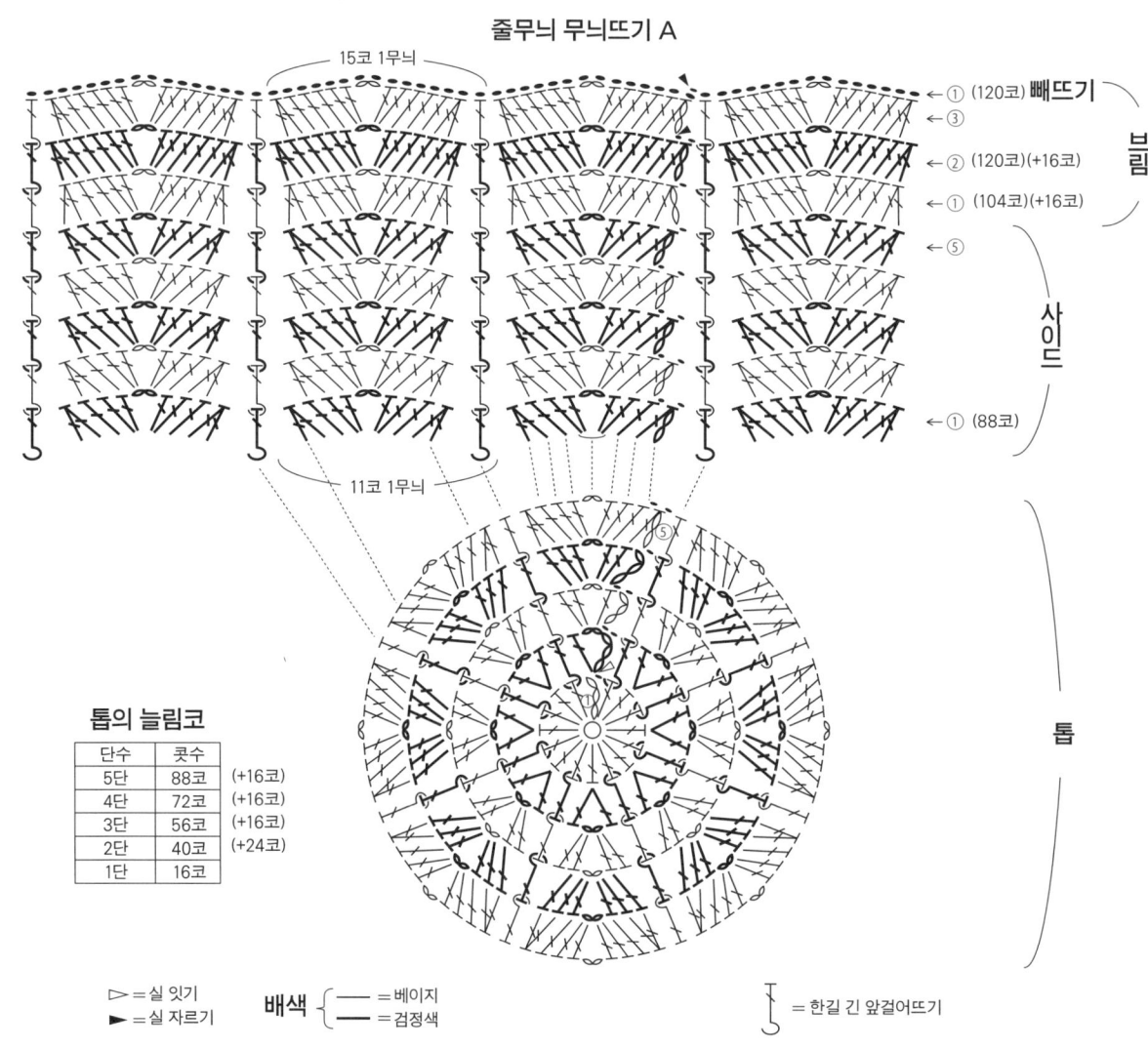

톱의 늘림코

단수	콧수	
5단	88코	(+16코)
4단	72코	(+16코)
3단	56코	(+16코)
2단	40코	(+24코)
1단	16코	

▷ = 실 잇기
► = 실 자르기

배색 { — = 베이지
— = 검정색 }

= 한길 긴 앞걸어뜨기

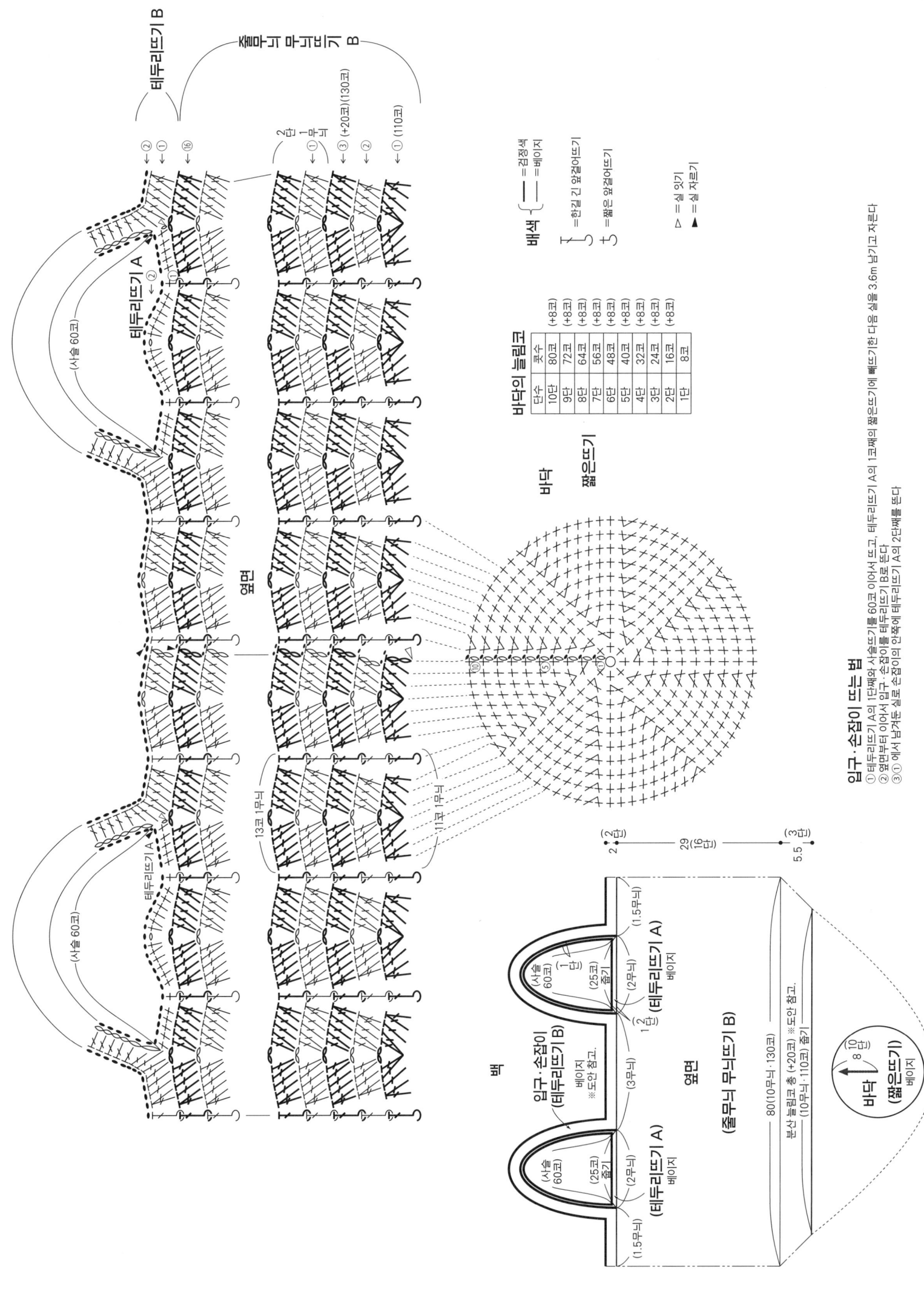

테두리뜨기 B

솔마구 마구바기 B

② ①

⑯

2단 ←마구
① 마구

③ (+20코)(130코)
② ①

① (110코)

테두리뜨기 A
② ①
⑯ ①

(사슬 60코)

옆면

테두리뜨기 A
②

바닥의 늘림코

단수	콧수	
10단	80코	(+8코)
9단	72코	(+8코)
8단	64코	(+8코)
7단	56코	(+8코)
6단	48코	(+8코)
5단	40코	(+8코)
4단	32코	(+8코)
3단	24코	(+8코)
2단	16코	(+8코)
1단	8코	(+8코)

바닥
짧은뜨기

배색 { ━━ =검정색
{ ━━ =베이지

{ =한길 긴 앞걸어뜨기
{ =짧은 앞걸어뜨기

△ =실 잇기
▲ =실 자르기

13코 1무늬

11코 1무늬

옆면

입구·손잡이 뜨는 법
① 테두리뜨기 A의 1단째와 사슬뜨기를 60코 이어서 뜨고, 테두리뜨기 A의 1코째의 짧은뜨기에 빼뜨기한 다음 실을 3.6m 남기고 자른다.
② 옆면부터 이어서 입구·손잡이를 테두리뜨기 B로 뜬다.
③ ①에서 남겨둔 실로 순잡이 안쪽에 테두리뜨기 A의 2단째를 뜬다.

(사슬 60코)

테두리뜨기 A

테두리뜨기 A

(사슬 60코)

입구·손잡이
(테두리뜨기 B)
베이지
※도안 참조

백

2 2단
(2단)

29
16단

(3단)
5.5

입구·손잡이
(테두리뜨기 B)
베이지
※도안 참조

(사슬 60코)
(25코
줄기)
1 단 (테두리뜨기 A)
(1)
베이지
(2무늬)
2
(3무늬)
(1.5무늬)

(사슬 60코)
(25코
줄기)
테두리뜨기 A
베이지
(2무늬)

옆면
(졸무늬 무늬뜨기 B)

분산 늘림코 총 (+20코) ※도안 참조
(10무늬·110코)·130코

80(10무늬)·130코

(1.5무늬)

바닥
(짧은뜨기)
베이지
10
8단

※모두 8/0호 코바늘로 뜬다.

트위스트 리스

**트위스트 리스 실
빼내는 법**

※ 일본어 사이트

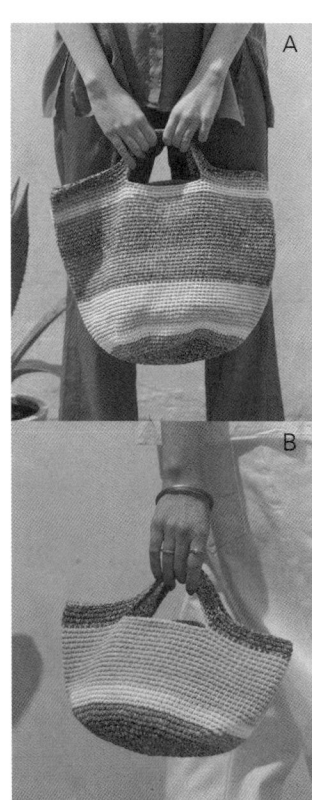

A

B

재료

호비라 호비레 트위스트 리스
[A] 파란색·그레이·하얀색 계열(01X), 검정색·빨
간색·파란색 계열(04X) 각 250g/각 1개
[B] 파란색·그레이·하얀색 계열(01X) 240g/1개
도구
코바늘 7/0호
완성 크기
[A] 폭 41.5cm, 깊이 32cm
[B] 폭 33cm, 깊이 15cm

게이지(10x10cm)
짧은뜨기 14.5코x15단
POINT
●실은 트위스트 리스 실 빼내는 법을 참고해서 사
용합니다. 고리로 기초코를 만들어 뜨기 시작하고,
짧은뜨기로 원형뜨기합니다. 늘림코는 도안을 참
고합니다. 지정 단수를 떴으면 입구·손잡이를 뜨
고, 마지막 단에 빼뜨기를 해서 정리합니다.

B

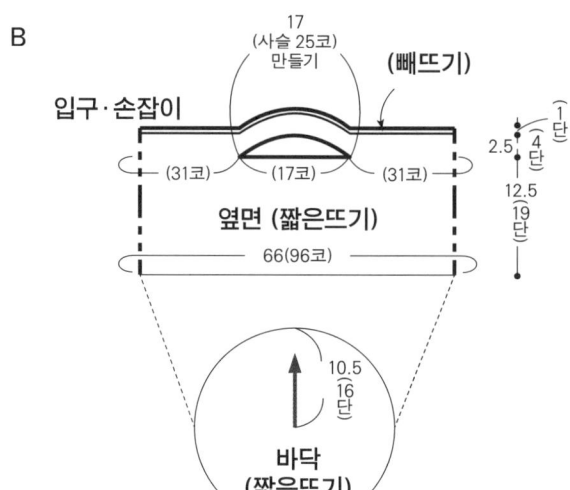

※모두 7/0호 코바늘로 뜬다.

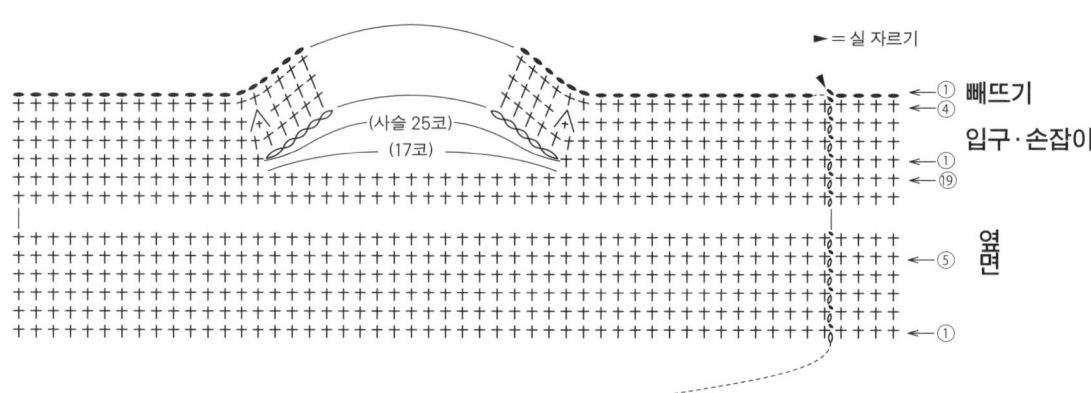

바닥의 늘림코

단수	콧수	
16단	96코	(+6코)
15단	90코	(+6코)
14단	84코	(+6코)
13단	78코	(+6코)
12단	72코	(+6코)
11단	66코	(+6코)
10단	60코	(+6코)
9단	54코	(+6코)
8단	48코	(+6코)
7단	42코	(+6코)
6단	36코	(+6코)
5단	30코	(+6코)
4단	24코	(+6코)
3단	18코	(+6코)
2단	12코	(+6코)
1단	6코	

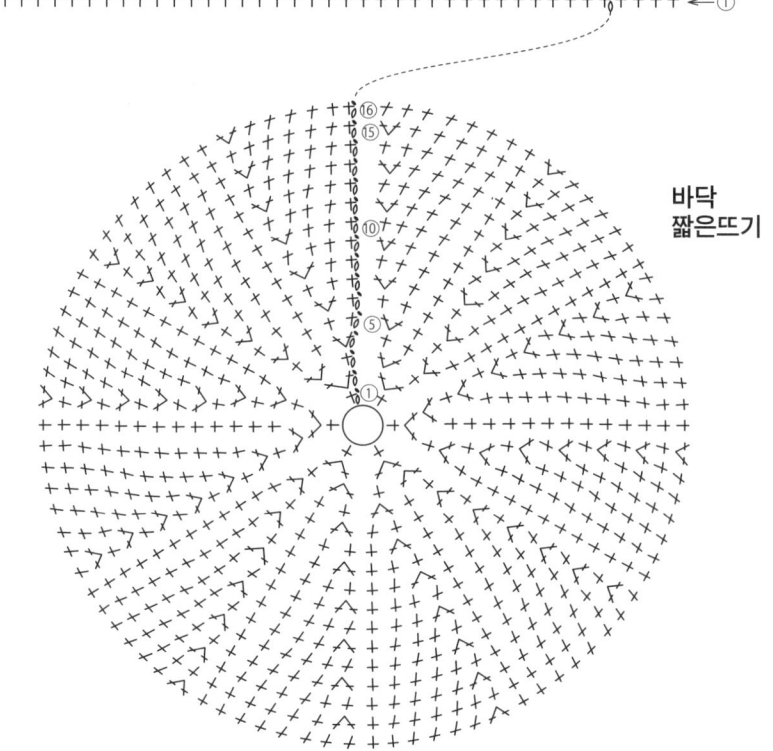

A

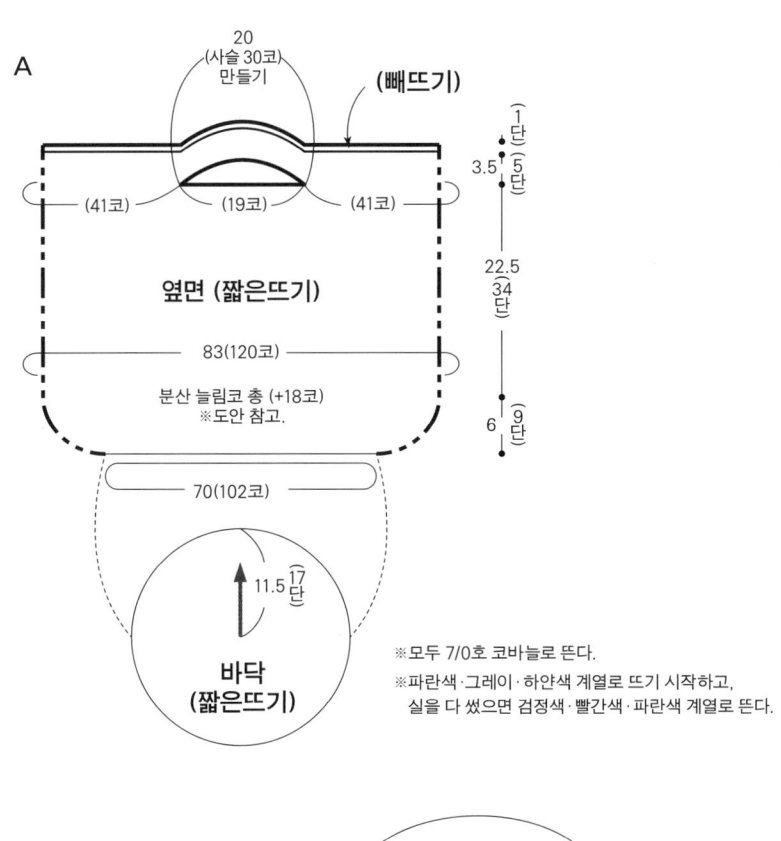

20
(사슬 30코)
만들기

(빼뜨기)

(41코)   (19코)   (41코)

옆면 (짧은뜨기)

83(120코)

분산 늘림코 총 (+18코)
※도안 참고.

70(102코)

11.5 ⎡17⎤
    ⎣단⎦

바닥
(짧은뜨기)

①⎡
3.5 ⎢5
   ⎣단⎦

22.5 ⎡34⎤
     ⎣단⎦

6 ⎡9⎤
  ⎣단⎦

※모두 7/0호 코바늘로 뜬다.

※파란색·그레이·하얀색 계열로 뜨기 시작하고,
  실을 다 썼으면 검정색·빨간색·파란색 계열로 뜬다.

►＝실 자르기

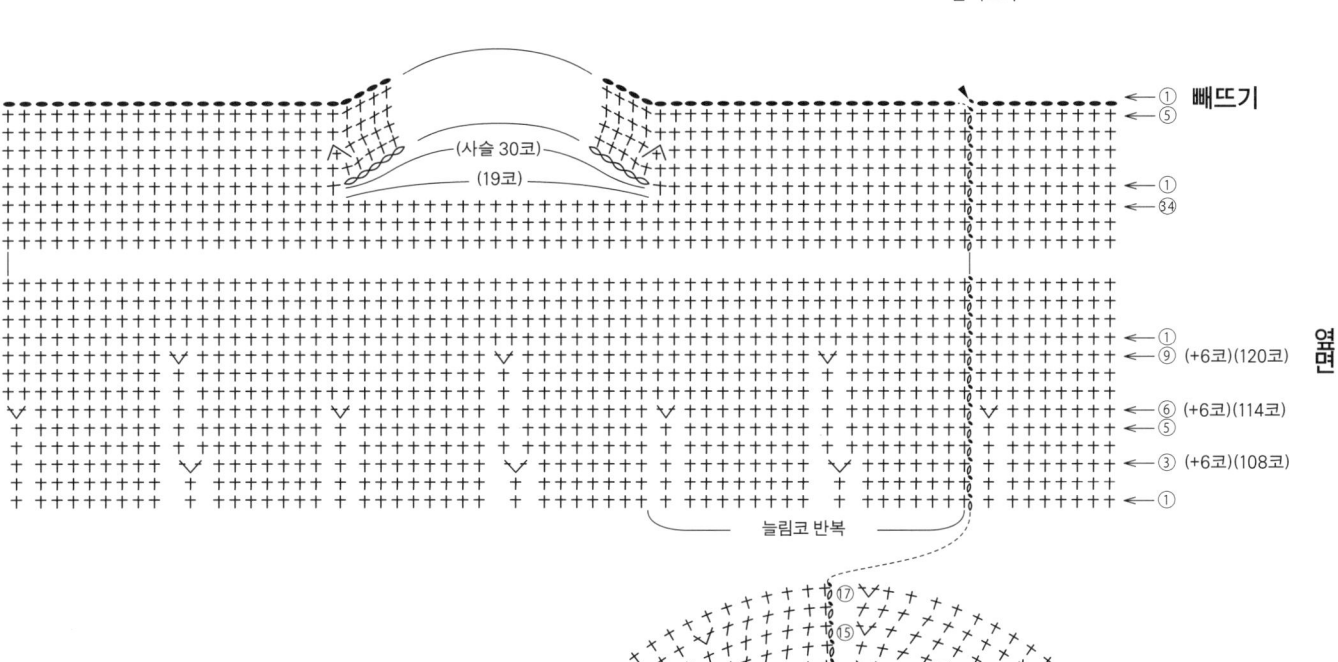

←① 빼뜨기
←⑤

←①
←㉞

←①
←⑨ (+6코)(120코)

←⑥ (+6코)(114코)
←⑤
←③ (+6코)(108코)
←①

늘림코 반복

옆면

바닥의 늘림코

단수	콧수	
17단	102코	(+6코)
16단	96코	(+6코)
15단	90코	(+6코)
14단	84코	(+6코)
13단	78코	(+6코)
12단	72코	(+6코)
11단	66코	(+6코)
10단	60코	(+6코)
9단	54코	(+6코)
8단	48코	(+6코)
7단	42코	(+6코)
6단	36코	(+6코)
5단	30코	(+6코)
4단	24코	(+6코)
3단	18코	(+6코)
2단	12코	(+6코)
1단	6코	

바닥
짧은뜨기

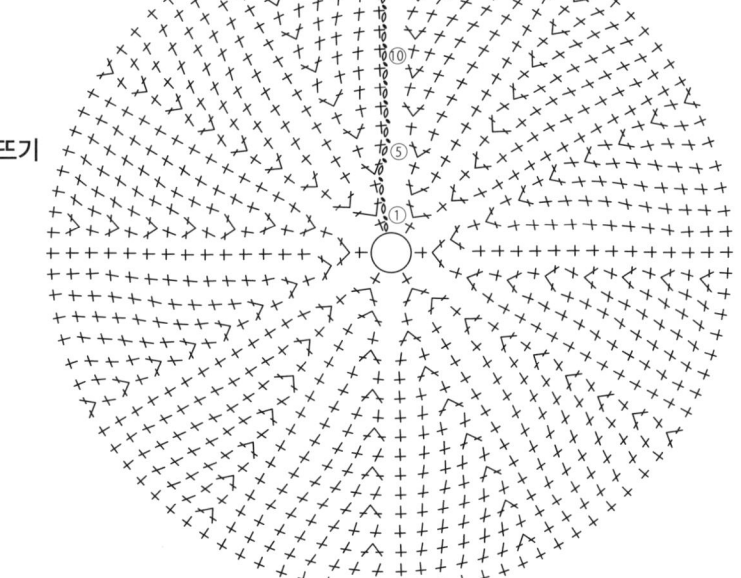

Summer Bag Summer Hat

79 page ★★

트위스트 리스

**트위스트 리스 실
빼내는 법**

**되돌아
짧은뜨기**

※일본어 사이트 　　　※일본어 사이트

재료
호비라 호비레 트위스트 리스 핑크·빨간색·녹색
계열(03X) 220g/1개

도구
코바늘 8/0호

완성 크기
폭 14cm, 깊이 20cm

게이지(10x10cm)
짧은뜨기 14코x14단

POINT
●실은 트위스트 리스 실 빼내는 법을 참고해서 사용합니다. 손잡이용으로 2색을 골라서 빼둡니다. 바닥을 고리로 기초코를 만들어 뜨기 시작하고, 짧은뜨기로 뜹니다. 늘림코는 도안을 참고합니다. 옆면은 지정 코를 건너뛰고 코를 주워 무늬뜨기로 뜹니다. 지정 위치에 손잡이를 통과시킬 구멍을 만듭니다. 이어서 테두리뜨기를 뜹니다. 손잡이는 줄무늬 짧은뜨기로 뜨고, 손잡이 정리하는 법을 참고해서 정리합니다. 마무리하는 법을 참고해서 손잡이를 꿰매 붙입니다.

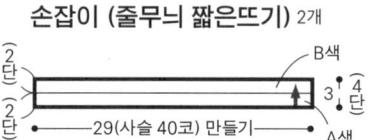

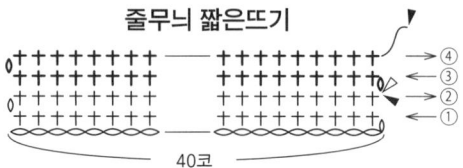

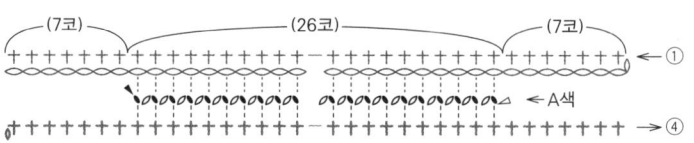

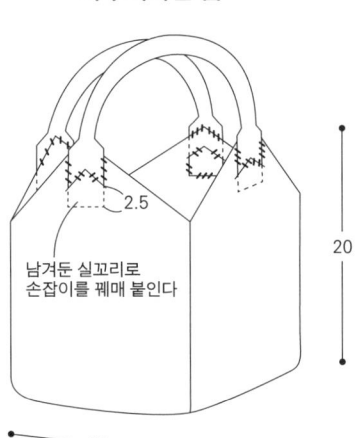

172

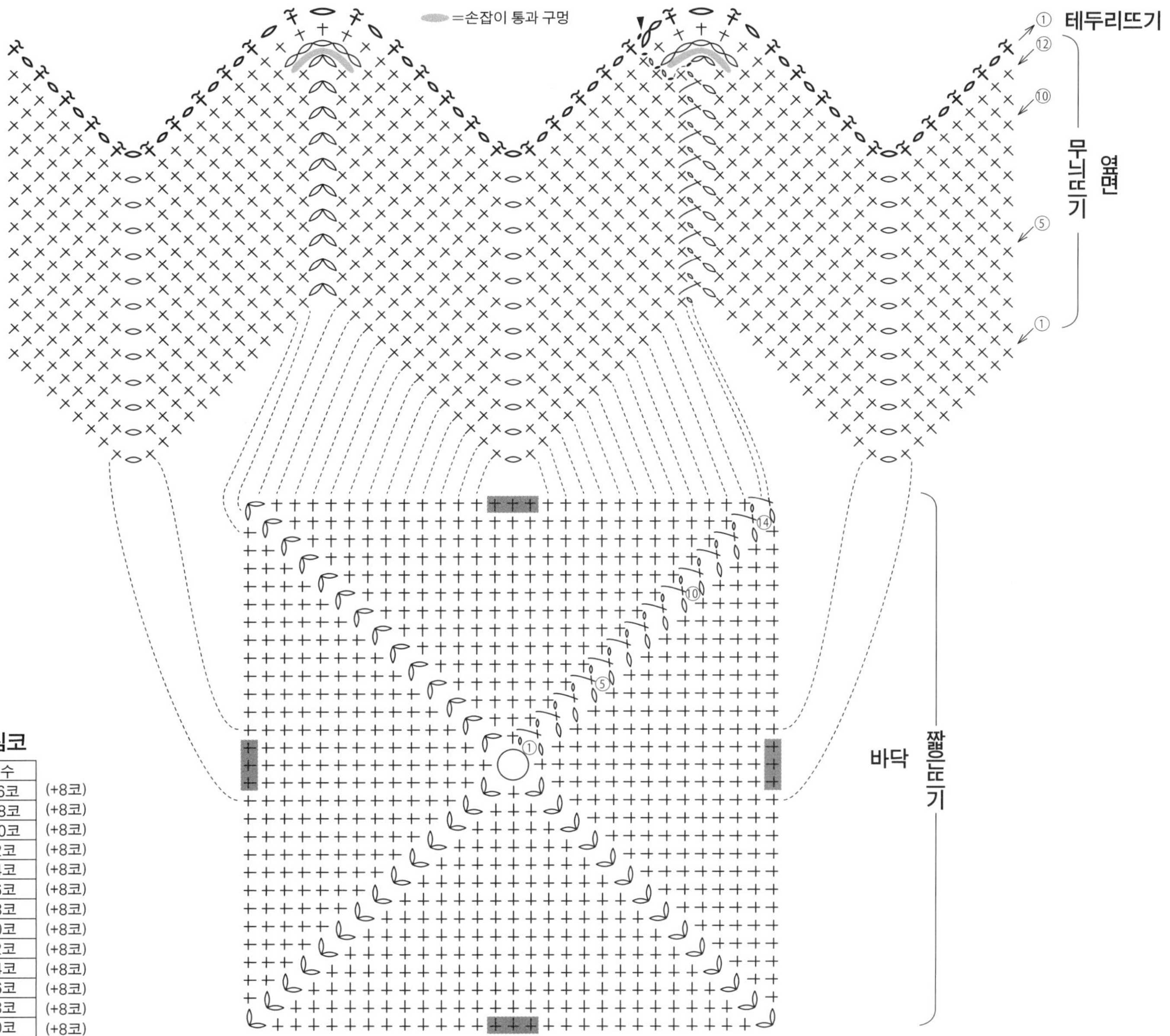

=손잡이 통과 구멍

① 테두리뜨기
⑫
⑩
무늬뜨기 옆면
⑤
①

바닥
짧은뜨기

바닥의 늘림코

단수	콧수	
14단	116코	(+8코)
13단	108코	(+8코)
12단	100코	(+8코)
11단	92코	(+8코)
10단	84코	(+8코)
9단	76코	(+8코)
8단	68코	(+8코)
7단	60코	(+8코)
6단	52코	(+8코)
5단	44코	(+8코)
4단	36코	(+8코)
3단	28코	(+8코)
2단	20코	(+8코)
1단	12코	

■ =옆면의 1단째를 뜰 때 줍지 않는다

Ŧ =되돌아 짧은뜨기

► =실 자르기

되돌아 짧은뜨기

Ŧ

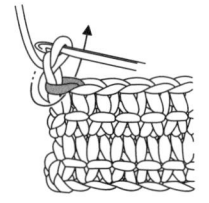

1 뜨개바탕의 방향은 그대로 둔 채 기둥코인 사슬 1코를 뜬 다음 화살표와 같이 바늘을 돌려 앞단의 머리에 넣는다.

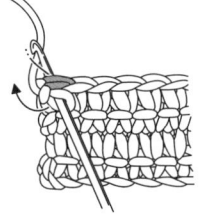

2 실 위에서 바늘에 실을 걸어 그대로 앞으로 빼낸다.

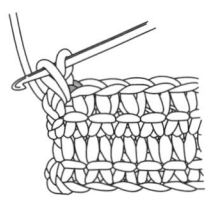

3 실을 앞으로 빼낸 모습.

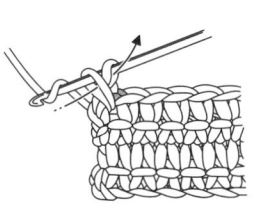

4 코바늘에 실을 걸어 화살표와 같이 두 가닥을 한꺼번에 통과해 짧은뜨기를 뜬다.

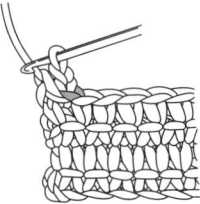

5 되돌아 짧은뜨기 완성.

재료
실…다이아몬드케이토 다이아 아델 회색(409)
280g 7볼, 에크뤼(401) 230g 6볼
고무벨트…폭 25mm 길이 72cm

도구
더블 훅 아프간바늘 8호, 코바늘 5/0호.

완성 크기
허리둘레 84cm, 스커트 길이 70cm

게이지(10x10cm)
줄무늬 무늬뜨기 20코×17.5단

POINT
●84페이지를 참고해서 뜹니다. 에크뤼로 사슬뜨기 기초코를 해서 뜨개를 시작하고 줄무늬 무늬뜨기로 원형뜨기를 합니다. 분산 늘림코는 도안을 참고하세요. 뜨개 끝은 무늬를 이어뜨면서 빼뜨기 코막음하고 계속해서 밑단에 한길 긴뜨기를 합니다. 벨트는 기초코 사슬의 앞 반 코를 주워서 한길 긴뜨기를 원형뜨기하는데 5단까지는 왕복뜨기를 합니다. 고무벨트는 2cm를 겹쳐 꿰매서 원형으로 만듭니다. 벨트는 고무벨트를 끼운 다음 안쪽으로 접고 느슨하게 감침질로 연결합니다.

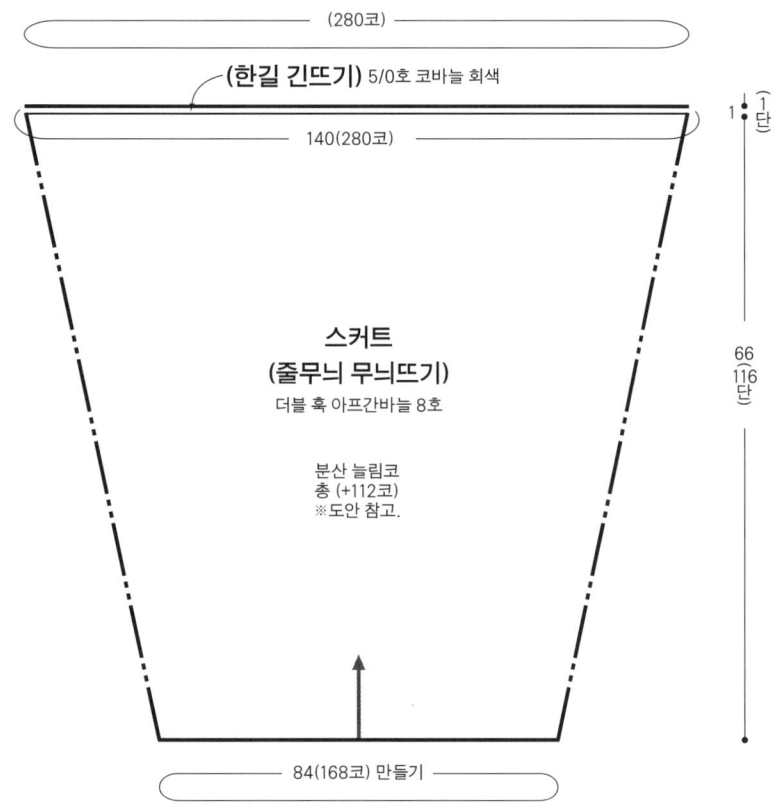

줄무늬 무늬뜨기

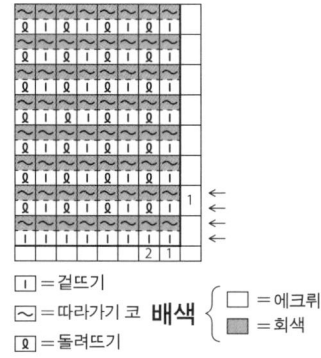

☐ ⊺ = 겉뜨기
☐ ～ = 따라가기 코
☐ ℧ = 돌려뜨기

배색
☐ = 에크뤼
☐ = 회색

벨트(한길 긴뜨기) 5/0호 코바늘 회색

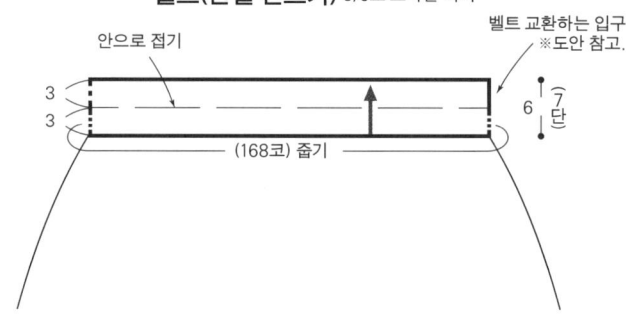

마무리하는 법

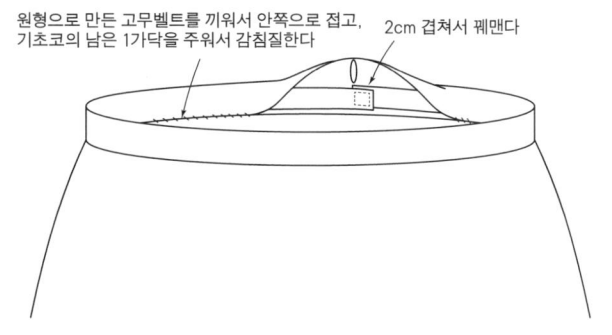

원형으로 만든 고무벨트를 끼워서 안쪽으로 접고, 기초코의 남은 1가닥을 주워서 감침질한다
2cm 겹쳐서 꿰맨다

한길 긴뜨기(벨트)

▶ = 실 자르기

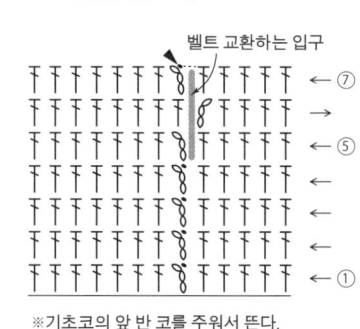

※기초코의 앞 반 코를 주워서 뜬다.

줄무늬 무늬뜨기 분산 늘림코

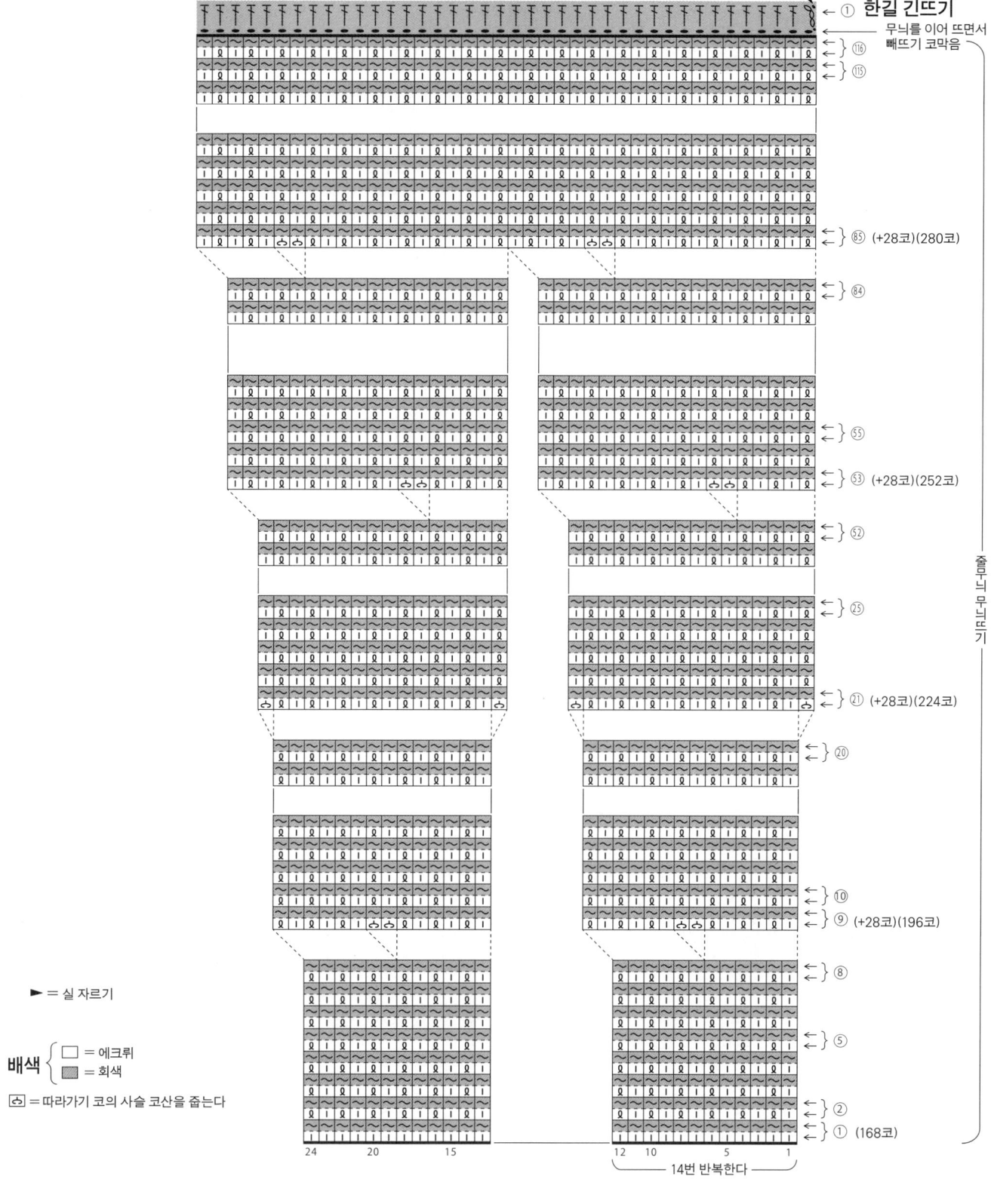

← ① 한길 긴뜨기

무늬를 이어 뜨면서
빼뜨기 코막음

} ⑪⑥
} ⑪⑤

} ⑧⑤ (+28코)(280코)

} ⑧④

} ⑤⑤
} ⑤③ (+28코)(252코)

} ⑤②

} ㉕

} ㉑ (+28코)(224코)

} ⑳

} ⑩
} ⑨ (+28코)(196코)

} ⑧

} ⑤

} ②
} ① (168코)

줄무늬 무늬뜨기

► = 실 자르기

배색 { □ = 에크뤼
       ▨ = 회색

⊡ = 따라가기 코의 사슬 코산을 줍는다

24   20   15   12 10   5   1

⎵ 14번 반복한다

175

재료
DARUMA 레이스 실 #20 핑크 베이지(5) 30g 1볼, 원모에 가까운 메리노 울 라임 그린(15) 25g 1볼, 더스트 핑크(22) 25g 1볼

도구
더블 훅 아프간바늘 12호

완성 크기
목둘레 60cm, 길이 30cm

게이지(10x10cm)
줄무늬 무늬뜨기 16.5코×16단

POINT
●83페이지를 참고해서 뜹니다. 라임 그린으로 사슬뜨기 기초코로 뜨개를 시작하고 줄무늬 무늬뜨기로 원형뜨기를 합니다. 핑크 베이지는 실이 가느니까 눈이 피로해지지 않도록 조심하세요. 뜨개 끝은 더스트 핑크로 빼뜨기 코막음을 합니다.

줄무늬 무늬뜨기

스누드
(줄무늬 무늬뜨기)
더블 훅 아프간바늘 12호

30
48
단

60(100코) 만들기

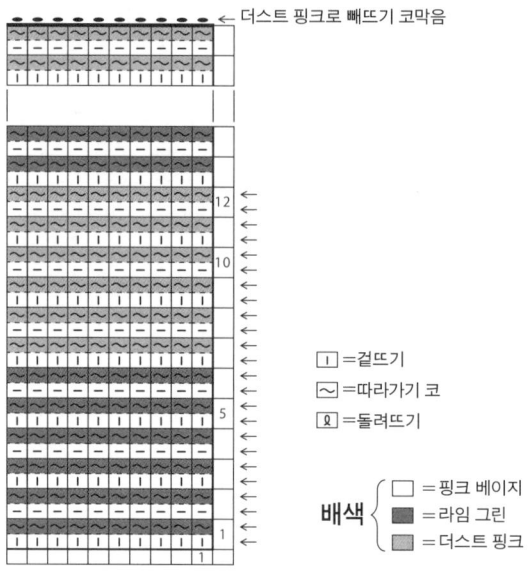

← 더스트 핑크로 빼뜨기 코막음

12
10
5
1

ⅠⅠⅠ=겉뜨기
〜=따라가기 코
요=돌려뜨기

배색
□=핑크 베이지
■=라임 그린
▨=더스트 핑크

★82페이지 패턴

바늘	A	B
	더블 훅 아프간바늘 12호	더블 훅 아프간바늘 8호
□	DARUMA 손으로 잣은 듯한 탐실(19)	DARUMA SASAWASHI(13)
▨	DARUMA 긱(3)	DARUMA SASAWASHI(10)

A, B 무늬

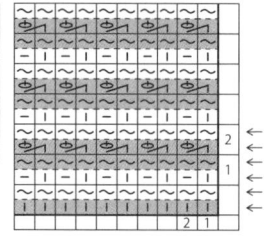

2
1
2 1

=2코 모아뜨기·따라가기 코의 사슬 반 코를 겉뜨기로 줍는다

따라가기 코의 실 바꾸는 법

1 단마다 떠나가기 실과 따라가기 코의 실이 바뀌므로 따라가기 코를 마지막까지 뜬 다음 뜨개 바탕을 겉면이 보이도록 뒤집는다.

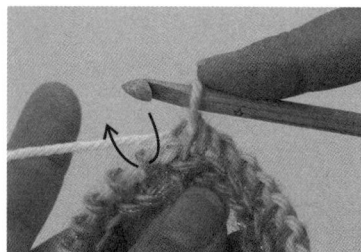

2 떠나가기를 하는 쪽 훅에 따라가기 코를 옮기고, 2단의 첫코를 겉뜨기한다.

첫 코

3 따라가기 코 마지막 고리는 그대로 바늘에 걸어 두고 계속 뜨기를 진행한다.

뜨는 법

4 2단의 따라가기 코는 1단의 떠나가기 실로 고리 2개를 빼낸다.

5 따라가기 코 실로 바뀐 모습. 나머지도 고리를 2개씩 빼낸다.

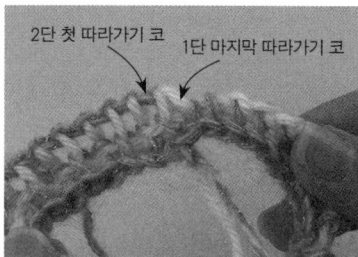

2단 첫 따라가기 코   1단 마지막 따라가기 코

6 2단을 뜨는 모습.

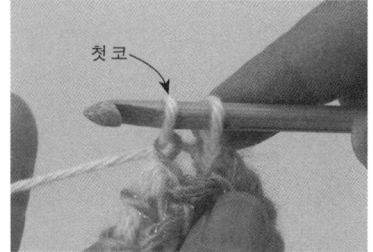

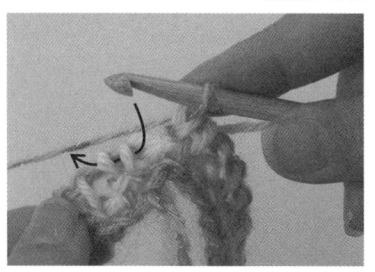

1 3단도 2단과 같은 방법으로 실을 바꾼다. 앞단 2코에 바늘을 넣고 실을 걸어서 한 번에 빼낸다.

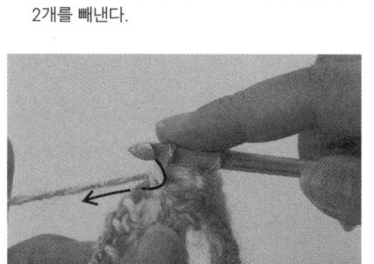

2 계속해서 앞단의 따라가기 코의 사슬 반 코에 바늘을 넣은 다음

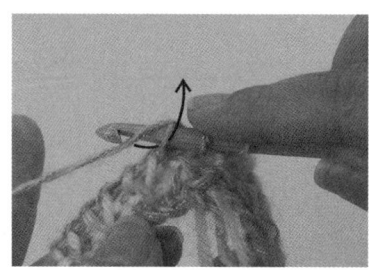

3 실을 걸어서 빼낸다.

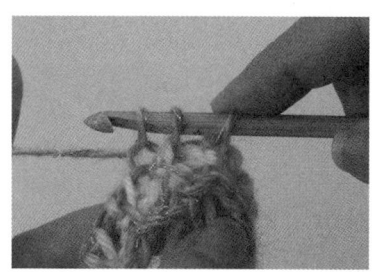

4 1~3을 반복한다.

C, D 무늬

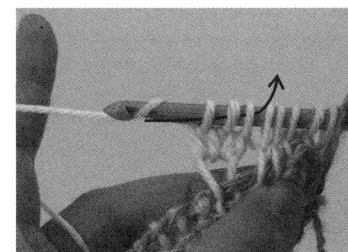

	C	
바늘	더블 훅 아프간바늘 6호	
☐	다이아몬드케이토 다이아 록시 라메(6901)	
▨	다이아몬트케이토 다이아 도미나〈스텔라〉(7719)	

	D	
바늘	더블 훅 아프간바늘 8호	
☐	퍼피 팔피토(6513)	
▨	퍼피 포슈(802)	

◉ = 한길 긴 3코 구슬뜨기

한길 긴 3코 구슬뜨기

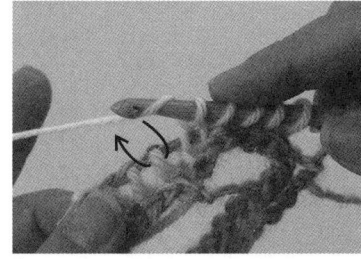

1 바늘에 실을 걸고 화살표처럼 바늘을 넣어서 실을 빼낸다.

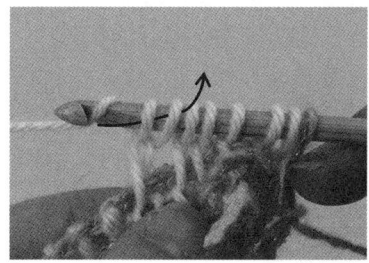

2 다시 실을 걸고 고리 2개를 빼내서 미완성 한길 긴뜨기를 한다.

3 2코 더 같은 방법으로 미완성 한길 긴뜨기를 한다.

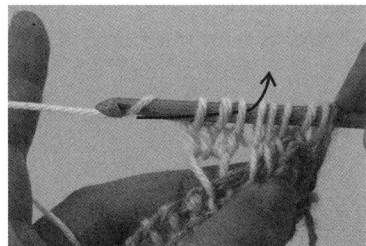

4 실을 걸어서 고리 3개를 빼낸다.

5 한길 긴 3코 구슬뜨기 완성.

E, F 무늬

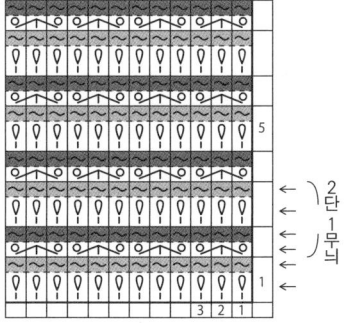

	E	
바늘	더블 훅 아프간바늘 6호	
☐	퍼피 프린세스 애니(547)	
▨	퍼피 브리티시 파인(031)	
■	퍼피 브리티시 파인(073)	

	F	
바늘	더블 훅 아프간바늘 6호	
☐	퍼피 심파두스(506)	
▨	퍼피 아라비스(1009)	

♀ = 체인 페탈 뜨기

◖♀◖◖◖◗ =걸기코 1코·3코 모아뜨기·걸기코 1코

첫 단

1 기초코 코산을 주워서 겉뜨기한 다음, 실을 걸어서 실을 길게 빼낸다.

2 체인 페탈 뜨기 1코를 한 모습. 이것을 반복한다.

2단

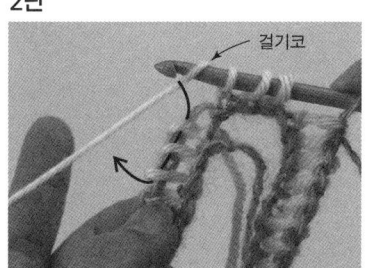

3 바깥쪽에서 실을 바늘에 걸어 걸기코하고 3코에 한꺼번에 바늘을 넣은 다음

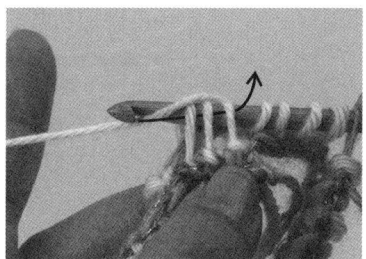

4 실을 걸어서 한 번에 빼낸다.

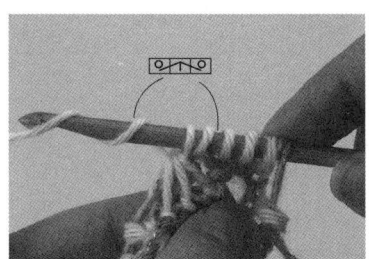

5 걸기코를 1번 하고, 3~5를 반복한다. 걸기코를 2코 이어서 하므로 조심한다.

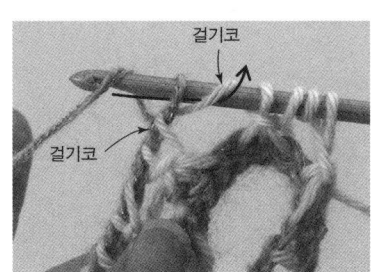

6 걸기코 부분을 따라가기 코로 뜰 때는 다른 코와 같은 방법으로 고리를 2개씩 빼낸다.

3단

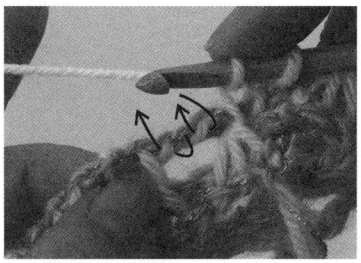

7 앞단 코에 바늘을 넣어서 체인 페탈 뜨기를 한다. 걸기코 부분은 화살표처럼 걸기코에 바늘을 넣은 다음

8 1코씩 체인 페탈 뜨기를 한다.

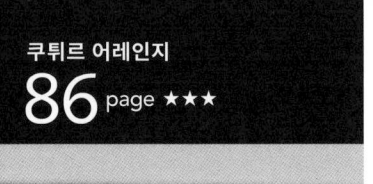

마스터시드 코튼〈크로셰〉

변형 긴 3코
구슬뜨기

※ 일본어 사이트

재료
다이아몬드케이토 마스터시드 코튼〈크로셰〉검은
색(315) 260g 9볼
도구
코바늘 2/0호
완성 크기
가슴둘레 110㎝, 기장 53.5㎝, 화장 29㎝
게이지
1무늬 = 2.9㎝, 15단=10㎝, 모티브 크기는 도안 참
고.

POINT
●몸판…사슬 기초코로 뜨개를 시작해서 무늬뜨
기를 합니다. 어깨는 반 코 감아 잇기, 옆선은 빼뜨
기 사슬 꿰매기를 합니다. 목둘레는 도안을 참고해
서 테두리뜨기를 합니다. 기초코 사슬에서 코를 주
워서 짧은뜨기를 원형뜨기합니다. 밑단은 모티브
잇기를 하면서 뜹니다. 2장부터는 마지막 단에서
옆 모티브와 연결하면서 뜹니다.
●마무리…진동둘레는 짧은뜨기를 합니다. 소맷부
리는 밑단과 같은 방법으로 뜹니다.

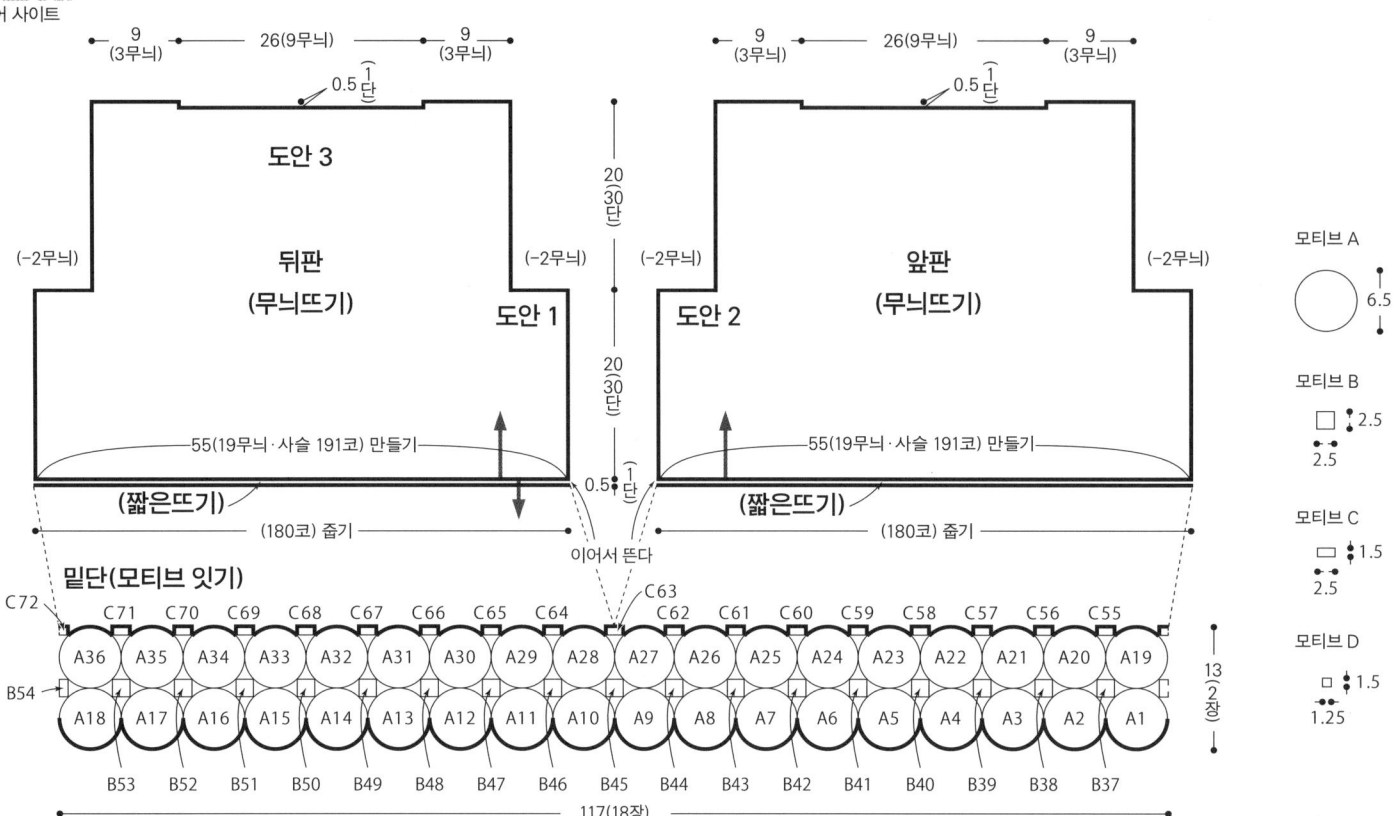

모티브 A 6.5
모티브 B 2.5 / 2.5
모티브 C 1.5 / 2.5
모티브 D 1.5 / 1.25

※모두 2/0호 코바늘로 뜬다.
※모티브 안의 숫자는 연결하는 순서다.

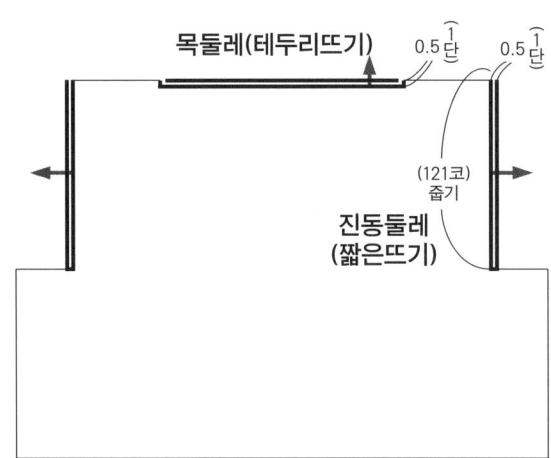

목둘레(테두리뜨기)
진동둘레(짧은뜨기)

소맷부리 2장
(모티브잇기)

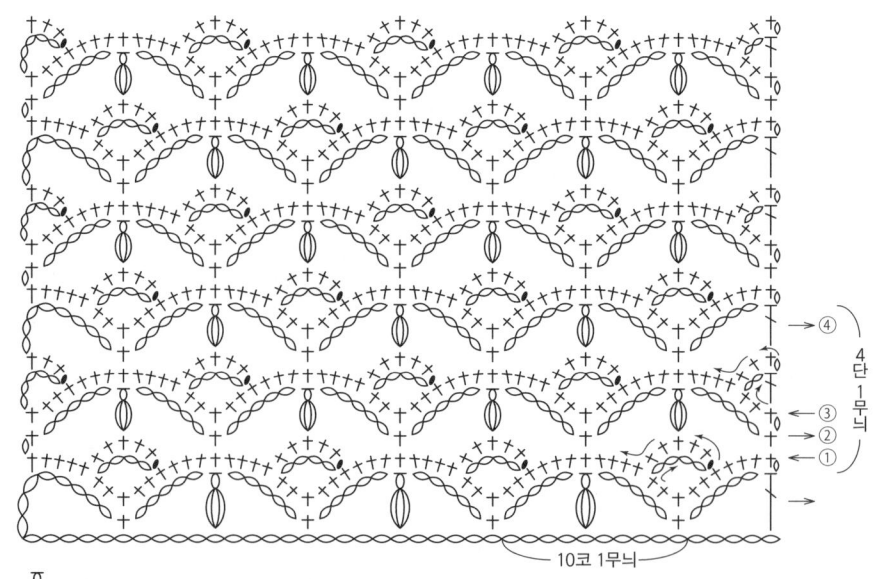

무늬뜨기

= 변형 긴 4코 구슬뜨기

= 바늘에서 코를 빼서 짧은뜨기 코머리에 앞쪽에서 바늘을 넣어서 코를 빼낸다

★개수는 작품을 선택하는 기준으로 참고해주세요. ★…초심자도 안심, ★★…자신이 조금 생겼다면, ★★★…끈기도 겸비한 중·상급자, ★★★★…솜씨에 자신 있음. 실은 실물 크기입니다.

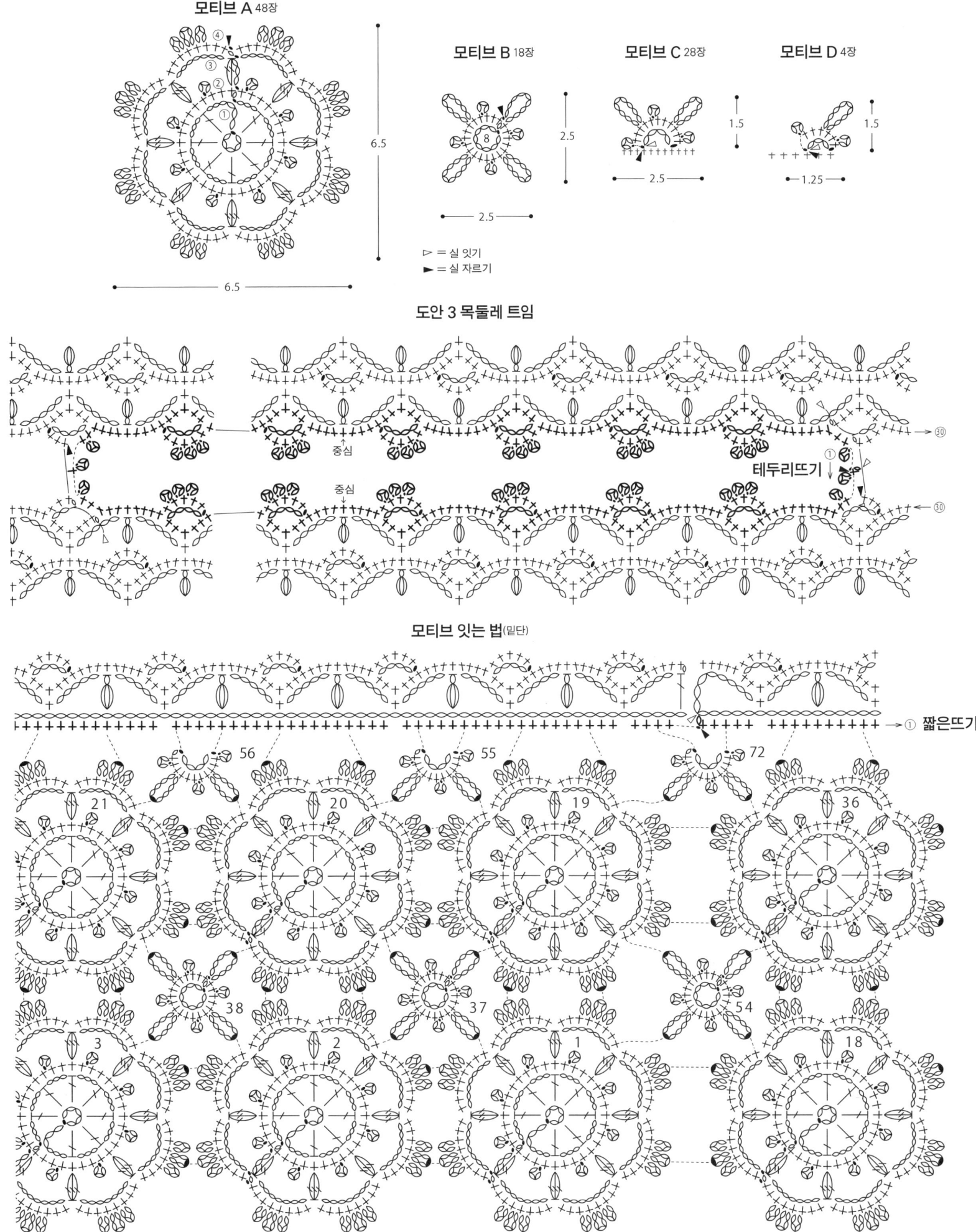

모티브 A 48장

④
③
②
①

6.5

6.5

모티브 B 18장

8

2.5

2.5

모티브 C 28장

1.5

2.5

모티브 D 4장

1.5

1.25

▷ = 실 잇기
► = 실 자르기

도안 3 목둘레 트임

중심

중심

테두리뜨기
①

30

30

모티브 잇는 법(밑단)

① 짧은뜨기

56
55
72

21
20
19
36

38
37
54

3
2
1
18

180페이지로 이어집니다. ▶

▶179페이지에서 이어집니다.

모티브 잇는 법(소맷부리)

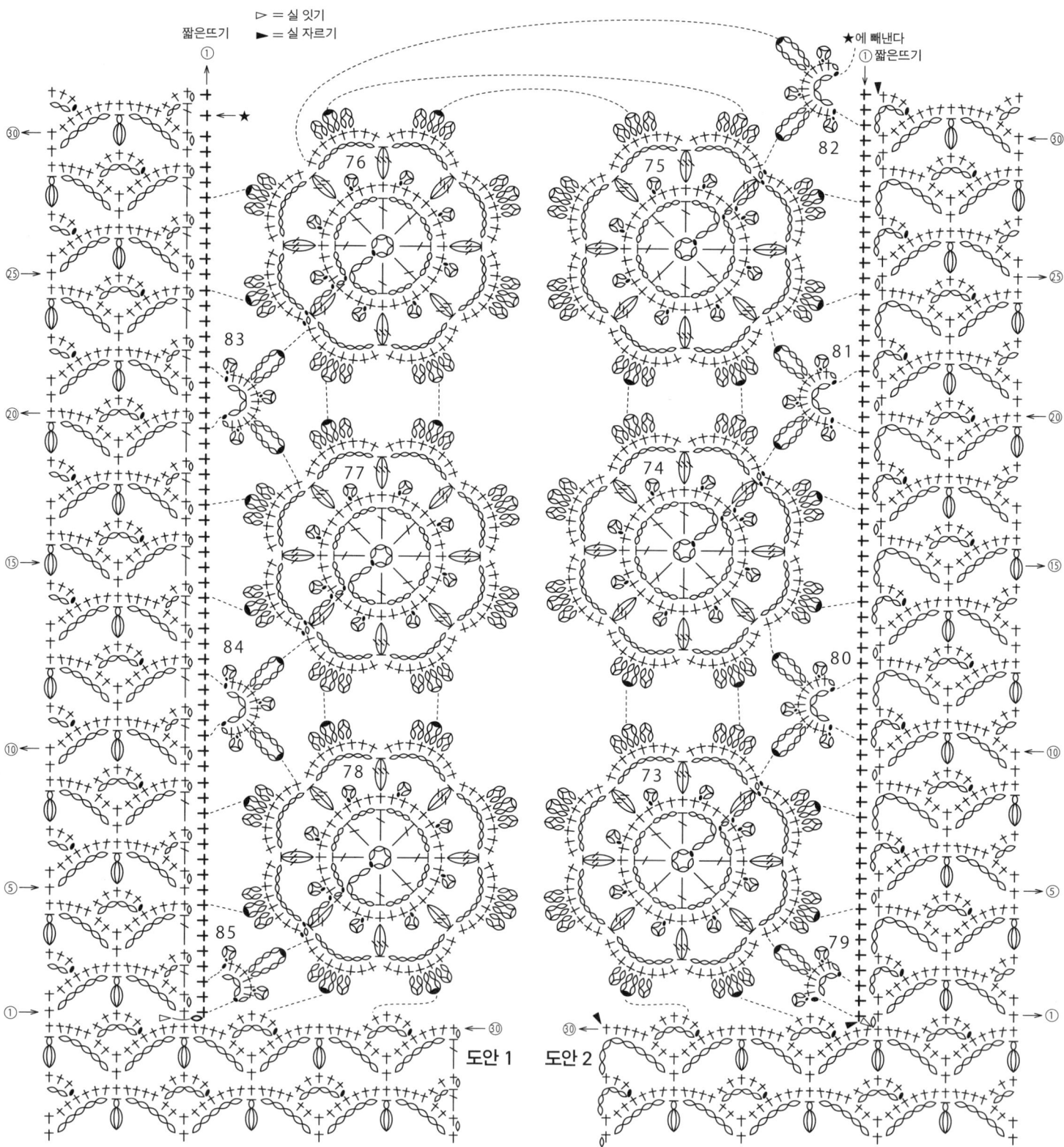

꼬또네 노빌레

리조니

한길 긴
앞걸어뜨기

※ 일본어 사이트

한길 긴 앞걸어뜨기
(2코 늘려뜨기)

※ 일본어 사이트

재료
실…K's K 꼬또네 노빌레 남색(1) 290g 8볼, 리조
니 하얀색·파란색 혼합(4) 150g 4볼
단추…지름 13mm×6개
도구
코바늘 6/0호
완성 크기
가슴둘레 89cm, 기장 41.5cm, 화장 51.5cm
게이지
모티브 크기는 도안 참고.

POINT
●몸판, 소매…모티브는 지정된 장수만큼 떠서 반
코 휘감아 꿰매기로 연결합니다.
●마무리…지정된 콧수만큼 주워서 목둘레는 줄무
늬 테두리뜨기를 5단 뜨고 계속해서 왼쪽 앞단·밑
단 첫 단·오른쪽 앞단을 뜹니다. 오른쪽 앞단에는
단춧고리를 만듭니다. 밑단에 실을 잇고 남은 줄무
늬 테두리뜨기를 합니다. 소맷부리는 줄무늬 테두
리뜨기를 원형뜨기합니다.

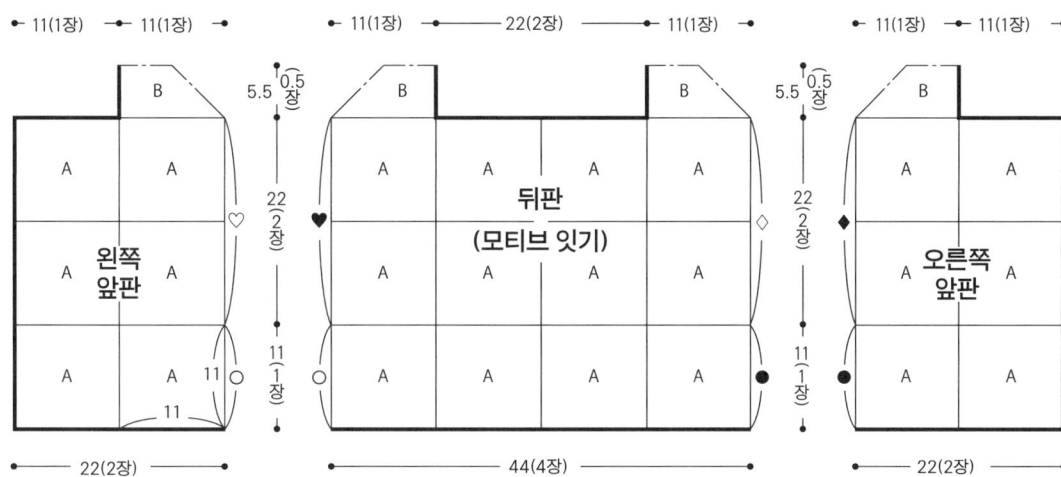

뒤판
(모티브 잇기)

왼쪽
앞판

오른쪽
앞판

※모두 6/0호 코바늘로 뜬다.
※모티브끼리, 맞춤 기호끼리는 남색으로 반 코 휘감아 꿰매기를 한다.

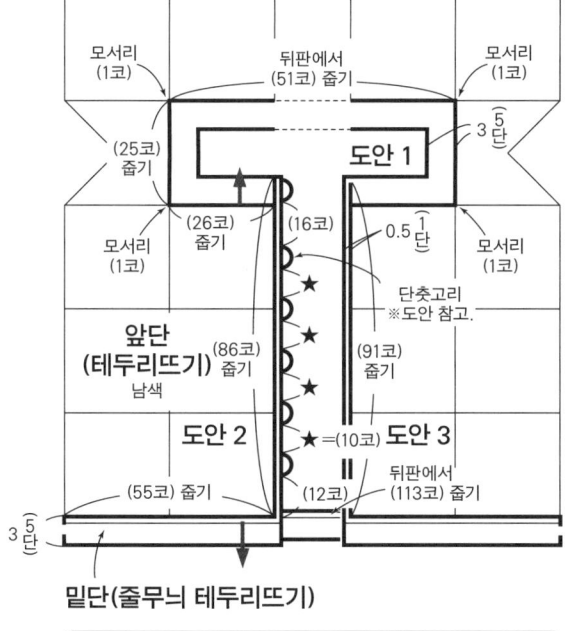

목둘레
(줄무늬 테두리뜨기)

모서리
(1코)

뒤판에서
(51코) 줄기

모서리
(1코)

(25코)
줄기

도안 1

3 (5 단)

모서리
(1코)

(26코)
줄기

(16코)

0.5 (1 단)

모서리
(1코)

단춧고리
※도안 참고.

앞단
(테두리뜨기)
남색

(86코)
줄기

(91코)
줄기

도안 2

(10코) 도안 3

(55코) 줄기

(12코)

뒤판에서
(113코) 줄기

3 (5 단)

밑단(줄무늬 테두리뜨기)

(223코) 줄기

※목둘레부터 이어서 왼쪽 앞단·밑단 첫단·오른쪽 앞단을 뜨고
실을 자른 다음, 나머지 밑단 4단을 뜬다.

오른쪽 소매

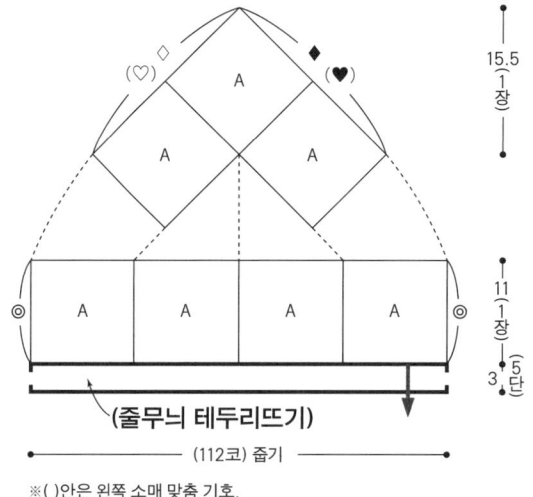

15.5
(1장)

11
(1장)

3 (5 단)

(줄무늬 테두리뜨기)

(112코) 줄기

※( )안은 왼쪽 소매 맞춤 기호.

줄무늬 테두리뜨기(목둘레, 밑단)

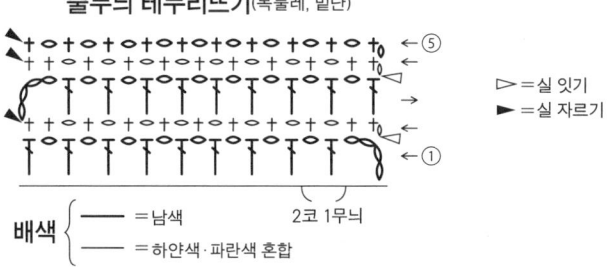

▷= 실 잇기
▶= 실 자르기

←⑤

←①

2코 1무늬

배색 { —=남색
       —=하얀색·파란색 혼합 }

182페이지로 이어집니다.▶

▶181페이지에서 이어집니다.

모티브 B 2장   모티브 A 38장

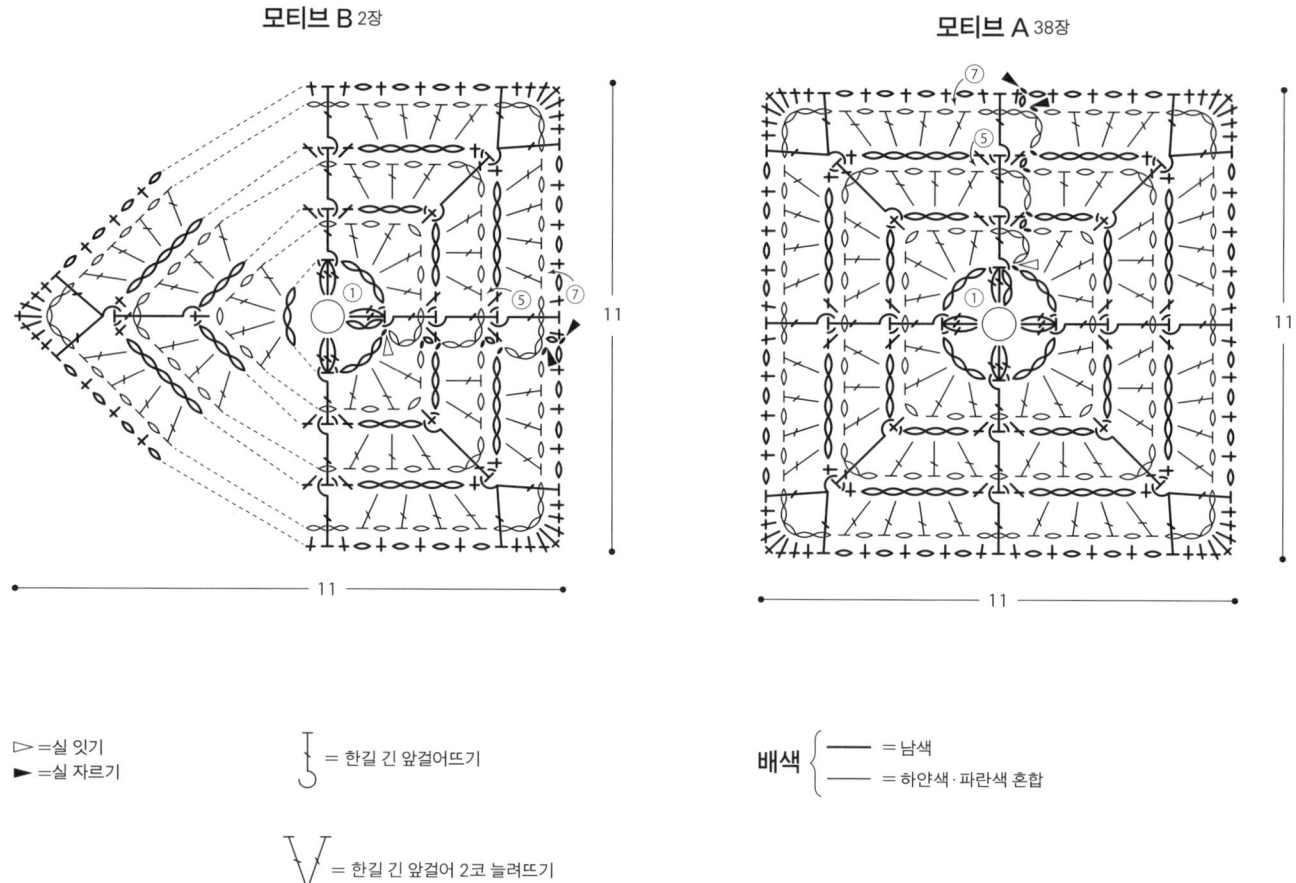

▷ =실 잇기
► =실 자르기

$\big]$ = 한길 긴 앞걸어뜨기

V = 한길 긴 앞걸어 2코 늘려뜨기

배색 $\begin{cases} \rule{1.2cm}{0.4pt} = 남색 \\ \rule{1.2cm}{0.4pt} = 하얀색·파란색 혼합 \end{cases}$

줄무늬 테두리뜨기 (소맷부리)

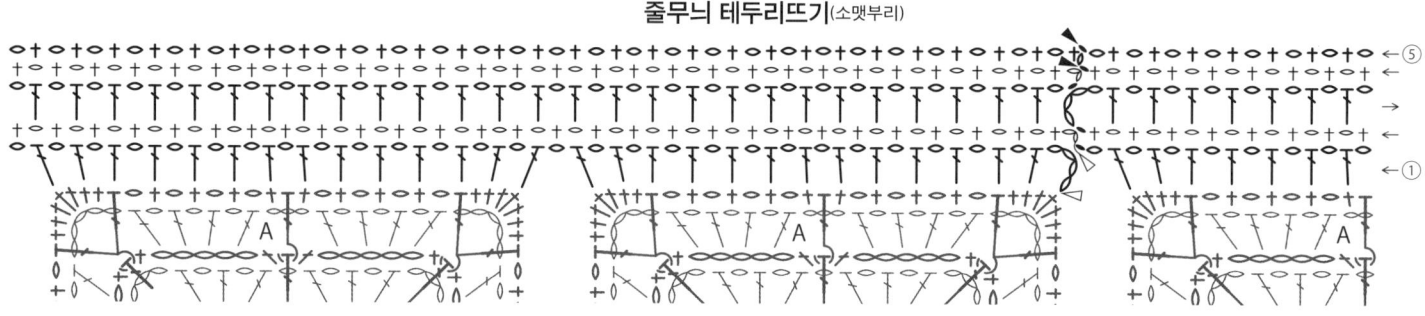

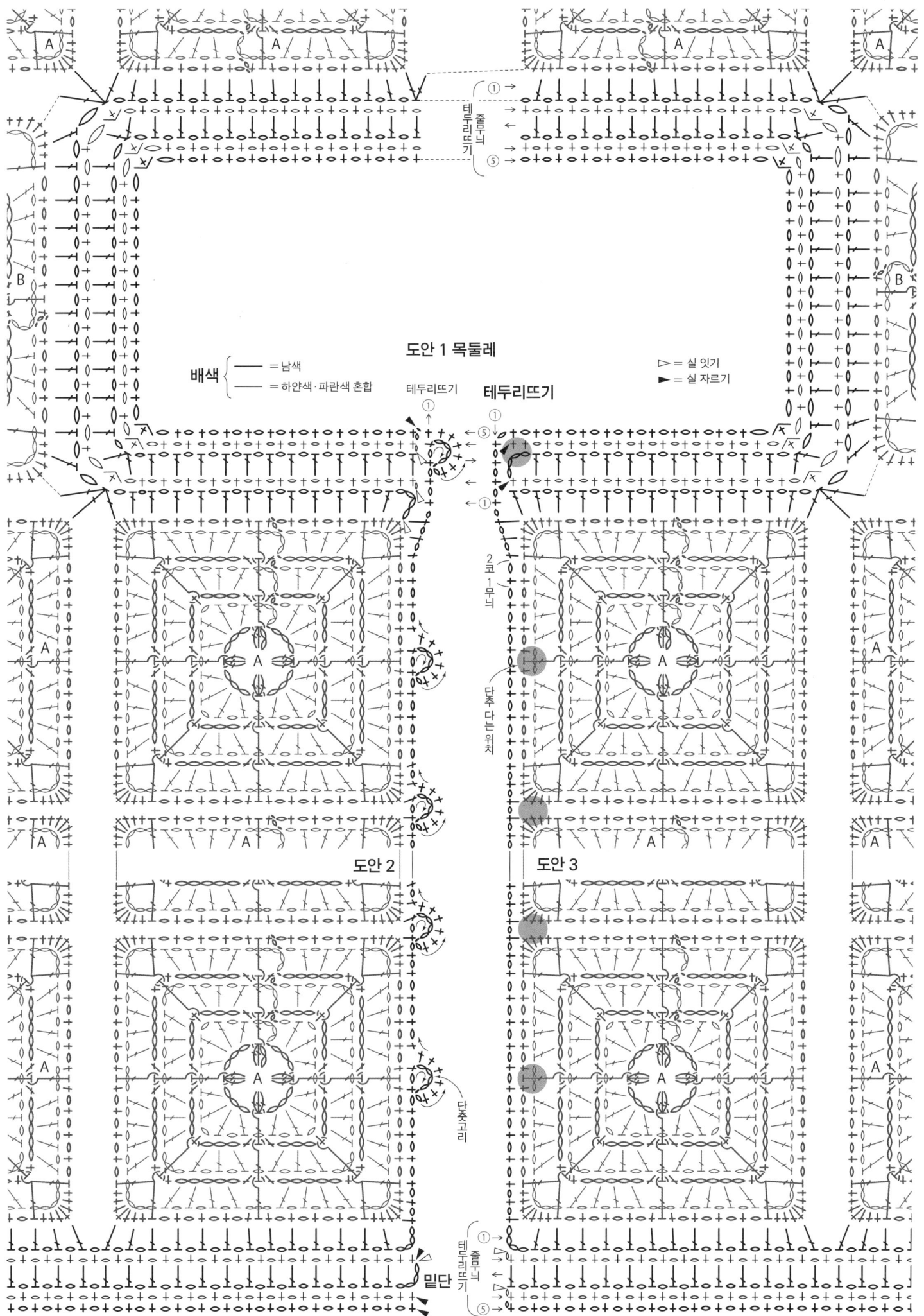

도안 1 목둘레

배색 {
— = 남색
— = 하얀색·파란색 혼합
}

테두리뜨기

테두리뜨기

▷ = 실 잇기
► = 실 자르기

2코 1무늬

단추 다는 위치

도안 2

도안 3

단춧고리

밑단

테두리뜨기

줄무늬

줄무늬

테두리뜨기

리조니

꼬또네 노빌레

실을 가로로 걸치는
배색무늬뜨기

※ 일본어 사이트

뜨면서
되돌아뜨기

※ 일본어 사이트

재료
실…K's K 리조니 베이지 계열 혼합(1) 280g 7볼,
꼬또네 노빌레 노란색(14) 30g 1볼
단추…지름 12mm×3개

도구
대바늘 7호·5호

완성 크기
가슴둘레 93.5cm, 기장 58cm, 화장 36cm

게이지(10x10cm)
무늬뜨기 B, 메리야스뜨기, 배색무늬뜨기 20코×
27단

POINT
●몸판, 소매…몸판은 손가락에 걸어서 만드는 기
초코로 뜨개를 시작하고 무늬뜨기 A를 뜨는데 첫
단은 안면을 보고 뜨는 단이므로 주의하세요. 밑단

되돌아뜨기와 분산 줄임코는 도안을 참고하세요.
계속해서 무늬뜨기 B를 뜹니다. 뒤판 목둘레 줄임
코는 덮어씌우기, 앞판 목둘레 줄임코는 가장자리
1코를 세워서 줄임코를 합니다. 어깨는 빼뜨기 잇
기를 합니다. 소매는 지정된 콧수만큼 주워서 메리
야스뜨기, 배색무늬뜨기를 합니다. 배색무늬뜨기
는 실을 가로로 걸치는 방법으로 뜹니다. 되돌아뜨
기는 도안을 참고하세요. 소매 밑선의 줄임코는 앞
판 목둘레와 같은 방법으로 합니다. 소맷부리에 테
두리뜨기를 하고 뜨개 끝은 2코 고무뜨기 코막음
을 합니다.
●마무리…옆선, 소매 밑단은 떠서 꿰매기를 합니
다. 앞단·목둘레는 지정된 콧수만큼 주워서 테두
리뜨기를 합니다. 오른쪽 앞단은 단춧구멍을 냅니
다. 뜨개 끝은 소맷부리와 같은 방법으로 합니다.
단추를 달아서 완성합니다.

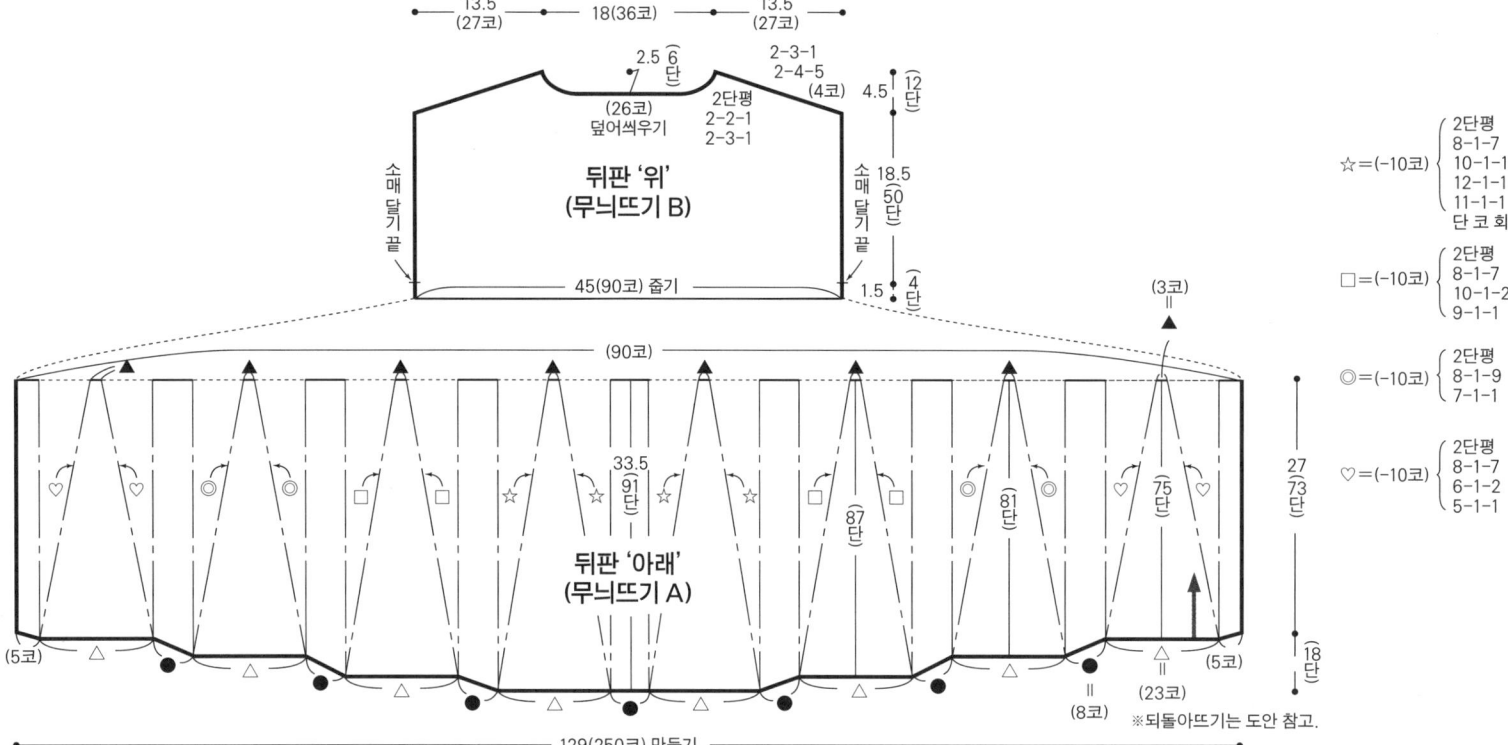

※지정하지 않은 것은 7호 대바늘로 뜬다.
※지정하지 않은 것은 베이지 계열 혼합으로 뜬다.

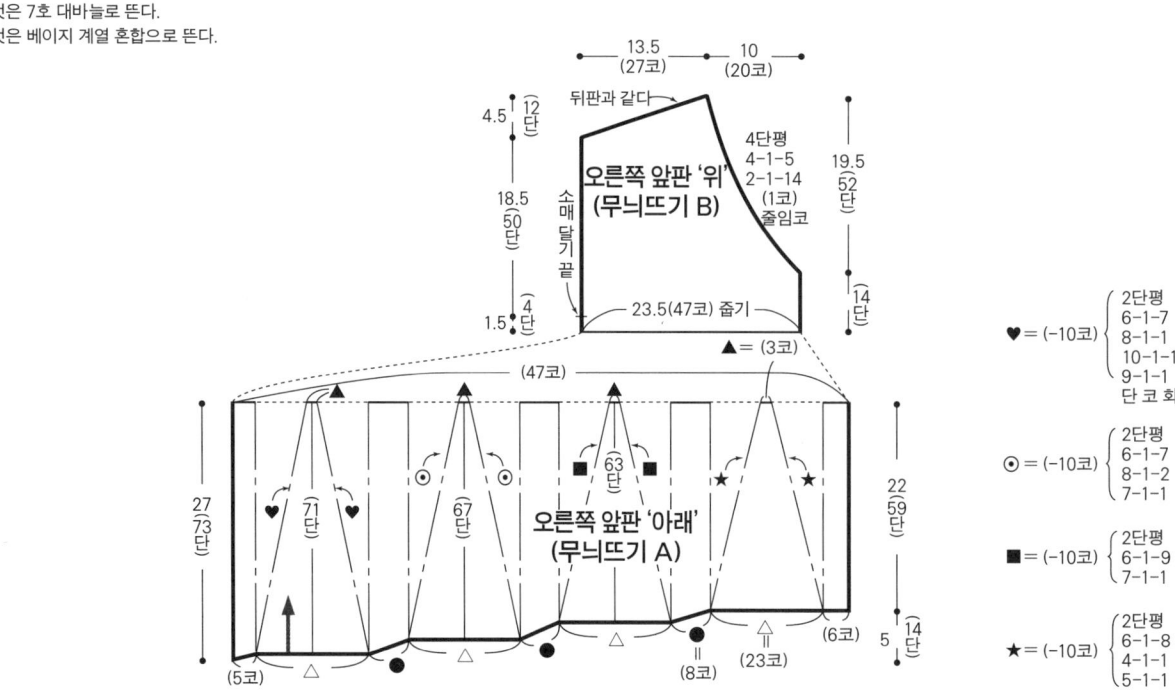

※왼쪽 앞판은 대칭으로 뜬다.

무늬뜨기 B

186페이지로 이어집니다. ▶

185

▶185쪽에서 이어집니다.

무늬뜨기 A 분산 줄임코와 밑단 되돌아뜨기(뒤판 오른쪽)

□ = □ 1코

◆ 무늬뜨기 A

무늬뜨기 A 분산 줄임코와 밑단 되돌아뜨기(뒤판 왼쪽)

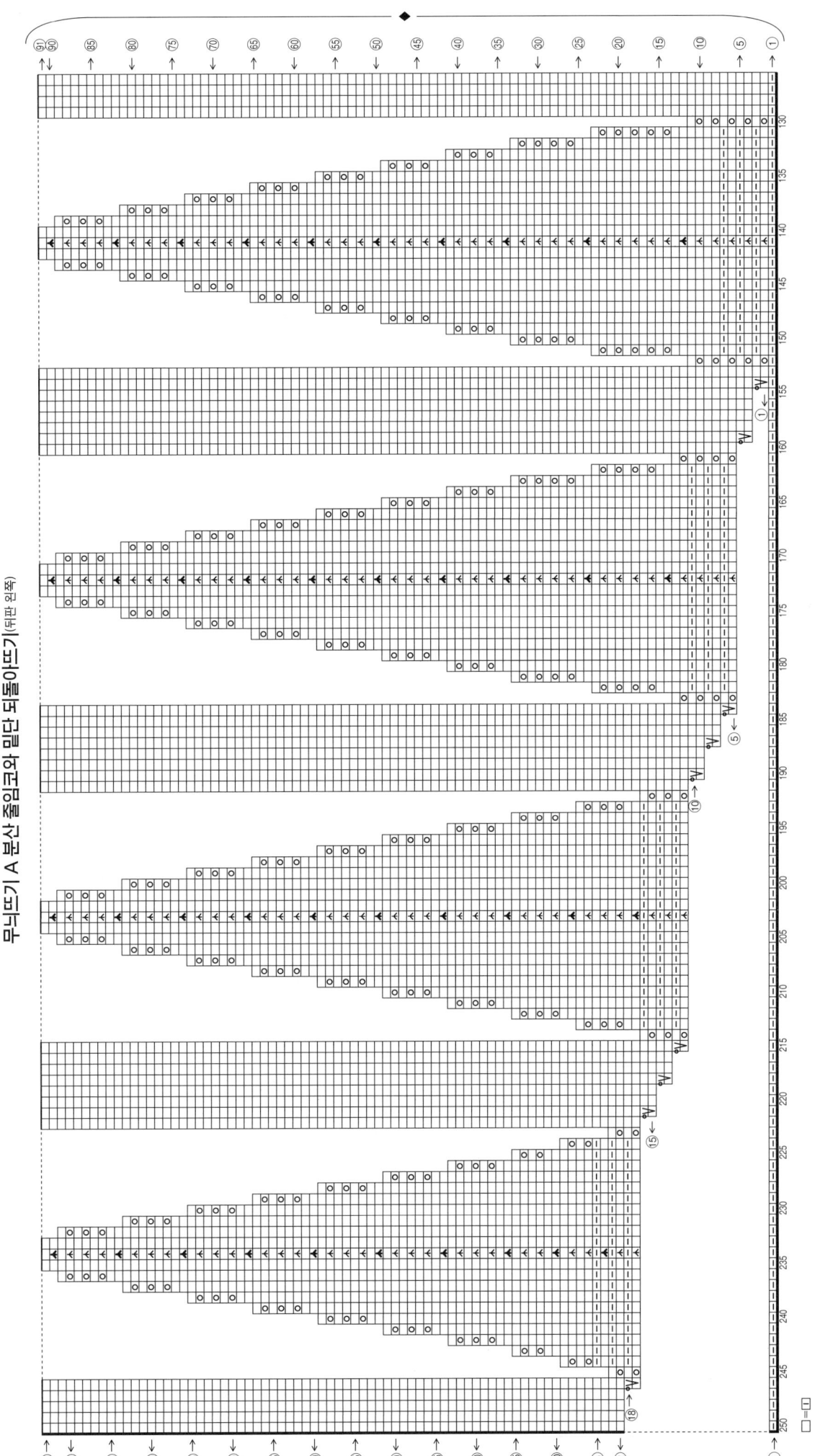

188페이지로 이어집니다.▶

▶187페이지에서 이어집니다.

무늬뜨기 A 분산 줄임코와 밑단 덧돌이뜨기(앞판 오른쪽)

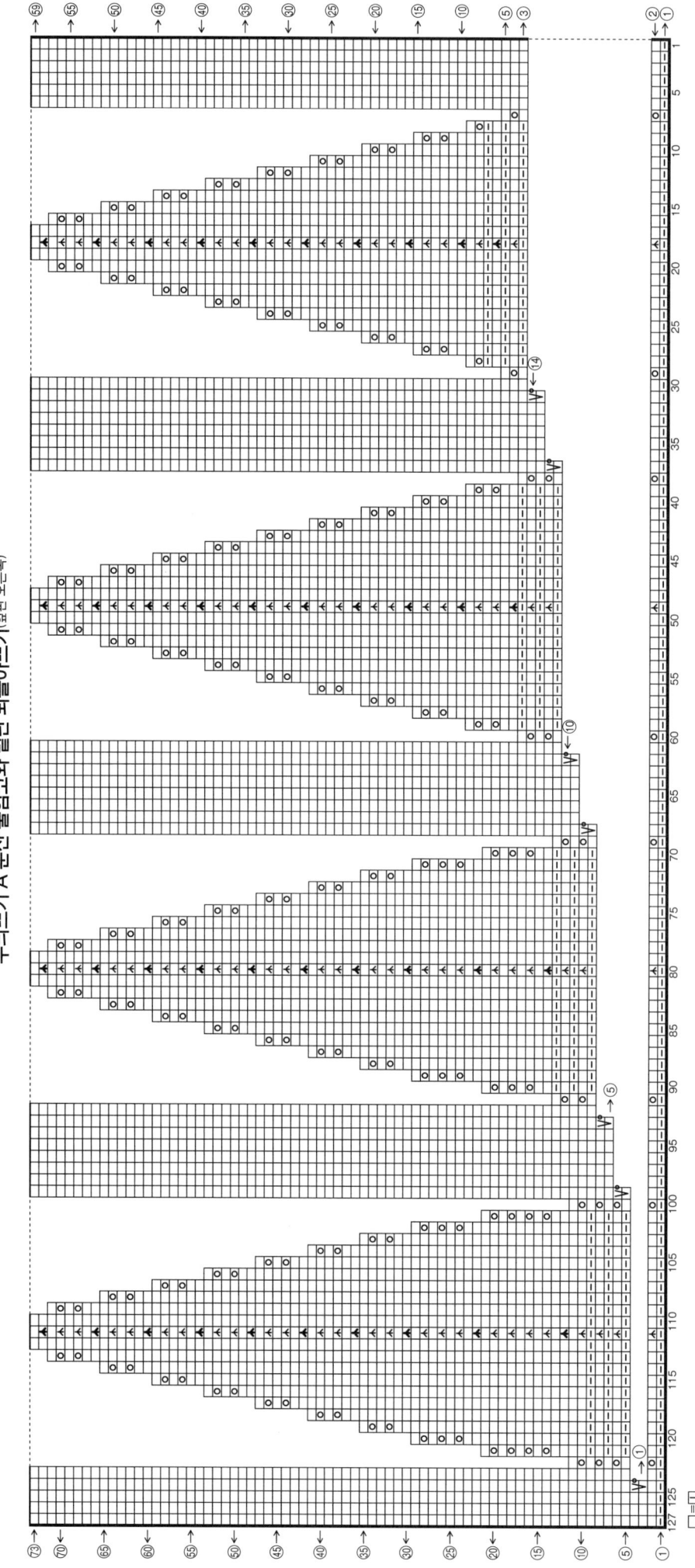

무늬뜨기 A 분산 줄임코와 밑단 되돌아뜨기(앞판 왼쪽)

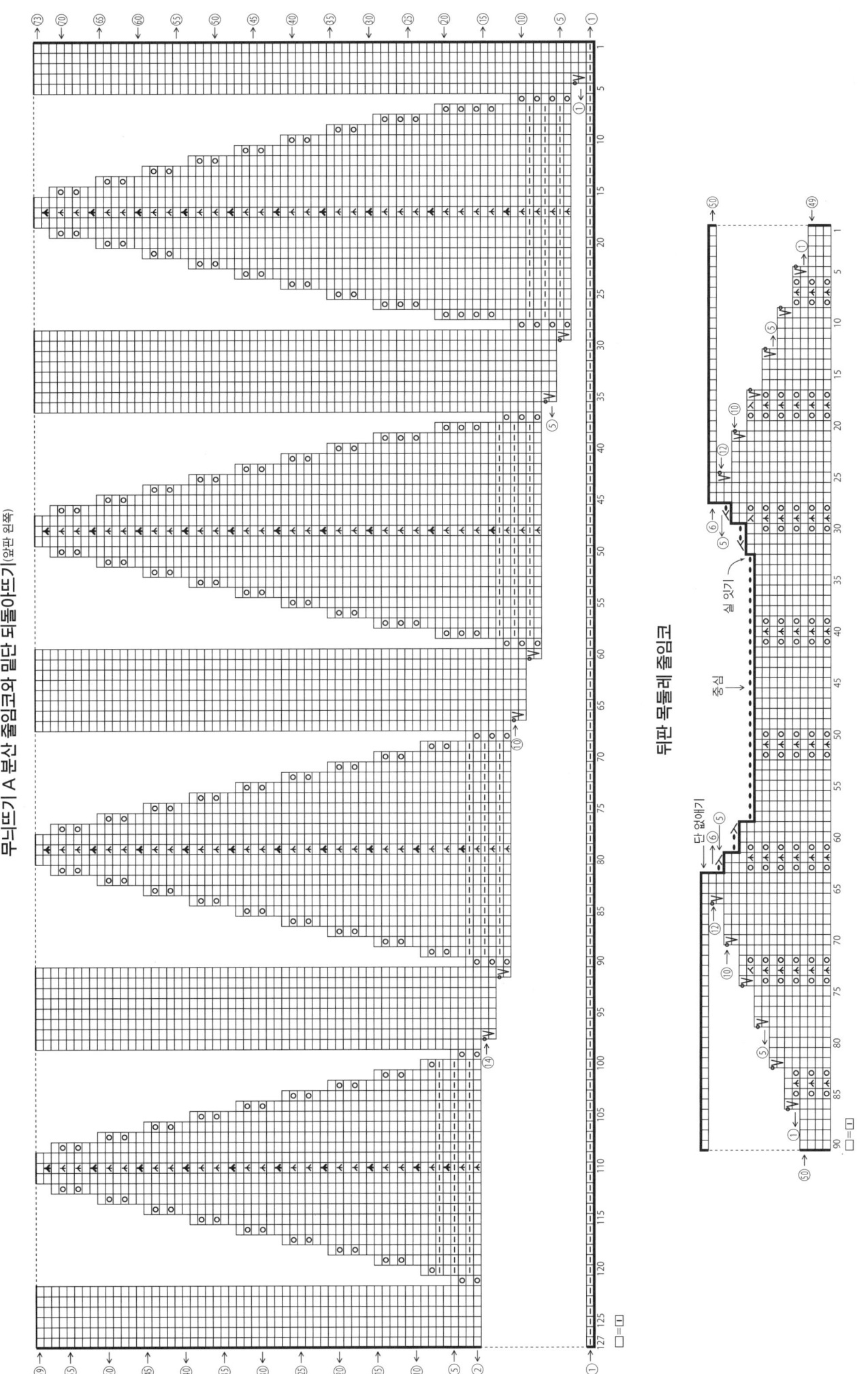

뒤판 목둘레 줄임코

□=□

189

재료
퍼피 심파두스 하늘색(506) 200g 5볼

도구
아미무메모(6.5mm)

완성 크기
가슴둘레 96cm, 기장 54cm, 화장 38cm

게이지(10x10cm)
무늬뜨기 20코×26.5단

POINT
●몸판, 소매…1코 고무뜨기 기초코로 뜨개를 시

작해서 1코 고무뜨기, 무늬뜨기를 합니다. 무늬 뜨는 법은 93페이지를 참고하세요. 칼라는 2코부터는 되돌아뜨기, 1코는 줄임코를 합니다. 어깨는 되돌아뜨기를 합니다.
●마무리…목둘레는 몸판과 같은 방법으로 뜨개를 시작해서 1코 고무뜨기를 합니다. 오른쪽 어깨는 기계 잇기를 합니다. 목둘레는 기계 잇기로 몸판과 연결합니다. 왼쪽 어깨는 기계 잇기를 합니다. 소매는 기계 잇기로 몸판과 연결하고 옆선, 소매밑선, 목둘레 옆선은 떠서 꿰매기를 합니다.

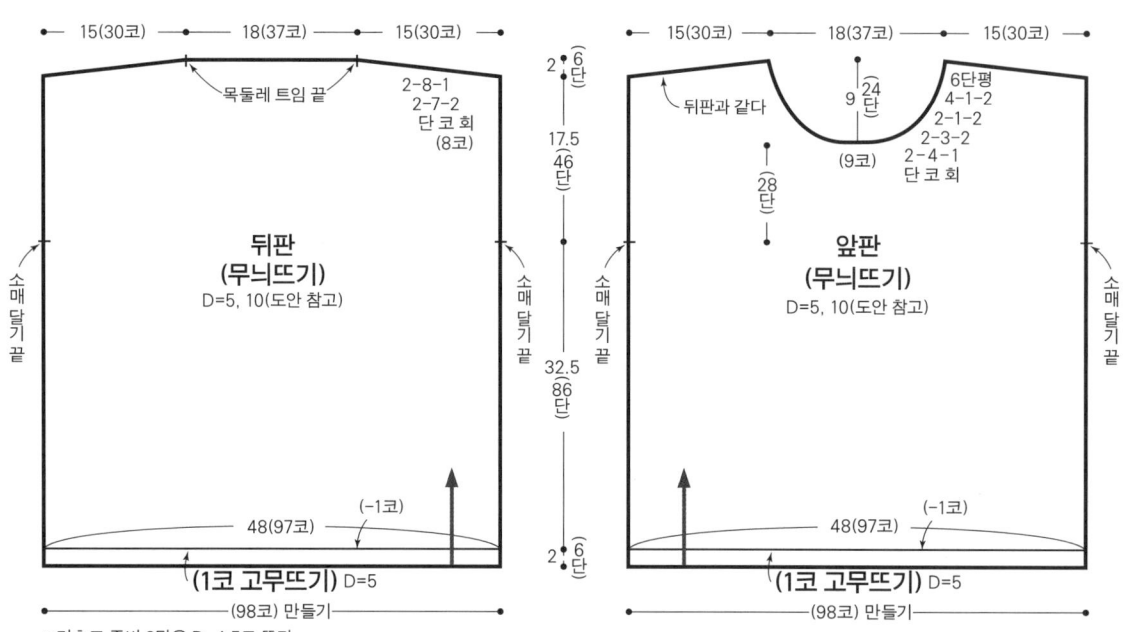

뒤판
(무늬뜨기)
D=5, 10(도안 참고)

15(30코)　18(37코)　15(30코)

목둘레 트임 끝

2-8-1
2-7-2
단 코 회
(8코)

소매 달기 끝

48(97코)　(−1코)

(1코 고무뜨기) D=5

(98코) 만들기

※기초코 준비 3단은 D=4.5로 뜬다.

앞판
(무늬뜨기)
D=5, 10(도안 참고)

뒤판과 같다

2　6
　　단

17.5
46
단

32.5
86
단

2　6
　　단

9　24
　　단

(28단)

6단평
4-1-2
2-1-2
2-3-2
2-4-1
단 코 회
(9코)

소매 달기 끝

48(97코)　(−1코)

(1코 고무뜨기) D=5

(98코) 만들기

※기초코 준비 3단은 D=4.5로 뜬다.

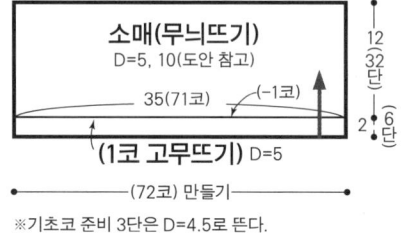

소매(무늬뜨기)
D=5, 10(도안 참고)

35(71코)　(−1코)

(1코 고무뜨기) D=5

12
32
단

2　6
　　단

(72코) 만들기

※기초코 준비 3단은 D=4.5로 뜬다.

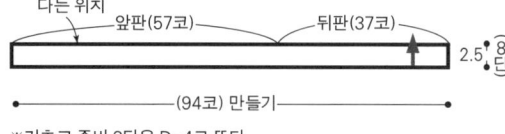

목둘레(1코 고무뜨기) D=4.5

다는 위치

앞판(57코)　　뒤판(37코)

2.5　8
　　단

(94코) 만들기

※기초코 준비 3단은 D=4로 뜬다.

무늬뜨기

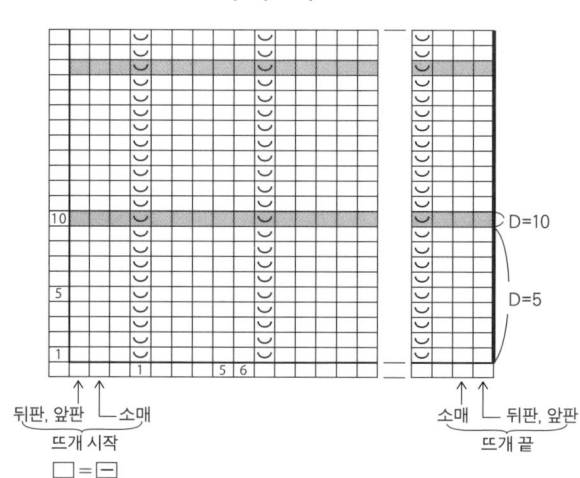

D=10

D=5

10

5

1

뒤판, 앞판　소매
　　뜨개 시작

소매　뒤판, 앞판
　　뜨개 끝

□ = −
☑ = 바늘 빼기

※도안은 수편기에 걸린 상태다.

1코 고무뜨기

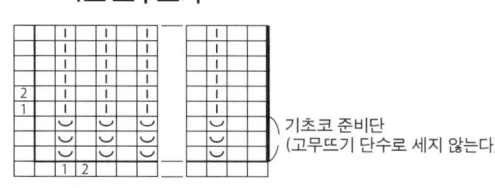

2
1

1　2

기초코 준비단
(고무뜨기 단수로 세지 않는다)

□ = −
☑ = 바늘 빼기

※도안은 수편기에 걸린 상태다.

재료
다이아몬드케이토 다이아 코스터 우노 노란색(532)
170g 5볼

도구
아미무메모(6.5mm), 코바늘 5/0호

완성 크기
가슴둘레 114cm, 기장 53cm, 화장 29cm

게이지(10×10cm)
무늬뜨기 18코×30단

POINT
●몸판…92페이지를 참고해서 뜹니다. 버림실 뜨

기 기초코로 뜨개를 시작해서 무늬뜨기를 합니다.
목둘레 트임 끝을 실로 표시해둡니다. 뜨개 끝은
버림실 뜨기를 하고 수편기에서 빼냅니다. 나머지
1장도 반대쪽에 캐리지를 놓고 뜨개를 시작합니다.
●마무리…옆선은 맞춤 기호대로 기계 잇기를 합
니다. 어깨는 떠서 꿰매기를 합니다. 소맷부리는 빼
뜨기 코막음을 하는데 바늘 빼기 부분은 사슬을 3
코 뜹니다. 뜨개 시작 쪽의 사슬은 느슨하게 뜹니
다. 계속해서 짧은뜨기를 원형으로 1단 떠서 정리
합니다. 뒤판 목둘레 트임에 늘어짐을 막기 위해
빼뜨기를 합니다.

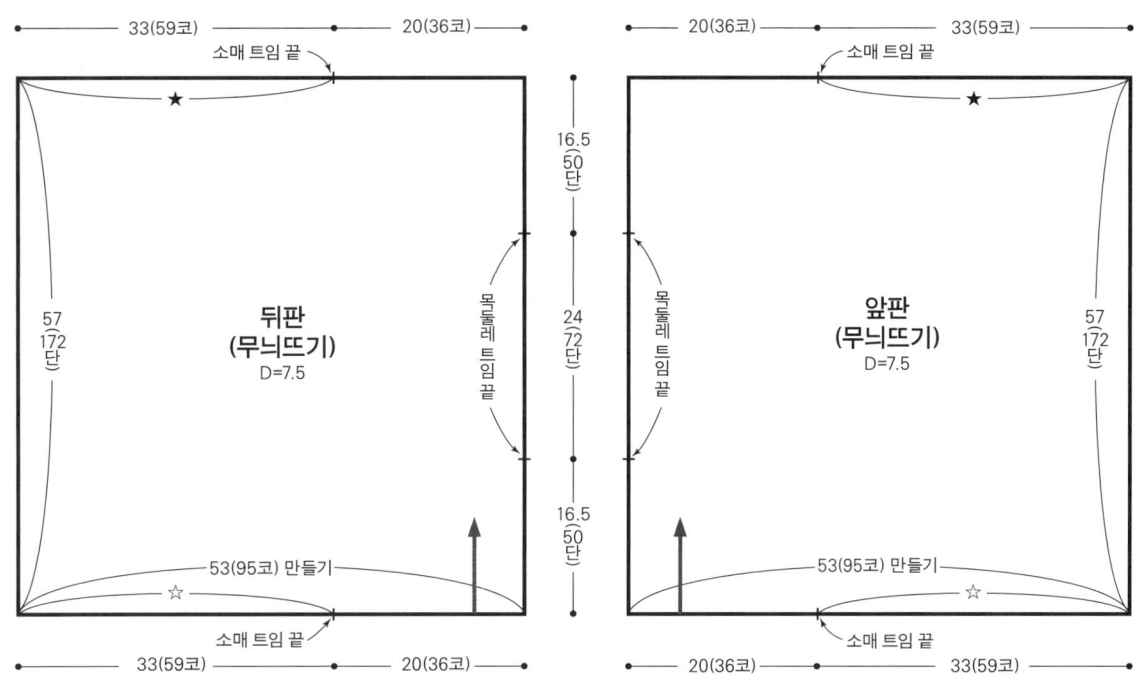

뒤판
(무늬뜨기)
D=7.5

앞판
(무늬뜨기)
D=7.5

33(59코) 20(36코)
소매 트임 끝
16.5 / 50 단
57 (172 단)
목둘레 트임 끝
24 / 72 단
53(95코) 만들기
☆
소매 트임 끝
16.5 / 50 단
33(59코) 20(36코)

20(36코) 33(59코)
소매 트임 끝
★
목둘레 트임 끝
57 (172 단)
53(95코) 만들기
☆
소매 트임 끝
20(36코) 33(59코)

마무리하는 법

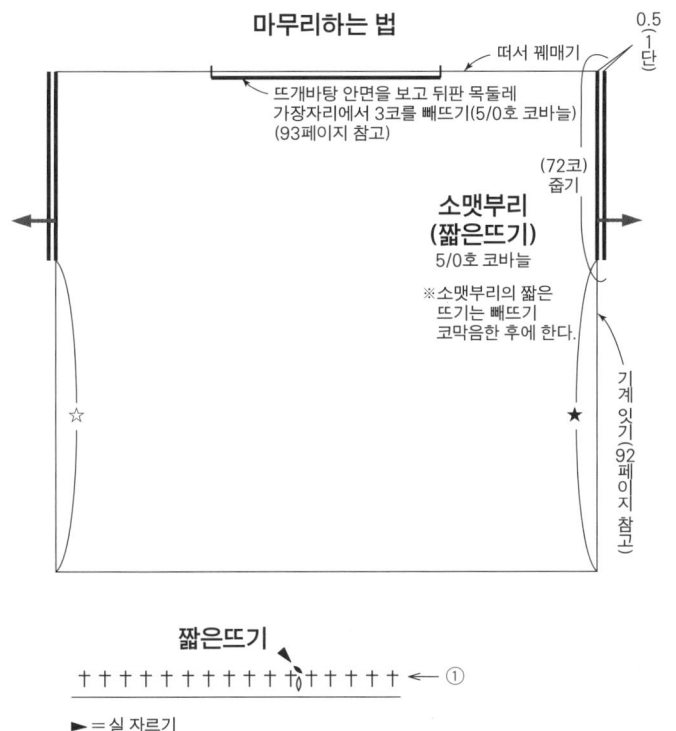

0.5 (1 단)
떠서 꿰매기
뜨개바탕 안면을 보고 뒤판 목둘레
가장자리에서 3코를 빼뜨기(5/0호 코바늘)
(93페이지 참고)

(72코) 줍기

소맷부리
(짧은뜨기)
5/0호 코바늘

※소맷부리의 짧은
뜨기는 빼뜨기
코막음한 후에 한다.

☆
★

기계 잇기 (92 페이지 참고)

짧은뜨기

+ + + + + + + + + + + + ← ①

►= 실 자르기

무늬뜨기

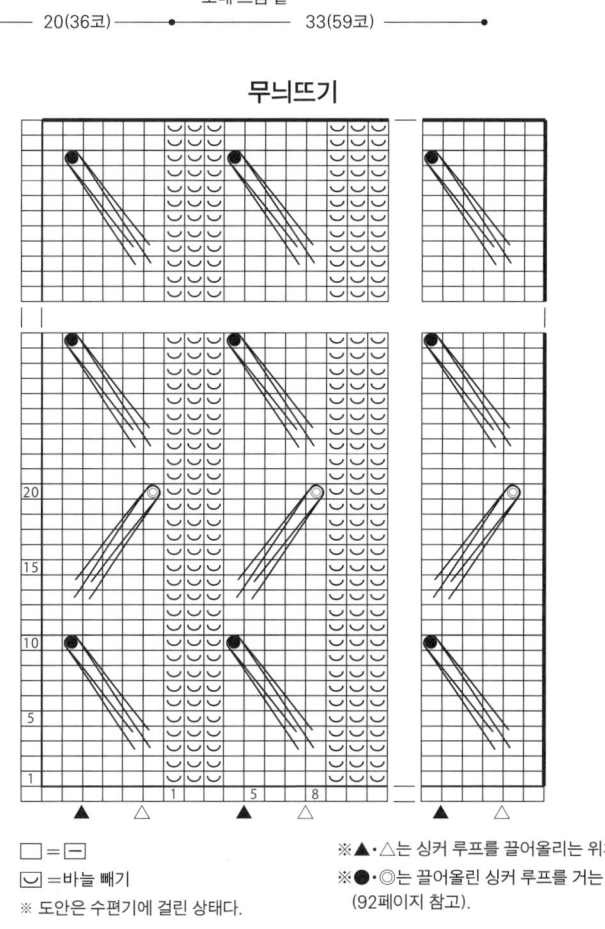

20
15
10
5
1

1   5   8

▲ △ ▲ △ ▲ △

□ = ▢
⊍ = 바늘 빼기
※ 도안은 수편기에 걸린 상태다.

※▲·△는 싱커 루프를 끌어올리는 위치.
※●·◎는 끌어올린 싱커 루프를 거는 위치
(92페이지 참고).

한스미디어의
수예 도서 시리즈

**쉽게 배우는
새로운 대바늘 손뜨개의 기초**

일본보그사 저 | 김현영 역 | 16,000 원

**유월의솔의
투데이즈 니트**

유월의솔 저 | 24,000 원

**마마랜스의
일상 니트**

이하니 저 | 22,000 원

**니팅테이블의
대바늘 손뜨개 레슨**

이윤지 저 | 18,000 원

**그린도토리의
숲속 동물 손뜨개**

명주현 저 | 18,000 원

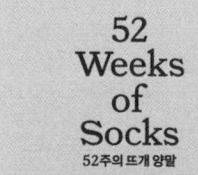

52 주의 뜨개 양말

레인 저 | 서효령 역 | 29,800 원

52 주의 숄

레인 저 | 조진경 역 | 33,000 원

52 주의 이지 니트

레인 저 | 조진경 역 | 33,000 원

**매일 입고 싶은
남자 니트**

일본보그사 저 | 강수현 역 | 14,000 원

**M, L, XL 사이즈로 뜨는
남자 니트**

리틀 버드 저 | 배혜영 역 | 13,000 원

amuhibi의 가장 좋아하는 니트

우메모토 미키코 저 | 강수현 역
16,800 원

바람공방의 마음에 드는 니트

바람공방 저 | 남궁가윤 역 | 16,800 원

유러피안 클래식 손뜨개

표도 요시코 저 | 배혜영 역 | 15,000 원

**쿠튀르 니트
대바늘 손뜨개 패턴집 260**

시다 히토미 저 | 남궁가윤 역
18,000 원

대바늘 비침무늬 패턴집 280

일본보그사 저 | 남궁가윤 역
20,000 원

대바늘 아란무늬 패턴집 110

일본보그사 저 | 남궁가윤 역
18,000 원

**쿠튀르 니트
대바늘 니트 패턴집 250**

시다 히토미 저 | 남궁가윤 역
20,000 원

**쉽게 배우는
새로운 코바늘 손뜨개의 기초**

일본보그사 저 | 김현영 역 | 16,000 원

**쉽게 배우는
새로운 코바늘 손뜨개의 기초
[실전편 : 귀여운 니트 소품 77]**

일본보그사저 | 이은정역 | 15,000 원

매일매일 뜨개 가방

최미희 저 | 20,000 원

**손뜨개꽃길의
사계절 코바늘 플라워**

박경조 저 | 22,000 원

**쉽게 배우는
모티브 뜨기의 기초**

일본보그사 저 | 강수현 역 | 13,800 원

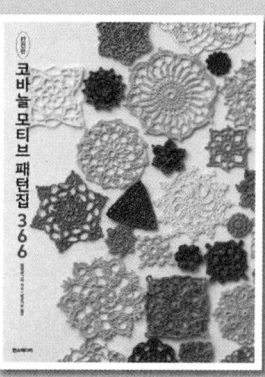

**완전판
코바늘 모티브 패턴집 366**

일본보그사 저 | 남궁가윤 역 |
22,000 원

**실을 끊지 않는
코바늘 연속 모티브 패턴집**

일본보그사 저 | 강수현 역 | 16,500 원

**실을 끊지 않는
코바늘 연속 모티브 패턴집 II**

일본보그사 저 | 강수현 역 | 18,000 원

**쉽게 배우는
코바늘 손뜨개 무늬 123**

일본보그사 저 | 배혜영 역 | 15,000 원

**대바늘과 코바늘로 뜨는
겨울 손뜨개 가방**

아사히신문출판사 저 | 강수현 역
13,000 원

광고 및 제휴 문의

070-4678-7118

info@hansmedia.com

털실타래 Vol.8 2024년 여름호

1판 1쇄 인쇄 2024년 6월 18일
1판 1쇄 발행 2024년 6월 27일

지은이 (주)일본보그사
옮긴이 김보미, 김수연, 남가영, 배혜영
펴낸이 김기옥

실용본부장 박재성
편집 실용2팀 이나리, 장윤선
마케터 이지수
지원 고광현, 김형식

한국어판 기사 취재 정인경(inn스튜디오)
한국어판 사진 촬영 김태훈(TH studio)
취재 협력 낙양모사, 리네아, 뜨개머리앤

본문 디자인 책장점
표지 디자인 형태와내용사이
인쇄·제본 민언프린텍

펴낸곳 한스미디어(한즈미디어(주))
주소 121-839 서울시 마포구 양화로 11길 13(서교동, 강원빌딩 5층)
전화 02-707-0337 | **팩스** 02-707-0198 | **홈페이지** www.hansmedia.com
출판신고번호 제 313-2003-227호 | **신고일자** 2003년 6월 25일

ISBN 979-11-93712-38-2 13590

책값은 뒤표지에 있습니다.
잘못 만들어진 책은 구입하신 서점에서 교환해드립니다.